Mgr MASSILLON

L'ÉCOLE MASSILLON

AU

CHAMP D'HONNEUR

1914-1918

PARIS

2 Bis, *QUAI DES CÉLESTINS*

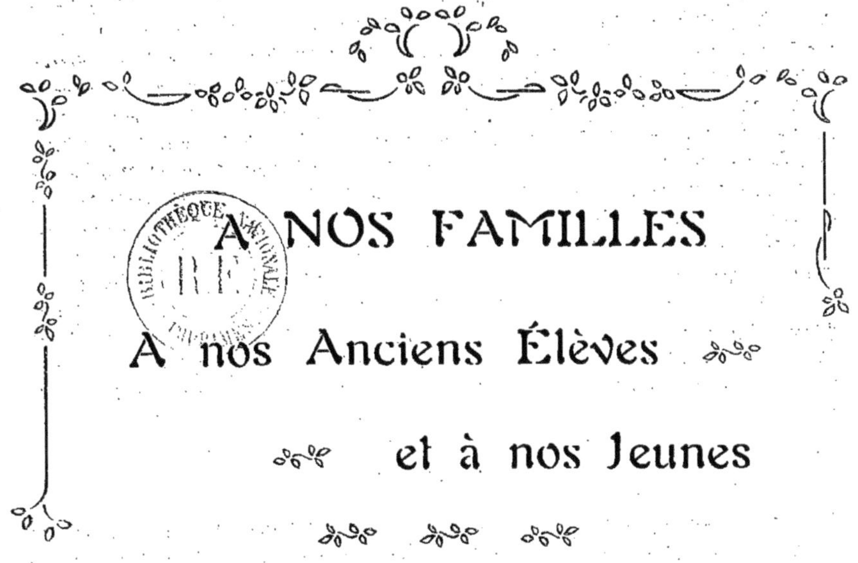

A NOS FAMILLES
A nos Anciens Élèves
et à nos Jeunes

« *Honorons, dit l'Ecriture, les glorieux héros à qui nous devons notre salut et l'accroissement du patrimoine national. Ils sont les Pères de la patrie. Leurs exemples sont un héritage d'honneur et une source de force pour leurs descendants.* »

Pénétrés de ces sentiments, le Conseil d'Administration et l'Association Amicale de nos anciens Elèves se sont empressés de dresser, dans le cadre lumineux et architectural de notre vestibule, dû au génie de Mansard, deux marbres commémoratifs, qui déroulent la douloureuse théorie des deux cents enfants de l'Ecole morts pour la France. Bataillon sacré, garde invisible, qui veille sur la maison et devant laquelle défilent chaque jour les jeunes générations.

Sous la même inspiration et avec le même généreux concours, nous avons eu à cœur d'élever ici un autre Monument, destiné à consacrer et à perpétuer la mémoire de nos martyrs et de leurs vaillants frères d'armes survivants. Pour rendre ce Livre d'Or *digne d'un si noble objet, nous n'avons ménagé aucun effort. Il fallait d'abord réunir les renseignements. Appels à nos familles et à nos anciens élèves, recherche inlassable des documents, démarches infinies ont été multipliées pour découvrir, parfois pour arracher à la modestie individuelle les titres de gloire qui sont le patrimoine commun de la grande famille Massillonnaise.*

Malgré tant d'efforts, il reste des lacunes, qui seront sensibles à tous. Il n'a pas dépendu de nous qu'elles ne fussent comblées. Les renseignements nécessaires ne nous sont point parvenus et nous le regrettons vivement. Souvent, faute d'adresse, nous n'avons pu atteindre les fils d'officiers et nombre de nos marins. Nous ne pouvons nous en consoler.

Il fallait ensuite donner un corps à ces éléments divers d'information.

Si expressifs et si précieux que soient, en effet, les témoignages officiels : Etats de services, citations, décorations, ils ne pouvaient suffire à notre dessein : faire revivre la physionomie morale de nos grands morts. Ils ne représentent que des squelettes. Il fallait, autant que possible, faire passer à travers ces ossements un souffle de résurrection. Nous avons tâché de le faire en des portraits ou esquisses forcément rapides, en des médaillons frappés de manière à mettre en relief les principaux traits et à faire transparaître les âmes. Labeur immense, qui s'ajoutait à tant d'autres! Nous avons eu à cœur de l'entreprendre. Quelle récompense a été la nôtre de découvrir le plus souvent que ces âmes sont d'une grandeur prodigieuse, plus grandes que nous ne pouvions le penser! A la fierté de cette révélation, se mêlait, hélas! une douleur paternelle d'autant plus amère, que nous sentons plus cruellement, nous qui avons connu et aimé ces héroïques enfants, à quel point de pareilles pertes sont irréparables. Nos familles et l'Association seront reconnaissantes, comme nous, à ceux de nos collaborateurs qui ont bien voulu nous aider à tracer ces portraits de nos chers disparus, et à traduire par là l'hommage de l'admiration attendrie, de l'affection et de l'inaltérable reconnaissance de tous!

❧ ❧ ❧

Tel qu'il est, même incomplet, ce monument de piété fraternelle et patriotique n'en resplendit pas moins d'une beauté religieuse et morale qui saisit, élève et remue jusqu'au fond du cœur. Il est par là d'une haute portée éducative pour les jeunes, prêts à écouter la voix de leurs aînés. De ces pages épiques se dégage, en effet, une telle générosité de sentiments, un tel esprit de sacrifice conscient, une telle ferveur de patriotisme et de confiance en Dieu, que l'émotion vous gagne et que parfois les larmes jaillissent des yeux.

Quelques paroles, échappées des lèvres ou de la plume de ces jeunes héros et cueillies au hasard, sont comme des éclairs qui illuminent le fond de leurs âmes. C'est Henri d'Amécourt, qui, au moment de partir, prie Dieu « de prendre sa vie, plutôt que celle de deux de ses amis qui sont mariés. » — Un autre Jean Arnaud-Soumain, la poitrine traversée d'une balle, qui a passé à deux centimètres du cœur, « ne cesse de demander à Dieu, de son ambulance, la force et le courage nécessaires pour retourner au combat. » — Emile Pillet, au moment de quitter sa femme et ses enfants émus et en larmes, en 1914, leur dit : « La France est assez belle pour qu'on se donne à elle totalement et, s'il le faut, jusqu'à la mort. » — « Si je tombe, écrit Pierre de Fromont à un ami, tu diras à mon père que j'étais prêt, que je suis mort en pensant à ma mère (qu'il avait perdue depuis longtemps), et que j'avais fait le sacrifice de ma vie. » — Même cri de l'âme chez Jean de Heere : « Si par la volonté de Dieu je viens à disparaître, écrit-il, j'espère que ce sera chrétiennement *et* bravement. *» — Marcel Pinet va subir l'amputation du bras gauche. Il voit sa mère en larmes : « Ne pleure pas, maman, lui dit-il ; c'est pour la France. » Et aux pires moments de son agonie, il s'écriait : « Quel sacrifice! Mon Dieu, je vous l'offre pour mon cher pays! » — « Je souffre horriblement, écrit Henry du Roure ; mais, vous le voulez, mon Dieu, vous qui avez souffert pour nous les tortures de l'agonie. Ce ne serait rien, si l'on savait vous aimer. » — Paul Berquet, blessé grièvement, prêt à expirer, déclare « mourir sans regret, puisqu'il meurt pour la France. »*

— Voici les dernières volontés de Louis Belanger, laissées à ses parents sous pli cacheté : « En cas de mort, je désire que mon deuil ne soit pas porté. Car, il ne faut pas qu'au jour de gloire où la France sera restaurée, le noir vienne ternir le soleil dont toutes les âmes françaises seront illuminées..... »

On pourrait aligner indéfiniment ces mots sublimes, expression spontanée de l'héroïsme à la fois chevaleresque et chrétien, où l'on sent palpiter l'âme même de la France. Le sacrifice y atteint la suprême beauté, parce que, selon le mot de Paul Gorce, « il est fait avec résignation et avec foi. »

Un pareil héroïsme a sa source première dans les traditions ancestrales et dans les sentiments élevés et courageux des parents. Fortes creantur fortibus et bonis. *L'éducation familiale développe ces premiers germes de générosité ; et, quand elle est pénétrée des doctrines évangéliques, elle leur donne tout leur essor et produit ces hautes et mâles vertus qui ont fait l'admiration du monde. Les mères ont, selon le mot du poète, l'horreur naturelle de la guerre. Quand la France a été en péril, il en est beaucoup qui se sont élevées au-dessus d'elles-mêmes. « Mes fils m'inspirent un esprit de sacrifice que je ne me connaissais pas, » dit l'une d'elles, et elle consent à leur désir de passer de la cavalerie dans l'infanterie. Des enfants de 17 ans s'engagent en grand nombre : leurs mères ne les retiennent pas. Quand, pouvant choisir l'artillerie, ils optent pour l'infanterie, « afin d'être de plus près à l'action et au danger, » ou « parce que le fantassin a plus besoin de soutien moral », elles se feraient un reproche de s'y opposer. « Mon fils est mon trésor, trésor plus cher que ma vie, me disait l'une d'elles. Mais, j'estime que c'est à des familles comme les nôtres, héritières et gardiennes des croyances religieuses et des vérités morales, de donner, au milieu de nos terribles épreuves, l'exemple de l'abnégation et du dévouement. » Honneur à vous, mères chrétiennes, qui avez formé ces héroïques enfants ; qui avez gravi avec eux, avec une énergie indomptable, un calvaire d'angoisses, de souffrances et de blessures ; qui, les yeux baignés de larmes, avez eu le courage de les offrir en sacrifice pour la rédemption de la France ! Honneur à vous ! Debout, au pied de la Croix, comme votre modèle idéal, vous êtes grandes devant Dieu et devant les hommes !*

❧ ❧ ❧

C'est au milieu de ces crises tragiques que les institutions, comme les individus, donnent aussi la mesure de leur vraie valeur. Si on nous demande quelle a été la part de l'Ecole dans l'universel effort et dans l'universel sacrifice, ce qu'elle a fait et souffert pour répondre à l'appel de la patrie, à l'attente de nos anciens et de nos familles, nous dirons : C'est aux faits de témoigner pour elle. Qu'on juge l'arbre à ses fruits.

Quand la guerre nous surprit, notre division préparatoire aux Grandes Ecoles comptait 75 élèves. A la rentrée d'octobre, ce chiffre était réduit à quelques unités, unités trop jeunes pour faire figure dans un régiment. Tout ce qui avait 18 ans s'était engagé, et nombre d'élèves de Mathématiques, de Philosophie et même de Première, emportés par le même élan, devançaient également l'appel.

Ceux que leur âge rivait à leur banc d'étude, se mobilisaient à leur façon, trouvaient le moyen de collaborer avec leurs grands frères qui se battaient sur le front. Dès le mois de novembre, ils prenaient l'initiative d'une requête en vue de sacrifier leurs prix pour adoucir les détresses de nos soldats. Pour nos blessés, leur générosité était inlassable, générosité qui était un écho de celle de leurs mamans. Ils organisèrent bientôt entre eux une œuvre sacrée entre toutes, celle des orphelins de la guerre, avec le sentiment profond qu'ils avaient une dette personnelle, imprescriptible à acquitter envers les enfants de leur âge dont les pères mouraient pour les protéger, pour leur permettre de vivre, de se développer et de travailler en paix, au milieu de l'affreuse tourmente. Leurs prières et leurs sacrifices n'ont pas cessé de monter vers Dieu pour la libération de la France.

Avec quelle fierté aussi nous nous plaisons à rendre hommage à ceux de nos anciens, qui, libérés de toute obligation militaire, ont tout quitté, maison, famille, intérêts, pour affronter les fatigues, les dangers, les blessures, en un mot, pour se donner à la France! M. Léon Allard-Méeus, après avoir offert son héroïque fils Jean, y a sacrifié aussi sa vie. Le Docteur Sabatié, Chef de clinique à l'hôpital Saint-Louis, est mort à la peine en soignant nos soldats à l'ambulance de l'Ecole polytechnique! De quel cœur nous applaudissons aux Croix d'honneur, conquises au prix d'un si généreux dévouement, par MM. Lucien Baudelot, Avocat à la Cour d'Appel, Léon Bénech, Jacques Boudin, Avoués à Paris, les Docteurs Gaston Comar et Raoul Paillotte, MM. Louis Establie, Lucien Mora, le Commandant Henri Lucas et le Commandant Paul Plichon, qui a présidé, pendant huit années, avec tant d'activité et de bonne grâce, aux destinées de l'Association Amicale, par tous ceux enfin dont les noms ont pu échapper à notre enquête!

Le dévouement des maîtres fut aussi à la hauteur de toutes les épreuves. Vingt-cinq sur trente-sept nous furent enlevés et ont fait vaillamment leur devoir aux postes qui leur étaient assignés, les uns dans des services divers, les autres sur la ligne de feu. Deux sont morts sur le champ de bataille : M. Léon Wendling, Alsacien, Professeur d'allemand, Sergent, remplissant les fonctions d'Adjudant, tombé à Mesnil-les-Hurlus, en février 1915; M. Georges Ballion, Professeur de 5e B, Sous-Lieutenant au 2e Colonial, tombé le 5 mai 1917, à Vauxaillon. On me permettra d'ajouter, et c'est justice, que le petit groupe retenu à l'Ecole par l'iniquité de l'âge, s'est dépensé au-delà des forces pour suppléer à l'absence des collègues mobilisés, pour prévenir le désarroi, pour assurer la vie religieuse et l'activité laborieuse de la maison. Aidé généreusement par quelques recrues nouvelles, il a tenu lui aussi, dans sa modeste tranchée, sous un labeur accablant, parmi les levers nocturnes, sous le sifflement sinistre des obus, sous le fracas des torpilles qui dévastaient notre quartier et brisaient nos vitres comme celles du Lycée Charlemagne.

En ces heures sombres, nous étions réjouis par les fréquentes visites de nos jeunes permissionnaires en bleu horizon, fiers de leurs galons glorieusement conquis et chaleureusement applaudis de leurs camarades. Ils déjeunaient avec nous, nous donnaient des nouvelles du front et nous réconfortaient par leur merveilleux entrain. Combien d'entre eux, hélas ! ne sont pas revenus !

A côté des maîtres, tout le personnel attaché au service de la maison a partagé avec la plus belle vaillance nos fatigues, nos angoisses et nos deuils, et il a, lui aussi, bien mérité de la patrie. Je tiens tout particulièrement à rendre un hommage ému à la mémoire de quatre de nos meilleurs serviteurs, attachés à l'Ecole comme à une maison de famille, et qui se sont sacrifiés, eux aussi, pour nous sauver : François Dosse, tombé à Suippes; Armand Reversat, tombé sous Verdun; Jean-Marie Rogard, tombé à Souchez, et Georges Bois, disparu!

❦ ❦ ❦

Quant à nos combattants, les pages qui suivent diront quel souffle d'enthousiasme les a soulevés jusqu'aux sommets de la grandeur morale, avec quelle énergie ils ont enduré des souffrances surhumaines, toutes les formes du martyre, et contribué, pour leur part, à dresser le mur d'airain que le formidable choc de toute la puissance germanique n'a pu renverser. Ils ont continué la trame séculaire que les preux de tous les temps ont tissée à travers l'histoire de France, et ils ont écrit de leur sang la plus émouvante page de l'histoire Massillonnaise. Le tableau de leurs états de services, de leurs citations et de leurs décorations est singulièrement éloquent. Nous le donnerons aussi complet que possible à la fin du volume.

La plupart de ces vaillants proclament dans leurs correspondances le secours et le réconfort moral qu'ils ont dûs aux croyances et aux principes dont ils furent pénétrés au foyer et à l'Ecole. Le courage et l'esprit de sacrifice dont ils ont fait preuve est un titre de noblesse pour leurs familles et pour l'Ecole. « C'est de la gloire aussi pour notre maison, m'écrivait Xavier Boiteux-Levret, d'être un nid de héros ! » Ces héros sont l'honneur et la couronne des vénérés Oratoriens qui ont fondé et dirigé cette maison chrétienne, de ceux aussi que la violence expulsait en 1903, et que la France a honorés depuis en épinglant sur la poitrine du Père Courcoux, avec la Médaille d'Or de la Reconnaissance Nationale, la Croix de la Légion d'honneur ; et, sur la poitrine du Père Martin, avec trois glorieuses palmes et des étoiles, la rosette d'Officier.

Ces héros sont aussi l'honneur et la couronne des maîtres éminents des Lycées St-Louis et Charlemagne, qui ont fait mieux que de cultiver leurs intelligences, qui leur ont appris par leurs paroles et par leurs exemples à aimer et à servir les grandes choses qui donnent à la vie sa noblesse et tout son prix : la vérité et la justice, la patrie et le devoir. A cette double école, les élèves ne sont-ils pas devenus des maîtres et nos maîtres à tous ? Les exemples de sacrifice qu'ils viennent de donner constituent, en effet, l'acte de foi le plus émouvant, l'acte d'amour le plus désintéressé et le plus entraînant à ces grandes choses, puisque, selon la parole du Sauveur, il n'y a pas de plus haute marque d'amour que de donner sa vie pour ce qu'on aime. A ce titre, leurs exemples resteront pour tous, et pour nos jeunes en particulier, une lumière directrice, une sorte de colonne lumineuse à travers les obscurités et les difficultés du présent et de l'avenir.

L'hommage ému d'admiration et de reconnaissance que nous rendons à nos grands morts et à tous nos combattants serait, en effet, bien vain, s'il ne mettait au cœur de tous, avec la confiance au Dieu de toute consolation, qui seul assure aux suprêmes sacrifices la récompense vraie et durable, la volonté et le courage de continuer l'œuvre de nos héros, la volonté et le courage de sauver la France, encore en danger, par le culte de l'idéal chrétien qui en a fait la force et la grandeur, par l'union sacrée des âmes, par une activité et un labeur inlassables.

Ecole Massillon, *Pâques, 1921.*

A. CHAUVIN,
Chanoine honoraire, Directeur.

A

NOS MORTS

DISCOURS

DE MONSEIGNEUR BAUDRILLART

DE L'ACADÉMIE FRANÇAISE

VICAIRE GÉNÉRAL DE PARIS, RECTEUR DE L'INSTITUT CATHOLIQUE

PRONONCÉ AU SERVICE FUNÈBRE POUR NOS GLORIEUX MORTS (1)

Absorpta est mors in victoria : la mort a été absorbée dans la victoire (I. Cor, XV, 54).

Ces paroles, mes frères, sont tirées de l'Apôtre Saint-Paul et il me semble qu'elles expriment bien le sentiment qui domine aujourd'hui dans nos cœurs de Français et de chrétiens. Jetez un regard sur la décoration de cette église ; le noir des tentures de mort n'est-il pas comme absorbé dans le flamboiement de nos trois couleurs ? Ah ! certes la pensée de nos morts est toujours présente ; elle préside à toutes nos réunions, à toutes nos cérémonies ; mais elle n'en bannit pas la joie sérieuse et saine ; elle planait sur notre Paris dans cette émouvante veillée de la nuit du 13 juillet et elle ne diminua pas les acclamations qui le lendemain saluèrent le défilé des vainqueurs sous l'arc triomphal.

La France est victorieuse, elle a signé la paix ; de nouveau elle connaîtra de glorieuses destinées. La tâche de ceux qui sont morts hier est accomplie ; elle rejoint la tâche des morts des siècles passés et elle l'achève ; aux efforts des vaillants de 1870, elle apporte le triomphe qui leur manqua. Nos héros sont solidaires des héros qui, au prix de leur sang, ont, pendant quatorze cents ans, assuré, tantôt dans d'éclatantes victoires, tantôt dans d'énergiques résistances, la vie de la France ; solidaires des héros de Tolbiac, de Poitiers, de Bouvines, de Patay, de Rocroy, de Denain, de Valmy, d'Austerlitz, de Reischoffen, de Gravelotte, des soldats de Clovis, de Charlemagne, de Philippe-Auguste, de Jeanne d'Arc, de Louis XIV, de la République, de Napoléon. Sur eux rayonne la même auréole de gloire et déjà, sur leurs tombes à peine fermées, commence à s'étendre la même atmosphère d'apaisement. Dans des cérémonies comme celles-ci, à la plainte douloureuse de nos *De profundis* se marient étroitement les notes joyeuses des *Te Deum*. La mort a été absorbée dans la victoire : *absorpta est mors in victoria* !

I

Mais j'entends le murmure de vos cœurs, pauvres affligés venus ici pour vous souvenir, pour prier, pour entendre un mot d'espérance et de consolation. Ah ! me dites-vous, ayez pitié

(1) Un service solennel fut célébré, sur la demande de l'Association Amicale, le 30 novembre 1919, dans l'église St-Paul St-Louis, où nombre de nos héroïques enfants avaient fait leur premièere communion. M. le Curé, notre Curé, eut à cœur de donner à cette émouvante cérémonie la plus touchante expression. L'église était ornée des insignes des grands deuils et d'oriflammes aux couleurs nationales qui symbolisaient à la fois la douleur des âmes et la fierté patriotique. Elle eut peine à conte-

de notre douleur et ne la blessez pas, même par des visions de victoire et de paix ! A nous, la victoire a trop coûté ; la gloire même renouvelle notre douleur. Nous sommes leurs pères, leurs mères, leurs épouses, leurs enfants, leurs frères, leurs sœurs, leurs maîtres, leurs amis.

Sentez-vous ce qu'ils étaient pour nous ? quelles espérances nous avions mises en eux, quel avenir nous avions rêvé pour eux ? Prêtre, soldat, diplomate, magistrat, avocat, professeur, agriculteur, industriel, chef de famille surtout. Voilà ce qu'il devait être et de tout cela rien ne s'est réalisé !

Si nous cherchons à nous les représenter aujourd'hui, notre imagination nous montre de pauvres corps mutilés, décomposés, cachés par un peu de terre en des tombes semées au hasard des champs, ou dans les longues files des cimetières du front et de l'arrière.

Et si c'est vers la France que nous nous tournons, nous la voyons dépouillée, découronnée de ceux qui étaient son élite. Rien que pour cette école, près de deux cents morts ! Et dans toutes les écoles du même genre, la même proportion ! Y songez-vous ? Comment nous relever ?

Ah ! nous nous inclinons parce qu'il le faut, parce que nous sommes des patriotes, parce que nous sommes des chrétiens et que nous savons que la volonté de Dieu est toujours adorable et qu'il faut baiser sa main même lorsqu'elle nous frappe ; mais, de grâce, ne nous demandez rien de plus !

Oh ! mes frères, autant que personne, je comprends votre douleur et je la respecte ; je suis l'un des vôtres ; je ressens ce que vous sentez ; j'ai vu la mort faucher dans ma famille comme dans toutes les vôtres et m'arracher les plus aimés de mes étudiants ; comment n'aurais-je pas horreur de toucher d'une main trop rude aux blessures de vos cœurs ?

Mais laissez-moi cependant pénétrer plus avant dans ces cœurs et vous y découvrir à vous-mêmes le fond le plus pur, le plus noble, le plus vraiment chrétien de vos propres sentiments. Je suis sûr qu'alors vous reconnaîtrez avec moi qu'en dépit des apparences qui ont brisé la vie des êtres que vous aimiez, toutes les espérances que vous aviez mises en eux, tous les désirs que vous aviez conçus pour eux se sont réalisés au-delà de ce que vous pouviez penser et imaginer.

Je vous le dis avec assurance, parce que je sais, en raison de tous les témoignages qui m'ont été apportés et de ce que j'ai vu moi-même, que ceux que vous pleurez aujourd'hui ne sont pas seulement morts comme des héros, mais que tous, ou presque tous, ils avaient vécu comme des chrétiens et qu'à tout le moins ils sont morts en chrétiens.

Que vouliez-vous, parents chrétiens, quand, après avoir jeté dans l'âme de vos enfants les premières semences de la doctrine et de la morale de Jésus-Christ, vous les conduisiez à des prêtres éclairés et pieux, comme le R. P. Nouvelle, fondateur de votre école, de qui nous vénérions, il y a peu de mois encore, la belle vieillesse, entourée d'une auréole de piété mystique ; comme le R. P. Lechevallier, si intelligent, si bon, si dévoué à chacun de ses élèves ; comme le R. P. Thédenat, ce savant à l'esprit si droit ; comme leurs successeurs que je ne nomme pas, parce qu'ils sont encore vivants, mais dont vous connaissez la valeur d'éducateurs et de prêtres ; que vouliez-vous, dis-je, parents chrétiens, quand vous confiiez vos enfants à ces éducateurs et à ces prêtres, que vouliez-vous sinon qu'ils complétassent ce que vous aviez commencé vous-même ?

Et vous, maîtres chrétiens, que vouliez-vous, quand vous appreniez à vos disciples à unir dans un même amour la France et l'Eglise et à suivre, coûte que coûte, la voix de la conscience et celle du devoir ?

Que vouliez-vous, jeunes filles chrétiennes, quand vous cherchiez parmi des jeunes gens chrétiennement élevés celui qui devait être le digne compagnon, le guide, le soutien de votre existence toute entière ?

Ah ! certes, vous vouliez qu'ils vivent. Et ce

---

nir nos familles, nos anciens élèves et nos élèves : toutes les tribunes, même celles des grandes orgues, étaient combles.

M. le Proviseur, M. le Censeur et plusieurs Professeurs du Lycée Charlemagne, M. Bernard, ancien Proviseur du même Lycée, et M. le Censeur du Lycée St-Louis figuraient au premier rang de cette foule profondément recueillie.

M. le Directeur célébra la messe. Le programme musical, admirablement préparé, fut exécuté sous la direction de M. Minard, Maître de chapelle de l'église, avec un art inspiré à la fois par la religion et par une sympathie compatissante. La musique de la Garde Républicaine mêlait ses sonneries éclatantes à la voix plus grave des grandes orgues.

Mgr Baudrillart, qui, pendant huit années fut attaché à l'Ecole restée pour lui comme une demeure familiale, où il est entouré de respect et d'affection, se fit l'interprète de la douleur commune et de nos espérances chrétiennes avec un accent si élevé et si pathétique qu'il fit couler bien des larmes, larmes tempérées par une reconnaissance et une admiration sans bornes. Cette allocution fut et restera une consolation et un réconfort au milieu de nos indicibles tristesses.

qui fait aujourd'hui votre désolation, c'est que la mort les a pris prématurément.

Mais cependant, vous ne vouliez pas pour eux d'une vie quelconque. Vous vouliez que leur vie fût belle devant Dieu et devant les hommes, qu'elle fût utile à leur famille, à leur patrie, à la société ; vous vouliez que leur vie fût heureuse dans le temps et dans l'éternité.

Eh bien ! je vous le déclare, la vie que Dieu leur a laissée, car ils vivent, *vita mutatur, non tollitur,* il l'a pour jamais fixée dans la beauté, dans le mérite du service rendu, dans le bonheur enfin.

De telle sorte que la mort qu'ils ont acceptée a non seulement assuré la victoire de la France et s'est absorbée dans cette victoire, mais qu'elle a du même coup assuré pour chacun d'entre eux la victoire dans le combat personnel que tout homme doit livrer pour son salut éternel, et s'est absorbée dans cette autre victoire, *absorpta est mors in victoria.* C'est là, mes frères, ce qui, avec la pensée du salut de la France, doit faire aujourd'hui votre légitime consolation.

II

Vous vouliez que leur vie fût belle : Dieu l'a fixée dans la beauté.

Beauté physique d'abord, et pourquoi pas ? Beauté physique qui est presque exclusivement l'apanage de la jeunesse et de la première maturité ; qui est faite de la pureté des lignes que les fatigues et l'usure de la vie n'ont pas encore empâtées, abaissées, dejetées ; qui est faite de la fermeté des chairs et des muscles, de la souplesse des membres, de la force de l'être tout entier ; qui est faite surtout, quand la jeunesse — et c'est le cas de nos jeunes gens chrétiens — ne s'est pas avilie par de basses passions, du rayonnement de l'âme, de la pureté du regard ; qui est faite de fraîcheur et de limpidité. Rappelez-vous : tels ils étaient quand ils partirent, quand le coup fatal les toucha.

Le vieillard qui meurt dans son lit abandonne à la mort un corps épuisé, flétri, des membres desséchés, un sang pauvre et déjà glacé. Ceux que vous aimiez, vous les avez envoyés au combat dans la fleur de l'âge et de la force ; vous les avez connus dans la plénitude de leur beauté et, en dépit parfois de cruelles mutilations, ils ont livré à la mort un sang chaud et généreux, un corps magnifiquement vivant. Tels vous pouvez vous les représenter et tels ils seront un jour, y ajoutant par surcroît l'impérissable beauté que Dieu donne aux corps spiritualisés.

Beauté physique, mais beauté morale surtout, où entrent bien des éléments, la pureté de la conscience, la pureté des mœurs, la pureté des vertus qui mènent l'homme droit à Dieu, la foi, l'espérance et la charité, éléments qui en définitive se résument en ces trois : la splendeur de l'idéal que nous nous proposons, l'étendue des sacrifices que nous acceptons pour répondre à cet idéal, la noblesse des actions qui font passer dans la réalité cet idéal et cette acceptation du sacrifice.

Dès lors représentez-vous à quelle beauté morale s'élèvent des soldats et des héros chrétiens qui réunissent tous ces éléments dans l'acte de leur mort, pur cristal où se concentrent les trois rayons qui le font resplendir.

Leur idéal ! Sauver la France, la douce France, notre patrie ; plus que la France, la civilisation chrétienne ; c'est-à-dire au fond, le règne de Jésus-Christ. J'ose l'affirmer : leur pensée, qui montait vers la France, montait aussi vers le Christ ; par-delà le jour présent, ils entrevoyaient celui où la France victorieuse referait chez elle le royaume de Dieu, par le retour à ses traditions nationales et religieuses, où elle serait de nouveau le soldat de Dieu.

Je n'invente pas, je n'exagère pas. Des lettres m'ont été montrées. J'y lis des lignes comme celles-ci : « Cette longue guerre est nécessaire au salut de la France et de la civilisation qu'elle représente. Peut-être que moi-même j'y terminerai ma vie ; mais qu'importe. C'est pour la plus belle et la plus sainte des causes. » Un autre écrit ces mots : « La pensée du ciel m'obsède, l'amour de Jésus-Christ me brûle ». Cent fois revient la pensée de la régénération chrétienne de notre pays : « Dieu veuille faire sortir de cet holocauste une France nouvelle où son règne soit affirmé ! »

Faut-il vous dire maintenant l'étendue de leur sacrifice et la sublimité de leur acceptation ? Ah ! certes, je ne veux pas établir ici de comparaison entre les diverses classes de la société, entre les riches et les pauvres, les savants et les ignorants. Tous ont accepté le plus grand, le plus complet des sacrifices, le sacrifice de la vie et, dans tous les rangs, beaucoup l'ont accepté avec une incomparable noblesse. Oui, dans toutes les classes, il y a eu une élite qui a compris ce qu'elle sacrifiait et pourquoi. Cette élite, nous l'avons trouvée chez nos petits paysans, au regard candide, si gauches encore dans leur manière de se mouvoir et d'agir, mais dont l'âme était pure comme leur corps était sain, si touchants et si élevés dans les confidences qu'ils faisaient à leurs chefs, à leurs aumôniers, à tous ceux qui leur portaient quelque consolation. Braves Vendéens, braves Bretons qui égalisez les meilleurs de nos étudiants et de nos séminaristes ! Chez vous aussi, jeunes ouvriers sortis de nos patronages chrétiens ; de quel cœur vous l'envisagiez ce sacrifice total, dans les lettres que vous écriviez à vos épouses, où vous leur recommandiez de ne jamais laisser fléchir chez vos enfants l'idéal français et chrétien pour lequel vous alliez verser votre sang ! Et pourtant, il me semble qu'il y a quelque chose de plus dans le sacrifice des jeunes gens qui appartiennent aux classes les plus élevées de la société, ceux de nos écoles, s'ils y apportent une égale noblesse morale. Le sacrifice en effet est d'autant plus grand qu'il s'étend à plus de choses et qu'il est plus conscient. N'est-ce pas le cas du sacrifice du jeune homme qui possède la richesse, une éducation supérieure, à qui sont promises toutes les jouissances de la vie matérielle et intellectuelle, qui sait qu'il embellira, qu'il enrichira sa vie de travaux qui lui feront honneur devant les hommes et même devant Dieu. Le sacrifice physique n'était-il pas plus dur pour leur corps délicat ? Ils ont tout prévu, tout compris, tout accepté : « Nous sommes les riches, c'est à nous de payer ! » écrit un élève de l'Ecole Normale Supérieure.

Par quels actes enfin, ils ont fait passer dans la réalité leur idéal et leur sacrifice d'avance accepté. Se peut-il rien imaginer de plus noble que le courage avec lequel ils ont affronté la mort ?

Car, même devant la mort, il y a plusieurs sortes de courages (1). Il y a le courage instinctif et animal de certains êtres, parfois moralement abjects, qui se jettent sur l'ennemi comme le lion sur sa proie ; il y a le courage purement physique qui se plaît au danger et qui tient plus d'une disposition naturelle du tempérament que d'une qualité d'âme. Il y a le courage moral qui a conscience de tous les dangers et de toutes les souffrances et qui domine toutes les craintes.

Ce fut celui de vos camarades. On les a vus, eux qui ne connaissaient ni la rudesse de la vie, ni le danger, se porter au premier rang, tantôt avec sang-froid, tantôt avec fougue. On les a vus descendre comme un torrent des cols des Vosges vers les plaines de l'Alsace et y faire flotter le drapeau de la France ; on les a vus supporter la plus angoissante des retraites, puis se retourner d'un coup pour faire face à l'ennemi et briser son offensive ; on les a vus courir à travers nos provinces et barrer à l'envahisseur l'accès des côtes de France ; on les a vus supporter, dans des tranchées mal abritées, le froid, le chaud, la neige, l'eau, les plus horribles bombardements.

Et tout cela, ils l'ont accompli simplement, joyeusement, à la française ! jusqu'au jour où les survivants ont jeté l'ennemi hors de nos frontières.

Allons plus loin ! De ceux d'entre eux, — et il en est beaucoup — qui sont morts consciemment pour leur idéal et qui ont accepté d'une pleine volonté le sacrifice, je dirai que leur courage ressemble à celui du martyr. Car je ne réserve pas le nom de martyre à la souffrance elle-même : *causa, non pœna martyrem facit ;* Saint Augustin l'a dit et il a dit vrai. Tous ceux-là, qu'ils soient tombés frappés au front, qu'ils aient lentement agonisé dans un sillon sanglant, ils ont offert le calice de leur sang ; ils sont morts sur la croix rendant témoignage à la justice et à la vérité ; et leurs chefs et leurs compagnons ont dit d'eux qu'ils étaient des saints !

Des saints ! C'est dans cet acte de suprême beauté morale que la mort les a pris et que Dieu les a fixés pour jamais ! Maintenant c'est la sécurité absolue ; ils ne peuvent plus déchoir; ils ne peuvent plus descendre du niveau où ils se sont élevés, et Dieu a couronné cette beauté morale en l'illuminant de tout ce qui résulte de la vue et de la possession de la Divinité.

III

Vous vouliez que leur vie fût belle ; vous vouliez aussi qu'elle fût utile, et je vous déclare que Dieu l'a fixée dans le mérite du service rendu.

Vous vouliez qu'elle fût utile à leur famille d'abord, à leur patrie, à la société; c'était aussi le but que tous se proposaient : leurs lettres en témoignent. Mais enfin, quel qu'eût été le service rendu à la patrie et dont la patrie, avec la société et la famille, leur aurait su gré, quel service eût égalé celui qu'ils ont rendu ? Ils sont morts pour la France, pour que leur famille vécût, pour que la France vécût, pour que la France conservât son indépendance et tout ce qui fait que, pour un peuple, comme pour les individus, la vie vaut la peine d'être vécue.

Voilà le service considéré dans toute son étendue. Et ce n'est pas le seul. Ces jeunes gens, ces hommes qui appartenaient à l'élite de la société, ils ont été des chefs, des entraîneurs ;

(1) M. Maurice Legendre a développé cette pensée dans un beau livre : *La guerre et la vie de l'esprit*, auquel nous avons emprunté quelques idées.

tous en conviennent, et l'on a contemplé ce spectacle merveilleux d'hommes mûrs qui avaient fait longtemps la guerre et qui, cependant, acceptaient d'être guidés par ces jeunes gens dont ils sentaient la supériorité intellectuelle et morale.

Qui peut savoir si la masse aurait marché comme elle a marché, soutenu le poids de cette longue guerre comme elle l'a soutenu, si elle n'avait pas eu à sa tête cette élite de notre société ?

Enfin, troisième service, ils ont réussi dans l'œuvre qu'ils poursuivaient, car vraiment la France a été sauvée, car vraiment nous avons remporté la victoire, la victoire proprement dite, la victoire militaire, celle qui recule les frontières et affirme la supériorité d'un peuple, l'autre victoire aussi, du moins je l'espère, victoire morale. Ne me dites pas qu'en mourant ils ont laissé la France dépourvue de son élite, car ils en ont fait naître une nouvelle. Leur extrême générosité a relevé le moral de tous. Là encore, et malgré certaines apparences, le but de régénération que poursuivaient ces hommes a été atteint, ou il le sera. On peut objecter qu'il y a aujourd'hui une réaction pénible et fâcheuse dans les mœurs et que la loi morale est peu respectée. Cette réaction suit toujours les grandes calamités publiques, les grandes guerres ; nous réprouvons énergiquement de tels désordres ; mais nous croyons que ce n'est pas uniquement là dessus qu'il faut asseoir notre jugement ; la nature humaine est si faible, si entraînable ! Lorsqu'elle a trop longtemps souffert, elle prend une sorte de revanche. Cela n'empêche pas que les âmes ne soient transformées intérieurement, que, pour beaucoup, la question morale ne se pose plus après l'épreuve de la même manière qu'avant l'épreuve; et que, somme toute, l'esprit public ne s'en préoccupe davantage ; les meilleurs sont plus généreux ; de superbes vocations fleurissent. Non, le sacrifice n'a pas été perdu pour ceux qui l'on accompli ; il portera ses fruits, comme a porté ses fruits à travers tous les siècle le sacrifice des martyrs.

Et Dieu, de son côté, les a récompensés ; maintenant leurs mérites sont acquis pour l'éternité ; ils sont près de l'agneau immolé, ayant, en un sens, participé à la rédemption du monde.

IV

Vous vouliez que leur vie fût belle et qu'elle fût utile ; vous vouliez encore qu'elle fût heureuse.

Heureuse, leur vie l'a été. Et d'abord auprès de vous, au moins pour la plupart d'entre eux. Qu'il est heureux l'enfant et le jeune homme chrétien auprès de ses parents, auprès de ses camarades et de ses maîtres ! Sans doute, il connaît quelques soucis, mais la paix du cœur et de la conscience règne en lui et il se berce de l'espérance de longues années semblables aux premières. Qu'il est heureux le jeune mari, et le jeune père !

Mais qu'aurait été l'avenir pour tous ceux qui sont morts ? Comme pour nous tous, mêlé de bien des maux, de bien des peines et de quelques joies. Outre les accidents de la vie, ils auraient à une heure quelconque connu les luttes et les obscurités de l'intelligence, les doutes, les troubles qui en résultent ; ils auraient connu les souffrances du cœur, celles qui viennent des séparations que la nature impose, celles qui viennent de l'éloignement qui se fait trop souvent entre ceux qui se sont aimés ; ils auraient connu les défaillances de la volonté, au fur et à mesure que l'ambition se serait emparé d'eux ; l'ambition ou bien la passion qui, parfois, porte ses ravages chez les hommes les meilleurs et les fait tomber après bien des années ; ils auraient connu finalement les faiblesses de l'âge et les prodromes de la mort. Cela, c'est le cours naturel des choses, c'est l'inévitable.

Or, par la mort du soldat qu'ils ont acceptée, mort prématurée, ils ont anticipé sur l'immortalité. Toutes leurs facultés aujourd'hui ont atteint leur objet. Tout besoin inhérent à la nature de l'homme a droit à une satisfaction et la trouve ; c'est vrai de notre être moral comme de notre être physique. Leur intelligence est pleinement satisfaite ; ils voient, ils comprennent, ils savent mieux que lorsqu'ils vivaient auprès de vous ; ils voient Dieu ; ils vous voient, ils vous comprennent plus parfaitement qu'ils ne vous ont compris sur cette terre. Leur cœur est aussi pleinement satisfait; ils aiment Dieu, chose si difficile à notre pauvre cœur ici-bas ; ils vous aiment d'un amour plus pur, plus désintéressé ; et, quant à leur volonté, elle est à jamais à l'abri des défaillances, des déchéances. Plus de faiblesses morales, plus de luttes, plus de crainte de tomber et de perdre le fruit de la vie ; ils sont fixés dans le souverain bien, dans le souverain bonheur ; Dieu a donné satisfaction à toutes les tendances de leur être et il y a ajouté les trésors de la béatitude surnaturelle.

Ah ! n'avais-je pas raison de vous dire en commençant qu'en dépit de toutes les apparences, Dieu a comblé les meilleurs et les plus nobles des vœux que vous pouviez former pour ceux que vous aimiez si tendrement et que, pour chacun de vos héros, la mort s'est absorbée dans la victoire ?

Vous pleurerez encore, cependant, et Dieu ne vous le défend pas. Notre Seigneur savait que Lazare ressusciterait et il pleura sur lui. Marie savait que son fils ressusciterait et son cœur fut percé d'un glaive de douleur. Vous pleurerez comme Jésus et Marie, en attendant l'heure où il vous sera donné de vous réunir à ceux que vous avez aimés et de les retrouver tels que vous les avez aimés.

V

Un jour viendra enfin où la trompette mystique retentira sur la terre, sonnant, si j'ose dire, l'universelle mobilisation des morts : *in momento, in ictu oculi, in novissima tuba, canet enim tuba.* La voix de Dieu lui-même se fera entendre : *Debout les morts !* Ce cri qui ne fut qu'une sublime métaphore deviendra la plus prodigieuse des réalités, car la parole de Dieu opère ce qu'elle dit. Debout les morts des Vosges et de l'Alsace ! Debout les morts de la Marne, de l'Aisne et de l'Yser ! Debout les morts de l'Argonne et de Verdun ! Debout les morts de la Champagne, de l'Artois et de la Somme ! Debout les morts des Dardanelles et de Salonique ! Alors sur l'immense ligne des cimetières que marquent aujourd'hui tant de tombes et tant de croix, les morts se lèveront dans la splendeur de leurs corps ressuscités, d'où auront disparu jusqu'aux traces de mort : *mortui resurgent incorrupti.* (Cor. XV, 52).

Et nous aussi, nous serons changés, *et nos immutabimur.* Semblables à ceux qui nous ont précédés dans la mort, — si comme eux nous avons chrétiennement, noblement et glorieusement livré le combat de la vie, — nous partagerons leur récompense, nous les verrons, nous vivrons avec eux, et tous ensemble, prosternés devant le trône de Dieu, nous redirons encore, — avec quelle reconnaissance ! — la parole de l'apôtre : *absorpta est mors in victoria,* la mort a été absorbée dans la victoire. Ainsi soit-il !

ÉCOLE POLYTECHNIQUE

Emmanuel de BOUDEMANGE
(1911-1912)

SOUS-LIEUTENANT AU 106e RÉGIMENT D'ARTILLERIE

Croix de guerre
Citations à l'Ordre de la Division et du Corps d'Armée

Emmanuel de Boudemange nous était arrivé en 1911, pour faire à l'Ecole ses mathématiques préparatoires. Une crise de croissance, qui altéra gravement sa santé, ne nous permit pas de le conserver plus d'une année. Sa famille vint s'installer à Paris afin de lui garder la chaude tendresse du foyer.

Ce court passage fut suffisant pour nous faire apprécier et regretter le jeune homme à l'âme généreuse, à la haute conscience, à la foi douce et tendre, qui nous était confié.

C'est ainsi qu'il s'était toujours montré, à Saint-Euverte, à Orléans, où son père était officier d'artillerie, au catéchisme de Saint-Thomas d'Aquin de Paris, où il fit sa première communion, à l'Ecole Massillon de Clermont-Ferrand, enfin au Lycée de Belfort. Partout ses maîtres avaient remarqué et aimé cet enfant consciencieux, travailleur, naturellement réfléchi et pieux, chez qui la plus exquise timidité s'alliait déjà au plus joli courage, quand il fallait affirmer et défendre ses idées religieuses.

L'enfant voulait être soldat : c'était vraiment chez lui une vocation, c'est-à-dire un appel, venu sans doute du passé de sa race, — son père était Colonel, — mais plus encore du fond d'une nature généreuse et idéaliste, avide de servir une grande cause. Admissible en 1912 à l'Ecole Polytechnique qu'il prépare à Saint-Louis, il est brillamment reçu en 1914. C'était la réalisation d'un beau rêve, mais dans des conditions dont il ne pouvait entrevoir la tragique beauté.

Au matin du 31 août, Emmanuel embrasse son père pour la dernière fois ; le colonel partait pour la frontière d'Alsace. Lui-même peu après part pour Paris, afin de s'engager au 26e d'Artillerie, ancien régiment de son père. Il est fou d'enthousiasme. Le bon sang lorrain qui coule dans ses veines bout d'impatience. La volonté soutient la noble ardeur de cette âme généreuse ; à Moulins, à Clermont, elle triomphe des fatigues d'un entraînement pénible à sa santé délicate. Emmanuel est nommé sous-lieutenant au 26e d'artillerie, le 3 janvier 1915, à Chartres. Enfin en mai 1915 arrive le jour tant désiré de son départ pour le front.

Dès lors il prendra part à tous les grands combats : aux Eparges, à la tranchée de Calonne, puis en Champagne dans la région de Souain, où il reçoit la croix de guerre pour s'être signalé comme officier téléphoniste.

Une atteinte de gaz le fait évacuer en congé de convalescence. Mais il avait hâte de s'arracher aux douceurs de la famille, pour retourner à « la fête de Verdun. »

Là devait être son tombeau, au 106e d'artillerie lourde — l'ancien 26e d'artillerie était rattaché provisoirement au corps d'armée Mangin. Le 17 août, jour de la reprise de Fleury par les Français, il est frappé mortellement à son poste de combat, à Verdun, au Faubourg Pavé. Un éclat pénétrant l'avait atteint à la nuque, causant la mort instantanée de l'héroïque enfant.

Les témoignages de ses chefs, de ses compagnons d'armes, de ses amis disent à l'envi sa gentillesse d'âme, son esprit vif et enjoué, son profond sentiment du devoir, sa bravoure souriante relevée d'un bel air d'insouciante braverie. Il nous plaît de souligner sa piété profonde, dont il a laissé mille témoignages, aussi bien dans ses notes intimes que dans le souvenir de ceux qui l'ont vu vivre.

Voici ce qu'écrivait à son admirable mère un capitaine auquel il s'était particulièrement attaché : « En ce temps (l'armistice), le souvenir de mon petit lieutenant est encore plus près de mon cœur qu'à l'ordinaire... Il avait su faire la paix avec lui et la mort ne l'a pas surpris. Mais s'il avait vécu, quel charmant ami il eût fait ! »

D'un enthousiasme endiablé, qui savait être réservé à l'heure voulue, artiste épris de la ligne et de l'ordonnance des choses, — ses notes et ses croquis en font foi, — délicat et sensible, oublieux de lui-même, courageux et volontaire, il avait en effet toutes les qualités les plus hautes, celles qui gagnent l'estime, les plus charmantes, celles qui attirent l'amitié ; il avait surtout la plus belle splendeur d'âme, qui transparaissait sur son fin et beau visage, qui rayonnait dans toute sa vie, qui faisait le cœur si vaillant et le front si serein à cet officier de vingt ans. C'était, et c'est encore un témoignage de ceux qui l'ont le mieux connu, c'était une des plus belles physionomies de guerrier chrétien et français.

Abbé J. Boyer.

Martial CHAPOT

(1910-1911)

Lieutenant du Génie

Né à Condrieu sur la rive du Rhône, à la porte d'une des régions les plus actives de France, au sein d'une famille qui aimait et pratiquait le travail, Martial Chapot eut des dispositions naturelles conformes à ses origines. Il se fit toujours remarquer par son application scolaire, sa ténacité dans l'effort. Ce caractère sérieux, le sentiment élevé du devoir le firent estimer de ses professeurs au Lycée de Lyon. Lui-même se sentit attiré par la haute valeur morale et intellectuelle de son professeur de Mathématiques spéciales, M. Commissaire ; et, quand ce maître éminent fut nommé à Paris, au Lycée Charlemagne, il quitta, pour le suivre, ses parents et sa province. M. Commissaire se plaisait à signaler le mérite de son élève : « C'est une bonne recrue que je vous amène, » disait-il à M. le Directeur de l'Ecole en le lui présentant au mois d'octobre 1910.

Et de fait, pendant l'année qu'il vécut parmi nous, Martial Chapot se montra parfait de tenue, d'une politesse exquise envers tous ses maîtres, profondément chrétien. Ardent au travail, de mœurs exemplaires, il se mêlait modestement aux bons élèves qui l'aimaient pour l'amabilité de son sourire. C'était un élève fait de bonté et de réserve, qui n'avait aucun goût pour les éclats bruyants.

Sous ces dehors de maturité, vivait ardemment une âme énergique et passionnée pour le bien. Les groupements catholiques, que vivifiait une sève vigoureuse, l'attiraient, et il aimait à s'y rattacher. A la fin de l'année scolaire 1910-1911, il fut reçu à la fois à l'école Polytechnique et à l'école des Mines.

Il était à Angers quand la guerre éclata. Il fut appelé comme lieutenant du génie à la défense mobile de Paris. Il y resta deux ans, jusqu'au mois de mai 1916, tandis que son jeune frère prenait part aux premiers combats et tombait, hélas ! en Alsace.

Puis ce fut son tour à lui de souffrir pour la patrie. « Il est juste que je souffre », disait-il avec un écrivain de son pays. Envoyé aux Dardanelles, presque en arrivant il est pris d'une fièvre typhoïde ; jeune, plein de vie, il tarde à se faire évacuer. Il succombe huit jours plus tard, le 14 juin, à l'hôpital d'Alexandrie.

Pauvres parents ! Ils avaient deux enfants, leur joie et leur espérance ; tous deux sont broyés dans cette tourmente. « Le malheur pour nous est horrible, écrivent-ils, et dépasse tout ce qu'on peut imaginer. »

« Puisse Dieu donner à ceux qui pleurent,
« Mais qui ne doutent pas de l'éternel revoir,
« La Résignation, tendre sœur de l'Espoir ! »

Abbé J. Michel.

ÉCOLE POLYTECHNIQUE — ÉCOLE SAINT-CYR

Maurice CROISET

(1910-1911)

SOUS-LIEUTENANT AU 40e RÉGIMENT D'ARTILLERIE

Chevalier de la Légion d'honneur
Croix de guerre avec palme
Citation à l'Ordre de la Division

Maurice Croiset est le second de trois charmants frères qui vinrent terminer leurs brillantes études à l'Ecole Massillon. Ils avaient été dirigés vers nous par leur oncle, le Doyen de la Faculté des Lettres de Paris, le grand helléniste qui honorait d'une vive et fidèle sympathie notre Directeur, son ancien élève en Sorbonne.

On lira plus loin les beaux états de service du frère aîné, Jean, enseigne de vaisseau, et du plus jeune, Pierre, lieutenant aviateur. Le cadet, Maurice, figure, hélas ! parmi nos Morts.

Il prépara dans notre maison et au Lycée Charlemagne l'Ecole Polytechnique, où il entra en 1911. C'était une âme d'élite ; son caractère aimable et doux, ferme au devoir, la bonne grâce de son sourire, sa piété angélique le rendaient sympathique tout de suite et conquérant. Il fut un de nos plus exacts et édifiants Conférenciers des Pauvres. Il eut au Lycée Charlemagne de nombreuses récompenses.

A sa sortie de Polytechnique, en 1913, il fut désigné pour le 25e Régiment d'Artillerie et y accomplit son année de service militaire. A la déclaration de guerre, il était maréchal-des-logis et fut nommé sous-lieutenant le 6 août 1914. Parti, le 12 août, avec la 28e batterie de renforcement du 40e d'Artillerie, il reçut le baptême du feu, le 25 août, aux terribles combats d'Etain ; puis sa batterie prit part aux combats de Senlis (2 sept.), de Montgé (7 sept.), à la bataille de l'Ourcq et à la poursuite victorieuse jusqu'à l'Aisne.

C'est près de Dommiers (Aisne), que, le 15 septembre, le sous-lieutenant Maurice Croiset tombait mortellement frappé à la tête par un éclat d'obus. Il montra jusqu'au bout une énergie et un entrain remarquables. Il fut cité à l'Ordre de la Division en ces termes :

« Tué à son poste de chef de section. Avait montré, depuis le début de la campagne, des qualités morales et techniques rares chez un aussi jeune officier ».

Les lettres que son capitaine, ses camarades et ses canonniers adressèrent à la famille prouvent combien Maurice était apprécié et aimé. Sa passion pour le métier des armes, son amour du travail, ses qualités morales donnaient les plus grandes espérances.... Il est mort à 22 ans !

Abbé H. PRADEL.

⚜ ⚜ ⚜

André DELLON

(1908-1910)

LIEUTENANT AVIATEUR

Croix de guerre avec palme

André Dellon faisait partie de la brillante promotion des Dinechin, d'Oilliamson, Gérardin, etc... Il appartenait à une excellente famille où, de père en fils, l'on se succédait à l'Ecole Polytechnique.

Parti dès les premiers jours de la mobilisation, il ne tarda pas à entrer dans l'aviation en qualité d'officier observateur. Plein de confiance en la vie qui lui souriait, et où ses talents de mathématicien et d'homme aux convictions solides lui réservaient une place prépondérante, a-t-il pu prévoir et accepter le sacrifice que Dieu et la France allaient lui demander ? En tout cas, il est certain que la veille du jour où il fut tué, André Dellon avait fait la sainte Communion.

Le 26 septembre 1916, au cours d'un combat aérien qu'il soutint pendant une reconnaissance photographique, au nord-est de Bouarville, il tomba mortellement frappé au milieu des lignes allemandes : il avait 24 ans.

André Dellon s'était fait remarquer dès les premiers mois de la guerre : en septembre 1914, il avait mérité une citation à l'ordre du régiment :

« Le sous-lieutenant Dellon (André), de la 4e batterie du 24e régiment est cité à l'ordre du régiment pour sa belle conduite dans les circonstances suivantes : A donné au combat de Pleine-Selare (septembre 1914) un bel exemple de sang-froid et de courage ; s'est acquis de nouveaux titres en assurant avec autant d'initiative que de dévouement l'installation et l'entretien du réseau téléphonique du groupe et en participant au service d'observation aux tranchées ». — 7 mai 1915.

En juillet 1916, le lieutenant était cité au Corps d'armée :

« Excellent observateur qui a toujours montré dans l'accomplissement des missions qui lui ont été confiées les plus belles qualités d'intelligence, d'énergie et d'entrain. Le 20 juin 1916, chargé de protéger une reconnaissance photographique lointaine, s'est admirablement acquitté de sa tâche en se portant à deux reprises, avec la plus grande résolution, à l'attaque de deux avions ennemis très rapides et mordants qu'il a réussi à mettre en fuite ».

Le 24 juillet de la même année, André Dellon était nommé dans l'ordre de la Légion d'honneur, au grade de Chevalier, comportant la Croix de guerre avec palme :

« Observateur en avion, a déployé au cours de toutes les missions qui lui ont été confiées de remarquables qualités d'intelligence et de courage. A livré cinq combats aériens. Le 2 juillet 1916, attaqué à 15 kilomètres des lignes par un avion de chasse puissamment armé, lui a fait face à cinq reprises et, bien qu'ayant un de ses moteurs atteint, a réussi à abattre son adversaire ».

Abbé L. Roussel.

⚜ ⚜ ⚜

Ludovic DUPONT de DINECHIN

(1907-1910)

Lieutenant

Commandant la 13e Batterie du 120e d'Artillerie Lourde

Chevalier de la Légion d'honneur
Croix de guerre
2 Citations : 1° à l'Ordre de l'Artillerie devant Verdun, 2° à l'ordre de la 10e Armée.

Ludovic de Dinechin appartenait à une de ces familles, où la foi chrétienne, trésor sans prix à leurs yeux, est l'âme de la vie ; dont la première préoccupation est de chercher d'abord le règne de Dieu et sa justice. A ces familles là, le reste, selon la promesse évangélique, est donné par surcroît.

Ludovic était l'aîné de quatre frères, qui sont venus successivement chez nous préparer l'Ecole Polytechnique, au Lycée Saint-Louis, sous la direction d'un professeur aussi dévoué qu'éminent, M. Grévy, qui développa rapidement chez eux l'esprit mathématique. Ludovic sortit de cette Ecole, en 1912, avec le n° 20 ; son frère Jean, mort, lui aussi, pour la France, avec le n° 16, en 1913 ; son frère Gérard, en 1920, avec le n° 3 ; et le 4e, Bernard, suit présentement les traces de ses frères. Le grand Prix d'Honneur de l'Ecole Massillon était décerné à Ludovic en 1909 ; à Jean, en 1911.

Ce jeune polytechnicien annonçait un homme complet, d'une rare et supérieure étoffe. Belle prestance, lucide intelligence, volonté ferme, sens très élevé du devoir, avec je ne sais quoi de mâle, de loyal et de généreux dans la physionomie, qui gagnait, dès l'abord, la sympathie et la confiance. Une piété profonde vivifiait ces riches ressources et leur donnait tout leur essor. La charité pour les pauvres et les petits y ajoutait un rayonnement de douceur et de délicatesse. Ses camarades l'avaient nommé Président de la Conférence de Saint-Vincent de Paul en 1910. Avec son ami, Henry d'Amécourt, il consacrait ses journées du dimanche au patronage des Malmaisons, à Paris.

Son rang de sortie lui permettait de choisir sa carrière. Par goût, par tradition familiale peut être aussi, — car son père était Colonel et commanda l'artillerie de la 26e Division pendant la guerre, — il opta pour l'artillerie. Le don du commandement, joint au caractère, à l'énergie et à la bonté, lui assuraient l'avenir le plus brillant.

Il sortait de Fontainebleau, quand la guerre le jeta en pleine action. Ce qu'il fut au feu, ses deux citations en témoignent éloquemment :

« Jeune officier, plein d'entrain, allant au devant du devoir. Sa batterie ayant été prise sous un violent bombardement, s'y est rendu pour s'assurer que des secours étaient portés aux blessés ». — Citation à l'ordre de l'Artillerie, devant Verdun.

« Officier de tout premier ordre, joignant aux plus hautes qualités professionnelles, un courage à toute épreuve et un dévouement sans bornes ». — Citation à l'ordre de la 10e Armée.

Le 3 août 1916, à la Tour Carrée, près Lihons (Somme), il fut frappé en plein front par un éclat d'obus, alors que, au milieu de sa batterie bombardée, il faisait abriter ses hommes. Son père, prévenu par téléphone, n'arriva pas à temps pour le revoir vivant. « Je passai l'après-midi à prier près de lui en lui tenant la main, m'écrivait-il. Je l'ai fait mettre dans un cercueil avec son crucifix, et son Nouveau Testament, qu'il avait demandé d'être placés près de lui. » Les funérailles eurent lieu le 4 août au milieu de la douleur générale. Il n'avait que 25 ans.

Son frère Jean, Sous-Lieutenant du Génie, avait succombé en Belgique, dès le 14 décembre 1914, à l'âge de 22 ans. C'étaient deux de nos plus chers fils, deux de nos meilleures forces morales qui nous étaient enlevées. Nous ne pourrons nous en consoler.

Hélas ! de la brillante élite de Polytechniciens qui nous faisait tant d'honneur de 1910 à 1912, six sur huit sont ainsi morts pour la France : les deux frères de Dinechin, Henry d'Amécourt, Martial Chapot, Maurice Croiset et André Dellon. Un 7e, Thomas d'Oilliamson, a été cruellement blessé. Un seul est resté indemne, qui était Ingénieur du génie maritime.

Glorieux martyrs, rédempteurs de la France, nous vous adressons l'hommage ému de notre admiration et de notre reconnaissance attendrie ! A. CHAUVIN.

Jean DUPONT de DINECHIN

(1908-1911)

LIEUTENANT AU 6e GÉNIE

Croix de guerre avec palme

Jean de Dinechin fut élève de l'Ecole Massillon de 1908 à 1911. Comme son frère Ludovic, il fut reçu à l'Ecole Polytecnique et comme lui sortit de l'illustre Ecole dans un rang très brillant ; un de leurs jeunes frères, Gérard devait à son tour la quitter avec le n° 3.

Jean choisit pour le temps du service militaire l'arme du Génie, et il était lieutenant au 6e régiment quand la guerre éclata. Trois mois après la victoire de la Marne, le colonel de Dinechin avait rencontré son fils aux environs d'Ypres et l'avait trouvé plein de santé et d'entrain.

Le 24 décembre 1914, à Zonnebecke, le commandement voulut faire détruire des défenses accessoires de l'ennemi parallèles à nos tranchées. Il fallait avancer en terrain découvert ; l'entreprise présentait les plus graves périls, et les avantages étaient loin de compenser les sacrifices d'hommes qu'il était facile de prévoir.

Sous des apparences toutes de bonté et de douceur l'âme de Jean de Dinechin avait des réserves d'énergie insoupçonnées. — Il a l'ordre de marcher, rien ne l'arrêtera ; il se met à la tête d'un goupe de sapeurs, et part le premier, pour exécuter un ordre qui, dans son esprit, était un arrêt de mort. En plein élan, le jeune et héroïque lieutenant tombe mortellement frappé.

La position était si critique que l'on ne put même aller reprendre son corps : « La fusillade était si vive, écrit son colonel, qu'il fallut le laisser entre les lignes. »

Le père apprit seulement par l'ordre général de la 8e armée et l'acte héroïque et la mort de son fils. Jean y était cité dans les termes suivants :

« Précédant avec un groupe de sapeurs une colonne d'attaque, a donné le plus bel exemple de courage et de sang-froid en allant détruire les défenses accessoires à 20 mètres des tranchées allemandes. Tombé glorieusement en accomplissant sa mission ».

Avec les mêmes qualités que son aîné, Jean laissait moins voir les trésors de son âme. Vivant d'une vie intérieure intense, il mettait une sorte de pudeur à ne pas en dévoiler les richesses. Chaque jour, pendant qu'il fut à Massillon, il lisait l'Imitation, les Elévations de Bossuet, faisait sa visite au St Sacrement ; chaque jour il faisait la Sainte Communion avec une piété angélique. Eût-il voyagé toute une nuit, son premier acte, en arrivant à destination, était de se rendre à la maison de Dieu pour y recevoir la Sainte Eucharistie.

Plein de charité pour les pauvres, dévoué aux œuvres, il consacrait ses heures de loisir, même à l'Ecole Polytechnique, soit à visiter les membres souffrants du Christ, soit dans les patronages. « Dans sa courte vie, il ne m'a donné que des consolations, a dit le colonel de Dinechin, son père. Quand je l'ai revu près d'Ypres, il était toujours aussi pieux, et il me renouvela sa ferme volonté de se consacrer totalement à Dieu. »

Pendant la guerre Dieu s'est plu à faire ample moisson des âmes sublimes de nos jeunes gens de France. Etait-ce le prix de la Rédemption ? Jean de Dinechin fut un des premiers épis de la gerbe immortelle.

Abbé L. ROUSSEL.

Maurice GUIBERT
(1912-1914)

SOUS-LIEUTENANT AU 52e RÉGIMENT D'ARTILLERIE

Chevalier de la Légion d'honneur
Citations à l'Ordre de la Division et de l'Armée

Maurice Guibert, fils d'un commandant d'artillerie, préparait chez nous et au Lycée St Louis, en 1913, l'Ecole Polytechnique.

Toute sa personne respirait la noblesse morale, la bonne grâce et la délicatesse, et inspirait la sympathie.

Les vertus militaires, les plus belles et les plus rares, ennoblissaient déjà son âme, dotée de magnifiques qualités héréditaires. Il demanda, dès le début des hostilités, à servir aux postes les plus dangereux. On n'en connaissait pas alors de plus périlleux que le service des fameux « crapouillots » de tranchées. Il y acquit bientôt l'autorité d'un chef, que son intrépidité imposait à l'admiration de ses subordonnés, malgré son extrême jeunesse. « C'était un beau commandement pour son âge », écrit sa mère.

Il s'y révéla d'ailleurs magnifique d'ardeur, de prévoyance et d'endurance. S'il organise une attaque, il va lui-même inspecter chacune de ses sections, prend soin de ses hommes, les abrite, règle le tir, reste aux premières lignes, surtout quand, le bombardement devenant intense, le danger est imminent. A le voir ainsi inlassable, vaillant jusqu'à l'héroïsme, dévoué jusqu'à l'abnégation, modeste avec cela jusqu'à se croire toujours au-dessous de sa tâche, ses soldats, qui s'y connaissent cependant, ne peuvent cacher leur admiration pour ce magnifique enfant, devenu magnifique entraîneur d'hommes.

Il fut trop tôt enlevé à l'arme qu'il honorait, mais ses splendides citations à l'ordre de la 10e armée nous conserveront le souvenir de cette figure attachante :

« Officier d'élite, âme de soldat, qui, dans le commandement d'une batterie de tranchée, a déployé, depuis dix-huit mois, une inlassable activité et a fait preuve de la plus belle crânerie. Toujours sur les premières lignes, malgré les bombardements les plus intenses, a donné chaque jour l'exemple d'une vaillance héroïque, d'une endurance à toute épreuve, d'un dévouement sans bornes, d'une noblesse de cœur sans égale. Aimé et admiré de tous, a été tué le 2 décembre 1916, à son poste, à Biaches. »

Abbé J. DEDIEU.

Gilbert MARCILHACY
(1912-1914)

SOUS-LIEUTENANT AU 1e RÉGIMENT D'ARTILLERIE DE CAMPAGNE

Croix de guerre
Citations à l'Ordre du Régiment et de l'Armée

Né le 5 décembre 1895, Gilbert de Marcilhacy commença ses études à Sainte-Marie de Bourges et vint les couronner à Massillon, de 1912 à 1914. Il passa tous ses examens très brillamment. Au cours de mathématiques spéciales du Lycée Saint-Louis, il obtint plusieurs prix. La guerre arrêta sa préparation à Polytechnique : le 15 septembre 1914, il s'engageait au 49e d'Artillerie, à Poitiers ; en février il était reçu second au concours des Elèves Officiers et nommé aspirant au 1er Régiment d'Artillerie où son père était commandant. Il fit des débuts remarqués et dangereux, comme observateur, à l'attaque de la Tête-à-Vaulx (forêt d'Apremont) ; il put recevoir, à l'hôpital, la bénédiction de son père qui mourait de glorieuses blessures. Après un séjour de deux mois à Fontainebleau, il fut nommé sous-lieutenant. Il fut constamment en position, près des Eparges ; puis, sans permission ni repos, il partait pour Verdun ; le 19 juillet 1916 il prenait position à Fleury-sous-Douaumont ; malgré un bombardement intense, il opéra sans encombre la relève avec la batterie précédente ; après avoir fait abriter ses hommes, il fut, le 20, vers 4 heures, surpris dans un abri léger par une rafale terrible ; il voulut gagner, par prudence, la sape souterraine, mais il n'eut pas le temps de faire les vingt pas qui l'en séparaient ! Un obus de 155 lui fit aux reins une blessure profonde et il mourut presque instantanément. « Il se trouvait près d'une pièce spécialement visée par le feu ennemi », écrit un de ses camarades. Il repose maintenant dans le cimetière d'Houdainville.

Son colonel écrivait à sa pauvre mère : « A l'anniversaire presque du jour où tombait, au milieu de son groupe, le Commandant Marcilhacy, son fils Gilbert a été, à son tour, pris par la France ; ... insouciant du danger, hardi et calme, le sous-lieutenant Marcilhacy laissera à tous le souvenir d'un camarade charmant et bon. » La citation à l'ordre de la Division consacre ce jugement :

« Servant avec entrain, insouciant du danger, le sous-lieutenant Marcilhacy était pour sa section un modèle de dévouement et de hardiesse. Tué à son poste de combat, le 20 juillet 1916. »

On a trouvé dans ses papiers intimes une simple feuille sur laquelle, le 9 juillet, jour anniversaire de la mort de son père, et quelques jours avant sa propre mort, il écrivit et signa quelques pensées détachées. Elles témoignent d'une élévation d'âme et d'une fermeté chrétienne remarquables. En voici quelques extraits : « Le but de la vie n'est pas sur terre : il est dans la vie éternelle qui succède à la mort... L'homme recevra soit la récompense, soit le châtiment de sa vie : l'un et l'autre sont éternels.... L'homme doit s'efforcer de développer les dons qu'il a reçus de Dieu pour la glorification du Créateur et pour l'augmentation du bien-être de ses semblables. Pour cela il faut lutter, car la vie est une lutte incessante. Il faut : 1° Discipliner ses forces, afin de leur faire produire le rendement maximum... 2° S'efforcer de n'être jamais pris au dépourvu ni par ses semblables, ni par les circonstances.... 3° Eviter en toutes choses l'excès : l' équilibre est la grande force.... 4° Après réflexion, vouloir et agir avec constance... Se souvenir que commander n'est pas vouloir inconsidérément ; c'est partir de principes sûrs, d'idées saines et précises et en prévoir l'application en sachant se plier aux caractères et aux circonstances.... Secouru par la grâce de Dieu, pourvu d'un idéal noble et généreux, sachant se vaincre lui-même, sachant fixer sa pensée et inspirer sa volonté, l'homme de bien pourra faire de grandes choses. »

Nous retrouvons là l'enfant sérieusement chrétien que nous aimions, le dévoué conférencier de St Vincent de Paul, l'âme-sœur de notre grand Henry de Ponton d'Amécourt avec qui il était si lié. Sa simplicité, sa droiture, l'élévation de son esprit et de ses sentiments faisaient de lui un enfant exceptionnel. Cette méditation prouve combien les responsabilités avaient mûri ses vingt ans... Et de tout cela s'augmente notre regret, s'accroît notre admiration.

Abbé H. Pradel.

⚜ ⚜ ⚜

Alexis MONTRELAY

(1910-1911)

Officier d'Artillerie

Croix de guerre avec étoile d'argent

Sur Alexis Montrelay, nous ne possédons que la citation suivante, à l'Ordre de la Division :

« Le 27 avril 1915, s'est porté en plein jour, sous un feu violent et en terrain découvert, jusqu'à un élément de tranchée d'extrême pointe pour régler le tir sur une contre-attaque ennemie, et a su rendre le tir très efficace.

Le 28 avril, est sorti, en plein jour et sous les balles, d'une tranchée de première ligne pour aller chercher et ramener le corps d'un de ses camarades qui venait d'être tué.

Blessé au bras le 20 mai, a continué son service ».

⚜ ⚜ ⚜

André PACREAU

(1911-1914)

Sous-Lieutenant au 86e Régiment d'Artillerie Lourde

Chevalier de la Légion d'honneur

Croix de guerre avec 3 étoiles et 1 palme

André Pacreau s'était fait remarquer à Massillon par son travail acharné et ses succès. Admissible à l'Ecole Polytechnique dès 1913, il n'eut pas le temps de passer son oral en 1914, malgré les brillantes notes de son examen écrit, certifiées par le Général directeur de l'Ecole.

Incorporé en septembre au 33e d'Artillerie à Angers, il partit avec enthousiasme sans regarder derrière lui, je veux dire sans songer à la Grande Ecole qui avait été le rêve son adolescence : une réalité plus belle que tous les rêves ne venait-elle pas de se révéler à toute la jeunesse de France pour fasciner son esprit et enchanter son âme : la Patrie qu'elle allait défendre en acquérant une immortelle gloire.

Reçu élève-officier de réserve à Poitiers, André Pacreau ne tarde pas à être nommé aspirant et envoyé au 27e d'Artillerie à Pithiviers, puis il est attaché à la Défense contre avions à Amiens. Là, il se fait vite remarquer par son intelligence et par ses qualités professionnelles.

Mais son ardente jeunesse aspirait à une vie plus dangereuse.

Ce fut pour lui un beau jour de fête, celui où, passant au 86e, le « petit artilleur » — comme il signait avec une gentillesse caline ses lettres à sa mère — cet officier de belle et de puissante carrure fut envoyé au front : enfin il allait donc connaître la guerre, ses émotions, ses périls, ses possibilités de dévouement, ses occasions de gloire, sa belle vie exaltante. Il y avait du chevalier dans cet adolescent, dont le simple et gai courage, dont la bravoure imperturbable étonnera ses chefs, habitués cependant à l'héroïsme. « Jamais, confirme l'un d'eux, un obus ne lui fait baisser la tête. »

Il est d'abord sur la Somme. La vie y est dure ; dans ses lettres à sa famille, le jeune officier — André Pacreau avait été nommé sous-lieutenant le 27 sept. 1915, — ne tait ni son émotion quand il voit couler le sang de ses hommes, ni son admiration et sa reconnaissance de leur dévouement et de leur courage...

C'est un beau type de chef militaire que ce jeune officier français, pitoyable autant que vaillant.

Car il paye constamment de sa personne, sachant bien que de tous c'est encore, pour celui qui commande, le meilleur moyen de se faire obéir. Il est toujours prêt à se mettre en avant, surtout quand il y a du danger, toujours disposé à agir, actif quand les autres et sans doute lui-même sont fatigués, toujours prêt aussi à aider ses chefs qui, comme son capitaine, admirent « ce feu sacré », dont la flamme haute et claire ne vacillera jamais.

Et, avec la belle simplicité d'une âme restée jeune, malgré la vie rude et les dangers incessants, avec une candeur qui écarte toute idée de retour, vaniteux sur lui-même, il raconte aux siens, dans ses lettres, ses petites réussites et ses grands succès, sa fierté des appréciations bienveillantes et sa joie des distinctions promises. Après la France, n'est-ce pas pour eux, ses chers parents, qu'il lutte, qu'il souffre, et qu'il cherche la gloire, cette gloire qui les paiera un peu, il le dit dans cette lettre de fête adressée à son père, de l'éducation qu'ils lui ont fait donner. Ce héros est un tendre, qui se bat en songeant à sa mère. Oui, c'est vraiment une belle figure de chevalier français.

En juin 1916, il est envoyé à Verdun. Chargé d'un tir de destruction, sa batterie est vite repérée par l'ennemi ; il a la figure brûlée par les gaz, puis est blessé d'un éclat d'obus au bras gauche. « Ne faut-il pas souffrir pour que la France soit glorieuse ? » — Il sera atteint de nouveau, en juillet 1917, de multiples blessures qui ne lui laisseront dans l'âme qu'une fierté de plus et une ardeur renouvelée, puisque à peine guéri, il rejoint sa batterie où il remplacera son capitaine dans des conditions particulièrement difficiles qui signaleront, une fois de plus, son savoir-faire intelligent, son courage décidé, son ascendant moral sur ses hommes. André Pacreau a soif des responsabilités qui grandissent et de l'action qui ennoblit ; il considère la guerre comme une école providentielle où former sa virilité ; malgré sa jeunesse, il se révèle un chef remarquable.

Hélas ! comme pour tant d'autres, de si belles promesses ne verront pas mûrir leurs fruits. Le 7 septembre 1917, au jour anniversaire de son début dans la vie militaire, André Pacreau tombe mortellement blessé, en réglant, d'un observatoire exposé, qu'il avait cru pour cela devoir occuper lui-même, le tir de sa batterie.

La mort ne l'avait pas surpris. Il n'en parlait jamais. Mais nous savons qu'il l'avait regardée en face et nous pouvons être sûrs qu'il n'avait pas tremblé. Sa famille possède, entre autres documents qu'elle a bien voulu nous confier, son dernier ordre de service. Par la minutie des détails et la nature des certaines recommandations, ce document nous donne, avec la preuve de la conscience scrupuleuse d'A. Pacreau dans l'accomplissement du devoir, la certitude qu'il avait tout prévu...

Il fut enterré à Glorieux près Verdun. Son nouveau capitaine fit assister à ses obsèques tous les hommes disponibles du groupe, « ceux surtout qu'il aimait le plus. » Attention délicate dont on ne sait qui elle honore le plus, celui qui en a eu la pensée, les subordonnés du lieutenant Pacreau, ou le jeune héros si bon et si aimé.

André Pacreau était resté très attaché à l'Ecole Massillon ; il y revenait souvent, il en parlait sans cesse, à tel point que son capitaine crut répondre à son vœu secret en prévenant de sa mort héroïque le Directeur de l'Ecole.

Le père d'André Pacreau voulait bien nous dire sa reconnaissance d'une formation morale et chrétienne qui avait fait de son fils ce qu'il était. Nous acceptons de partager un tel honneur avec ceux qui, comme le disait le général Lyautey à l'Académie, « pleurent aujourd'hui dans la douleur et dans la gloire. » Qu'ils soient du moins assurés que l'Ecole Massillon conservera la chère mémoire et qu'elle honorera le nom désormais glorieux du sous-lieutenant André Pacreau.

Abbé J. BOYER.

⚜ ⚜ ⚜

Louis PELLIOT

(1882-1894)

CHEF D'ESCADRON D'ARTILLERIE

Chevalier de la Légion d'honneur
Croix de guerre avec 2 palmes

(La notice concernant Louis Pelliot n'étant pas arrivée à temps pour prendre place ici, est reportée à la fin de la 1e Partie).

⚜ ⚜ ⚜

Henry de Ponton d'AMÉCOURT

(1909-1911)

LIEUTENANT DU GÉNIE

Commandant l'Escadrille F 211.

Chevalier de la Légion d'honneur
Croix de guerre avec 6 palmes et 1 étoile (1)

Lorsque parvint à l'Ecole la nouvelle de la mort de Henry d'Amécourt, tombé le 26 septembre 1916, dans un combat contre trois ou quatre avions rapides, ce fut, chez nous, un cri de douleur et de consternation.

Il était si jeune, déjà glorieux et si sympathique ! Il était sorti vivant de 31 combats ; il nous semblait que la mort n'oserait le toucher.

La nature et la grâce lui avaient prodigué leurs dons. « C'était un chef-d'œuvre de Dieu, » a dit de lui son oncle, le général Lyautey, aujourd'hui Maréchal. Beauté physique, beauté morale, vivacité d'intelligence, délicatesse des sentiments, il avait tout. Il en était rayonnant. Son esprit d'organisation, son brillant courage et ses succès lui avaient déjà fait une réputation dans l'armée. La dernière fois que nous eûmes la joie de le revoir, en juin 1916, trois mois avant sa mort, l'épanouissement harmonique de ses magnifiques facultés, la noblesse de sa physionomie, à la fois lumineuse, virile et douce, nous frappèrent d'admiration.

Il était entré chez nous en octobre 1909, avec son frère Paul, alors candidat à Saint-Cyr ; son frère Roger, futur Saint-Cyrien aussi, ne nous arriva qu'en 1912. Henry suivit les cours de Spéciales du Lycée Saint-Louis, et, parmi ses camarades Massillonnais, je relève les noms de Ludovic et Jean de Dinechin, Maurice Croiset, Martial Chapot, Stéphen Ray, Jean Nicolon, futurs officiers tombés, comme lui, hélas ! au champ d'honneur. Une affinité de sentiments et de goûts le lia d'une étroite amitié avec Ludovic de Dinechin. Une piété profonde, une charité ardente pour les humbles les animaient

(1) Pour plus de détails, voir l'opuscule de 140 pages consacré à la mémoire de Henry, par son frère Paul, Capitaine au 26e d'artillerie, à Chartres.

également l'un et l'autre. Ludovic était Président de notre Conférence de St Vincent de Paul en 1910, Henry fut Vice-Président en 1911, année de son entrée à l'Ecole Polytechnique.

Une éducation familiale à la fois religieuse, large et très éclairée, les exemples de parents fermement chrétiens, l'influence d'une mère pénétrée d'esprit de foi, une Première Communion profondément émue, avaient de bonne heure éveillé chez Henry la réflexion et la vie intérieure.

Une fois à l'Ecole Polytechnique, cette vie intérieure le défendit contre les sollicitations mondaines dont il était assailli. Après quelque hésitation, son choix fut fait entre les matinées dansantes et les œuvres de charité. Il se donna de tout cœur au patronage des Malmaisons, à Paris, lui consacrant, toute sa journée, le dimanche, et « déjeûnant sur le terrain ». La charité le fit ainsi entrer dans les profondeurs du Christianisme, bien avant les expériences de l'âge mûr, illuminant l'esprit, échauffant le cœur, et doublant l'élan de cette nature d'élite vers l'idéal chrétien.

Quand la guerre éclata, le fond de sa grande âme se trahit : « *Je veux, écrit-il à l'un de ses amis, que tu m'aides à demander à Dieu, que, puisque tous ne peuvent pas revenir, il veuille bien prendre ma vie plutôt que celle de certains autres, B. en particulier et D. aussi, puisqu'ils ne sont plus seuls dans l'existence* ». *(Lettre à Michel Froissart).*

Il est prêt pour le suprême sacrifice.

Il s'impatiente au dépôt du Génie, pendant que son frère Paul entre le premier à Mulhouse à la tête de ses cavaliers ; et, quand, le 3 septembre, il apprend la mort au front de son père, Lieutenant-Colonel du 1er Chasseurs à Cheval, fou de douleur, il court à Saint-Cyr s'engager dans l'aviation, qui n'était alors ni organisée, ni armée.

La cruelle obligation d'être court ne me permet pas de raconter en détail ses reconnaissances hardies à la bataille de la Marne, à Saint-Mihiel ; la part qu'il prend au grand raid de bombardement sur Stenay, Quartier Général du Kronprinz ; sur Carlsruhe ensuite, expédition dirigée par un de ses anciens de l'Ecole Massillon, le Capitaine d'Etat-Major Henri Berger-Morlot. Son savoir-faire technique, son coup d'œil, son audace, l'esprit d'autorité qui règnent dans toute sa personne, la confiance qu'il inspire, le désignent pour la direction d'observation aérienne au 32e Corps, pendant la bataille de Champagne. La citation suivante, qui est déjà la 3e, dit ce qu'il y a fait :

« A huit fois, en vingt jours de missions diverses, livré des combats aériens acharnés. Le 22 septembre 1915, ayant épuisé les munitions de sa mitrailleuse sur un avion ennemi à deux mitrailleuses, est revenu à la charge avec une simple carabine, et a déterminé son adversaire à fuir. A eu son appareil atteint de sept balles, toutes à proximité de lui ».

7 oct. 1915. Signé : Langle de Cary.

Le 28 octobre, il était nommé Chevalier de la Légion d'Honneur, avec le glorieux libellé de motifs que voici :

« Observateur des plus remarquables, joignant aux plus rares qualités professionnelles un allant, un courage, une énergie hors de pair. A livré combat très fréquemment à des avions ennemis et leur a toujours imposé sa supériorité ; au cours des opérations, s'est dépensé jusqu'à l'extrême limite et a apporté à l'artillerie, au prix des plus grands dangers, un concours particulièrement efficace ».

Signé : J. Joffre.

* * *

La bataille de la Somme allait commencer. Henry, désigné pour organiser et commander l'escadrille V. 211, s'y distingua si bien comme observateur, qu'on le charge du service de renseignements d'artillerie pour tout le secteur. Il s'emploie avec une habileté et un courage incomparables à repérer les batteries ennemies. Le don naturel d'observation s'aiguise chez lui sous l'ardeur du sentiment. Car, selon la remarque profonde de M. Joseph Bédier, « les observateurs d'aviation qui voient le mieux, ce sont les plus sensibles, ceux qui pénètrent d'une pitié plus fraternelle et plus active les misères du fantassin. C'est par le cœur qu'ils voient, et s'ils voient mieux, c'est qu'ils ont plus de cœur. » Henry poussait ses randonnées fort loin jusque dans les lignes allemandes. C'est ainsi qu'un jour, le 26 septembre 1916, il fut enveloppé par trois ou quatre avions de chasse redoutables. Il lutta désespérément, mais fut accablé. Son appareil, gravement atteint, vint s'écraser sur le sol dans les bois de Saint Pierre Vaast. C'est là que son corps fut retrouvé, à travers des difficultés inouïes, avec celui du Lieutenant Martinot, son compagnon, par son oncle, le Colonel Lyautey. Sa belle tête, fracassée par la chute, était méconnaissable ! Des funérailles simples et émouvantes furent faites aux deux héros.

Le Lieutenant-Colonel de Gigord, Commandant l'artillerie lourde du 7e C. A. se fit, près de Madame d'Amécourt, l'interprète ému de la douleur de ses compagnons d'armes : « C'est grâce à lui et avec lui, disait-il, que mon artillerie a fait ce qu'elle a fait de plus beau dans la Somme. Car, dès son arrivée, d'Amécourt m'avait proposé une méthode de travail éclairée et féconde, que j'avais tout de suite adoptée et dont je ne me suis jamais départi depuis.

« Officier remarquable et s'imposant de suite, votre fils séduisait de suite aussi par ses qualités personnelles profondément attachantes : distinction et simplicité d'allures, esprit réfléchi et admirablement équilibré, cœur chaud, sentiments élevés, de l'honneur et du devoir exaltés jusqu'au sacrifice, courage calme et ignorant le danger.... Grand chrétien, s'il a eu une seconde pour voir venir la mort, et Dieu lui en a certainement fait grâce, il a sûrement fait son sacrifice en héros et en martyr. »

« Nous pleurons notre cher et admirable Henry, avec la même douleur qu'au premier jour, » m'écrivait le Général Lyautey. La gloire d'une telle vie et d'une telle mort ne fait que rendre la douleur plus amère. Elle serait accablante, n'était l'espérance de la triomphante résurrection.

A. Chauvin.

⚜ ⚜ ⚜

Jean ROBIN

(1916-1918)

Jean Robin, comme Jacques David, François Ferré, Robert Lallement, natures d'élite, a été fauché brutalement par la mort, à 20 ans, au moment où sa vaillance allait entrer en action et donner sa mesure.

Né à Rennes, dans une famille très chrétienne, il y fit de solides études au Collège Saint-Vincent, et entra chez nous en octobre 1916, avec son frère Yves, en vue de préparer l'Ecole Polytechnique au Lycée Saint-Louis. Travailleur acharné, il réussit au concours de 1918. Presque aussitôt, avec les six autres Massillonnais de sa promotion, il partait allègrement pour l'armée. Il n'a pas eu, comme eux, le bonheur de cueillir les lauriers de la victoire. Lui seul, de ce groupe, n'est pas revenu !

Peu de temps après son arrivée au front, une grave crise de santé le terrassait et le jetait sur un lit d'ambulance. Malgré les soins dévoués d'un infirmier-prêtre, il succomba rapidement. Il s'éteignit en octobre 1918 dans les sentiments de foi profonde, de piété généreuse et délicate jusqu'au scrupule, qui furent ceux de toute sa vie.

Il avait l'âme d'un apôtre. Il a fait pour la France tout ce que pouvait son grand cœur. En pleine force, en pleine jeunesse, il a offert pour elle le suprême sacrifice. Mais, quelle douleur inconsolabe au foyer de ses vénérés parents, parmi ses amis de l'Ecole, et quelle perte irréparable pour notre pays !

A. Chauvin.

⚜ ⚜ ⚜

Jules SALOMON-KŒCHLIN

(1893-1896)

Capitaine

Commandant le 2e Groupe du 50e d'Artillerie

Chevalier de la Légion d'honneur
Croix de guerre
3 Citations

Ceux qui ont connu à l'Ecole cette nature fine, élégante et distinguée, d'une intelligence si vive et si alerte, d'une bonne grâce charmante, d'un commerce agréable, pouvaient se demander si elle se déploierait en qualités fortes.

Or, voici ce que m'écrivait Jules, devenu Lieutenant d'artillerie, au sortir de l'Ecole d'application de Fontainebleau : « Je suis armé de bonnes et fortes résolutions, et je me suis tracé des programmes qui doivent faire de moi, avant peu, un officier modèle à tous les points de vue. Il se réalisera de tout cela ce qu'il plaira à Dieu, qui m'aidera, je pense, à travers les difficultés que je ne me dissimule pas. » (3 septembre 1900).

Dieu, en qui il mettait sa confiance et à qui il resta fidèle, — il avait toujours gardé la religion de sa jeunesse, et il venait de faire ses Pâques au moment où il fut frappé à mort, — Dieu lui donna la force de réaliser son idéal, et il en fit un officier d'élite.

Placé, au début de la guerre dans un Etat-Major, il demanda bientôt à prendre sa place au danger et sur la ligne de feu. Il y conquit rapidement la Croix de guerre, avec trois citations et la Légion d'honneur.

Le 15 mai 1917, il était cité en ces termes à l'ordre de la 4e Armée :

« Le 2e groupe du 50e régiment d'artillerie, sous les ordres du Capitaine Salomon, avec la coopération des Capitaines Clerville et Cochin, a, dans les journées des 17, 18, 19 et 20 avril 1917, apporté un concours précieux à la Division Marocaine. Ses tirs bien réglés ont favorisé la progression de l'attaque, son chef n'ayant pas hésité à partir avec le bataillon de tête pour établir ses observations. Il a ensuite contribué puissamment à arrêter trois violentes contre-attaques ennemies ».

Signé : ANTHOINE.

« C'est le 6 mai, vers 14 heures, écrivait à M. Salomon, ancien Ingénieur en chef de la Traction aux Chemins de fer de l'Est, père de Jules, le Lieutenant-Colonel Sallenave du 50e, — que votre pauvre fils a été frappé mortellement, en se précipitant hors de son abri pour aller voir ce qui se passait dans une de ses batteries, où, par suite d'un bombardement de gros calibre, il venait d'apprendre que des abris s'étaient effondrés, ensevelissant des hommes sous leurs décombres. Il fut frappé en route, hélas ! pour ne plus se relever. En même temps que lui, tombaient mortellement frappés, un de ses Capitaines, son meilleur, et un jeune Sous-lieutenant. Deux jours auparavant, il avait perdu un autre de ses Capitaines et un Sous-lieutenant, ce qui portait à six les officiers de son groupe que j'ai perdus dans l'espace de trois jours.

Et quels officiers ! Ses deux capitaines et lui constituaient un trio d'officiers comme je n'en ai pas rencontré souvent dans ma carrière d'officier, carrière de 32 ans. Votre fils en particulier, par l'étendue de ses connaissances intellectuelles, par la beauté de ses qualités morales, par sa valeur militaire exceptionnelle, s'était vite imposé dans le régiment, et avait pris sur son groupe un ascendant tel qu'il en avait obtenu les plus magnifiques rendements dans les dernières offensives. » (19 mai 1917).

Ce coup terrible plongeait dans le deuil deux familles Massillonnaises. Le Commandant Salomon avait en effet, épousé Mademoiselle Sabine de Béarn, sœur de deux de nos anciens élèves, dont l'un, le Comte Hector, Lieutenant de Vaisseau, a été décoré de la Croix de guerre et de la Légion d'honneur. Il a laissé deux orphelins, héritiers d'un double patrimoine de traditions chrétiennes, de noblesse et de gloire.

A. CHAUVIN.

ÉCOLE SAINT-CYR

Jean ALLARD-MÉEUS

(1899-1904)

SOUS-LIEUTENANT AU 162ᵉ RÉGIMENT D'INFANTERIE

Chevalier de la Légion d'honneur

Jean Allard-Méeus a été élève à l'Ecole de 1899 à 1904. Il prépara Saint-Cyr où il fit partie de la glorieuse promotion de Montmirail. Il était entré à St-Cyr avec une jeune, mais déjà brillante réputation de poète. Aussi fut-il choisi par ses camarades pour chanter le *Triomphe* de l'année. On sait comment un ordre du ministre supprima la traditionnelle cérémonie. Toutefois cette interdiction ne pouvait empêcher la promotion d'être baptisée. Les élèves se réunirent le vendredi 31 juillet, à la nuit tombante, dans la vaste cour Louis XIV. Jean dit alors cette pièce de vers d'un élan superbe, intitulée *Demain*, où sa jeunesse vibrante criait à l'ennemi ses colères et ses espoirs :

Vous nous avez volé l'Alsace et la Lorraine....
Gardez votre pays !... Nous y serons demain.

Après le baptême de la jeune promotion de la Croix du Drapeau, les Montmirail, dans un sentiment de magnifique et sublime folie firent, sous l'inspiration d'Allard-Méeus, le serment d'aller au feu en gants blancs, le *casoar* en tête.

Ils partaient tous le surlendemain et le 22 août, un des premiers, le lieutenant Allard-Méeus tombait glorieusement frappé à mort de deux balles, l'une au front, l'autre au cœur, au moment où il entraînait sa section par le cri de : « En Avant ! »

C'était non loin de Longwy. C'est là qu'il dort à côté du sous-lieutenant Pierre Trochu, un des nôtres encore, à la porte des provinces qu'il avait juré de reconquérir.

Le Colonel Tronchaud du 162ᵉ de ligne, blessé lui-même, écrivait peu après au père de ce vaillant — qui allait prendre à l'armée, engagé volontaire à cheveux gris, la place de son fils et le suivre dans la mort — : « Dans la liste déjà longue de mes officiers tombés au champ d'honneur, il tient une place toute particulière. »

C'était en effet un vrai type d'officier français, aimant la gloire, épris de beauté, ardent, enthousiaste. Ses vers avaient la flamme, l'élan, la grâce. Sous le titre : « Rêves d'Amour, Rêves de Gloire, » une main pieuse les a réunis. Henri Lavedan les a présentés au public dans une magnifique préface qui est plus qu'une recommandation : un hommage. Ils feront revivre sa mémoire, auréolée d'une double et pure gloire : celle du poète et celle du soldat, et comme le dit Henri Lavedan, ces oiseaux de France « tombés du nid, » — c'est l'épigraphe du recueil, — « continueront à battre des ailes sur les lauriers de sa tombe. »

Abbé J. BOYER.

⚜ ⚜ ⚜

Charles ANDRÉ

(1910-1913)

SOUS-LIEUTENANT AU 140ᵉ RÉGIMENT D'INFANTERIE

Chevalier de la Légion d'honneur
Croix de guerre avec palme

Tout ce qu'il y avait de loyauté, de droiture et de noblesse, dans cette âme de 20 ans, reluit à travers la photographie que sa famille nous a fait parvenir. Mais nous avons plus et mieux pour connaître Charles André : parti de chez nous l'année qui précéda la guerre, il n'y avait laissé que des sympathies ; appelé à se battre avant d'avoir terminé ses études de Saint-Cyr, il fit bien voir que ses qualités n'étaient pas de façade et qu'il y avait chez lui, sous des dehors doux et aimables, tout ce qui fait les héros.

Il partit au feu avec la Promotion de la *Grande-Revanche,* il fut du nombre de ces admirables Saint-Cyriens qui allaient à la guerre comme à une fête.

Il était Sous-Lieutenant au 140e d'Infanterie lorsqu'il prit part aux combats d'Hébuterne (juin 1915), où il fut cité à l'ordre avec toute sa Compagnie.

Peu après, nous le trouvons dans la grande offensive de Champagne ; là, il dut prendre le commandement de cette compagnie sur laquelle il avait déjà l'ascendant d'un vieux chef ; ordre lui fut donné de s'emparer d'une tranchée ennemie de 2e ligne, entre Souain et Tahure.

« Avant d'engager l'action, lisons-nous dans la notice qui nous a été communiquée par la famille, il voulut reconnaître le terrain et, s'avançant en rampant, il se rendit compte que les fils de fer barbelés ennemis étaient intacts. L'attaque était dès lors difficile, sinon impossible ; mais l'ordre était donné, il voulut l'exécuter.

Devant l'obstacle entrevu, ses hommes ont un moment de découragement ; par un discours vibrant d'enthousiasme et de foi, il les électrise et s'élance à leur tête ; le premier de tous, il franchit les fils barbelés. »

Cette folle et sublime entreprise devait lui coûter la vie ; il fut frappé d'une balle en pleine poitrine et eut encore la force de crier : « En avant ! »

C'était le 27 juin 1915. Comme le dit la Citation à l'Ordre de l'Armée, qui fut signée trois mois plus tard, « ce jeune officier, d'un dévouement et d'une bravoure admirables, était tombé sous un feu des plus violents, » communiquant à ses hommes son élan irrésistible.

Une lettre écrite la veille de sa mort nous livre le secret de son intrépidité : « J'ai pu vivre assez longtemps pour connaître quelques joies de la vie, pas assez pour en découvrir les servitudes et les injustices. » Cet idéal d'une pure jeunesse, ce désenchantement précoce pour tout ce qui est mal, est d'un mystique qui ne veut contracter aucune des souillures d'ici-bas : « *Raptus est ne malitia mutaret intellectum ejus, aut ne fictio deciperet animam illius.* Il nous a été enlevé, de peur que le mal ne vînt à changer son cœur et que des images trompeuses ne fussent une déception pour son âme. »

(Livre de la Sagesse, IV, 11).

Abbé F. CHARBONNIER.

Paul BERQUET

(1894-1899)

LIEUTENANT-OBSERVATEUR A L'ESCADRILLE

C. 220.

Chevalier de la Légion d'honneur

Croix de guerre avec palme

Comme ses frères Maurice et Marcel, sortis tous les deux de l'Ecole Polytechnique et Capitaines d'Artillerie pendant la guerre, Paul a passé plusieurs années dans notre maison. Ceux qui l'ont connu enfant ne peuvent oublier le charme de cette physionomie fine, éveillée, éclairée par des yeux d'un bleu vif, de cette nature primesautière, décidée et généreuse, où s'accusait déjà une personnalité. Elle savait ce qu'elle voulait. Dès l'âge de 11 ans, Paul avait choisi sa carrière. « Moi, disait-il sans hésiter, j'irai à Saint-Cyr. Il y entra en 1907, à l'âge de 19 ans.

Lieutenant aux Chasseurs à cheval, il demanda à passer dans l'aviation.

Ce que fut l'officier, nous pouvons déjà l'entrevoir par sa glorieuse citation à l'ordre de l'armée :

« Excellent officier observateur, joignant à des qualités professionnelles remarquables le plus complet mépris du danger ».

Lorsqu'il eut succombé à ses blessures, le 22 avril 1917, à l'ambulance de Fismes, à la suite d'un combat d'avions, le Capitaine

ÉCOLE SAINT-CYR

de Montaigu, Commandant l'Escadrille, lui rendit un hommage ému au milieu des larmes de tous ses compagnons d'armes :

« Brave parmi les braves, aussi simple, mais aussi résolu devant le danger que dans l'ordinaire de la vie, Berquet incarnait les plus belles qualités de notre race : franchise, hardiesse, dévouement, modestie. Tous ceux qui l'ont approché, se sentaient immédiatement attirés par cette nature d'élite, en qui vibrait un cœur d'or. Berquet ne comptait que des amis.

« Je le vois encore le jour où on l'a décoré, et où, étendu sur son lit, trop faible pour parler, ses yeux exprimaient la joie de voir épingler sur sa poitrine cette Croix des braves qu'il avait gagnée au prix de son sang.

« C'est face à l'ennemi, dans un combat aérien, au cours d'une mission photographique, qu'il a été frappé. »

Il fut inhumé dans le cimetière de Fismes.

Il est mort en héros et en chrétien. « Il a rempli tous ses devoirs religieux très pieusement, écrivait à son père, ancien Sous-Directeur des Chemins de fer de P.-L.-M., l'infirmière qui l'a soigné. Il a reçu l'Extrême-Onction et la Sainte Communion en pleine connaissance. Il est d'un courage et d'une résignation qui font notre admiration. Je n'ai jamais vu un soldat quitter la vie aussi généreusement. »

Il la pria de dire à sa famille « qu'il mourait sans regret, puisqu'il mourait pour la France, que c'était la plus belle des morts. »

Il répéta à plusieurs reprises « qu'il allait rejoindre sa mère, » sa mère emportée prématurément et dont il avait le culte et qui l'avait modelé à l'image de son âme, de son âme si noble et d'une si rare distinction.

A. Chauvin.

Charles BESNIER

(1894-1895)

Capitaine de Chasseurs a Pied,
Breveté H. C., a l'Etat-Major du 5e Corps d'Armée

Chevalier de la Légion d'honneur
Croix de guerre
2 Citations à l'Ordre de l'Armée
1 à l'Ordre du Corps d'Armée
Médaille du Maroc

Le Capitaine Besnier fut notre élève en Mathématiques spéciales avant d'entrer à Saint-Cyr. En 1899, il obtenait ses premiers galons dans la Promotion Bourbaki.

Si nous ignorons ses états de service avant la guerre, les citations qu'il a obtenues en 1915 et 1916 disent éloquemment comment il s'était préparé à son rôle.

Le 10 juillet 1915, le Général Commandant le 5e Corps d'Armée lui décernait la Croix de guerre avec étoile de vermeil : C'était la première récompense de son audacieuse bravoure :

« Officier d'Etat-Major plein d'initiative et de courage, a exécuté au cours de la Campagne de nombreuses missions délicates et périlleuses. Accompagnant son Général dans une inspection aux tranchées de premières lignes, a été contusionné par les éclats des mêmes projectiles qui ont blessé le Général et tué ou blessé d'autres officiers ; a prodigué, sous le feu et avec le plus grand sang-froid, les premiers soins à son chef ».

S'oublier soi-même, mépriser ses propres souffrances pour panser les blessures des chefs ou des camarades, n'est-ce pas là le double aspect des héroïques physionomies de la guerre ? Charles Besnier ne se laissait émouvoir que par les dangers que couraient les autres ; pour ce qui le concernait personnellement, il avait « du calme, de la décision, du courage. » C'est en ces termes que la Citation à l'Ordre de l'Armée, en date du 24 juillet 1915, ajoutait deux palmes au ruban de sa Croix de guerre.

Trois mois après, le Journal Officiel du 30 Octobre nous apprit qu'il était nommé Chevalier de la Légion d'honneur, pour s'être montré « officier allant, énergique et dévoué, qui avait rendu de bons services depuis le commencement de la campagne, au cours de laquelle il avait exécuté, à l'entière satisfaction de ses chefs, plusieurs reconnaissances délicates et périlleuses. »

La mort l'avait épargné dans les combats en rase campagne ; il n'en fut pas de même dans les luttes de l'air. Le 6 février 1916, il fut « mortellement blessé par des avions de chasse ennemis, pendant l'exécution d'une reconnaissance aérienne. » La citation à l'Ordre de l'Armée du 17 février dressait en ces termes ce glorieux acte de décès.

Le Capitaine fut inhumé au cimetière de Rarécourt, dans la Meuse. Il laissait une veuve et trois enfants. Il emporte l'hommage ému de notre admiration et de notre inaltérable reconnaissance.

Abbé F. Charbonnier.

Georges de BEUVERAND Comte de LA LOYÈRE

(1909-1912)

Sous-Lieutenant au 24e Régiment d'Infanterie

Chevalier de la Légion d'honneur

Georges de Beuverand de la Loyère a été élève à l'Ecole de 1909 à 1912. Fils d'Officier, il portait en lui les goûts militaires de sa race et la passion de servir la France, et, tout de suite, il s'est sacrifié pour elle.

Sorti de Saint-Cyr, Sous-Lieutenant au 21e d'Artillerie, il est tombé dès le 22 août 1914, au combat d'Anderlues (Belgique). Une de nos compagnies battant en retraite devant les Allemands, il s'élança sous la mitraille, à la tête de sa section, pour rallier les fuyards. En ces jours douloureux, il fut de ces héros qui sauvèrent l'honneur du drapeau et maintinrent l'espérance. Leur jeune sang fut la rançon de nos inexpériences et la plus féconde semence d'héroïsme. Ils ne sont pas tombés un soir de victoire, comme le voulait le poète ; ils n'ont pas pu deviner en mourant la ligne de héros qui naîtrait de leur sacrifice. Ils ont cru à la France, quand la France était vaincue, à la justice et au droit, quand la victoire s'éloignait d'eux. Dans l'immense armée de nos morts glorieux, ces premiers témoins de notre juste cause ont droit au privilège d'un souvenir plus ému : celui qu'on doit garder au courage malheureux.

Abbé J. Boyer.

Paul BIARD

(1882-1885)

Chef de Bataillon

Mort pour la France en 1915 dans l'offensive de Champagne

(Nous n'avons pu obtenir jusqu'ici aucun autre renseignement).

René BLACHÈRE

(1913-1915)

Sous-Lieutenant au 69e Régiment d'Infanterie

Médaille militaire
Croix de guerre avec 2 palmes
Chevalier de la Légion d'honneur

Né le 9 juillet 1896, René Blachère entrait chez nous en 1913 en vue de préparer l'Ecole Polytechnique.

En 1914-15, il occupait un rang honorable dans la classe de M. Grévy, au Lycée Saint-Louis. Très estimé de ses professeurs, il paraissait assuré du succès pour la fin de l'année. Sa hâte d'aller au front, de se donner le plus vite possible à la grande tâche était telle qu'on eut toutes les peines du monde à lui faire accepter d'entrer à Saint-Cyr. Il y entra cependant en 1915. Mais, dès le début, son unique pensée fut de s'orienter vers l'infanterie, parce que « c'était dans l'infanterie qu'il y avait le plus de danger à courir et le plus de souffrances à endurer. » Par là il laissait voir du premier coup que la générosité poussée à l'extrême allait être sa marque distinctive. A ce premier élan il restera fidèle jusqu'au bout. Les dangers courus et les souffrances endurées ne feront que redoubler son ardeur.

Sorti de Saint-Cyr comme aspirant, en août 1915, il fit un stage à l'Ecole de mitrailleuses du fort de Tourneville, près du Hâvre. Le 6 octobre, il est dirigé vers le front. En passant à Creil il écrit à sa mère : « Je pars la conscience tranquille, c'est le principal secret du courage. » Mêlé enfin à ses « chers fantassins », il n'a plus qu'un souci, c'est de partager leurs misères et leurs peines et de les soulager. Ses lettres sont pleines des sentiments qu'il éprouve à leur égard, et pleines aussi de ce qu'il tâche de faire pour leur venir en aide et pour entretenir leur courage par son courage.

Tout de suite il donna sa mesure. « Je l'ai rencontré pour la première fois, raconte le capitaine Emo, au bataillon des jeunes soldats de la classe 1916... Le 69e régiment d'infanterie ayant demandé un renfort de trois officiers, deux aspirants et trois cents hommes, il se présenta quantité de volontaires, surtout parmi les jeunes aspirants qui étaient très nombreux au bataillon. Comme il n'y avait que deux places à pourvoir la compétition fut acharnée. Mais R. Blachère intrigua avec plus d'acharnement encore que les autres et fit preuve d'un tel désir de partir que, bien que ne le connaissant pas, j'appuyai sa candidature, persuadé que ce serait pour mon régiment une précieuse recrue. Je vois encore sa joie, lorsque je lui annonçais qu'il était désigné ; je n'avais jamais vu homme aussi intensément heureux. »

Tous ceux qui connaissaient sa fougue savaient qu'au jour de la bataille il se risquerait sans compter. Lancé à l'attaque le 30 juillet 1916, à Maurepas, il a d'abord la jambe brisée. Pendant qu'un camarade l'emporte vers un trou d'obus, une balle de mitrailleuse lui broye la main gauche. Il reste deux jours entre les lignes. Ramené à l'arrière il lui fallut des mois pour se guérir de ses blessures. Ce furent des mois de martyre, puisqu'il dut subir quatre amputations successives, mais aussi des mois d'impatience ; car, tandis que personne ne songeait qu'il pût retourner au front, lui ne songeait qu'à cela. Aussitôt qu'il fut en état de marcher, il s'en ouvrit à sa mère. Celle-ci, qui avait déjà été cruellement éprouvée par la mort de son fils aîné tombé à Neuville-Saint-Vaast le 4 juin 1915, ne sut que faire cette réflexion : Je considère que je n'ai pas le droit de l'en détourner. Et elle ne l'en détourna pas. Le plus tôt qu'il put, il rejoignit son ancien régiment. Pas plus après qu'avant l'épreuve il ne pouvait être question pour lui de servir ailleurs que dans l'infanterie. Sa pensée dominante était : C'est là surtout qu'on souffre, c'est là surtout qu'on meurt, c'est donc là qu'il faut aller. L'idée, non pas seulement de se dérober, mais de ne pas faire ce qu'on est à même de faire, lui était odieuse. « Dans cette guerre, disait-il encore, il ne faut pas donner sa demi mesure. Il faut tout donner, l'enjeu est assez grave ; que les autres fassent ce qu'ils veulent ; moi, j'agis ainsi, et je continuerai. » Toutefois, s'il donnait tout sans hésitation, ce n'était pas sans ressentir le sacrifice qu'il faisait. Ses lettres à sa mère sont d'une tendresse admirable. Mais en même temps il a toujours l'air de lui dire : je veux être digne de vous, et il écrit : « Le courage ne consiste pas à avoir le cœur sec, il consiste à agir contre son cœur. »

Revenu au front en janvier 1918, il est nommé sous-lieutenant le 6 mars suivant. Après un séjour des plus pénibles dans les tranchées, aux environs de Verdun, il est atteint par les gaz asphyxiants. Le voilà obligé de retourner à l'arrière. A peine remis et sans vouloir prendre le congé de convalescence auquel il avait droit, il repart le 31 mai, après avoir communié avec sa mère.

Le moment décisif était venu. René Blachère arrivait juste à point pour prendre part à la grande offensive qui allait nous donner la victoire, cette victoire à laquelle il avait toujours cru. Le 18 juillet l'attaque est déclanchée. René Blachère en ce moment se trouvait à Ambleny. Mais il faut laisser la parole au colonel de son régiment, le colonel Martin : « Il appartenait, a écrit celui-ci, à un de mes deux bataillons d'attaque, celui-ci de droite ; il sollicitait l'honneur de partir avec les sections de première vague ; il franchissait, en passant dans l'eau jusqu'à la ceinture, le Rû de Retz. Il électrisait tous ses hommes par l'exemple de sa fougueuse bravoure. La progression s'exécutait à merveille. A 4 h. 35 tout le régiment avait bondi d'un seul élan en avant. A 5 h. 30 un premier arrêt se produisait ; des défenses formidables se révélaient à nous, tandis que l'ennemi faisait entrer en action d'innombrables mitrailleuses lourdes et légères, habilement dissimulées sur des pentes abruptes dont nous séparaient des réseaux de fil de fer intacts, cachés dans les blés. La section du sous-lieutenant Blachère était arrêtée devant un de ces barrages de mitrailleuses infranchissables. N'écoutant que son courage, le sous-lieutenant Blachère, bien que boitant d'une ancienne blessure à la jambe et n'ayant qu'un bras, s'élançait, revolver au poing, sur les servants d'une mitrailleuse allemande. Il tombait aussitôt foudroyé par une rafale. »

Et cette fois, hélas ! il tombait pour ne plus se relever. Mais qui dira combien fut efficace un pareil courage ? Quand on le vit revenir, privé de son bras, la jambe infirme, la santé délabrée, raconte encore le capitaine Emo, « ce fut de la stupeur au régiment, mais de la stupeur d'admiration ; car, à ma connaissance au moins, jamais un officier aussi mutilé que lui, n'a repris de service dans une section de combat. » Et quand, après avoir été intoxiqué et presque aveuglé, il reparut une seconde fois, chacun comprit que jusqu'au dernier souffle il serait là. « C'était un héros dans toute l'acception du terme, » conclut le capitaine Emo. Le capitaine Mounier a porté un témoignage identique : « René Blachère a renchéri sur la notion commune du devoir... Son âme s'élevait à la hauteur d'évènements surhumains. » Pour mon compte, dit un prêtre soldat qui a vécu avec lui, j'ai admiré cette âme noble et modeste faisant tranquillement abandon complet de sa vie à la France. » Et les hommes de sa compagnie dont on a pu recueillir les paroles sont unanimes à dire sa bonté en même temps que son courage et son entrain. « Ce n'était pas seulement pour nous, a écrit l'un d'eux, un chef admirable, mais un chef juste et fraternel. »

Deux citations, l'une à l'ordre de la Brigade pour la croix de guerre et l'autre pour la médaille militaire, vinrent d'abord reconnaître son mérite. « Chef de section, est-il dit dans la dernière, d'une bravoure et d'un sang-froid admirables, toujours prêt à remplir les missions les plus périlleuses. » Et après sa mort, la Croix de la Légion d'honneur lui fut décernée avec le rappel d'une citation à l'ordre de l'armée signée du général Mangin, où l'on signale son retour au front dans les conditions que nous avons dites, en le présentant comme « un officier d'une haute valeur morale, ayant de son devoir la notion la plus élevée. »

Tel fut René Blachère. Ame noble et délicate, conscience chrétienne indomptable dans un corps d'enfant, avec une ardeur toute juvénile, il a montré une maturité, une décision, un esprit de sacrifice qu'on rencontre rarement au même degré. D'une sensibilité extrême, il eut naturellement beaucoup à souffrir. Les injustices l'exaspéraient. Mais jamais rien ne l'a fait dévier de la ligne héroïque qu'il s'était tracée, jamais rien ne l'a découragé. Il savait nettement ce qu'il voulait et pourquoi il le voulait. A ceux qui s'étonnaient de le voir retourner au front quand même, il répondait simplement : « Les soldats ont besoin de voir revenir ceux qui pourraient rester chez eux. » Sa devise était : « Il faut faire plus que son devoir. » Et en vérité, nous pouvons bien le dire, il a fait plus que son devoir.

Abbé L. Laberthonnière.

Fernand BOLLE
(1902-1907)

Sous-Lieutenant Instructeur

Chevalier de la Légion d'honneur
Croix de guerre avec palme
2 Citations

« Il avait une nature généreuse, un sentiment profond du devoir, une âme très chrétienne. » Tel est le jugement que porte sur Fernand Bolle le prêtre à qui il avait confié le soin de son âme pendant les cinq ans qu'il passa à l'Ecole Massillon, 1902-1907. Ce prêtre l'avait justement apprécié. Quand il aura 21 ans, ses chefs rendront de lui le même témoignage. « Il s'est fait remarquer à Vauquois par son attitude courageuse et son haut sentiment du devoir. » (Citation à l'ordre du régiment). « Chef de section d'un moral très élevé, il a donné un bel exemple de bravoure. » (Citation à l'ordre de l'armée). Quand à 24 ans, une broncho-pneumonie foudroyante aura emporté son jeune sous-lieutenant, chevalier de la Légion d'honneur, sa mère, brisée d'émotion, écrira de lui : « Il a été au-delà de ses forces avec une vaillance admirable. Après s'être confessé, il est mort dans de grands sentiments de foi. »

C'est donc dans une belle uniformité que Fernand Bolle a cheminé toute sa vie, élève de l'Ecole Massillon, caporal au 31e de ligne, aspirant, puis sous-lieutenant sur le front des armées, élève de Saint-Cyr dont il sort un des tout premiers en 1917, jeune officier terrassé par la maladie et qui offre généreusement sa jeunesse.

Il eut une âme splendide à force d'être belle. Comme il est simple et chaste, il se rapproche de la nature et la comprend. Il a 21 ans et des galons de laine rouge quand il vient en ligne, en mars 1915, dans la glaise de la forêt de Hesse, sous la butte de Vauquois. Cette vie au grand air, dans les bois, au printemps, l'enchante. « J'aime la garde les nuits de lune et surtout au matin entre 3 et 5 heures, quand le jour blanchit et que le soleil se lève et que les oiseaux chantent. Le soldat, vois-tu, est un enfant et un enfant est un peu poète. Les pépiements dans la forêt d'Argonne avec la brise de l'aurore, c'est assez pour sourire. »

Comme sa conscience est en joie, il n'a point peur. « La lutte de tranchées est violente et quotidienne, » dira sa citation; il a à boire, à manger, de la paille pour dormir, il est content, content. « Vive la France, écrit-il le 2 juin, vive le soleil, vive le printemps, je me battrai toujours comme un lion, donnez-moi seulement un sourire de Paris dans vos lettres. » Il continue, un autre jour : « Il n'y a en ce moment que moi ici; en dessus des mines, au-dessous des sacs à terre et des tuyaux de poêle, sous les torpilles, les grenades, tous les accessoires de théâtre à grand orchestre : eh bien! serre-moi la main, tu verras qu'elle est vaillante et que je n'ai pas peur. » Après l'attaque où il s'est distingué, où il a gagné sa première citation, il reprend sa plume : « J'étais gai, heureux, la mort pouvait venir, je n'ai eu qu'une larme : c'est en lisant vos lettres venues un instant avant l'attaque. »

Ce jeune homme, en effet, possède une nature sensible. Il a des défaillances quand il vit de longs jours dans un antre humide; qu'il tâche à y sommeiller tout habillé, baïonnette à sa gauche, masque contre les gaz à sa droite; que les gros noirs (les 105) tombent et éclatent de toutes parts; qu'il pleut sans arrêt, qu'il y a de l'eau partout, qu'on ferait bien de la périssoire dans la tranchée, qu'il est mouillé jusqu'aux os, et que c'est le jour de Pâques, jour autrefois des réunions de famille, et maintenant jour de la mitraille et de la boue. « Ne me grondez pas, écrit-il, je suis triste, encouragez-moi plutôt. De cette manière je pourrai faire mon devoir malgré tout, et, le corps serait-il meurtri, abîmé, l'âme sera toujours forte, indépendante de toutes ces contingences; car c'est curieux la force de caractère que l'on acquiert ici. Ah! c'est une rude école que la guerre. On y apprend à aimer, à souffrir avec le sourire aux lèvres. On comprend que la vie n'est rien et qu'il faut être un fat pour se croire autre chose sur terre qu'un infirme. »

Cette âme si fortement trempée vacille donc quelquefois sous les coups de la douleur, comme celle du Christ, et laisse échapper quelques plaintes. « Quand le soir tombe sur la forêt, quand la fraîcheur descend et fait frissonner mon corps, mon âme aussi frissonne au contact de ces tristesses, de ces douleurs dont nous sommes entourés, » mais très humaine, elle ne s'interdit pas d'aller chercher le réconfort dans les chaudes amitiés de sa mère et de sa fiancée : « Mon âme alors s'envole là-bas vers ceux qu'elle aime, vers toi ma mère. Oh! aime-moi de loin avec ton cher amour et pense que je suis courageux, que je suis fort et gai au milieu du danger et que si je meurs ce sera avec un sourire qui dira à maman : N'est-ce pas assez pour que tu souries toi aussi? » — « Ta tendresse, écrit-il un autre jour, me fait beaucoup de bien et si j'ai pleuré en te lisant, c'est de te savoir tout près de moi; je ne te quitte plus, vois-tu, pour te mieux embrasser.... J'ai aujourd'hui une poignée de lettres de Guitte. Cela me fait plaisir ce soir infiniment. Je ne comprends pas que l'on m'aime ainsi, je suis loin de le mériter... Enfin! je vous aime! »

Pour le soutenir dans cette lutte continue contre les éléments, la mitraille et la mort, il a souvent recours à l'affection des siens, mais les siens sont loin et les paroles se refroidissent à s'écrire : il trouve en lui un ami toujours prêt à l'encourager. « J'ai une âme d'enfant, nous dit-il, qui prie sans seulement savoir pourquoi, par amour de Dieu, toujours, sans arrêt... Ton chapelet, écrit-il à sa mère, ne me quitte jamais : quand le danger est trop terrible, trop sournois, trop invisible, qu'on ne sait plus à quel saint se vouer, dans cet enfer, c'est mon chapelet qui me donne le plus de courage. Souvent alors, maman, tu me verrais très gai, pas imprudent, mais sans un gramme de frousse, égrener à tous les vents des *pater* et des *ave*, la main droite dans la poche de ma capote. Je prie beaucoup parce que je veux vivre et que je le veux de toutes mes forces. Ah ! c'est ici qu'une seule chose est utile, la religion. Tout le reste est bêtise, parce qu'ici on se fait assassiner nuit et jour. Prie Dieu pour ton petit soldat. Et il ajoute : « Prie Dieu pour ceux-là qui lui sont confiés. »

Car il se fait une grande idée de ce que doit être un chef. En 1915, il n'est que caporal et déjà il se préoccupe de l'exemple qu'il doit donner aux 12 hommes dont il a la charge. « Priez Dieu pour le petit soldat que je suis, qui pleure en vous écrivant, mais qui essuie ses larmes avec le revers boueux de sa capote, parce qu'il est caporal, parce qu'il sait qu'il a 12 hommes à tenir en main, à soutenir, à aimer. Quand on commande, il est défendu d'être triste. »

Il dit dans une autre lettre : « Je ris parce qu'il faut rire. J'ai pitié de tous ceux qui ont la frousse, dont je sens la main trembler, que je vois claquer des dents pendant le quart. Sacrebleu ! ils tiennent à la vie ! Et moi donc ? Je ris pourtant, je fais rire ma souffrance et je sais que par là on sera moins malheureux. Ah ! si tu me voyais ici dans ma sape, dans la vermine, sans une heure de sommeil, courant partout dans les boyaux en première ligne, je te jure, tu saurais l'effort énorme que je donne pour arriver à ce résultat ; mais il le faut ! Quand il pleut, qu'il neige, que le ciel est en feu, que les poilus *rouspètent*, j'ai le sourire toujours. Comment mes hommes seraient-ils gais, si j'étais triste ? En acceptant les responsabilités de l'aspirant, je me suis engagé à être gai. » En effet, il est gai par devoir, par affection pour ses hommes.

Il sait que le chef est un « animateur. » Il fera donc violence à sa nature et il sourira pour entretenir le moral de ses soldats. Ce n'est pas qu'il aime la guerre : « Je la hais de plus en plus, écrit-il en 1917, je ne m'y habitue pas ; quel homme civilisé pourrait s'habituer à une chose pareille ? » Ce n'est pas non plus qu'il se tapisse dans une cagna. Il se mêle à ses hommes : « Il sait par sa présence jour et nuit au milieu d'eux, par son insouciance continue du danger, maintenir la confiance. » (Citation à l'ordre de l'armée). « La nuit dernière j'ai fait faire un boyau. Dès la pointe du jour j'ai inspecté le travail. C'était bien fait et je suis content de ma section. Ce sont de bons petits gars qui m'aiment et, faut-il te l'avouer, ma mère, qui me respectent depuis ma ballade de l'autre jour sous les obus. »

Mais ces hommes, il les aime, il les admire. « Qu'elle est dure la vie de mes soldats ! Pauvres petits de la classe 1917, que je voudrais être sous-lieutenant pour leur payer du vin et des cigarettes. » Et quand il est sous-lieutenant, il se souvient de son souhait. « Ne me parlez pas de Bons de la Défense nationale, les miens vont à mes gosses à qui je donne au créneau au petit jour une cigarette ou un cigare, tandis qu'ils me font un salut en disant : Bonjour mon lieutenant. C'est que, continue-t-il, ils sont si beaux mes poilus avec leur courage. Allez ! vous ne les connaissez pas ! Quand on a un lit et la table du colonel, peut-on oublier les pauvres malheureux qui souffrent cent fois plus que soi, qui doivent manger froid et combien peu, passer des nuits dans la boue et sans dormir ? Ah ! les braves gens ! Il y a des jours où c'est plus fort que moi : quand je les vois si fatigués, je ne peux pas les commander. J'ai mal à leurs mains, à leurs pieds, à leur tête, parce que, moi aussi, j'ai souffert et que seule l'expérience de la douleur compte sur terre. C'est dommage qu'elle soit si cruelle parfois ! » Il laisse même un jour échapper ce cri : « Ce sont des as, mes gosses ! »

Il les aime et les admire à ce point que

« délicat de santé, nullement fait pour ces fatigues qui sont au-dessus de ses forces », malade même, il ne peut se résigner à les abandonner. « J'aurais voulu aller hier à l'attaque avec mes camarades, ceux qui souffrent et ceux qui meurent. J'ai honte d'être malade et je vous jure, ce n'est pas de ma faute ; je resterai avec mes hommes jusqu'à la dernière minute, tant que j'aurai assez de force pour tenir mon fusil. »

Voilà pourquoi il disait : « J'aurai le sourire toujours ! »

Devant une telle beauté d'âme, l'homme impuissant à traduire son admiration demeure interdit. Dieu seul qui inspira ces sentiments pourrait les louer comme ils le méritent !

Abbé J. MICHEL.

Louis CARRIÈRE

(1874-1880)

CHEF D'ESCADRON AU 3e HUSSARDS

Croix de guerre
Citation au Corps de Cavalerie

Le Commandant Louis Carrière avait été élève à Massillon de 1874 à 1880. Il appartenait à la jeunesse de l'Ecole. Près de ces hommes distingués qu'étaient le Père Nouvelle, Le Chevallier, il dut mûrir les solides et brillantes qualités qui le distingueront plus tard. Aucun n'est plus là hélas ! pour témoigner en sa faveur ; les maîtres de cette première génération sont tous disparus dans la tombe .

Louis Carrière s'était engagé à 19 ans au 1er bataillon de chasseurs d'Afrique, — puis avait fait l'Ecole de Saumur d'où il était sorti brillamment. Nous ignorons les étapes de sa carrière militaire.

La guerre le trouva chef d'Escadron au 3e Hussards, à Senlis, où il servait sous les ordres du colonel Lyautey, le frère cadet du Maréchal.

C'était alors un magnifique officier, encore jeune et svelte portant avec élégance ses cinquante-deux ans, la taille droite, le regard direct avec un beau visage où se lisait la maîtrise de soi, et aussi la bonté, la conversation vivante et agréable ; tel est le souvenir qu'une rencontre de hasard dans une maison amie, nous a laissé du Commandant Carrière. Une sympathie instinctive allait vers ce beau soldat, dont on devinait l'âme noble et loyale.

Dans un ouvrage dédié à la mémoire des Hussards du 3e Régiment : *Trois mois au 1er Corps de cavalerie*, un officier a consigné une conversation qu'il eut avec le Commandant deux jours avant sa mort. C'était dans une étape de nuit près d'Arras. L'esprit libre, le cœur léger, le Commandant songeait à haute voix. Il parlait de la guerre, du caractère inexpiable que les allemands lui avaient donnée, de leur mépris tranquille du droit et de l'humanité, de leur froide cruauté ; et il mettait en regard notre incorrigible générosité, nos tergiversations devant les représailles nécessaires, nos hésitations quand il eût fallu frapper fort et vite, notre parti-pris, un peu ridicule avec un tel adversaire, de loyauté et de chevalerie. Et il ajoutait avec une mélancolie qui se relevait de fierté. « Ce que nous avons de meilleur est la cause de notre faiblesse. Et pourtant faut-il le regretter ? »

Hélas ! il allait être une toute prochaine victime de ces générosités natives dont nous restons prisonniers. C'est qu'il ne se résignait pas, lui non plus, à cette guerre sans grandeur et sans honneur — c'est qu'il rêvait de chevauchées héroïques, de charges glorieuses, de luttes corps à corps, de rencontres loyales en plein champ, sous le ciel ami et témoin.

Il avait, d'instinct, la beauté du geste, l'héroïsme de l'attitude. C'était un paladin des temps passés comme il en a toujours survécu parmi nous. Ne s'était-il pas obstiné à conserver la tunique bleu ciel des hussards, qui en faisait une cible vivante ? L'ennemi le voyait mieux sans doute ; mais que lui importait, si ces hussards « le voyaient mieux aussi. »

Or, cet après-midi là, du 30 septembre 1914, une reconnaissance périlleuse était nécessaire. Le commandant avait décidé de la faire lui-même. La tête haute, les mains libres, bien sanglé dans sa tunique bleu ciel, il allait comme pour la promenade, accompagné seulement d'un maréchal-des-logis. A peine avait-il fait 200 mètres, qu'il tombait, sous le regard de ses hommes. C'était la mort qu'il voulait.

Ne blâmons pas de pareils actes. Ils ont une valeur d'exemple, une portée, une fécondité qui les expliquent et les justifient, une beauté souveraine qui les impose à l'admiration. C'est parce qu'il y en eut beaucoup, que la France fut sauvée. « Faiblesse ou folie », pensera quelque froide cervelle, mais notre force ne fut-elle pas toujours faite de ces faiblesses là, comme la splendeur de notre histoire de ces héroïques folies et de leur inutile beauté ?

Abbé J. BOYER.

Jean COIGNET
(1913-1914)

SOUS-LIEUTENANT AU 146e D'INFANTERIE

Chevalier de la Légion d'honneur
Croix de guerre avec palme
Citation à l'Ordre du Corps d'Armée

Jean Coignet avait été nommé Sous-Lieutenant au 39e d'Infanterie, promotion de « La Grande Revanche, » en 1914. Envoyé au front, dans la région de Perthes et de Mesnil-les-Hurus, il ne tarda pas à recevoir le baptême du feu en des circonstances particulièrement douloureuses. Il fut blessé le 19 février 1915. Le récit de ce premier fait d'armes a été écrit par le père du héros, d'après la relation très authentique d'un brigadier automobiliste qui en fut témoin.

« Ayant reçu l'ordre d'attaquer une tranchée allemande, distante de la sienne de 60 mètres, il part à 11 heures du matin, au pas de course, à la tête de sa section. Il perd des hommes en route, mais il arrive, sans être lui-même blessé, jusqu'à 3 ou 4 mètres de la tranchée ennemie.

« A ce moment-là, une balle lui traverse le bras droit. Dans son élan, il tombe ; une seconde balle lui traverse le bras gauche, effleure la hanche et traverse la jambe gauche. Pendant ce temps, ses hommes envahissent la tranchée : il les voit, les encourage et leur dit ce qu'ils ont à faire ; malheureusement, la tranchée est trop bien défendue : les hommes sont ramenés et doivent rétrograder.

« Restant seul, Jean s'étend à plat et fait le mort, pour éviter de nouvelles balles. Il reste ainsi jusqu'à 7 heures du soir, souffrant beaucoup de ses blessures, du froid et de la pluie. Il se met alors à ramper, en s'aidant de la tête et de la jambe droite, et arrive à un trou d'obus où il s'abrite. Là, il parvient, après de longs efforts, ses bras le servant mal, à prendre son bidon et à boire un peu d'alcool. Il essaie aussi, mais en vain, de se débarrasser de son sac.

« Il repart, toujours en rampant. En cours de route, il rencontre d'autres blessés et les engage à faire comme lui. Enfin, la petite troupe, au nombre de 7 ou 8, arrive ainsi à quelques mètres de la tranchée française et Jean se fait reconnaître. On le secourt, on le panse, on le soigne. Le lendemain, il est évacué. »

Ce fut à l'hôpital de St Jean de Braye, près d'Orléans, que la famille de cet enfant intrépide put le retrouver et entendre le récit de cette odyssée sans précédent. La convalescence, retardée par une crise d'appendicite, se fit attendre quatre mois, pendant lesquels le patient déclarait lui-même « qu'il est bien plus facile d'être courageux sur le champ de bataille qu'à l'hôpital. »

Cependant, ses chefs ne l'oubliaient pas : dès le 9 mars 1915, le Général Guillaumat, Commandant le 1er Corps d'Armée, lui faisait parvenir la citation suivante :

« Sous-lieutenant Coignet : A entraîné sa section avec l'élan le plus communicatif à l'assaut d'une tranchée ennemie et est tombé frappé à quatre reprises ».

De son côté, le capitaine Rives, qui l'avait eu ses sous ses ordres, racontait dans une lettre comment « le pauvre petit plaisantait sur ses blessures », le soir même où il avait rejoint ses camarades dans les conditions qu'on a pu voir.

Il faudrait pouvoir raconter en détail les démarches du convalescent pour retourner au front, les interventions chirurgicales qu'il sollicita pour guérir au plus vite, son refus de se laisser endormir au chloroforme pour subir une opération qu'il dut encore subir le 6 juin.

Le 27 septembre, le congé de convalescence prenait fin, et, après un court séjour au camp de Roumazières, où il fut instructeur des jeunes recrues, il put se faire affecter au 20e Corps. Il se retrouva bientôt dans les environs de Beauséjour avec le 146e d'Infanterie, « sur lequel on compte, écrit-il lui-même, chaque fois qu'il s'agit de donner un « *coup de chien.* »

En effet, ce Régiment prit part à une contre-attaque le 3 novembre. Nos premières lignes étaient bouleversées par un bombardement des plus violents ; Jean Coignet ne cessait d'aller et venir dans sa tranchée, au milieu de ses hommes, les encourageant de la voix et de l'exemple. C'est à ce moment qu'il reçut un gros éclat d'obus en pleine poitrine ; quelques secondes après, il était mort.

Ce jeune héros était en même temps un chrétien : il n'avait jamais oublié ses devoirs religieux, comme sa correspondance en témoigne. Il fut enseveli à 6 kilomètres de l'endroit où il avait reçu ses quatre premières blessures le 19 février.

Son père, à qui nous devons tous les éléments de cette notice, est Administrateur en chef de 1re classe, Directeur de l'Inscription Maritime à Saint-Servan. En lisant ces documents qui tirent des larmes, on se demande ce qu'il faut admirer de plus : la vaillance surhumaine d'un héros de 20 ans, ou la fière résignation d'un père qui ne croit pas avoir trop donné à la France en lui offrant un tel défenseur.

Abbé F. Charbonnier.

⚜ ⚜ ⚜

Robert DAIGREMONT

(1902-1911)

Capitaine au 54e Régiment d'Infanterie

Chevalier de la Légion d'honneur
Croix de guerre
Citation à l'Ordre du Corps d'Armée

Encore un disparu ! Plus d'un an après l'armistice, les pauvres parents gardèrent l'espoir de le revoir : n'avait-il pas, au Lycée Charlemagne, pendant sa préparation à Saint-Cyr, occupé la place même du Capitaine Lux, le héros de cette évasion fantastique qui fit tant de bruit à l'époque ? Robert Daigremont avait gravé son nom sur le pupitre au-dessous de celui du glorieux capitaine : si, comme lui prisonnier, il avait, comme lui, pu fuir les geôles allemandes ! Hélas ! l'espoir n'est plus permis...

Robert naquit le 5 octobre 1894 ; il fit ses études à l'Ecole Massillon, comme son frère Jean, qui eut le pied emporté à Craonne. Tous deux avaient des âmes chevaleresques et pouvaient se promettre une belle carrière d'officiers. Robert prépara Saint-Cyr et il fut de la glorieuse promotion de la Croix du Drapeau. Nous pouvons le suivre au feu, grâce à son carnet de route : « En commençant ces pages, j'espère que Dieu permettra que je les ramène moi-même à mes chers parents.... Merci à eux ! J'ai fait le sacrifice de ma vie.... *Dimanche 2 août 1914 :* Explosion de joie... Je suis nommé sous-lieutenant au 54e d'Infanterie à Compiègne... *Lundi 24 août :* Cependant le feu redouble autour de nous... Soudain, un coup plus fort, un choc formidable et une violente douleur à la tête ; j'enlève mon képi, un flot de sang, j'enroule ma serviette, que j'avais dans ma musette, autour de ma tête ; je suis abruti, mais étonné d'être encore vivant ; j'ai perdu mon sabre, je pleure de rage ; le sang me coule dans le cou, dans les yeux... *12 décembre 1914 :* Départ du dépôt de Laval pour le front, à Sommediene... *Dimanche 23 mai 1915 :* Le commandant a autorisé une messe en plein air, on a déniché un harmonium et je m'y installe pour faire chanter... M. Bellanger fait un sermon vibrant de foi et de patriotisme ; le colonel y va de sa larme... *8 juin 1915 :* le capitaine R. vient me voir, je le garde à souper ; si quelqu'un de l'arrière était entré dans ma cagna, il se serait cru à une partie de campagne ; les boches sont à moins de 100 mètres ! Il n'y a évidemment pas un « planqué » en France qui jouisse comme nous de la vie sans arrière-pensée aucune. Lorsqu'un de mes pauvres soldats tombe et que, dans les boyaux trop peu larges, vous croisez sa pauvre dépouille, d'un geste ému on porte la main à son képi ; on admire son calme et la sérénité qui reste sur ses traits éteints ; et à ce moment-là, on ne pense pas que demain ce sera peut-être votre tour et que vous passerez par ce même boyau, sur ce même brancard pour aller au champ du repos. Dieu, dans sa miséricorde, ne peut pas refuser son paradis à de pauvres soldats qui souffrent sans murmurer et tombent sans se plaindre... *18 juin 15.* Je suis allé communier avec le capitaine R... Je suis bien heureux d'avoir un compagnon d'attaque tel que lui... Si je ne reviens pas, ce sera du moins une consolation pour mes parents de savoir que je suis mort en bon chrétien... Comme c'est dimanche demain, avant de monter nous aurons une messe et j'aurai l'honneur de la servir ; et après cela, assaut ! Que Dieu me donne d'être à la hauteur. Je vais me préparer à la grande journée de demain : quand reprendrai-je la suite de mon carnet ? »

Hélas ! ce sont les dernières confidences de cette belle âme. Dans la nuit du 20 au 21 juin 1915, Robert entraînait la 9e Compagnie du 54e à l'assaut de la tranchée de Calonne ; à 8 mètres de la tranchée allemande il tombait blessé par une bombe. Au petit jour, il n'était plus à l'endroit où il était tombé ; et son commandant le porta disparu. Depuis, on n'a plus eu de lui aucune nouvelle.

Robert fut cité à l'ordre du Corps d'armée pour les motifs suivants :

« Jeune officier d'un entrain et d'un courage extraordinaires. Blessé au début de la campagne ; le 20 juin 1915 a entraîné à trois reprises sa compagnie à l'assaut sous un feu violent et a été grièvement blessé devant les Eparges ».

Il avait été nommé lieutenant le 22 février 1915 ; un décret du 12 janvier 1917 le nomme capitaine pour prendre rang à partir du 31 décembre 1916. Mais la loi du 24 juin 1919 permettant la déclaration judiciaire du décès des disparus, après deux ans de disparition, il fut, à titre posthume, décoré de la Légion d'honneur. Elle était bien gagnée.

Abbé H. PRADEL.

Marcel DESMOULINS

(1912-1913)

SOUS-LIEUTENANT AU 33e RÉGIMENT D'INFANTERIE

Chevalier de la Légion d'honneur
Croix de guerre avec palme
Citation à l'Ordre du Corps d'Armée

Marcel Desmoulins a été à l'Ecole un élève de haute conscience, en 1912 et en 1913. Fils d'un Commandant d'artillerie, il était militaire dans l'âme. Il prépara St-Cyr, où il entra avec sept de ses camarades Massillonnais, dans la promotion de la Croix du Drapeau, qui compte quatre des nôtres parmi les morts et deux cruellement blessés.

Nommé sous-lieutenant le 2 août 1914, il est incorporé au 33e d'infanterie à Arras. Il a 20 ans. C'est l'âge des rêves de bonheur pour lui, comme pour tant d'autres jeunes hommes. Ce sera l'âge des douloureuses réalités, mais aussi celui des précoces et glorieuses réalisations. Ils sont des privilégiés.

Le 33e d'infanterie est un des régiments envoyés en Belgique pour arrêter l'envahisseur et soutenir l'effort héroïque de la noble nation, notre « voisine et notre amie ». Il est chargé de défendre les ponts de Dinant et d'empêcher le passage des forces ennemies. Le 1er bataillon, celui du sous-lieutenant Desmoulins, est en réserve. Sous la poussée de l'ennemi, il y a quelque fléchissement dans la ligne de défense et déjà certains éléments ennemis ont passé sur la rive gauche de la Meuse.

C'était l'heure de Marcel Desmoulins. Il s'élance à la tête de sa section sur un terrain découvert exposé au feu des batteries allemandes et à celui de mitrailleuses installées sur la citadelle. Ses hommes, comme lui d'ailleurs, voient le feu pour la première fois. Mais il est le chef, celui qui doit avoir l'expérience même sans l'avoir acquise, et le courage sans l'avoir éprouvé. Il leur communique l'élan généreux qui l'anime, et « avec une bravoure admirable » — c'est le témoignage d'un de ses chefs, — ils se trouvent assez heureux pour faire repasser le fleuve à l'ennemi, au prix de quel sanglant holocauste, les 150 morts laissés par sa compagnie sur le terrain le disent assez.

Lui-même, quelques instants après, devait payer son ssuccès de sa propre vie. Il fut tué sur une crête de terrain à l'ouest de Dinant. Quand on le releva, on constata que son corps était criblé de blessures mortelles. Il fut enterré à Dinant, et comme un prêtre revêtu sur son lit de mort de l'aube de sa première messe, ce martyr de la plus belle des causes, après celle de Dieu, repose en terre amie, revêtu de son glorieux uniforme de Saint-Cyrien.

Faut-il le plaindre de ce que la moisson, pour lui, leva si vite et mûrit prématurément ses fruits de pourpre sanglante ? Marcel Desmoulins est mort en plein rêve, dans la générosité de ses vingt ans, dans l'ardeur grisante de sa première bataille. Il n'a pas connu les désillusions, les lassitudes, les tentations de désespoir parl lesquelles les autres achetèrent la victoire. Sa destinée fut courte, mais elle fut bien remplie, puisqu'elle put contenir tout l'absolu du sacrifice et, pour emprunter une magnifique image au P. Sortillanges, le conférencier de guerre de la Madeleine, qu'importe qu'au ciel alors assombri de la France il ait brillé comme l'éclair rapide, si comme l'éclair il a rempli « toute sa destinée de lumière. »

Abbé J. Boyer.

André DESTREMEAU
(1909-1912)

Capitaine au 297e Régiment de Chasseurs Alpins

Croix de guerre
Citations à l'Ordre de la Division et de l'Armée

André Destremeau entra à l'École en 1909. Il conquit d'emblée maîtres et camarades ; la meilleure preuve en est que, deux années de suite, il fut élu président de la Conférence de Saint-Vincent de Paul.

En 1912, il prit rang à Saint-Cyr avec le numéro 34, dans la cavalerie. Et il sortit de notre grande Ecole Militaire dans la promotion de Montmirail. Au moment de la mobilisation, le 1er août 1914, il était nommé sous-lieutenant au 5e cuirassiers, à Tours ; il fit, à ce titre, quatre mois de campagne. En décembre, on l'affecta à une formation de cavaliers à pied.

Le 4 août 1915, on le détache, sur sa demande, au 120e Bataillon de Chasseurs à pied. Le 26 décembre 1915, il est nommé, sur le front, lieutenant. Après Verdun, en juin 1916, une citation à l'ordre de la 129e Division vient résumer et récompenser sa belle conduite :

« Brillant officier, plein d'entrain ; les 15, 16, 17 et 18 juin 1916, a su maintenir haut le moral de sa section en se prodiguant en tous lieux sous un violent bombardement. »

Toujours désireux de plus de risques, André fait, en juillet 1916, une demande pour être titularisé comme officier d'infanterie, et un décret ministériel le lui accorde. Il prend alors le commandement d'une compagnie du 297e Régiment d'Infanterie alpine. Le 31 décembre 1916, il est nommé capitaine à titre définitif.

Le 23 octobre 1917, il tombe mortellement frappé d'une balle, à l'attaque de la Malmaison. Le général Maistre le cite à l'ordre de la 6e Armée en ces termes glorieux :

« Officier d'élite, d'une grande valeur morale et d'un remarquable sang-froid ; le 23 octobre, au cours d'une violente attaque ennemie, a, debout sur le parapet, entraîné sa compagnie en criant : « En avant ! » Tombé mortellement frappé alors qu'il communiquait à tous son entrain et son mépris du danger ».

Et quelle guirlande de citations resplendissantes que les lettres des humbles soldats, des camarades officiers et des chefs ! Nous ne pouvons donner de notre cher Ancien de plus beaux éloges et plus qualifiés. « Ses hommes, dit un caporal, sont venus couvrir sa tombe, à Terny-Sorny, de fleurs, de larmes et de regrets que consolent mal le souvenir de son courage et la fierté d'avoir eu un tel chef. » Et un lieutenant : « Il était notre joie et le rire sonnait frais autour de lui ; Dieu lui avait dispensé toutes les qualités de jeunesse, d'enthousiasme, de gaîté, d'audace superbe et maîtresse d'elle-même. » Et son aumônier : « C'était mon meilleur ami... le 22 au soir, nous nous sommes réunis une dernière fois, nous promettant de prier l'un pour l'autre. Le matin de l'attaque, il faisait l'admiration de tous par son sang-froid, s'occupant de tout et réconfortant chacun par des paroles émues... Il s'élança le premier et fut frappé presque immédiatement. » Et son commandant : « Je pleure comme vous sur des espérances... je prie comme je l'ai vu prier, bien simplement, son chapelet à la main. » Et son général enfin : « C'est pour son régiment un deuil de famille... C'était un vrai chef... et très aimé. Il est mort en brave. »

L'Ecole Massillon peut être fière d'André Destremeau.

Abbé H. Pradel

⚜ ⚜ ⚜

René FENWICK

(1886-1894)

Capitaine au 31e Dragons a pied

Chevalier de la Légion d'honneur
Croix de guerre

Mort pour la France le 28 avril 1918.

(Nous n'avons pu obtenir d'autres renseignements).

⚜ ⚜ ⚜

Henry de FERQUE

(1892-1895)

Capitaine au 9e Cuirassiers a pied

Croix de guerre avec palme
Chevalier de la Légion d'honneur
3 Citations

Henry de Ferque prépara à Massillon l'Ecole de Saint-Cyr, où il entra à l'âge de 19 ans. Il a laissé parmi nous le souvenir d'un grand et beau jeune homme, d'une distinction parfaite, fier de sa race, et d'ailleurs résolu à maintenir dans leur éclat les traditions d'honneur et de vaillance qui lui avaient été léguées. Promu lieutenant au 1er Cuirassiers en 1897, il fut nommé capitaine en 1911, au 9e Cuirassiers à pied, et c'est avec ce régiment d'élite, si souvent mis à l'épreuve dans les situations critiques, sur la Somme, dans l'Aisne, en Picardie, qu'il fit toute la guerre.

En mai 1917, il est cité à l'ordre de l'armée :

« Officier plein d'allant, d'énergie et de sang-froid. Le 6 mai 1917, a donné l'exemple des plus belles qualités militaires en maintenant sa troupe pendant plusieurs heures sous un bombardement tenace. Blessé grièvement à son poste. »

En juin 1917, après la sanglante attaque du moulin de Laffaux, où les régiments de Cuirassiers à pied décidèrent du succès, il reçoit la Légion d'honneur et la Croix de guerre, avec trois citations.

En décembre 1917, il est de nouveau cité au 1er Corps de cavalerie :

« Le 20 novembre 1917, blessé au début d'une action, a amené son escadron en renfort sous un violent bombardement et s'est dépensé sans compter pour assurer sa mission. Seconde blessure de guerre. »

Aux jours critiques de la défaite de la 5e armée anglaise, quand la brèche ouverte par l'ennemi entre les armées britanniques et françaises semblait s'élargir jusqu'à devenir une large voie d'envahissement, par où se consommerait la scission entre les armées alliées, ce furent encore nos corps de cavalerie qui furent jetés, en hâte, au-devant des Allemands, avec mission d'aveugler, coûte que coûte, la voie mortelle. Le 9e Régiment de cuirassiers fut chargé d'immobiliser l'ennemi auprès de Tergnier, et c'est dans l'une de ces héroïques et sanglantes mêlées, à l'attaque de la Maison du Garde, côte 104, dans les bois de Frières, le 23 mars 1918, que le capitaine de Ferque disparut, mortellement blessé.

Comme l'écrivait sa noble veuve, à qui fut refusée la pauvre consolation d'une tombe pour prier sur les restes du héros, l'Ecole Massillon « peut être fière de son ancien élève. »

Abbé J. Dedieu

⚜ ⚜ ⚜

Pierre de FROMONT de BOUAILLE

(1911-1914)

LIEUTENANT AU 130e RÉGIMENT D'INFANTERIE

Chevalier de la Légion d'honneur
Croix de guerre
Citation à l'Ordre de la Division
et du Corps d'Armée

« Si je tombe, tu diras à mon père que j'étais prêt, que je suis mort en pensant à ma mère et que j'avais fait le sacrifice de ma vie pour la France ». — Dans cette phrase d'une de ses lettres, on trouve exprimée dans toute sa simplicité, la grandeur d'âme et l'élévation de sentiments du lieutenant Pierre de Fromont de Bouaille.

Il était né à Alençon, où il fit ses premières études au Collège Saint-François de Sales.

A l'Ecole, de 1911 à 1914, il s'était fait rapidement de bons et fidèles amis. Ceux qui ont eu le bonhenr de le connaître ne sauraient oublier cette nature droite, saine et généreuse, que le malheur avait rendue prématurément grave (il avait perdu sa mère de bonne heure), cette discrétion, cette modestie dans le devoir accompli, que rehaussait encore la distinction aristocratique de sa personne.

Admissible à Saint-Cyr en 1914, de la sublime promotion de la *Grande Revanche*, Pierre de Fromont est, aux armées, ce qu'il promettait d' être à l'Ecole, le type parfait de l'officier français. Il fait campagne au 130e Régiment d'Infanterie. Blessé 4 fois, cité 2 fois, il tombe enfin mortellement frappé, criblé de trente blessures, le 16 juillet 1916 devant Thiaumont, à l'âge de 22 ans. L'historique de son régiment perpétue et glorifie la mémoire de ce vaillant officier, qui, alors que son corps n'était qu'une plaie, refuse cependant d'être porté au poste de secours avant ses hommes touchés par le même obus, « ces braves qui, dit-il, sont plus grièvement blessés. »

Le lieutenant de Fromont a reçu à son lit de mort, à l'hôpital de Vadelaincourt, la Croix de la Légion d'honneur, récompense de son noble courage et de son héroïque sacrifice. Capitaine G. de MINIAC.

Henri GAUTÉ

(1909-1911)

LIEUTENANT
faisant fonction de Capitaine
AU 83e RÉGIMENT D'INFANTERIE

Chevalier de la Légion d'honneur
Croix de guerre avec palme

Issu d'une famille de Tarbes, très chrétienne et très éprouvée, Henri Gauté venait de perdre sa mère quand il alla lui-même au-devant du suprême sacrifice, et son frère, mobilisé à l'Armée d'Orient, tombait presque en même temps au Champ d'honeur ; seules, les grandes âmes sont capables de supporter les déchirements de deuils si cruels, si rapprochés ; rien n'est émouvant comme les larmes d'un père privé tout-à-coup de ses plus chères affections !

Henri était de ceux qui se font aimer ; sous des dehors un peu froids, d'apparence distant, il cachait un cœur d'or. Les sympathies dont il était entouré à Tarbes, où il avait fait ses études secondaires, il les retrouva bien vite lorsqu'il vint préparer Saint-Cyr à l'Ecole Massillon et au Lycée Charlemagne.

Le 1er janvier 1914, il était promu sous-lieutenant et il était affecté au 83e d'Infanterie, à Saint-Gaudens. Peu s'en fallut qu'une épouvantable chute de cheval le rendît à tout jamais inapte à la carrière qu'il avait ambitionnée. Il était loin d'être rétabli lorsque la guerre éclata ; le soldat qu'il était ne pouvait se faire à l'idée d'être condamné à l'inaction, pendant que ses camarades étaient au feu.

En novembre 1914, il put enfin partir, non sans avoir fait le pèlerinage de Lourdes, car ce vaillant était animé de la piété la plus profonde, la plus sincère.

Il arrive dans les tranchées ; le capitaine de sa compagnie venait d'être blessé ; le merveilleux ascendant que le jeune officier exerçait déjà sur ses hommes à Saint-Gaudens le fait immédiatement désigner pour le commandement de la compagnie. Ses chefs avaient eu raison de lui faire confiance, quelque lourd que fût le fardeau pour ses jeunes épaules. Le 20 décembre, il obtenait la citation suivante à l'ordre de l'Armée :

« Commandant de compagnie, a montré beaucoup d'énergie et d'à-propos en s'emparant de deux tranchées allemandes où il a maintenu son unité pendant quarante-huit heures, sous le feu violent de l'ennemi ».

Après ce premier contact avec l'adversaire, il est prêt pour toutes les missions qu'on voudra lui confier. Le 17 février suivant, il est chargé de s'emparer de la lisière d'un bois destiné à servir de point d'appui pour des opérations ultérieures.

« Après avoir montré à ses hommes le but à atteindre, dit la relation qui nous est parvenue, il se mit à leur tête et, avec ce brillant qui était l'une des caractéristiques de son tempérament militaire, il les entraîna à sa suite ; quelques heures après, la position était conquise.

Mais le lendemain, à la pointe du jour, les Allemands revenaient en force, faisant rage de leurs fusils et de leurs mitrailleuses. La petite troupe, électrisée par son chef, opposa à l'ennemi une résistance héroïque. »

Le document ajoute que cette poignée de héros, débordée par le nombre, dut se replier peu à peu. Malheureusement, le chef venait de recevoir une balle en pleine poitrine. Voyant son officier à terre, un soldat le chargea sur ses épaules et le transporta à l'ambulance la plus proche. La blessure était mortelle.

Henri Gauté avait donné la preuve qu'il était capable d'envisager la mort en face ; sans faiblesse, avec une héroïque résignation, il reçut les derniers témoignages d'affection de ses chefs et les suprêmes consolations réclamées par sa foi. Son colonel vint lui-même épingler sur sa poitrine, sur sa blessure, la Croix de la Légion d'honneur, et lui annonça en l'embrassant qu'il lui donnait son deuxième galon. Ce fut pour lui, disent les témoins, « un moment de bonheur indicible. »

Après de si nobles adieux à la terre, le pieux officier ne songe plus qu'à s'entretenir avec son Dieu : sous le regard du Crucifix qu'il avait toujours porté sur lui dans les combats, il reçoit d'un prêtre brancardier, son ami, les derniers sacrements : « Je suis émerveillé, pouvait dire ce prêtre, des sentiments religieux et patriotiques de ce jeune homme. »

Le 21 au soir, il s'éteignit doucement pour aller trouver là-haut, selon le mot de son colonel, « la récompense que nous espérons pour ceux qui sont comme lui. »

Cette pensée de l'au-delà, entretenue par le deuil qu'il portait d'une mère tendrement aimée, avait mûri prématurément son âme pourtant si jeune. La pensée d'une famille qui se reconstitue indissolublement dans le monde invisible lui servait de réconfort dans ses tristesses. C'est sur la tombe de sa mère qu'il était venu prier, à peine revêtu du brillant uniforme de Saint-Cyr, tandis que ses camarades fêtaient joyeusement à Paris leur promotion ; c'est à sa mère encore qu'il songeait lorsqu'il partait pour la guerre : « Voici de l'argent, disait-il à un prêtre ami des siens ; si je meurs, vous direz des messes pour moi ; si je reviens vivant, vous les direz pour ma mère. »

Le dernier mot de son colonel sur sa tombe, résumait donc toute sa vie : « C'était un bon chrétien, un bon soldat, un bon fils. »

Abbé F. Charbonnier.

⚜ ⚜ ⚜

Henri et Bernard GERARDIN

Henri GÉRARDIN
(1909-1912)

Engagé volontaire au 113e Régiment d'Infanterie
avant sa promotion
Croix de guerre
Citation à l'Ordre de la Brigade

Bernard GÉRARDIN
(1913)

Sous-Lieutenant au 339e Régiment d'Infanterie
Chevalier de la Légion d'honneur
Croix de guerre avec palme

Henri Gérardin naquit le 27 septembre 1893, à Choisy-le-Roi, dans une famille où les sentiments les plus élevés d'honneur, de patriotisme et de foi chrétienne sont de tradition.

Il commença ses études à l'Externat Notre-Dame, à Grenoble, et vint les achever à l'Ecole Massillon, où il fut interne d'octobre 1912 à juillet 1914. Admissible à Saint-Cyr en 1913, il était définitivement reçu en 1914, terminant le concours par un brillant examen d'histoire.

A Massillon, Henri Gérardin avait conquis toutes les sympathies par la franchise de son caractère autant que par son obligeante camaraderie.

Dès les premiers jours de la mobilisation, il s'engage au 113e d'Infanterie que commande son père, le colonel Gérardin, et arrive à Blois au moment où le régiment s'embarque. Il est affecté à la 29e compagnie du Dépôt, ainsi qu'un groupe ardent de jeunes Saint-Cyriens reçus à l'Ecole dans les mêmes conditions que lui.

Le 113e fut durement éprouvé à Signeulx (Belgique) où, le 22 août, il perdit son colonel, grièvement blessé et tombé aux mains des Allemands, 2 chefs de bataillon sur 3, 9 capitaines sur 12 et 1750 hommes. Des renforts étaient urgents ; le 25 août, un détachement d'environ 1.000 hommes quittait Blois, et dans ses rangs se trouvait Henri Gérardin avec cinq de ses camarades. Les jeunes Saint-Cyriens devaient être exclus de ce départ; mais les héroïques adolescents avaient supplié le chef de détachement et réussi à se faire emmener au front, après quelques jours seulement de vie militaire. Ceux qui ont vu Henri Gérardin se rendant à la gare d'embarquement, bouquet au canon de son fusil, fleurs piquées au képi, garderont le souvenir de la satisfaction profonde qui éclairait son visage. Il avait communié quelques heures auparavant, et possédait cette entière liberté d'esprit qu'ont éprouvée ceux qui, au cours de cette guerre, ont fait le complet sacrifice de leur vie.

Après plus de 24 heures de voyage, Henri débarque à Dombasles, en Argonne, près de Verdun. Le 28, en se portant vers le nord, il rencontre sur la route des soldats du 113e qui ne le connaissaient pas ; dans la conversation, il apprend brusquement que son père, grièvement blessé à Signeulx, est aux mains des Allemands. Ses camarades ont raconté avec quelle fermeté il reçut cette terrible nouvelle.

Les 29, 30 et 31, sa compagnie occupe diverses positions sur la rive gauche de la Meuse, dans la région de Nantillois, Cunel, Brieulles ; Henri se fait déjà remarquer par son entrain à accepter toutes les corvées, par son empressement à rendre à ses camarades tous les services possibles.

Le 1er septembre, baptême du feu, en face de Brieulles. Le 2, à Cierges, le 7e Corps réussit un violent retour offensif. Henri prend part à une charge à la baïonnette et les souvenirs de ses camarades nous dépeignent l'enivrement qui fut le sien et le leur, lorsque leur ligne s'avança sous les trajectoires pressées des 75 appuyant leur mouvement.

Journée glorieuse, sans lendemain. La retraite générale de nos armées commence. Le 113e entame une série de marches épuisantes qui, en trois jours, doivent l'amener au nord-est de Revigny. La chaleur est torride, la nourriture irrégulière et froide, le poids du chargement écrasant. Quel début de campagne pour un soldat de trois semaines ! On voit ainsi Henri traverser Varennes Boureuilles, Neuvilly. Le 4 septembre, dans la matinée, le 113e livre un combat aux environs de la ferme de Buzémont, (ouest de Vauquois) et reprend la retraite, rapide, sans halte. Nouveau combat dans l'après-midi. Le 5, le régiment remonte la vallée de l'Aire, traverse Waly, Vaubécourt, l'Isle-en-Barrois, au cours d'une marche de 30 kilomètres. Le soir, on lit dans le cantonnement le fameux ordre du jour du Général Joffre, annonciateur de la bataille de la Marne.

Le 6 septembre, la 6e compagnie, celle d'Henri, traverse Villotte, devant Louppy, et par une marche à travers bois, débouche sur la rive nord de l'Etang du Grand-Morainval, au bas d'une pente sur laquelle est déployée la 5e compagnie, très éprouvée par des feux de flanc. La 6e compagnie vient l'appuyer. En tête du groupe des Saint-Cyriens qui entraînent la compagnie par leur exemple, Henri gravit la pente, en butte aux balles qui sifflent de toutes parts.

Les pertes se font plus sensibles. Un mouvement de recul se dessine. Les Saint-Cyriens restent fermes, tirant sur tout but visible. C'est à ce moment que l'un des camarades de Henri entend son voisin dire : « Mon pauvre Gérardin ! » Henri Gérardin gisait, étendu, la tête dans une mare de sang.

Henri Gérardin fut inhumé sur place, au revers de cette colline toute parsemée de tombes françaises, qui marquent l'avance extrême de l'ennemi dans cette région. Il a été exhumé le 14 mai 1920 et transporté au cimetière de Vassincourt, près de Bar-le-Duc.

Cet héroïque Saint-Cyrien de la Grande-Revanche n'avait pas attendu d'avoir les galons d'officier pour aller au feu et avait voulu faire l'apprentissage de la guerre au poste le plus dur, celui de fantassin.

Voici en quels termes le Colonel de la 18e Brigade l'a cité à l'ordre :

« Reçu en 1914 à l'Ecole Spéciale Militaire, engagé volontaire au début de la mobilisation pour aller immédiatement au feu. Le 6 septembre 1914, à Laheycourt, s'est distingué, aux yeux de tous, par sa fière attitude et son mépris de la mort, rappelant ainsi le noble exemple du Colonel Gérardin, son père, blessé quelques jours auparavant à la tête du régiment. A été tué au cours du combat ».

Aux Armées, le 9 décembre 1915.
Le Lieutenant-Colonel
commandant la 18e Brigade d'Infanterie,
Signé : Arbanère.

Son jeune frère, Bernard Gérardin, a suivi à Massillon le cours de vacances de 1913. C'était un grand garçon très doux, d'apparence timide, parlant peu, très affectueux, très sympathique ; tout son extérieux avait je ne sais quoi d'ouvert et de franc ; son regard extaordinairement limpide se posait droit sur l'interlocuteur.

Dès novembe 1914, à 17 ans, il contracte un engagement volontaire au 313e Régiment d'Infanterie. Nommé caporal, il part en Argonne avec son régiment et il y reste avec la troupe tout l'hiver 1915-1916. Il a connu là toutes les privations, toutes les fatiques et tous les périls de la vie de tranchée.

Bernard est à l'Ecole de Saint-Cyr de mars à septembre 1916. Ce sont quelques mois de calme avant son glorieux calvlaire.

Il rejoint son régiment comme aspirant et le voilà devant Verdun. Il est de la fameuse attaque de Douaumont, le 24 octobre ; il participe à de nombreux assauts et, au mois de novembre il est blessé par de multiples éclats d'obus.

Voici la citation à l'ordre de la Brigade que lui vaut son courage :

« Engagé volontaire pour la durée de la guerre. Le 18 novembre 1916, a enlevé vigoureusement sa section à l'assaut. A été blessé en organisant une tranchée sous le feu de l'ennemi ».

La blessure était grave et douloureuse ; Bernard ne put rejoindre son régiment qu'en juillet 1917, sur l'Aisne. En octobre, il est nommé sous-lieutenant et passe au 339e Régiment d'Infanterie, à l'armée d'Italie.

En avril 1918, il est de retour en France et ne quitte plus la ligne de feu. Il est des attaques sur Moreuil ; il participe à de durs combats dans la région de Pont-à-Mousson ; enfin à Juvigny, le 29 août 1918, Bernard est grièvement blessé. Son mépris du danger et sa vailance avaient été si remarquables qu'à 20 ans il est cité à l'ordre de l'armée et fait Chevalier de la Légion d'honneur :

« Jeune officier d'un courage et d'un entrain remarquables. Le 29 août 1918, a brillament entraîné sa compagnie à l'assaut de positions ennemies et a été grièvement blessé au cours de l'action. — Une blessure antérieure. — Une citation ».

Signé : Pétain.

Les mois suivants ont été un douloureux martyre, chrétiennement supporté : Bernard Gérardin est mort pour la France, à Nice, des suites de ses blessures, le 24 juillet 1919.

Madame Gérardin, née Boulenger, écrivait à M. le Directeur, à propos de son mari et de son fils Henri (son fils Bernard n'avait pas encore donné sa vie pour la France) : « Depuis le sacrifice du Calvaire, jamais plus sanglant ni plus pur holocauste n'a préludé à la régénération du monde, et j'ai une intime conviction que mon mari et mon fils font partie de ces divins otages qui répondent de la renaissance de mon bien-aimé pays. » Digne épouse du colonel Gérardin mort pour la France à Coblentz, des suites de ses blessures ; mère capable d'allumer au cœur de ses fils cette vive flamme de patriotisme et de générosité, elle s'engagea comme infirmière bénévole à l'Hôpital de l'Ecole Normale de Blois, refoula son chagrin, se dépensa tant qu'enfin les forces cédèrent ; Madame Gérardin est morte subitement le 25 janvier 1917.

On trouvera plus loin les citations d'un frère de ces deux héros, de Paul Gérardin, ancien élève de Massillon, ancien élève de l'Ecole Polytechnique.

R. Emériau.

Louis GREAU

(1913-1914)

Lieutenant-Aviateur

Chevalier de la Légion d'honneur
Croix de guerre
Une Citation à l'Ordre de l'Armée
Deux à l'Ordre du Corps d'Armée et
Une à l'Ordre de la Division

La guerre a fait de terribles ravages dans la famille de Louis Gréau. Un de ses frères a été tué à l'ennemi ; cinq de ses cousins ont eu le même sort ; et lui, le plus jeune, n'a pas été le moins vaillant.

Entré à l'Ecole Massillon avant la déclaration de guerre, il avait été admis brilamment à Saint-Cyr et il en sortait en 1914 avec la sublime promotion de la « Grande Revanche. » Une instruction intensive à Meaux, à Albi et au Camp Castelnau, dans l'Hérault, le rendait bientôt apte à « servir » tout en commandant ; est-il manière plus noble de se faire obéir, quand on a l'honneur de conduire des soldats français ? On le vit bien dès qu'il fut appelé à entraîner ses hommes dans l'horrible fournaise.

A peine arrivé en Argonne, avec le 96ᵉ, puis avec le 94ᵉ d'Infanterie, notre Sous-Lieutenant, « le petit Louis », comme l'appelait son père », obtient à 19 ans, après quelques jours, sa première citation à l'ordre de l'Armée :

« Jeune officier plein d'entrain et de mépris du danger. Le 24 janvier 1915, au bois de la Gruerie, a conduit volontairement, dans un terrain des plus difficiles, une reconnaissance jusque dans une tranchée ennemie et s'y est maintenu sous un feu violent pendant le temps nécessaire à la rendre entièrement inutilisable ».

Signé : Duchêne.

Il a pris goût à ce jeu terrible. La deuxième citation, à l'ordre de la Division, ne se fait pas attendre; elle est signée en date du 10 février : et quelle éloquence dans le laconisme du texte :

« N'ayant vu le feu qu'une seule fois, s'est présenté comme volontaire et a conduit une patrouille dans une tranchée allemande ».

Le voilà fièrement campé, face à l'ennemi ; les occasions de se dépenser, de braver la mort, le trouveront toujours prêt. C'est ce que nous apprend sa troisième citation à l'ordre du Corps d'Armée :

« Le 15 mai, aussitôt après l'explosion du poste d'écoute, a sauté hors du boyau où il se trouvait et s'est porté seul en avant jusqu'au boyau de gauche, assurant ainsi la liaison et la simultanéité des effets des deux groupes ».

Cette fois, la mort lui donne un premier avertissement ; grièvement blessé à la main droite et à la tête, il est soigné à Avignon et au Mans.

La vie d'hôpital peut convenir à des natures moins ardentes, moins généreuses ; Louis Gréau, lui, ne voit pas le moment où il retournera au feu.

Quel attrait n'exerce pas l'aviation sur ces jeunes âmes qui n'ont rien de la terre ! Ses blessures l'ont rendu inapte à l'Infanterie ; mais il lui reste la guerre dans les airs, où il mettra encore plus d'audace ! En dépit des remontrances de ses frères et de sa famille, comme nous l'apprend son père, il se fait admettre comme Lieutenant Observateur dans une Escadrille qui opérait dans la Marne.

« Là, nous disent les notes qui nous sont parvenues, son caractère enjoué, son tranquille courage, en même temps que l'élévation de son caractère, lui conquirent bien vite l'estime et l'amitié de ses collègues. » Il attend tous les jours le signal d'un départ qui sera sans retour.

Ce départ arriva pour Louis ; le 25 mai 1917, il partit en reconnaissance sur un appareil défectueux, et, quelques minutes après, il s'écrasait sur le sol.

Ses blessures étaient mortelles, mais il lui restait toute sa lucidité d'âme ; transporté à l'ambulance, il demanda un prêtre qui arriva aussitôt et put lui administrer les derniers sacrements ; il avait du reste communié l'avant-veille. De l'aveu de ses camarades, il ne cessait de rester uni à son Dieu. Animé de ces dispositions, il s'éteignit le lendemain, 25 mai, en murmurant ce mot, sorti des entrailles, avant que se rompe le dernier lien qui nous retient ici bas : « Maman ! »

Ces héros de l'air, fiers comme des aigles, demeurent enfants jusque dans la mort ; ne tiennent-ils pas leur courage indomptable des grandes Françaises qui leur ont tout donné avant de les donner à Dieu ?

La citation à l'ordre de l'Armée est le suprême hommage de ses chefs à cet Aviateur intrépide autant qu'humain :

« Officier d'une haute valeur morale. Depuis le début de la campagne, a toujours été un modèle de dévouement, d'énergie et d'abnégation. Blessé trois fois dans l'Infanterie, de ce fait rendu inapte à cette arme, est entré dans l'Aviation où son courage tranquille, sa bonne humeur et son allant lui conquèrent rapidement l'estime et l'admiration de tous. Mortellement blessé le 24 mai en partant en mission sur les lignes ».

Signé : Duchêne.

Abbé F. Charbonnier.

✠ ✠ ✠

Jean GROSCLAUDE

(1901-1903)

Sous-Lieutenant au 42e Régiment d'Infanterie

Chevalier de la Légion d'honneur
Croix de guerre avec palme
Cité à l'Ordre de l'Armée

S'il ne fut notre élève que pendant deux ans, ce séjour lui suffit pour s'attacher profondément à notre Ecole, où il était très aimé de tous. Comme nous le disait sa mère dans une lettre des plus touchantes : « Il avait gardé, le cher petit, si croyant et si pur dans sa 21e année, l'empreinte des douces et hautes leçons de morale et de piété qu'il avait reçues des chers Maîtres dont il était resté le fidèle et reconnaissant petit ami ; j'ai nommé le bon Père Gleye, le Père Morel, le Père Périer. »

Saint-Cyrien de première année, il partit aux avant-postes, le 2 août 1914, affecté au 42e d'Infanterie à Belfort. « Il avait une foi ardente dans la victoire, nous dit encore sa mère, et il espérait la purification de la France. »

Après avoir pris part aux combats de Dornach, de Mulhouse, il fut envoyé dans la Somme où il se battit vaillamment à Proyart. Le 7 septembre, il tombait, mortellement frappé, à Bouillancy.

Son colonel rendit hommage en ces termes à l'héroïsme du jeune officier, dans une lettre à sa famille : « J'ai été à même de voir sa vaillance et sa bravoure sans égales, au premier rang de sa compagnie ; il a été grièvement blessé quelques instants avant moi, frappé d'un éclat d'obus face à l'ennemi, en donnant l'exemple à tous avec un admirable courage. Je puis vous dire d'ailleurs bien simplement que, depuis le commencement de la campagne pendant laquelle je n'ai cessé de le suivre, votre fils, si sympathique, n'a cessé de faire mon admiration. »

Son capitaine complétait ainsi l'éloge du colonel : « J'ai rarement vu un officier ayant autant le mépris du danger, montrant dans toutes les affaires où il a assisté de réelles qualités de chef, toujours sur la brèche, ne sachant pas ménager sa peine ; malgré son jeune âge, il avait su inspirer confiance à ses hommes, en leur donnant toujours et toujours l'exemple d'un réel héroïsme. »

De tels sentiments d'admiration, de la part de vieux chefs qui ont déjà vu mourir tant de héros, se passent de commentaires. La citation posthume, à l'ordre de la 4e Armée, ne faisait que résumer les magnifiques faits d'armes de ce tout jeune homme :

« Jeune officier plein d'entrain et d'énergie ; a été tué en donnant à tous l'exemple d'un admirable mépris de la mort ».

Au Q. G. A., le 29 août 1915.
Le Général commandant la 4e Armée,
Signé : de Langle de Cary.

Abbé F. Charbonnier.

✠ ✠ ✠

Maxime de GUICHEN

(1912-1913)

Sous-Lieutenant au 1er Chasseurs

Chevalier de la Légion d'honneur
Croix de guerre avec palme

Aussi noble de sentiments que de nom, Maxime de Guichen, né à Paris le 10 avril

1895, vint préparer chez nous et aux cours du Lycée Henri IV, l'Institut agronomique. Il fut reçu en 1913.

Il se trouvait, pendant les vacances de 1914, dans sa famille, à Cirey-s-Vezouze quand la guerre éclata. Il se rend aussitôt à Epinal pour devancer l'appel militaire, mais il lui fut répondu qu'on n'acceptait plus d'engagements pour la durée de la guerre, et lorsqu'il revint à Cirey, il y trouva l'envahisseur. Sachant l'allemand, il rendit, en ce début d'occupation, beaucoup de services à ses compatriotes et prêta à l'autorité municipale le concours le plus actif et le plus intelligent. Cependant, le 10 octobre 1914, les ennemis emmenaient en captivité les jeunes gens âgés de plus de 18 ans et les transféraient au camp de Dieuze, d'Oberhofen, enfin d'Holzminden. Maxime de Guichen s'employa à soutenir ses camarades de captivité, pour lesquels il dépensait un dévouement absolu. Mais lui, songeait à s'évader. Grâce à d'ingénieuses ruses et au prix de mille dangers, il parvint à revenir en France, le 3 avril 1915, et fut aussitôt incorporé à Rouen, au 39e d'Infanterie ; mais, malgré ses supplications, on l'affecta d'office au Maroc, en raison de sa captivité en Allemagne.

Sergent au 2e Etranger, il prit part à plusieurs expéditions contre les tribus rebelles; cependant, la nostalgie du front de France le reprenait tout entier. Il revint, fin septembre 1916, pour suivre à Saint-Cyr le cours des élèves aspirants et fut nommé le 9 février 1917. Il réclama de nouveau avec instance son envoi au front, mais ne l'obtint qu'à la condition de porter uniquement son nom patronymique, du Bouéxic, ignoré de nos ennemis. Affecté au 14e Chasseurs Alpins, il ne tardait pas à être cité à l'ordre de la Division :

« Sous-officier d'élite, volontaire pour toutes les missions périlleuses. S'est imposé à ses chasseurs malgré son jeune âge, par sa hardiesse, sa bravoure et son entrain. Après avoir participé à un coup de main, le 21 octobre 1917, est reparti volontairement avec quelques hommes pour rechercher un chasseur tué, resté en avant de nos lignes, et l'a ramené ».

Le 10 juin 1918, il fut nommé Sous-Lieutenant au 69e d'Infanterie. C'est avec ce régiment de la Division de fer qu'il prit part à la glorieuse offensive du 18 juillet. Il tombait le premier jour de cette attaque, à l'âge de 23 ans. Son colonel écrivait à ce propos : « Mon beau régiment avait une tâche particulièrement ardue. Il s'agissait d'enlever des hauteurs boisées, hérissées de mitrailleuses, couvertes de fils de fer dissimulés dans la vallée, sous les hautes cultures, et, pour bénéficier de l'effet de surprise, aucune préparation d'artillerie n'avait eu lieu préalablement.... Votre admirable fils est tombé des premiers à la tête de sa troupe qu'il électrisait par son courage. » Il fut inhumé au cimetière d'Amblevy, repris aux Boches.

Et son lieutenant ajoutait : « C'était un brave ; il est mort en vrai héros ! »

C'était ce caractère de noblesse, d'ardeur contenue mais incoercible, de droiture achevée qui avait frappé les camarades de Maxime de Guichen, soit à la Légion étrangère, soit aux Chasseurs alpins, soit au 69e d'Infanterie. Tous les témoignages sont unanimes à reconnaître en ce vaillant jeune homme « un des types les plus parfaits d'officier français. »

Abbé J. Dedieu.

⚜ ⚜ ⚜

Paul GUILLAUME
(1877-1888)

Capitaine au 70e Régiment d'Infanterie

Chevalier de la Légion d'honneur
Croix de guerre
Citations à l'Ordre du Corps d'Armée
et de l'Armée

Paul Guillaume (1870-1914) fit toutes ses études à l'Ecole, de 1877 à 1888 — et il y fut aussi, on peut le dire, un des meilleurs, un de ceux qui figurent le plus souvent aux palmarès. En 1866, il obtint le Grand Prix d'Honneur ; il avait été plusieurs fois lauréat au Concours général et fut reçu au Baccalauréat de Philosophie avec la mention « Très Bien. » Il était un de ceux dont le travail, le « bon esprit » donnèrent les plus fréquentes satisfactions aux maîtres regrettés de jadis — à ces maîtres de l'Oratoire que continuent si bien les maîtres éminents et dévoués d'aujourd'hui, mais dont ne s'effacent ni les exemples ni les souvenirs : au R. P. Nouvelle, au bon P. Lechevallier, au

P. Bouldoires, au P. Lecanuet.... tous disparus, eux aussi !

Son « bon esprit » du reste, n'était que le reflet d'une conscience délicate et droite, jointe à une intelligence ouverte, à une sensibilité très fine, à des goûts d'observateur et même d'artiste en dessin : car, chez lui, la modestie, la crainte presque trop vive de l'ostentation égalait le soin de la « note juste » et le culte de la correction, de la perfection même. Tout cela, donc, expliqué ou dominé par un profond et solide sentiment du devoir, dont il avait, enfant, reçu les fortes et austères leçons au foyer de parents admirables. Sa mère, chrétienne ardente et généreuse, de foi traditionnaliste, éclairée et vivante ; son père, grand chrétien aussi, et en même temps quelque peu stoïcien, de haute culture classique, lui avaient répété sans cesse : « Le devoir avant tout ! Le devoir toujours ! »

Le devoir ! Ce seul mot suffirait à décrire sa carrière et sa fin. Le sens qu'il lui donna fit sa valeur professionnelle, hautement appréciée de ses chefs, comme sa distinction et son esprit le faisaient goûter de ses camarades, comme son souci de la justice et de la courtoisie jointes à la fermeté le faisait aimer de ses hommes. Sorti de Saint-Cyr en 1893 et nommé sous-lieutenant au 70e Régiment d'Infanterie, à Vitré, lieutenant en 1895, il passait en 1897 au 2e d'Infanterie à Granville.

Il entra, par le mariage, dans une famille digne de la sienne et enracinée, elle aussi, aux vieux pays de l'Ouest « fidèle ». En ces temps-là, les officiers tels que lui n'avançaient pas vite ; nommé capitaine le 24 décembre 1907, il était envoyé à Langres, mais presque aussitôt une heureuse mutation le ramenait à son ancien régiment de Vitré.

C'est là que les tragiques évènements de juillet 1914 vinrent non pas le surprendre, mais l'appeler, sans lui faire perdre un instant la vision sereine de son noble idéal. La veille du jour où il s'embarquait avec sa compagnie pour gagner la Belgique, il écrivait à son frère : « Je n'ai pas la ridicule prétention de me dire joyeux de ce qui arrive, mais je pars la conscience tranquille, et prêt à accepter l'accomplissement de la volonté de Dieu, quelle qu'elle soit.... J'ai tenu... à tout prévoir ; mais n'y voyez pas une marque de découragement ou de pessimisme. J'ai le ferme espoir que les prières qui seront faites pour moi me garderont, et que, dans un temps peut-être court, nous serons de nouveau réunis... Je crois d'ailleurs que, au point de vue militaire, la situation est bonne... »

Hélas ! Il partageait les vaillantes illusions... ou les vues, exactes, mais lointaines, de tant d'autres héroïques officiers d' « active. » Ni les premiers revers, ni la douloureuse retraite ne purent « entamer son moral. » Il remplissait les fonctions de Commandant, et autour de lui, comme jadis en manœuvres, on le trouvait plus gai que dans la vie de garnison. Quand on vint à la Marne, put-il deviner la victoire ? Le 6 septembre 1914, entre Sézanne et Montmirail, il avait entendu la messe au milieu de sa troupe ; le 7, il se trouvait à la tête de cette même troupe, sur la lisière des bois du Gault (Marne), sur la ligne extrême où devait finir l'avance allemande, où s'arrêtait la retraite et d'où partait l'offensive française ; il entraînait ses hommes quand une balle vint le frapper au front. Il tomba face à l'ennemi, au lieu dit « Le Clos le Roi », commune de Charleville.

On ne connaissait encore ni citations ni croix de guerre ; mais, dès ce mois de septembre 1914, un service pour le repos de l'âme du capitaine Guillaume, impressionnante solennité religieuse et encore militaire, était célébrée dans sa paroisse S. Martin de Vitré, par son curé tout pénétré de souvenirs et de regrets, tout « édifié » des dispositions dans lesquelles il l'avait quitté. Plus tard, pour lui comme pour tant d'autres, vinrent les citations, les décorations posthumes et, malgré tout, précieuses. En 1919, une citation à l'ordre du Corps d'Armée, puis une citation à l'ordre de l'Armée — ou un motif de décoration — disaient :

« Officier de carrière, modèle de bravoure et d'énergie. Tombé glorieusement le 6 septembre 1914, à la tête de sa compagnie qu'il entraînait à l'assaut sous de violents feux de mitrailleuses ».

Le dernier en date de ces témoignages accompagnait la nomination au grade de Chevalier de la Légion d'honneur.

Joseph Guillaume
Archiviste-Paléographe.

Robert HARTMANN-DESVERNOIS
(1893-1894)

COMMANDANT AU 76e RÉGIMENT D'INFANTERIE

Légion d'honneur
Croix de guerre avec deux palmes

Né à Dion (Allier) le 4 janvier 1873, Robert prépara à Massillon l'Ecole de Saint-Cyr. Très intelligent, d'une droiture à toute épreuve, et portant au cœur l'amour vaillant de la France, Robert choisit, à la sortie de l'Ecole, l'infanterie de marine, avec laquelle il espérait concourir à l'expansion de la patrie française.

Il eut, en effet, le bonheur de faire toute la campagne de Madagascar, où ses brillantes qualités de soldat lui valurent la citation suivante :

« Chargé de l'attaque du village d'Andranomanty le 22 juillet 1898, et d'exécuter un mouvement de flanc, a fait preuve de décision et de jugement, en profitant d'une circonstance favorable et inattendue, pour procéder à une attaque qui a décidé l'enlèvement du village ».

Il fut ensuite envoyé à l'Ile de la Réunion, où il passa trois années, et, à son retour, dans le Sud-Oranais où, pendant deux ans et demi, il contribua, avec un grand dévouement, à la pacification de la frontière marocaine.

Dès le début de la grande guerre, le capitaine Desvernois, acceptant tout son devoir, avait généreusement fait le sacrifice de sa vie pour sauver sa Patrie. Affecté au 89e Régiment d'Infanterie, armée Sarrail, il assiste à ces effroyables combats dont dépendait le sort de la France. Le 13 novembre 1914, il était cité à l'ordre de l'Armée :

« Deux fois blessé au feu, n'a pas voulu quitter son commandement ; s'est particulièrement distingué devant Montfaucon. »

Si vif était chez lui le sentiment de l'honneur militaire, que, blessé pour la troisième fois, il refusait de se laisser évacuer, pour ne pas abandonner ses hommes, qu'il entraînait par sa bravoure, sa hardiesse et son inaltérable gaîté. Cependant, il passait, avec le grade de commandant, au 76e Régiment d'Infanterie qui combattait aux Islettes. Il reçut là sa quatrième blessure en des circonstances telles que son colonel lui écrivit : « Ce que je veux vous dire, c'est que le 76e est fier de vous compter dans ses rangs. » En même temps, il le proposait pour Officier de la Légion d'honneur. Le commandant Desvernois ne devait pas jouir longtemps de cet honneur. Victime de son courage intrépide, il tombait glorieusement à la prise de Bolante, en Argonne. Sa belle citation à l'ordre de l'armée rappela son attitude magnifique :

« Le 8 janvier, alors qu'un régiment voisin était violemment attaqué, enleva une compagnie de son bataillon, fit sonner la charge et se précipita à la baïonnette sur l'ennemi qu'il refoula. Quoiqu'ayant la machoire fracassée par une balle, trouva encore la force d'encourager ses hommes, en criant : « Vive la France ! En avant ! ».

Ramassé sanglant sur le champ de bataille, il fut transporté au Val de Grâce et c'est là qu'il mourut, chrétiennement, le 6 février 1915, à l'âge de 42 ans.

Abbé J. DEDIEU.

⚜ ⚜ ⚜

Baron Jean de HEERE
(1911-1913)

SOUS-LIEUTENANT AU 117e RÉGIMENT D'INFANTERIE

Chevalier de la Légion d'honneur
Croix de guerre avec palme

Jean de Heere faisait partie de notre phalange de Saint-Cyriens, merveilleuse d'entrain et de bravoure, dont près de 40 sont morts au champ d'honneur. Dans le groupe des 13 candidats Massillonnais de son année, six ont été tués à l'ennemi et 4 cruellement blessés.

Taille haute et svelte, physionomie ouverte et douce, qui respirait la droiture, la bonté et la noblesse d'âme, Jean part en 1914, comme ses camarades, avec enthousiasme, subit les désillusions et les indicibles souffrances de la retraite après Charleroi, est grièvement blessé, le 29 octobre, au Quesnoy-en-Santerre, et mérite une glorieuse citation à l'ordre de l'Armée :

« Officier très courageux, possédant sur ses hommes un ascendant remarquable. Au combat du Quesnoy-en-Santerre, a eu la poitrine traversée d'une balle, au moment où il se portait vigoureusement en tête de sa compagnie à l'assaut d'un bois fortement occupé par l'ennemi. A rejoint le front à peine guéri d'une maladie grave consécutive à sa blessure. »

C'est, en effet, à force d'instances, qu'à peine remis, Jean obtient un ordre de départ et va reprendre sa place au milieu de ses camarades, dans les tranchées de première ligne, le 7 septembre 1915. « Je suis heureux, écrit-il, ravi, enchanté. »

La grande offensive de Champagne se préparait. Son âme, fermement chrétienne, prend son point d'appui en Dieu :

« Je ne sais ce que demain sera pour nous, écrit-il, mais il est certain qu'il faut être prêt à mourir. Quelle joie de pouvoir faire enfin quelque chose, surtout quand on sent Dieu avec soi !

« J'espère voir ce soir ou demain matin l'aumônier. Je serai ainsi tout prêt pour la bataille ; alors j'irai de grand cœur et avec confiance. »

Il assiste à la messe et communie le 24 septembre.

Le matin du 6 octobre, alors qu'il menait sa compagnie à l'attaque des lignes allemandes, « un obus le prit dans le don héroïque de lui-même à la Patrie et au Devoir. » Il avait 23 ans.

Il avait laissé comme adieu à un ami, le 20 septembre, ces lignes sublimes : « Si, par la volonté divine, je venais à disparaître, j'espère que ce sera chrétiennement et bravement. Veuillez dire à mes parents que j'ai toujours eu grande confiance en Dieu, qui me sauvera certainement. Je vous donne donc rendez-vous là-haut avec eux, tous ensemble. »

« Chrétiennement et bravement ! Vous avez tenu votre promesse, valeureux soldat, écrit avec émotion le capitaine P. du Crest. Vous ajoutez au renom de dix générations glorieuses... les pensées des derniers jours de votre vie. C'est tout le génie de notre race, tout le patrimoine d'élégance hérité à travers les âges, c'est la somme des vertus chrétiennes dans un cadre héroïque... N'est-ce pas nous associer aux battements du cœur de Jean que de rendre hommage à l'admirable mère, au père si chrétien, des mains de qui est sorti, prêt pour la bataille, le fils qu'ils pleurent ! »

A. Chauvin.

Maurice HOUDAILLE
(1905-1908)

Lieutenant

Commandant d'Escadrille

Chevalier de la Légion d'honneur
Croix de guerre
3 Citations

C'était une nature fine, généreuse, sérieusement chrétienne, profondément sympathique. Il avait d'abord préparé le concours de Navale, avec des camarades qui étaient pour lui autant d'amis, et dont six sont aujourd'hui de brillants officiers de marine. Admissible seulement au Borda, il se retourna du côté de Saint-Cyr, avec le sentiment élevé d'une haute mission patriotique à remplir. Son père, qui commandait une division du 20e Corps à Nancy, où il est mort encore jeune, avant la guerre, lui fit des objections. L'intrusion de la politique dans l'armée, la défiance et la désunion qu'elle semait parmi les officiers, l'avancement des meilleurs paralysé par les sectaires au pouvoir, tel fut le tableau que le général soumit aux réflexions de son fils. « Papa, reprit celui-ci, tout cela est douloureux sans doute. Mais, enfin, si les jeunes qui ont le culte des nobles traditions françaises se détournent de l'armée, aux mains de qui cette armée va-t-elle tomber ? Ne serait-ce pas un malheur et un grand danger pour notre pays ? « A cela, je n'ai rien à répondre, dit le père avec émotion ; et, se tournant vers son fils : « Mon enfant, fais ce que tu voudras. »

Maurice fut un héros. Malheureusement, nous n'avons pu avoir de renseignements détaillés sur ses exploits. Il avait perdu sa mère de bonne heure et nous n'avons pu retrouver trace de sa famille. Il tomba au cours d'un combat aérien, le 1er avril 1917. La Croix de guerre avec 3 citations et la Légion d'honneur témoignent de sa fidélité à son idéal patriotique et chrétien.

A. Chauvin.

Christian JARRY

(1910-1913)

CAPITAINE-AVIATEUR

Commandant d'Escadrille

Chevalier de la Légion d'honneur
Croix de guerre
avec 4 citations, dont 2 à l'Ordre de l'Armée

Christian Jarry avait une nature exquise de droiture, de délicatesse et de piété. Sous cette délicatesse il cachait la plus belle énergie. Il vint chez nous préparer Saint-Cyr, où il entrait en 1913 ; à peine sorti, il était jeté dans la fournaise, où l'attendaient de si dures épreuves. Blessé à Cernay, le 9 août 1914, il fut trois ans prisonnier des Allemands. Cette captivité le transforma à un tel point que ses parents pouvaient écrire qu'ils « avaient dû au retour refaire connaissance » avec leur enfant bien-aimé ; la guerre et la souffrance en avaient fait un homme. Il réussit à s'évader en 1918.

Et tels furent en Allemagne sa fermeté virile et sa dignité fière que ses parents ne craignaient pas de parler du respect que ce fils leur inspirait.

Ils étaient dignes de le comprendre ; aussi ne s'opposèrent-ils pas à ses désirs quand il choisit, pour servir encore, et servir dangereusement, l'aviation marocaine, dans cette France nouvelle, que nous a donnée le génie d'organisateur d'un grand Français et l'héroïsme obscur de nos soldats. Deux années durant, Christien Jarry dépensa avec entrain sa belle et ardente jeunesse ; c'était le péril de tous les jours. C'était la mort possible ; que lui importait, pourvu que la France fût servie ? Promu capitaine en 1919, il commandait l'escadrille de Meknès.

Le jour vint où, en plein vol, la mort qu'il avait tant de fois regardée en face sur le front, puis durant les hasards périlleux de sa captivité, se présenta à lui. Il était prêt à répondre en chrétien et en vaillant Français. Un accident, en cours de mission, précipita son avion sur le sol, à Meknès.. On retrouva le corps de l'héroïque officier carbonisé sous les débris de son appareil. C'était le 20 août 1920. Il avait 26 ans !

« C'était une grande âme », comme l'écrivaient ses parents. Nous ajoutons : C'était une âme chrétienne.

A la haute lumière des enseignements du christianisme, il avait compris la loi de la vie et le sens de la mort. Voilà pourquoi sa vie fut pure, sa mort glorieuse, et pourquoi son souvenir restera vivant.

Parmi ses glorieuses citations, nous tenons à relever les deux suivantes :

« Le Maréchal de France, Commandant en chef les armées françaises de l'Est, cite à l'Ordre de l'Armée : M. Jarry, lieutenant au 133e d'infanterie. Pilote aviateur excellent. Officier plein de courage et d'énergie. Grièvement blessé et fait prisonnier le 9 août 1914, a réussi, malgré de nombreuses difficultés, à s'évader d'Allemagne après 43 mois de captivité ».

Au G. Q. G., le 22 fév. 1919. PÉTAIN.

« Le Général Commandant en Chef les troupes d'occupation du Maroc, cite à l'Ordre des troupes d'occupation : Jarry (Christian), Capitaine Commandant la 4e escadrille du régiment d'aviation du Maroc : Brillant officier et vaillant aviateur. Grâce à ses qualités militaires exceptionnelles, son froid mépris du danger et l'ascendant qu'il avait sur ses subordonnés, a su faire de l'escadrille qu'il commandait une unité d'élite.

« A trouvé une mort glorieuse, le 29 août 1920, à Meknès, en partant le premier de son escadrille, dans des conditions particulièrement défavorables, pour participer à une opération délicate effectuée par le groupe mobile de Meknès. »

Abbé J. BOYER.

Alfred JOLY D'AUSSY

(1891-1892)

CAPITAINE AU 47e RÉGIMENT D'INFANTERIE

Porter un beau nom, exercer un noble métier, marcher à la victoire parmi de brillants faits d'armes, voilà de quoi tenter un cœur jeune et enthousiaste. Alfred Joly d'Aussy avait de la naissance ; il ne lui restait qu'à suivre ceux de sa race dans la carrière des armes. Voilà pourquoi, en 1891, il entrait à l'Ecole Massillon. Il venait s'y préparer au concours de Saint-Cyr, et surtout développer son goût du devoir et y fortifier sa volonté par une piété rare et vivante.

En 1896 il sortait de Saint-Cyr dans une

promotion dont le nom semblait alors autoriser tous les espoirs, celui d'Alexandre III, le puissant empereur de toutes les Russies, et il débutait dans l'armée comme sous-lieutenant au 139e Régiment d'Infanterie. Promu lieutenant, il se mariait en 1901 dans la chapelle Saint-Louis des Invalides. Dieu bénit cette union et 4 enfants vinrent égayer de leur babil et de leurs sourires la maison du jeune officier.

Le 26 juin 1911, il fut nommé capitaine à St-Malo, au 47e Régiment d'Infanterie. C'est avec ce régiment et tout le 10e Corps que, le 20 août, il se trouve près de Charleroi, sur les bords de la Sambre, devant l'armée du général de Bulow. Celui-ci veut forcer la rivière. Le général Lanzerac avait prescrit à ses soldats « de se retrancher sur les collines de la rive droite, mais, emportés par la fièvre d'offensive, ils vinrent combattre dans les bas fonds et éprouvèrent de lourdes pertes. » (Général Mangin, *Comment finit la guerre).*

Ils tinrent bon cependant. Il fallut la prise de Dinant, sur la droite de l'armée, et la crainte d'être coupé des troupes de Langle de Cary, pour contraindre Lanrezac, le 23 août, à battre en retraite. Le 10e corps fut donc obligé de quitter la Belgique. Mais, dès le 28 et le 29, il faisait front à nouveau pour ralentir l'avance allemande, et ce sont de beaux succès qu'il remporta à Sains et à Richaumont. Il se retrouvait le 8 septembre sur le plateau de Sézanne, pour donner le dernier coup de boutoir, qui permettait à Foch, commandant la 9e armée, de rompre définitivement l'ennemi, et de courir donner la main à Franchet d'Esperey, à l'est de Reims.

Puis ce fut la course à la mer, où Français, Anglais, Belges s'opposèrent héroïquement, entre Arras et Nieuport, aux 800.000 Allemands que Guillaume II, venu à Courtrai, animait de sa présence. Le 47e était, le 2 novembre, en avant d'Arras. L'un de ses bataillons avait reçu l'ordre de prendre une briqueterie sur la route de la ville à Beaurains. La 3e compagnie de ce bataillon, commandée par Joly d'Aussy, était déployée tout près des bâtiments de la briqueterie. Mais les allemands « tiraient, des maisons, des murs encore debout, des tranchées, et leur tir était rapide et précis. » Le capitaine, voyant sa gauche prise par des feux d'enfilade, la fit appuyer à droite. Debout dans un champ de betteraves, les mains dans les poches de sa capote, il présidait à ce mouvement quand une balle le frappa. Il tomba en prononçant ces seuls mots : « Ça y est. » « Je l'ai vu par terre, appuyé sur sa main droite, » écrivit à Madame d'Aussy l'un des survivants de ce drame. Mais le bataillon fut obligé de se replier et les blessés restèrent mêlés aux morts dans cette zône, domaine de la mitraille où, pendant plusieurs jours, nul être vivant ne pénétra plus.

Abbé J. MICHEL.

⚜ ⚜ ⚜

François JUHELLE

(1898-1901)

LIEUTENANT AU 13e BATAILLON DE CHASSEURS ALPINS

Détaché à l'Etat-Major de la 127e Division d'Infanterie

Croix de guerre avec palme

Il fut, à l'Ecole Massillon, l'élève modèle, dont le souvenir évoque à la fois le labeur obstiné, la droiture même, la conscience délicate, et l'âme la plus charmante qui fut, parce qu'elle était fortement chrétienne. Entré à Saint-Cyr après de solides études, François Juhellé en sortit sous-lieutenant au 12e Bataillon de Chasseurs à pied ; en 1913, il était reçu à l'Ecole de guerre. Quand survint la mobilisation, il fut attaché en qualité d'officier d'état-major à la 127e brigade d'infanterie de réserve.

Cet officier d'élite, admirablement formé aux méthodes de la guerre moderne, qui avait le culte de son métier, et apportait à ses fonctions le scrupule de son patriotisme et de sa foi, eût été, sans aucun doute, l'un de nos chefs les plus remarquables, si sa carrière n'avait pas été trop prématurément brisée.

Il était à Rambrecourt (Woëvre), le 20 octobre 1914, quand un éclat d'obus vint le frapper, au cours d'un bombardement nocturne, dans la chambre qu'il occupait au siège de l'Etat-Major.

Cette mort causa une véritable consternation. Le Dr Louis Vaillant, lui-même ancien élève de Massillon, écrivait le lendemain ses regrets et son estime pour ce magnifique officier qui ne songea jamais qu'à « donner l'exemple de la bravoure et du mépris de la mort. » D'une lettre du soldat Lucien Chalvet, du 340e d'Infanterie, je détache ces paroles si émouvantes dans leur simplicité : « Tout le monde a été frappé de ce malheur, car c'était le bon officier, et surtout capable ! On le voyait partout, et toujours souriant. Quant à moi, j'y perdrai un bon soutien et ami; depuis qu'il me connaissait, chaque fois que je le rencontrais, il me parlait et me serrait la main, et c'est avec le cœur bien gros que je vous raconte ces détails ! »

C'était là le bel idéal de l'officier français, dont la noblesse du cœur et la fermeté de la pensée s'alliaient à cette camaraderie charmante, unissant dans une même famille le groupe des chefs et la foule des subordonnés, — idéal que le lieutenant François Juhellé tâchait de réaliser, car il y voyait la forme la plus haute de son rôle d'officier, de Français et de chrétien.

Cette nature souriante trouvait, en effet, le secret de sa force dans une foi merveilleusement vivante. Aux premiers jours de la mobilisation, il écrivait aux siens : « Je pars dans les meilleures conditions morales, avec la conscience au repos et l'amour de la patrie dans le cœur... Je ferai mon devoir à la française, c'est-à-dire avec courage et gaieté. » Et de sa dernière lettre à sa femme, écrite la veille de sa mort, et qui constitue comme une sorte de testament moral, nous citerons quelques lignes d'une grandeur chevaleresque : « Il faut réagir contre le découragement. Il faut fortifier nos cœurs, et nous habituer à l'idée que nous avons encore à lutter pendant de longues semaines et probablement de longs mois. Tu as le cœur trop bien placé pour te laisser aller au découragement, pour ne pas accepter tous les sacrifices, pour ne pas comprendre que toutes les énergies sont nécessaires ; l'heure n'est pas aux plaintes, elle doit être employée à l'action. »

Magnifiques paroles que l'on rapproche de celles que François Juhellé écrivait à son frère, la veille de la déclaration de guerre : « Je n'ai pas besoin d'ajouter, disait-il, qu'en ma qualité d'officier, j'envisage l'avenir avec calme et confiance... Nous avons le moral pour nous, c'est un gage de victoire. Avec quelle énergie, d'ailleurs, ne marcherait-on pas pour délivrer des frères opprimés? Tout ce que je sais, c'est que, où que nous soyons, nous ferons tous de notre mieux, apportant chacun notre modeste pierre à l'édifice. Quand ces lignes te parviendront, mon cher Jean, les hostilités seront vraisemblablement commencées. Il ne me reste qu'une chose à souhaiter, c'est que Dieu te garde et qu'il ait pitié de nous ! A mon arrivée à Gien, je mettrai ma conscience en règle, et puis, à la grâce de Dieu ! »

Grande et belle nature, où l'on ne sait ce qu'il faut le mieux admirer, ou de la profondeur du patriotisme ou de la sérénité chrétienne, ou de cet instinct divinateur, propre aux grands chefs, qui fait envisager au lieutenant Juhellé, dès octobre 1914, une guerre bien longue et atroce, mais où tous les jeunes Français donneront, sans aucun doute, le meilleur de leur cœur, et qui sera, pour la France, créatrice de ces forces morales indomptables, la Victoire de la pensée sur la matière et du Droit sur la Force.

Citons enfin l'ordre de la Brigade décerné au lieutenant Juhellé, le 24 septembre 1915 :

« Auxiliaire précieux du commandement, ayant rendu de grands services par son esprit d'initiative et sa puissance de travail. A assuré d'une façon parfaite son service d'agent de liaison, dans les circonstances les plus difficiles, grâce à son sang-froid et à son mépris absolu du danger ».

Abbé J. Dedieu.

Vicomte René de KERMOYSAN
(1898-1899)

Capitaine de réserve

Chevalier de la Légion d'honneur
Croix de guerre avec palmes
2 Citations

D'une ancienne famille de Bretagne, le Vicomte René de Kermoysan était venu faire à l'Ecole Massillon et au Lycée Charlemagne sa préparation à Saint-Cyr. Il était Lieutenant de réserve au moment de la déclaration de guerre.

Les renseignements qu'il nous a été donné de recueillir sur lui, si incomplets qu'ils soient, nous montrent toute sa grandeur d'âme. Le 29 septembre 1914, il obtenait la Croix de guerre avec palmes ; il venait d'être nommé Capitaine sur le champ de bataille et faisait fonction de Commandant, comme nous l'apprend sa Citation :

« A commandé un bataillon ; n'a reculé devant des forces supérieures que devant une attaque de flanc, ramenant 150 hommes sur 600, lui seul restant officier ».

Il fut loin de rester insensible devant ces sanglantes hécatombes. Après avoir ramené les survivants qui pouvaient le suivre, il voulut s'assurer par lui-même qu'il n'y avait plus d'autres blessés qui auraient attendu son secours. La seconde citation, qui complète la première, nous dit son mépris du danger pour aller jusqu'à ceux qui, peut-être, avaient encore un souffle de vie :

« Obligé de se replier devant des forces supérieures, s'est porté en avant en rampant, pour constater que tous les hommes qu'il laissait derrière lui étaient morts, donnant ainsi le plus bel exemple de courage et de dévouement à sa Compagnie ».

Cet officier, si humain dans son intrépidité, trouva la mort un an plus tard, le 5 août 1915, à Tracy-le-Val. Il avait bien mérité d'être porté sur le tableau de la Légion d'honneur, avec le n° 1 de la Brigade : héros digne des Kermoysan ses aïeux, de ses soldats et de la France !

Abbé F. CHARBONNIER.

Jean LASSERRE

(1893-1902)

LIEUTENANT D'INFANTERIE COLONIALE

Chevalier de la Légion d'honneur
Croix de guerre
Citation à l'Ordre de l'Armée

Jean Lasserre fit quatre années d'études à Massillon, de 1896 à 1898 et de 1900 à 1902. Il est difficile d'imaginer une nature plus rayonnante de vie, d'entrain, de cordialité et de bonne grâce que celle-là. Le revoir était une fête pour ses camarades, qui aimaient en lui cette vivacité d'esprit et cet élan primesautier, privilège des âmes ardentes, nées pour l'action. Jean Lasserre se destinait, en effet, à l'Ecole de Saint-Cyr ; il y est reçu quatrième, et en sort, en 1907, dans l'infanterie coloniale. L'Indo-Chine le tente et il fait deux séjours au Tonkin, où il s'adonne à l'étude de la langue annamite (pour laquelle il obtient le brevet simple, puis le brevet supérieur), et de la langue chinoise.

La déclaration de guerre survient pendant son second séjour, et le gouvernement français, ne voulant pas dégarnir de troupes les colonies, interdit aux officiers de revenir en France. Désespéré d'être au loin pendant que ses camarades se sacrifient sur le front français, le lieutenant Lasserre multiplie les démarches pour rentrer en France, et obtient enfin son rapatriement au mois de janvier 1915. Affecté au 7e Régiment mixte d'Infanterie coloniale en formation à Toulon, il quitte Marseille avec son régiment à la fin d'avril 1915 et débarque aux Dardanelles le 3 mai, en pleine attaque devant Seddul-Bahr. Dès le début de l'action, son capitaine étant blessé, il prend le commandement de la compagnie, mais, le 10 mai, reçoit de multiples blessures par des éclats d'obus, à la main et à la jambe. L'un de ses soldats a raconté cette conduite héroïque : « Notre pauvre lieutenant reçoit une balle qui le renverse. Nous nous portons à son secours, lorsque soudain il se relève et nous dit : « Marchez, mes enfants, je n'ai qu'une piqûre de mouche! » Il reprend aussitôt la tête de la compagnie, quoique blessé ; mais, plus loin, il tombe, criblé de balles. Nous nous portons de nouveau à son secours, mais il refusait et nous disait toujours : « Marchez en avant, mes enfants. » Il voulait rester avec les siens, mais quatre hommes l'emportèrent.

Transporté à Alexandrie, le lieutenant Jean Lasserre y est mort, après deux mois de souffrances, le 5 juillet 1915, à la suite d'une crise foudroyante et imprévue d'infection. Le 31 juillet, son corps était ramené à Marseille. Il repose à Saint-Jean-de-Luz,

École Saint-Cyr — École Navale — École Centrale

auprès de cet Océan qu'il avait voulu franchir, pour apporter au loin la glorieuse civilisation française.

Lui-même avait été nourri dans de nobles traditions militaires : son père, chef d'escadron d'artillerie, avait repris du service en 1914 et est mort de fatigue et de chagrin en 1916 ; son frère cadet, Léon, lieutenant d'artillerie, servit jusqu'au sacrifice le plus émouvant, ayant laissé les deux jambes sur les champs de bataille.

Le Lieutenant Lasserre a été nommé Chevalier de la Légion d'honneur avec le motif suivant, qui rappelle les exploits du 10 mai 1915 :

« A déployé de très belles qualités militaires, de sang-froid et de bravoure, en conduisant sa compagnie à l'attaque des positions ennemies. A été blessé au cours de l'action. Mort des suites de ses blessures. »

Abbé J. Dedieu.

Bertrand et Ismaël de LESSEPS

Bertrand de LESSEPS

1886-1888)

Commandant au 20e Chasseurs a Cheval

Ismaël de LESSEPS

(1886-1889)

Capitaine au 3e Chasseurs d'Afrique

Chevalier de la Légion d'honneur
Croix de guerre avec palme

Ismaël de Lesseps fut notre élève durant sa préparation à Saint-Cyr. Nous n'avons sur lui que les renseignements suivants, dûs au Lycée Charlemagne dont il fut également l'élève :

Blessé très grièvement au Maroc (il avait eu les deux poumons traversés), le capitaine de Lesseps, à peine sur pied, voulut revenir en France et reprendre sa place au combat. Le 30 septembre 1917, à quatre heures de l'après-midi, le 2e escadron du 3e Régiment de Chasseurs d'Afrique, qu'il commandait, reçut l'ordre d'attaquer à la grenade un boyau aux deux tiers comblé par le bombardement. Laissant ses hommes en arrière, il s'avança seul pour reconnaître la position. Au moment où il allait appeler son escadron pour le lancer à l'attaque, il fut reçu par une violente fusillade. Une balle lui traversa de part en part la poitrine. Il put néanmoins avoir assez de force pour revenir tomber au milieu de ses soldats.

On le porta dans un abri où il expira au bout de quelques instants.

Le capitane Ismaël de Lesseps était le troisième des sept fils du comte Ferdinand de Lesseps.

Leur frère, Ferdinand de Lesseps, prépara également Saint-Cyr aux mêmes dates, à l'Ecole Massillon. Il était Commandant au 20e Chasseurs à Cheval et fut tué, un an après son frère, 28 août 1918, pendant une reconnaissance. C'est tout ce que nous avons pu savoir sur ces deux vaillants officiers que la mort a confondus dans une commune gloire.

(Extrait de *l'Annuaire des Anciens Elèves du Lycée Charlemagne).*

René LOUIS

(1877-1881)

Lieutenant-Colonel au 3e Régiment de Marche de Zouaves

Officier de la Légion d'honneur
Croix de guerre

Le Lieutenant-Colonel Louis est de ceux qui connurent les premières années de l'Ecole Massillon ; dès cette époque déjà lointaine, on n'en sortait pas sans emporter, gravés au plus profond de l'âme, les plus solides principes de patriotisme et de foi religieuse. Ce que nous savons de cet officier supérieur en est la plus vivante preuve.

Trop rares sont les documents qui nous sont parvenus sur cette brillante carrière ; la haute valeur des quelques témoignages que nous possédons nous fait regretter d'autant plus tous ceux qui nous manquent.

Sorti de Saint-Cyr, René Louis avait fait un stage à l'Ecole de Guerre. Encore tout jeune officier, il avait commandé aux Zouaves, dont il avait apprécié en Afrique la verve endiablée, l'entrain et la bravoure. Il devait les retrouver dans la grande tourmente, toujours semblables à eux-mêmes, sachant affronter le danger le sourire aux lèvres et l'héroïsme dans le cœur.

Après un passage à l'Etat-Major, il prit le commandement du 81e d'Infanterie où il faillit trouver la mort. Mais son heure n'avait pas encore sonné ; il était destiné à conduire dans l'effroyable mêlée le 3e Régiment de Marche de ses chers Zouaves, et à s'ensevelir avec lui dans la plus pure gloire. Qu'on en juge par cette page, écrite en l'honneur du Régiment lors de l'attribution de la fourragère, conférée le 28 janvier 1916, par le Général Commandant en Chef les Armées Françaises :

« Sous les ordres du Lieutenant-Colonel Louis, le 25 septembre 1915, le Régiment s'est rué à l'assaut des tranchées allemandes avec un élan et un enthousiasme qui confinent au sublime. Bien que pris de tous les côtés par un feu formidable d'artillerie et d'infanterie, s'est enfoncé comme un coin dans les lignes ennemies qu'il a crevées sur une profondeur de 2 kilomètres. S'est emparé de 11 pièces d'artillerie et de 9 mitrailleuses, a fait 400 prisonniers et ne s'est arrêté, bien qu'ayant perdu son chef et presque tous ses cadres, que lorsqu'il a été à bout de souffle. Dans toutes les circonstances où il a été engagé au début de la campagne, s'est montré à la hauteur des vieux régiments de Zouaves : en Champagne, *il les a dépassés.* Déjà, le 19 septembre 1914, il avait pris un drapeau à l'ennemi. »

Ce témoignage pourrait suffire ; il est assez éloquent pour montrer l'emprise d'un pareil chef sur une troupe d'élite. Mais le Lieutenant-Colonel Mondielli, qui commande actuellement à Constantine le 3e Zouaves, a bien voulu nous envoyer copie du passage de l'historique du Régiment qui relate avec plus de détails les circonstances de la mort de notre héros :

« ...Cependant, le Lieutenant-Colonel Louis, revêtu de sa tenue de parade, s'est élancé hors de la tranchée, suivi de son Drapeau.

Le groupe formé par le Colonel, la Garde du Drapeau et les agents de liaison ne tarde pas à attirer l'attention de l'ennemi, qui dirige sur lui un feu des plus ajustés.

Le Capitaine adjoint au Colonel est blessé ; le porte-drapeau est tué ; six sergents, le caporal et tous les hommes qui composent la Garde sont successivement mis hors de combat ; le Drapeau est recueilli par le cycliste du Colonel.

Peu après, le Lieutenant-Colonel Louis, qui marchait sur le talus d'un boyau allemand, tombe également frappé à mort, son cycliste se porte auprès de lui.

Alors une voix se fait entendre :

Le Drapeau en avant ! Qui a poussé ce cri ? On ne sait ; mais on obéit. Le Drapeau est relevé, et c'est lui qui, maintenant, guide le Régiment vers l'ennemi.

Sous la rafale, il s'avance ; vingt fois, il est abattu ; mais toujours une main le redresse pour le porter plus en avant dans les lignes allemandes.

Une force irrésistible pousse ces hommes au dernier sacrifice. Ils sentent profondément tout ce que signifie leur geste héroïque : c'est le Régiment qui doit passer en dépit des pertes; c'est la France qui, elle, ne meurt pas, si les hommes tombent, et doit toujours demeurer debout !

Bientôt, tous les Zouaves sont tués ou blessés, et le Drapeau est tombé à terre. L'ennemi peut s'en emparer. Un sergent-major du 3e Tirailleurs le saisit, mais est frappé mortellement à son tour. Enfin, un simple tirailleur est assez heureux pour le relever une dernière fois et le remettre entre les mains du Général Degot, Commandant la Brigade, qui, à la suite des Zouaves, s'est porté dans les tranchées allemandes et se fait le gardien du glorieux emblême, désormais hors de danger. »

Cette page d'épopée valait d'être citée jusqu'au bout, car c'est jusqu'au bout que l'esprit du Chef, dont le corps baigne dans le sang, anime officiers et soldats et les pousse à mourir à leur tour, pour sauver la glorieuse loque aux trois couleurs. Cette survivance d'une âme intrépide parmi les siens se sent à chaque ligne. C'est le cœur du père qui palpite encore dans ces poitrines qui s'offrent à la mitraille. Tous ces preux avaient été pétris à l'image de celui qui les commandait. S'il avait bien mérité de son

Régiment, le Régiment mérita bien de lui. Dans ce tableau ensanglanté se détache, en un relief puissant, l'inoubliable figure de René Louis, dont la citation personnelle a fixé les traits :

« Chef dans la grande acception du mot, volonté de fer. Est tombé glorieusement à côté de son Drapeau. »

Abbé F. CHARBONNIER.

⚜ ⚜ ⚜

Louis de LURION de L'EGOUTHAIS
(1906-1907)

LIEUTENANT AU 149e RÉGIMENT D'INFANTERIE

Chevalier de la Légion d'honneur
Croix de guerre avec palme

Louis de Lurion de l'Egouthais avait appartenu à l'Ecole en 1906 et 1907 ; il y prépara Saint-Cyr.

Il fut incorporé au 149e d'Infanterie à Epinal, et tué le 26 août 1914 au combat du col de la Chipote, à l'âge de 27 ans.

L'ordre du jour de l'armée qui le cite, seul renseignement que nous ayons pu avoir, parle de ses brillantes qualités d'énergie et d'entrain, dont il avait fait preuve dès le début de la campagne. Il fut tué alors qu'il se portait en avant de sa section pour observer les mouvements de l'ennemi.

La Croix de guerre avec palme puis celle de la Légion d'honneur vinrent, après sa mort, consacrer son héroïsme. Honorons sa mémoire, auréole de son nom, dans la plus pure gloire.

Abbé J. BOYER.

⚜ ⚜ ⚜

Victor LUX
(1899-1902)

CAPITAINE AU 156e RÉGIMENT D'INFANTERIE

Chevalier de la Légion d'honneur
Croix de guerre avec palme
2 Citations

Fils d'un Alsacien des environs de Saverne, qui avait opté pour la France après la guerre de 1870, Victor Lux naquit à Paris le 21 novembre 1881 ; il fut privé de bonne heure des soins d'une mère tendre et dévouée, et un peu plus tard de l'affection paternelle.

Au cours des grandes vacances qu'il passait en Alsace, chez de vieilles parentes, il put voir combien le cœur des Alsaciens-Lorrains était resté français ; c'est dire avec quel enthousiasme il orienta ses études vers la carrière militaire où ses frères l'avaient précédé. D'abord élève de l'Ecole Massillon et de Charlemagne, admis à Saint-Cyr en 1902, Victor Lux reçut en récompense de ses brillantes études le prix de l'Association des Anciens élèves du Lycée Charlemagne (1902).

Lorsqu'il sortit de Saint-Cyr en 1904 (promotion du Sud-Oranais), son rang de classement lui donnait le choix de sa garnison. Il demanda un régiment de l'Est, le 156e, alors au camp de Châlons.

Sous une apparence frêle, calme et froide, Victor Lux cachait une énergie de fer qui s'alliait à une grande bonté. Très apprécié de ses chefs, il était adoré de ses hommes, car il payait d'exemple et savait leur faire comprendre la raison des efforts qui leur étaient demandés.

Victor Lux se consacrait tout entier à son régiment, avec d'autant plus d'ardeur que des difficultés croissantes et des vexations sans nombre interdisaient aux officiers français l'accès de la terre d'Alsace. Si de semblables procédés n'avaient pas suffi pour entretenir sa haine contre l'Allemand, la condamnation injustifiée de son frère Charles à six ans de forteresse l'aurait cruellement ramené à la réalité. Aussi, grande fut sa joie, lorsqu'à force d'énergie et de persévérance, Charles, interné à Glatz, parvint à s'évader.

A la mobilisation, par suite de l'indisponibilité de son capitaine, le lieutenant Lux prend le commandement de la 9e Compagnie du 156e Ce régiment d'élite appartenant au glorieux 20e Corps, il participe à l'avance sur Morhange où de redoutables défenses vont briser notre élan.

Par son entrain, son sang-froid et la vigueur de son commandement, le lieutenant Lux réussit à maintenir le moral de ses hommes, malgré la pénible nécessité qui s'impose : le repli sur le Grand Couronné.

Le 4 septembre, après de dures journées de combats incessants, Victor Lux est cité à l'ordre de l'armée et promu capitaine, en récompense de sa belle conduite au feu ; il m'adressait ce jour-là une carte avec ces simples mots : « Tout va bien. Vive la France ! » Hélas ! c'était la dernière fois que je devais avoir de ses nouvelles.

Le 5 septembre au matin, il chargeait à la tête de ses hommes pour les entraîner à l'attaque du Bois de Crévic, lorsqu'une balle en plein front le frappa mortellement.

Il repose maintenant en terre lorraine, dans le petit cimetière de Dombasle-sur-Meurthe. Et tous ceux qui l'ont connu et aimé garderont la suprême consolation de sa fin glorieuse. Comme il l'avait toujours souhaité, Victor Lux est tombé face à l'ennemi pour la « grande victoire ».

Il a vécu, il est mort en soldat.

(Extrait de *l'Annuaire des Anciens Elèves du Lycée Charlemagne).*

✣ ✣ ✣

Christian MATHELIN
(1912-1914)

SOUS-LIEUTENANT AU 23e BATAILLON DE CHASSEURS ALPINS

Croix de guerre avec étoile d'argent

Il était presque un enfant, et déjà avait acquis sur ses camarades un tel prestige, par son sérieux, son courage réfléchi, sa haute valeur morale et cette flamme intérieure par où se révèlent les chefs, qu'il fut nommé sous-lieutenant à l'âge de dix-huit ans, de ce corps d'élite, le 23e Chasseurs Alpins.

Nous n'avons pu, par malheur, recueillir assez de renseignements sur cette existence trop brève... Le 7 mars 1915, le 23e Chasseurs fut engagé dans l'attaque du grand Reichakerkopf. Christian part le premier à l'assaut d'une tranchée allemande, s'en empare, l'organise en hâte, la retourne contre l'ennemi, et se maintient sur la position, en dépit de cinq furieuses contre-attaques. A la dernière, un éclat d'obus le frappa au pied et il dut, malgré lui, se laisser acheminer, appuyé sur l'un de ses splendides chasseurs, vers le poste de secours. Un nouvel éclat d'obus l'atteignit à la tempe, alors qu'il pouvait se croire hors de danger.

Il fut cité, le 20 mars, à l'ordre de la Division :

« Tombé glorieusement, le 7 mars 1915, frappé d'un éclat d'obus, au moment où il repoussait une contre-attaque ennemie ».

Abbé J. DEDIEU.

Pierre MÉNESPLIER-LAGRANGE
(1891-1900)

CAPITAINE AU 1er RÉGIMENT DE MARCHE COLONIAL DU MAROC

Chevalier de la Légion d'honneur
Médaille coloniale
Croix de guerre
Citation à l'Ordre de l'Armée

Une belle figure de soldat, un beau caractère d'homme, une belle âme de chrétien : tel fut le capitaine Pierre Ménesplier-Lagrange.

Il était né le 6 décembre 1882, à Brantôme (Dordogne). Famille de magistrats, d'officiers, dont il hérita cette haute notion du devoir qui sera la règle inflexible de toute sa vie.

Ne séparer jamais le devoir, dans sa pensée et dans sa volonté, des sacrifices qu'il peut exiger, des renoncements qui l'accompagnent souvent ; le remplir en toutes circonstances, sans craintes pusillanimes comme sans lâches regrets ; se couvrir, dans son accomplissement, d'un voile de modestie qui cache aux autres et en quelque manière à lui-même un mérite qui veut s'ignorer, tel fut dès son jeune âge, nous disent les siens, Pierre Ménesplier-Lagrange.

C'est dans ces dispositions qu'en 1891, il entra à l'Ecole Massillon qu'il ne devait quitter qu'en 1901, pour l'Ecole de Saint-Cyr. Ce que furent des études poursuivies dans un tel esprit, ses nombreux succès, couronnés, la dernière année, par le prix de l'Association Amicale des Anciens Elèves, le disent assez : Pierre Ménesplier-Lagrange fut à la fois un adolescent très pieux et un de nos plus brillants élèves

Il dut à l'Ecole un bien plus précieux que la formation de l'esprit. A cette âme généreuse, éprise uniquement du devoir, le Christiasnime mieux connu, et de jour en jour plus scrupuleusement pratiqué, apporta la lumière de ses enseignements, le soutien de ses disciplines, la force de sa vie spirituelle. Pierre Ménesplier-Lagrange comprit qu'en obéissant à sa conscience, il se soumettait en réalité au Maître intérieur qui nous intime au fond de nous-mêmes ses divines volontés. Il n'oubliera jamais cette formation chrétienne.

C'est durant ces années de féconds progrès intellectuels et moraux qu'il sentit ainsi s'affirmer chez lui cette vocation militaire, qui datait de sa plus jeune enfance, et qui n'était sans doute que la voix des traditions familiales. Du moins comprit-il mieux encore la grandeur et la noblesse d'une vocation qui correspondait si bien aux aspirations les plus élevées de son âme et aux habitudes généreuses de sa volonté.

On ne s'étonna donc pas de le voir choisir, à sa sortie de Saint-Cyr, l'infanterie coloniale ; ce n'était pas amour du risque et de l'aventure, moins encore désir d'avancer sa carrière, mais volonté délibérée d'aller là où il pourrait le plus complètement et le plus utilement servir.

Aussi recherchera-t-il toujours les postes les plus exposés, fussent-ils les plus obscurs ; cet officier a vraiment la passion du sacrifice ; il croit avec ferveur à l'utilité de son rôle, à la noblesse de sa mission ; il se sait, à sa place et à son rang, avec une modestie que ses amis trouvaient excessive, mais avec une force de conviction qui a les allures et la beauté d'une foi ; il se sait ouvrier de la grandeur française. Nul doute que son rêve secret ne soit, dès lors, de pouvoir lui donner son sang.

Successivement il fut envoyé sur la frontière du Haut-Tonkin, dans le Moyen-Congo, et enfin au Maroc. Partout il servit avec dévouement. Les hommes qu'il commande, les indigènes avec qui il est en rapport aiment ce chef intelligent et consciencienx, toujours juste, toujours bon, toujours attentif à remplir tout son rôle. Partout il s'astreindra à apprendre la langue des Indigènes ; au Moyen-Congo, il organisera lui-même un territoire qu'il a reconnu, et telle sera bientôt sa connaissance du pays et des habitants, tel surtout l'ascendant qu'il exerce sur les Indigènes, ce chef blanc, le premier qu'ils aient vu, qu'un de ses camarades, chargé de conduire une colonne à travers le pays, ne croit pas pouvoir le faire sans danger, si le lieutenant Ménesplier-Lagrange n'est pas là pour protéger ses derrières et, par sa seule présence, garantir sa sécurité. Celui-ci accepte donc, en toute liberté, de prolonger de six mois son séjour sous ce climat malsain.

Au Maroc, dans les expéditions de Merrakech et de Tadla, il mérite d'un chef comme Franchet d'Esperey une citation très élogieuse, pour sa vaillance intelligente, le 26 mai 1913, et il reçoit le troisième galon, l'un des premiers de sa promotion. C'est ainsi qu'il faisait ses écoles d'héroïsme.

Il apprenait à vaincre l'Allemagne, il apprenait aussi, dès les colonies, à la connaître. Où ne rencontrait-on pas, alors, dans les humiliantes années qui ont précédé la guerre, sa haine tenace et sournoise, toujours et partout prête à contrecarrer nos desseins. Il avait déjà eu la douleur, en débarquant en France, au retour du Congo, d'apprendre que les territoires qu'il venait de conquérir et d'organiser étaient cédés à l'Allemagne. On l'envoyait au Maroc ; c'était encore pour y trouver et y combattre l'allemand qui était derrière les rebelles, excitant leur haine, fomentant les révoltes et les fournissant de munitions.

Aussi quand avec son régiment, le 1er Régiment de Marche Colonial du Maroc, le capitaine Ménesplier-Lagrange sera envoyé sur le front français, il n'aura garde de nourrir nos folles illusions du début, sur les conditions et la durée d'une lutte qu'il sent acharnée, implacable et longue ; cette clairvoyance, d'ailleurs, ne peut entamer sa foi ni faire hésiter son courage.

Le 28 août 1914, la division marocaine qui roulait depuis l'Ardenne Belge sans même avoir vu l'ennemi, fut portée en avant à l'ouest de Signy l'Abbaye ; elle devait couvrir la retraite des troupes qui venaient de se battre à Charleroi. Nous étions hors de toute proportion numérique avec l'ennemi ; nous avions peu ou point d'artillerie. C'est dans ces conditions que cette troupe d'élite reçut l'ordre de combattre et d'arrêter toute une division de cavalerie. C'était recevoir l'ordre de mourir. Nul ne s'y méprit, ni le chef, qui prit soin de préparer sa troupe au suprême sacrifice, ni les hommes qui « tous s'y attendaient », suivant le témoignage d'un officier. Le moment venu, Pierre Ménesplier-Lagrange s'élance à la tête de sa compagnie ; avec un beau dédain et une superbe crânerie, il n'a pris qu'un sifflet à la main ; c'est suffisant pour ce qu'il a à faire : rallier sa troupe et mourir. L'élan qu'il communique à ses marsouins est tel, qu'ils bousculent et font reculer les cyclistes Wurtembergeois qui leur sont opposés ; mais les allemands amènent une batterie qui les prend de flanc et les balaye.

Le capitaine a la poitrine traversée ; un de ses hommes se précipite pour le soutenir. Le capitaine peut encore prononcer quelques mots : c'est pour donner au soldat l'ordre de le laisser là et de courir à l'ennemi. Ce fut sa dernière parole.

Il fut enterré par les habitants. L'armistice rendit sa tombe à la France et aux siens.

Ainsi vécut et mourut le capitaine Pierre Ménesplier-Lagrange. Il fut jusqu'à son dernier soupir le serviteur fidèle et désintéressé du devoir. Service obscur et rigoureux, mais qui lui fit trouver son idéale récompense dans l'harmonieuse et sereine beauté de sa vie, dans la noblesse de sa mort, dans le grand et fier souvenir qu'il laisse aux siens et à tous ceux qui l'ont connu.

Abbé J. Boyer.

⚜ ⚜ ⚜

Comte Pierre de MURARD de SAINT-ROMAIN

(1892-1893)

Lieutenant au 8e Chasseurs a Cheval

Croix de guerre avec palme

Né à Paris en 1873, il appartenait par son père à l'ancienne famille des Murard de Saint-Romain, et par sa mère à la noble souche des Pérusse des Cars. Plus nobles encore furent les sentiments qui animaient cette grande âme et qui se firent jour dans tout leur éclat, durant la tourmente où nos plus belles traditions étaient menacées par la barbarie.

C'est une figure rayonnate, en effet, que celle de Pierre de Murard, et, s'il ne fut notre élève qu'à la fin de ses études, l'Ecole Massillon est fière néanmoins de recueillir pieusement tous les souvenirs qui se rattachent à cette brillante carrière. Nous avions pu apprécier, comme le fera plus tard un de ses chefs, « son noble cœur, sa grande franchise reflétée dans son beau regard, ses sentiments si élevés, sa foi et sa piété profondes. »

Sorti de Saint-Cyr en 1896, Pierre de Murard entrait, par un brillant mariage, en 1904, dans la famille des Bourbon-Chalus.

Deux campagnes au Tonkin, en 1899 et 1901, une campagne au Petchili en 1900, tels sont ses états de service avant la guerre. Il avait été nommé Lieutenant en 1898. Il se trouvait en congé depuis 1904, lorsque l'Allemagne déclara la guerre au monde civilisé.

Dès le 2 août 1914, notre Lieutenant part avec le 8e Régiment de Chasseurs à cheval, et il est affecté au 5e Escadron qui faisait partie de la 9e Division d'Infanterie. C'était le moment des grands espoirs, des premiers enthousiasmes qui faisaient vibrer la France entière. Le Capitaine Robert de Saint-Trivier, qui rencontra souvent Pierre de Murard, a écrit dans une lettre à sa famille : « Il était toujours de si belle humeur, si heureux de se rendre utile, que c'était un vrai plaisir pour moi de le revoir. »

Il partageait l'impatience de ses camarades de rencontrer l'enenmi. Quelques jours après, c'était, hélas ! la retraite. Mais ce vaillant cœur n'en fut pas abattu ; le même capitaine nous dit : « Il avait un merveilleux moral, venait de faire une reconnaissance intéressante et était plein d'espoir. » Bientôt, en effet, l'ordre de tenir coûte que coûte était donné par le Généralissime, et la marche en avant allait reprendre, pour aboutir à la victoire de la Marne. « Vers le 20 septembre, écrit encore le Capitaine de Saint Trivier, après une longue marche, j'arrivais à deux heures du matin dans une ferme où se trouvait le Lieutenant de Murard. Nous n'avions rien mangé depuis midi ! Rien ne peut vous dire ce qu'il a été bon et compatissant : il m'a donné la moitié de son pain, la moitié de son lit, et, grâce à lui, j'ai passé quelques bonnes heures de réconfort. »

Le 7 octobre, les deux amis se rencontraient pour la dernière fois. Les attaques succédaient aux attaques; cet officier qui était « adoré de ses hommes », comme nous l'apprend le Capitaine de Maistre, Chef d'Escadron au 8e Chasseurs, allait payer de sa vie son audacieuse intrépidité. Nous devons le récit de sa mort au Capitaine de Malleville, son chef immédiat :

« Le 19 octobre, Murard était allé, de la part du Général de Division, se mettre en liaison avec un détachement du 2e Corps d'Armée, au hameau du Four de Paris. Il était renseigné sur la situation de ce détachement et allait repartir vers 9 heures du matin. Le Commandant Brion, du 18e Bataillon de Chasseurs à pied, qui commandait le détachement en question, lui fait remarquer que l'artillerie allemande battait en ce moment la route qu'il allait suivre et l'engage à attendre un instant. Murard répond simplement : « Le Général attend mon rapport à 9 h. ½, je n'ai que le temps, je pars. » Il s'élance au galop, suivi du chasseur Boissay, et, à cent mètres au sud-est du Four de Paris, sur la route de la Chalade, un obus de gros calibre tombe à côté d'eux. Un éclat atteint le Lieutenant à la nuque et le tue sur le coup. Le chasseur qui le suivait a le pied droit coupé. Aux infirmiers qui accouraient, Boissay dit ce beau mot : « Pas moi, le Lieutenant ! »

« Prévenu par téléphone, ajoute le Capitaine de Malleville, je suis venu relever le corps du cher officier. Nous l'avons transporté aux Islettes, où il a été pieusement enterré dans le cimetière militaire, près de l'Eglise.

« Comme je l'ai déjà dit aux officiers, gradés et cavaliers de mon Escadron, le soir du 19, Murard est mort en brave soldat qui méprise le danger ; en hardi cavalier qui ne perd pas une seconde pour accomplir sa mission ; en pieux chrétien qui a d'avance remis son âme à Dieu.

« Ce n'est pas lui qui est à plaindre — il a eu une fin glorieuse que nous envions tous — ce sont sa veuve, ses trois enfants, ses parents et ses nombreux amis. C'était un excellent officier et un grand cœur. »

La Citation à l'ordre de l'Armée ne faisait que rappeler, trois mois plus tard, la superbe attitude de ce héros. Et si l'on veut savoir de quelles sources profondes jaillissait ce courage indomptable, il n'y a qu'à lire ce qu'écrivait l'ami que nous connaissons déjà, le Capitaine de Maistre :

« Murard était prêt ; il avait communié la veille de sa mort, dimanche matin. Pour moi, j'ai la conviction que j'ai un ami de plus au Paradis. »

Ne croirait-on pas lire nos vieilles chansons de Geste, qui relatent en termes presque identiques la mort des fiers paladins de la Douce France ? Il est à croire, en effet, que nos Alliés du Ciel vinrent recueillir l'âme du Comte pour la transporter aux lieux où fleurissent les lauriers immortels.

Abbé F. Charbonnier.

⚜ ⚜ ⚜

René NÉGREL
(1911-1913)

Capitaine au 2e Tirailleurs

(Armée du Levant)

Chevalier de la Légion d'honneur

Quelle tragique destinée que celle de René Négrel ! Sa vie militaire n'a été qu'un tissu d'épreuves s'achevant par le suprême sacrifice !

D'une famille très honorable et très chrétienne de Marseille, il vint préparer chez nous le concours de Saint-Cyr. Taille moyenne, complexion nerveuse, physionomie intelligente et réfléchie, il s'imposa de suite à l'estime et à la sympathie universelles par sa conscience et sa piété, par son labeur généreux et sa noblesse morale. On sentait dans ce corps frêle, dans ce regard clair, une volonté et un caractère.

Il fit partie de la promotion de la Croix du Drapeau avec ses glorieux camarades Marcel Desmoulins, Jean de Heere, Christian Jarry, Pierre de Fromont de Bouaille, morts, comme lui, pour la France ; avec Charles de Bouvier, Guy de Miniac, Joseph Berger, si cruellement blessés, et Charles François.

Nommé Sous-Lieutenant au 173e d'Infanterie, il part pour le front le 14 août 1914, se distingue à la bataille de Dieuze, d'où il réussit à ramener sa compagnie, et conquiert ainsi le galon de Lieutenant. Mais, à l'attaque de Montfaucon, son bataillon entier est enveloppé la nuit, et il est fait prisonnier avec lui. D'abord interné à Wurzbourg, puis à Ingolstadt, il est, de là, transféré dans un fort de représailles, sous le prétexte mensonger que les Officiers Allemands subissent de mauvais traitements à Bastia : trois mois d'épreuves physiques et morales, qui altérèrent sérieusement sa santé.

En 1918, il était si souffrant qu'on dut l'évacuer en Suisse ; il y demeura jusqu'à l'armistice, novembre 1918.

La seconde étape de sa vie militaire n'est pas moins douloureuse que la première. Après trois mois de congé, l'impatience d'agir ramène René à l'Etat-Major du 15e Corps, puis à Saint-Cyr avec toute sa promotion. Là, il demande à être envoyé à l'armée du Levant, où il va prendre, en qualité de Capitaine au 2e Tirailleurs, le commandement du poste perdu de Harim (Syrie). Là, pendant tout un hiver, c'est l'isolement dans des cavernes avec la moitié d'une compagnie, (l'autre moitié reste distante à 20 kilomètres), les rigueurs du froid, les difficultés d'approvisionnement, la menace incessante des attaques et des surprises. Un jour, il est entouré, au moment où il allait être ramené à l'arrière pour refaire ses forces épuisées. Il se défend avec une suprême énergie pendant trois jours, et succombe enfin, sans qu'on ait pu le secourir ! Tous ses bagages sont pillés ou détruits. Il n'est revenu à ses parents accablés aucune relique de leur glorieux martyr !

« *Sunt lacrymae rerum, et mentem mortalia tangunt !* »

Mais, par delà ces invisibles tristesses, nos yeux, baignés de larmes, entrevoient l'aurore de la vie éternelle et lumineuse promise à ceux qui ont compris la divine parole: « Il n'y a pas de plus grande marque d'amour que de donner sa vie pour ce qu'on aime ! »

A. Chauvin.

Paul PÉRARD

(1895-1896)

Capitaine de Tirailleurs Indigènes

Chevalier de la Légion d'honneur
Croix de guerre avec palme

Paul Pérard, né à Meaux, commença ses études à l'Institution Saint-Etienne. De nature exubérante et vive, ayant besoin de grand air et d'espace, il fut ensuite confié aux Oratoriens du collège de Juilly. C'est là, dans la vieille maison, en pleine nature, qu'il prépara ses examens du baccalauréat.

Il désirait la carrière militaire. Il vint s'y préparer chez nous. Il entrait à l'Ecole militaire en octobre 1900.

A sa sortie, il fut attaché au 161e d'Infanterie à Saint-Mihiel. Ces petites villes de l'Est exerçaient alors une attirance spéciale sur ceux qui avaient vraiment la « vocation. » Tout y parlait de guerre. La vie y était dure, le service astreignant, les distractions rares. La pensée de la frontière, proche de l'ennemi qui veillait sans cesse, donnait aux âmes une tension particulière qui se lisait sur les visages. Un jeune officier y faisait vraiment, dans l'atmosphère d'austérité qui convenait, un excellent noviciat militaire.

Paul Pérard, soldat dans l'âme, devait subir fortement cette influence. Il faisait en même temps, dans ses rares loisirs, d'excellentes études de droit qui lui valaient au bout de trois ans le diplôme de licencié à la Faculté de Paris.

Toutefois, la vie de garnison, monotone, enfermée dans l'étroit horizon d'exercices toujours renouvelés, n'était pas sans lui peser. Il obtint, grâce à ses notes excellentes, de passer, en 1906, au 2e Régiment de Tirailleurs marocains.

Là encore, ce grand laborieux ne se contenta pas, comme tant d'autres, du travail ordinaire et commandé. Il se mit à apprendre l'arabe et la législation musulmane, ce qui lui valait de la Faculté de Droit d'Alger un nouveau diplôme qui constatait ses études, et lui permettait de siéger au Conseil de guerre d'Oran.

Paul Pérard demanda ensuite à passer aux Affaires Indigènes. Les officiers de ce service sont envoyés dans l'extrême Sud, aux confins du désert. Ils doivent y être administrateurs, juges, ingénieurs, agriculteurs et toujours soldats. Il leur faut l'énergie de l'homme de guerre, la prudence avisée du diplomate, parfois la douceur de l'apôtre, toujours la sagesse de l'organisateur. Belle et féconde tâche, à laquelle ne manque même pas, dans ces postes solitaires et au milieu de tribus qui ne sont parfois qu'à demi soumises, l'attrait du danger et la beauté de l'héroïsme ; tout cela avait de quoi tenter la forte et riche personnalité du Lieutenant Pérard.

Nous ne le suivrons pas dans les postes qu'il occupa, dans les reconnaissances ou les campagnes auxquelles il prit une part brillante et qui lui valurent la médaille coloniale, puis celle du Maroc, enfin l'Ordre du Sultan.

En 1912, il commandait la Garde du Sultan ; il échappa, grâce à son énergie, au massacre qui ensanglanta Fez en nous coûtant quatorze officiers sur vingt-trois. Après avoir participé à la répression de l'émeute, il fut appelé au commandement de la 1re compagnie des troupes marocaines reconstituées. Il devait se signaler à ce poste dans les combats sanglants des environs de Mekné en 1913.

De si brillants états de service, hautement reconnus par le Général Lyautey, donnaient à Paul Pérard le droit de désirer un poste de choix. Il demanda la garnison de Paris, où il voulait préparer l'Ecole de Guerre. Sa santé toutefois l'obligea à prendre un congé que, toujours avide de savoir, il passa à Berlin, pour se perfectionner dans la connaissance de l'allemand.

C'est de là qu'en toute hâte, le 30 juillet 1914, il revenait porteur d'un pli de notre ambassade.

Attaché comme capitaine au 32e d'Infanterie à Chatellerault, il partit immédiatement pour le front. Il y devait mourir le 30 août à Auboncourt, petit village des Ardennes. Il fut mortellement frappé alors qu'il chargeait à la tête de ses hommes.

Beau type d'officier colonial, énergique, entreprenant, audacieux, avec du tact, de l'habileté, une culture multiple et variée. Le capitaine Paul Pérard pouvait rêver le plus brillant avenir. Faut-il le plaindre toutefois, si dans sa courte carrière, mais déjà si remplie, il a trouvé la possibilité d'une vie féconde et l'occasion d'une mort glorieuse ? Sa grande âme de soldat ne désirait pas autre chose.

Abbé J. Boyer.

Marcel PINET
(1909-1913)

Sous-Lieutenant au 129e Régiment d'Infanterie

Chevalier de la Légion d'honneur
Croix de guerre
Citations à l'Ordre du Corps d'Armée et de la Division

Marcel Pinet naquit en janvier 1895. Il fut à la guerre d'une rare vaillance, mais il avait de qui tenir : son père, juge au Tribunal de Commerce de la Seine, commandait, comme capitaine pendant les hostilités, une section d'auto-canons de 75 ; son oncle, M. Leredu, député de Seine-et-Oise, futur ministre des Régions libérées, était capitaine d'artillerie.

Marcel fut élève de l'Ecole Massillon de 1909 à 1913. Très vite on apprécia cette âme généreuse, cette nature ardente, cette volonté de fer, son regard franc. Il entra à Saint-Cyr et fut de la promotion de la « Grande Revanche ».

Il fut affecté comme sous-lieutenant au 129e Régiment d'Infanterie et le rejoignit à Berry-au-Bac. A la fin de mai, le 129e, envoyé en Artois, participa à l'attaque de Neuville-Saint-Waast ; le jeune lieutenant commanda le premier échelon d'attaque avec tant de fougue et de méthode, qu'au bout d'une demi-heure l'objectif assigné était atteint. Il organisa la partie conquise du village et repoussa les contre-attaques. Ce beau fait d'armes lui valut d'être cité à l'ordre de la Division :

« Le 5 juin, au premier échelon de l'attaque d'un village, avec une abnégation admirable, a lancé ses hommes dans un élan superbe, les entraînant, sous le feu violent de mitrailleuses ennemies, dans un bond de 200 mètres ».

Marcel Pinet se trouvait encore devant Neuville Saint-Waast, lors de l'assaut du 25 sept. 1915 ; il faisait office de Capitaine depuis deux mois et commandait la 1re compagnie. Il fut mortellement blessé dans les glorieuses circonstances que relate une seconde citation à l'ordre du 3e Corps d'armée :

« A fait preuve du plus beau courage en s'élançant le premier à l'assaut des tranchées ennemies ; blessé grièvement, a encouragé ses hommes à pousser de l'avant ; est mort des suites de ses blessures ».

Transporté dans un hôpital d'Abbeville, il supporta l'amputation du bras gauche en héros et en chrétien : « Ne pleurez pas, maman, c'est pour la France ! » disait-il. Il reçut les derniers Sacrements avec une sérénité admirable ; aux pires moments il s'écriait : « Quel sacrifice ! Mon Dieu, je vous l'offre pour mon cher pays ! » Il fut fait Chevalier de la Légion d'honneur.

Tous ceux qui l'ont connu à l'Ecole et à l'Armée feront volontiers leur le jugement d'un capitaine son ami : « Je l'aimais cordialement ; j'aimais tout en lui... je pleure le grand chef que ses brillantes qualités permettaient d'espérer. »

Abbé H. PRADEL.

Marcel PROFILLET

(1909-1912)

SOUS-LIEUTENANT AU 2e RÉGIMENT D'INFANTERIE

Chevalier de la Légion d'honneur
Croix de guerre
Citations à l'Ordre du Régiment et de l'Armée

Marcel Profillet garde, pour tous ceux qui l'ont connu, un visage d'enfant espiègle, aux yeux vifs, aux lèvres rieuses, au front intelligent et limpide... Il paraissait encore un enfant, mais l'âme était des plus viriles.

Il prépara Saint-Cyr et fut de la promotion de la Grande Revanche. Il partit comme sous-lieutenant au 2e Régiment d'Infanterie.

Il ne tarda pas à donner une haute idée de sa valeur militaire ; et il était cité à l'ordre du Régiment en ces termes magnifiques :

« Au cours d'un violent bombardement d'obus de gros calibre, ayant eu une partie de sa section ensevelie sous des éboulements, s'est employé à dégager ses hommes sous le feu, avec un sang-froid et la bravoure remarquable dont il a donné maintes preuves, dans les situations particulièrement difficiles où s'est trouvée sa compagnie depuis un mois ».

Le 16 juin, Marcel adressait, avec une légitime fierté, cette belle citation à son père, Chef d'Escadron en retraite, et le soir il était mortellement blessé ! Vers trois heures de l'après-midi, Marcel reçut une première blessure à l'épaule, dans la tranchée allemande qu'il venait d'occuper ; il refusa de quitter ses hommes. Deux heures après environ, un coup plus grave l'atteignit au côté droit, brisant des côtes, perforant le foie. On le vit, malgré tout, bander la plaie avec son mouchoir et s'obstiner à rester avec ses hommes. Mais une faiblesse permit aux brancardiers de l'évacuer malgré lui.

Le 17, à deux heures du matin, il arrivait à l'ambulance du Saint-Sacrement, à Arras. Son état fut jugé désespéré tant il avait perdu de sang. Il se prépara à la mort avec un calme surprenant ; d'ailleurs il s'était confessé le 14, avant l'attaque. Il mourait à 3 heures, l'après-midi, à l'âge de 19 ans.

Le Colonel Prévost, commandant le 2e Régiment d'Infanterie, prononça sur sa tombe quelques paroles communiquées à la famille et dont nous aimons à citer celles-ci : « Profillet faisait, par sa bravoure magnifique, l'admiration de ses camarades et de ses soldats ; il semblait qu'il voulût, à force d'énergie et de mépris du danger, se faire pardonner sa jeunesse et conquérir de haute main l'autorité qu'il ne pouvait tenir de l'âge et de l'expérience. Il a été ainsi un des meilleurs de cette jeune génération qui, par l'héroïque éclosion de ses vertus militaires, semble créée pour racheter les fautes de ses aînés. »

Marcel Profillet fut cité à l'ordre de l'Armée et promu Chevalier de la Légion d'honneur en ces termes, le 17 juin :

« Jeune officier dont la bravoure fait l'admiration de ses camarades et de ses soldats. Blessé d'une balle à l'épaule dans l'attaque d'une tranchée allemande, a continué à combattre pied à pied dans la tranchée, pendant plusieurs heures, avec une énergie indomptable. Atteint d'une autre blessure, est mort le lendemain, donnant, jusqu'au dernier moment, l'exemple de son stoïcisme admirable ».

H. PRADEL.

Jacques RITLENG

(1906-1908)

LIEUTENANT AU 18e CHASSEURS A CHEVAL

Tombé à Bazoches (Aisne) le 12 septembre 1914.

(Aucun document relatif à la carrière et aux circonstances de la mort de ce vaillant officier ne nous est parvenu).

Jacques RYCKEBUSCH

(1909-1910)

SOUS-LIEUTENANT AU 108e RÉGIMENT D'INFANTERIE

Croix de guerre avec palme

Jacques Ryckebusch, fils du Général Ryckebusch, fut tour à tour élève aux lycées de Lille et de Chambéry, à l'Ecole Massillon, et au lycée Charlemagne. Il entra à Saint-Cyr en 1913 et, le 2 août 1914, fut affecté comme sous-lieutenant au 108e Régiment d'Infanterie.

Nulle notice ne saurait remplacer la belle lettre qu'écrivait à l'un de ses anciens maîtres, le 23 décembre 1919, sa tante, Mme Ryckebusch, Surintendante honoraire des maisons d'éducation de la Légion d'honneur. Légion d'honneur.

« Monsieur,

« Je vous remercie des sympathiques condoléances que vous m'exprimez au nom de l'Association amicale des Anciens élèves du lycée Charlemagne. Mon cher neveu est mort trop jeune pour avoir donné sa mesure, si ce n'est par sa mort héroïque qui a rendu sa vie pleine et achevée. Nous savions dans la famille, qu'il était un homme de valeur par le caractère et le sentiment du devoir. La déclaration de guerre l'avait trouvé énergique et résolu, joyeux et fier de son galon de sous-lieutenant ; il ne se faisait point d'illusion sur l'issue fatale que la campagne pourrait avoir pour lui et il m'écrivait à moi, qui représentais son foyer depuis la mort de son père, le général Ryckebusch, survenue le 9 juillet : « Je te dis adieu, car nous ne nous reverrons peut-être jamais ! » Cependant, j'ai eu la joie de l'embrasser à Bergerac, la veille de son départ : il m'a quittée le sourire aux lèvres, comptant sur la victoire ; il avait mis dans sa cantine une paire de gants blancs pour rentrer à Strasbourg !

« Quelques lettres bien courtes m'arrivèrent, puis ce fut fini. Le 22 août, à Nénaumont, il fut tué de six balles, reçues en entraînant sa section, selon les paroles mêmes de la citation à l'ordre de l'armée. Après la bataille, c'est son frère, le Docteur Ryckebusch, aide-major de réserve, qui l'a retrouvé sur le champ de bataille ; on l'a enterré revêtu de son premier uniforme d'officier et avec ses armes, comme les guerriers antiques. Il repose à l'ombre d'un petit bois où j'espère aller le reprendre après la guerre, pour le placer près de son père le général Ryckebusch.

« Je vous prie, Monsieur, d'excuser cette trop longue lettre, mais Jacques était mon enfant, plus que mon neveu, et avait pour moi toute la confiance d'un fils pour sa mère, et rien ne pourra me consoler..., peut-être la victoire qu'il a si chèrement achetée et aussi l'immortelle espérance de la miséricorde de Dieu pour sa jeune âme. »

A son tour, Mme Ryckebusch est décédée avant l'heure de la victoire !

(Extrait de *l'Annuaire des Anciens Elèves du Lycée Charlemagne).*

✠ ✠ ✠

Pierre TROCHU

(1909-1912)

SOUS-LIEUTENANT AU 151e D'INFANTERIE

Chevalier de la Légion d'honneur

Croix de guerre avec palme

(La notice concernant Pierre Trochu, n'étant pas arrivée à temps pour prendre place ici est reportée à la fin de la 1re Partie).

Albéric VAILLANT

(1884-1892)

CAPITAINE AU 72e RÉGIMENT D'INFANTERIE

Chevalier de la Légion d'honneur
Croix de guerre
Citation à l'Ordre de la Division

Albéric Vaillant, Capitaine au 72e d'Infanterie, était né à Paris le 1er mai 1872. Il a fait toutes ses études à l'Ecole et au Lycée Charlemagne comme son frère, le Docteur Louis Vaillant, qui fut le camarade de classe de Paul Pelliot, aujourd'hui Membre de l'Institut, et son intelligent et énergique compagnon dans l'expédition scientifique qu'ils firent ensemble, en 1907 et 1908, sous les auspicse de l'Académie des Sciences et du Ministre de l'Instruction Publique, à travers 6.500 kilomètres de pays encore inexplorés de l'Asie Centrale.

Elevé par son père, le Docteur Léon Vaillant, Professeur au Muséum, Albéric avait eu, pendant son enfance et sa jeunesse, l'exemple du travail méthodique et désintéressé que réclament les études de Science pure. Entré, dès l'âge de sept ans, à Massillon, il y fit toutes ses classes sous la direction indulgente, mais cependant ferme, du regretté R. P. Lechevalier dont il conservait un souvenir ému. Ses succès dans les Lettres paraissaient le destiner à une carrière libérale, et son Professeur, M. Chuquet, lui conseillait de se diriger vers la Sorbonne, où il venait de recevoir un prix d'Histoire au Concours Général. Mais une vocation bien définie, puisée peut-être dans sa passion pour l'histoire où, grâce à sa mémoire précise, il avait non seulement présents à l'esprit les événements et les enchaînements des faits historiques, mais aussi le rôle prépondérant des forces militaires pour protéger le patrimoine national, l'entraînaient vers Saint-Cyr, où, dès la fin de la première année, il obtint les galons de sergent.

Devenu officier, il débuta au 110e d'infanterie, puis il passait au 153e où il était Commandant en second du fort de Manonviller (M. et M.). C'est là qu'il lui arriva de capturer les allemands venus en ballon sphérique et soi disant égarés. Grâce à sa connaissance approfondie de la langue allemande, il put s'assurer des aéronautes, les emmener prisonniers et se saisir de leurs notes et de leurs photographies. Mais, à cette époque, la crainte des complications dans laquelle nous vivions depuis 1870 fit, par ordre supérieur, remettre en liberté les observateurs boches. »

Comme pour tous, la déclaration de guerre en août 1914 fut pour Albéric Vaillant une sorte de soulagement. Et cependant il savait nos faiblesses et ne les cachait pas à ceux à qui il aimait se confier. Mais il puisait dans ses sentiments chrétiens et dans son patriotisme cette calme résolution qui, devant les situations en apparence les plus désespérées, permet de ne pas perdre confiance et de garder son sang-froid. En partant avec le 72e, s'il n'hésitait pas sur le résultat de la guerre, il savait quel sort l'attendait, à moins d'une chance incroyable. Il communia au moment du départ. Le sacrifice de sa vie lui fut demandé le 27 août 1914. L'ordre avait été donné à la compagnie Vaillant de s'emparer du village de Cesse alors en flammes, région de Stenay. Vers 21 h., l'attaque est déclanchée, les sections se déploient et commencent à avancer. Le lieutenant de la première section est blessé, le Capitaine Vaillant prend la tête de cette section. Elle arrive à proximité des tranchées allemandes, met baïonnette au canon ; un réseau de fil de fer l'arrête dans son élan et elle subit le feu des mitrailleuses. Le Capitaine ordonne de couper les fils barbelés, il s'empare lui-même d'une cisaille et dit à ses hommes : « Il faut que nous prenions ces mitrailleuses ». Une balle à ce moment l'atteint, il tombe blessé, il se relève pour encourager sa section ; une seconde balle à ce moment l'atteint et le fait tomber définitivement.

Telle fut la fin héroïque d'Albéric Vaillant, qui a bien mérité une citation à l'ordre de la Division et la Légion d'honneur. Il repose aujourd'hui là où il est tombé, entouré de ses braves compagnons qui se dévouèrent comme lui pour la France. Il y dort à l'ombre de la Croix, qui symbolise ses croyances inébranlables et son esprit de sacrifice.

Dr Louis VAILLANT et A. CHAUVIN.

✢ ✢ ✢

Baron Paul WALWEIN-TAYLOR

(1878-1889)

COLONEL

Commandant le 19e Régiment d'Infanterie

Chevalier de la Légion d'honneur
Croix de guerre française et belge
Commandeur des Ordres du Danebrog
et de Saint-Olaf. (Danemark-Norvège)

Le Colonel Baron Paul Walwein-Taylor avait passé 11 ans à l'Ecole Massillon, sous la direction des Pères de l'Oratoire. « Il en avait gardé un très affectuux souvenir, nous écrit la Baronne Taylor ; et, si elle forme souvent des chrétiens de cette trempe, ajoute-t-elle, elle peut en être félicitée ; car si votre ancien élève fut un vrai soldat, il fut surtout un admirable chrétien. »

Né à Paris en 1871, il portait en lui les vertus ancestrales ; et, plus tard, son mariage avec la fille du Colonel de Villebois-Mareuil, le héros du Transvaal, promettait de perpétuer une lignée des plus illustres .

Quand il partit pour la guerre, il laissait chez lui un fils et deux filles en bas âge ; leur mère désire que cette trop courte notice, qui sera complétée par une biographie en préparation, « perpétue son souvenir dans la mémoire de ses enfants. » Il suffit pour cela de laisser parler les exploits de ce soldat intrépide ; les faits sont ici assez éloquents pour se passer de tout commentaire.

En 1914, le Baron Taylor était Chef d'Escadron au 13e Hussards, à Dinan ; il partit avec son régiment, prit part aux batailles de Charleroi, de Guise, de la Marne, et fut blessé le 12 octobre, ce qui lui valut la Croix de guerre et la Croix de la Légion d'honneur, avec la citation suivante :

« Officier supérieur des plus distingués, qui a rendu les meilleures services au Régiment depuis le début de la campagne. A fait, entre autres, le 24 août, pour protéger la retraite, une reconnaissance offensive avec son demi-régiment qu'il a su ramener sous le feu de l'artillerie allemande ».

Le 6 mai 1915, il était nommé Lieutenant-Colonel. C'est alors qu'on l'envoya, comme attaché militaire, aux Légations de France, en Danemark et en Norvège. Mais ce rude batailleur se trouvait mal à l'aise dans ces missions qui l'éloignaient des combats ; sur ses demandes réitérées, il obtient d'être rappelé sur le front et de passer dans l'Infanterie.

En novembre 1916, après un stage au 19e d'Infanterie, nous le trouvons à Verdun, à la tête de ce même Régiment ; et, en avril 1917, il prend part aux très durs combats de Laffaux ; quelques mois plus tard, il est nommé Colonel.

On se souvient des dures batailles qui se livrèrent dans la Somme en 1918, au moment où l'ennemi, ayant une fois de plus échoué sous Verdun, se promettait de marcher sur Paris par les vallées de l'ouest, comme il l'avait fait en 1914. Jeté en pleine fournaise à Montdidier au mois de mars, le 19e d'Infanterie, qui avait déjà gagné la fourragère en 1917, ajoute à ce glorieux insigne les couleurs de la médaille militaire, avec une citation qui est la quatrième à inscrire dans ses annales, et non la moins glorieuse :

« Régiment d'élite qui, sous les ordres de son Chef, le Colonel Taylor, a donné, du 28 mars au 4 avril 1918, combattant sans repos ni trêve, de jour et de nuit, de nouvelles preuves de son esprit de sacrifice, en tenant tête à des forces ennemies très supérieures et exaltées par un premier succès. Le 30 mars, réduit de plus de moitié par les pertes subies, fortement éprouvé par de dures fatigues, a retrouvé sous le feu toute sa valeur offensive, et a pris une part brillante à l'attaque de la 38e Division sur Rollot et Mortemer.

« A tenu ensuite, du 3 au 4 avril, avec sa traditionnelle et légendaire ténacité, sous un bombardement intense, sans faillir un seul instant, les positions qui lui avaient été confiées.

« A donné une fois de plus, au cours de cette période de très durs combats, un bel exemple de l'esprit de sacrifice et des qualités militaires qui l'animent ».

Le « mordant » de ces unités d'élite vient sans doute des masses intrépides qui les composent ; mais ce n'est pas amoindrir la valeur du corps qui agit, que de reconnaître la haute part qui revient à la tête qui commande.

L'Etat-Major sait qu'il peut compter sur le 19e et sur son chef pour rétablir les situations les plus critiques ; l'invincible régiment est envoyé au Chemin des Dames, de sinistre et glorieuse mémoire. C'est là qu'allait se déclancher, le 27 mai, la formidable attaque allemande ; c'est là aussi que le Colonel Taylor allait disparaître, laissant les siens dans la plus angoissante incertitude, en attendant qu'ils fussent bien plus tard renseignés sur sa mort.

Le Médecin Aide-Major Gayet a écrit sur cette disparition tragique un rapport détaillé et émouvant :

« Le 29 mai 1918, à 6 h. 10, le Colonel Taylor reçut l'ordre de se porter sur la ligne intermédiaire entre le canal de l'Oise à l'Aisne, et l'arête s'étendant du Chemin des Dames à Moussy. Là, le Colonel disposa, dans la tranchée les hommes et deux sections de mitrailleuses que nous avions pu arrêter et rassembler.

Pendant trois quarts d'heure environ, nous empêchâmes l'ennemi de déboucher et d'utiliser la berge du canal, en lui causant des pertes sensibles. A 8 h. 25, le Colonel m'envoya à Moussy pour tâcher de ramener des compagnies qui devaient s'y trouver, afin d'étayer la ligne et de rapporter des cartouches. Durant mon parcours, j'aperçus une vingtaine de boches sur la berge ; je leur échappai et vins avertir le Colonel que l'ennemi nous avait débordés.

Le Colonel décida alors de traverser le canal sur une passerelle ; il voulait gagner l'autre rive pour continuer à défendre la berge et la route, et y tenir jusqu'au dernier.

A 9 heures, nous approchions de la ferme du Metz. Le Commandant Dulac marchait en tête, suivi du Colonel, quand soudain, au détour d'un pare-éclats, un boche appuya son fusil sur la poitrine du Commandant Dulac en criant : « Prisonnier, Mossieur ! » La même sommation fut faite au Colonel Taylor et à moi, mais le Colonel répondit : « Prisonnier, jamais ! »

Pendant que les boches s'occupaient de s'emparer de la personne du Commandant Dulac, qui essayait de saisir son revolver et gênait leur tir, le Colonel et moi pûmes d'un bond sortir du boyau et échapper aux coups de fusil tirés à bout portant.

A 150 mètres de là, le Colonel voulut se porter derrière un dos d'âne pour empêcher l'ennemi de déboucher de la ferme du Metz. Il y avait une centaine de mètres à parcourir en terrain découvert ; une quinzaine d'hommes nous suivirent. Vers 9 h. 15, les boches, nous apercevant, ouvrirent un feu très violent. Le Colonel tomba, frappé d'une balle à la hanche gauche. Il ne put se relever et s'écria : « Ne laissez pas votre Colonel tomber aux mains de l'ennemi ! » Je le saisis avec un homme qui tomba immédiatement. Je le hissai alors sur mon dos et me mis en route. Mais, au bout de quelques mètres, je fus frappé d'une balle à la cuisse gauche. Déjà affaibli par un éclat d'obus à l'épaule, je fus pris de vertiges et tombai, en confiant le Colonel à deux soldats. Je les vis quelques secondes, portant le Colonel dans leurs bras, et je m'évanouis.

Nous étions à ce moment complètement débordés de droite et de gauche ; le Colonel et ses porteurs ont dû être très vite arrêtés et rester dans la plaine. »

Tout était perdu, fors l'honneur !

Voici le témoignage que rend de son côté, dans une lettre adressée à la Baronne Taylor, le prêtre qui dirigea cette haute conscience :

« Un deuil immense vous frappe ; il me frappe en même temps, soyez-en sûre ; s'il faut se rendre à l'évidence d'un silence angoissant, vous avez perdu un héros et un saint.

« L'héroïsme, il était dans son sang, il était dans son alliance, puisqu'il avait épousé la fille de Villebois-Mareuil ; mais quel deuil pour vous, qui s'ajoute à celui du Transvaal !

« C'était un saint : quelle noblese que celle de ses sentiments, quelle droiture que celle de toute sa vie, parce qu'il était chrétien sans peur et sans reproche ! J'ai rarement trouvé une aussi belle âme que la sienne : son christianisme si généreux fut le trait d'union entre son âme et la mienne.

« Je bénis et j'embrasse vos enfants bien-aimés, je suis avec vous par la pensée et je pleure avec vous. »

Le vœu de cette épouse, de cette mère est réalisé : l'héroïsme, la sainteté de celui qui n'est plus « perpétueront son souvenir dans la mémoire de ses enfants et de tous ceux qui ont eu le bonheur de le connaître. »

Abbé F. Charbonnier.

ECOLE NAVALE

Emile BUNOUST

(1908-1909)

Commandant la Batterie Centrale
du « Léon Gambetta »

Croix de guerre avec palme

Emile Bunoust, fils du général de ce nom, se fit remarquer à Massillon par son amour du travail, son esprit solide et une foi vive et profonde.

Ses sentiments religieux, puisés au sein de la famille, s'affermirent à l'Ecole et se manifestèrent hautement pendant la guerre.

Elève-Commissaire de la marine, embarqué sur le « Léon-Gambetta », il se félicitait d'y trouver un excellent aumônier. Malgré les fatigues des veillées de quart, il se faisait une obligation de recevoir la Sainte Communion tous les jours.

Comme beaucoup d'officiers de marine, jeunes et ardents, il gémit de l'inaction à laquelle sont condamnés les bâtiments en Méditerranée, est son rêve est de descendre à terre pour combattre.

Mais on connut bientôt le torpillage du « Bouvet » dans les Détroits ; un de ses anciens à Massillon avait sombré avec le cuirassé. Il ne pense plus alors à quitter la mer. D'ailleurs, l'amiral Senès lui avait donné un poste de confiance : malgré son jeune âge, il était commandant de la batterie centrale : « Maintenant que les bateaux sautent, je ne veux plus quitter le mien ! »

Le 27 avril 1915, coup sur coup, le « Léon Gambetta » était atteint par deux torpilles. Les officiers donnent alors un magnifique exemple d'héroïsme et d'abnégation ; pas un ne pense à soi tant que le bateau flotte et qu'il reste un matelot à sauver. On signale en particulier l'enseigne Juillard et l'élève commissaire Bunoust, qui, à cette heure tragique, causent tranquillement en attendant la catastrophe.

Une citation, glorieuse entre toutes, constate le dévouement d'Emile Bunoust, attendant la mort :

« Alors que le bâtiment torpillé deux fois, était sur le point de chavirer, a donné l'exemple du calme le plus admirable en faisant le sacrifice de sa vie pour permettre à un plus grand nombre d'hommes de l'équipage de prendre place dans les embarcations. A été englouti avec son bâtiment ». *Officiel* du 23 février 1916.

Emile Bunoust avait 23 ans. « J'étais bien certaine, écrit Madame Bunoust, connaissant les sentiments d'honneur et de patriotisme avec lesquels son père l'avait élevé, que jamais il n'eût quitté son poste. C'est près de son bâtiment que l'on a retrouvé son corps ! »

Abbé L. Roussel.

⚜ ⚜ ⚜

Hervé BURET

(1910-1911)

Enseigne de Vaisseau de 1re Classe
du Bataillon des Fusiliers Marins

Chevalier de la Légion d'honneur
Croix de guerre française et Croix de guerre belge
Six Citations

Nous conservons à l'Ecole une photographie de la Délégation des Fusiliers Marins, qui furent désignés pour représenter ce Corps héroïque à l'inoubliable défilé de Longchamp, le 14 juillet 1917. Cette grandiose manifestation témoignait, aux heures sombres, de l'invincible confiance de Paris au succès final de nos armées.

Le Capitaine qui avait l'honneur de commander la Délégation était un Massillonnais, le Lieutenant de Vaisseau Amédée Debrabant, et celui qui avait l'honneur de porter le drapeau était également un Massillonnais : l'Enseigne Hervé Buret, mort pour la France comme le Commandant Debrabant.

Le défilé fut une apothéose. Toute la foule acclamait et couvrait de fleurs le vaillant Enseigne de Vaisseau ; il avait l'air si jeune, et il était si beau, avec ses trois décorations ! Quand Hervé passa, selon l'itinéraire, devant l'Ecole Massillon, il la salua en inclinant son glorieux drapeau avec une joie filiale mêlée de légitime fierté.

On ne saurait écrire la courte monographie de ce héros sans une poignante émotion.

Ses belles qualités lui eurent vite conquis toute l'estime et toutes les sympathies de ses maîtres de l'Ecole et du Lycée Saint-Louis. On remarqua vite, sous la réserve d'une nature délicate, modeste, un peu timide, une énergie et une décision que les évènements devaient mettre en lumière ; sa volonté s'affermissait à mesure que les circonstances lui en donnaient l'occasion. Ayant eu un bras cassé accidentellement, il n'hésita pas à affronter, avant sa guérison, la double épreuve du concours de Navale et du baccalauréat ès-sciences.

Mais c'est en présence du danger qu'allait s'affirmer son héroïsme. Parti à la mobilisation en 1914, il fut affecté à l'escadre de la Méditerranée et il prit part sur le « Patrie » au siège de Cattaro. Aussitôt que les opérations navales se ralentirent, il demanda et obtint d'être envoyé à la Brigade des Fusiliers Marins et il arriva sur l'Yser en novembre 1914, avant le départ pour Dixmude. Il ne devait plus quitter la Belgique jusqu'à fin mars 1918.

Trois fois blessé, six fois cité, décoré de la Croix de guerre belge, Chevalier de la Légion d'honneur à 21 ans, il donnait toute sa mesure face à l'ennemi. Mais il avait soif de se battre sur la terre de France et son rêve se réalisa dans les derniers jours de mars 1918. La Brigade des Fusiliers Marins, devenue cet invincible Bataillon dont la vaillance demeure légendaire, était ramenée dans la Somme pour être jetée dans la mêlée effroyable où se jouait le sort de la patrie.

Le 7 avril, Hervé paraissait si fatigué qu'on lui donna l'ordre d'aller se reposer au poste de secours. Mais il ne tarda pas à savoir qu'on prévoyait une attaque. « A force d'énergique insistance, écrit son Commandant, il obtient de reprendre sa place. La nuit venue, il part en patrouille volontaire et reçoit une balle de mitrailleuse qui lui sectionne l'artère fémorale. On le transporte au poste de secours où se trouvait l'aumônier. Le jeune héros se rend compte de la gravité de son état ; il demande la Sainte Communion ; malheureusement, les hosties font défaut.

Il souffrait affreusement de l'hémorrhagie et de la constriction tentée pour le sauver. Il conservait néanmoins, nous ont dit les témoins, un admirable sang-froid. Le médecin le fit évacuer sur l'Ambulance Divisionnaire et il mourut en y arrivant. On n'avait pu lui donner que l'Extrême Onction. Son corps fut déposé au pied du maître autel de l'église, et, le lendemain, l'aumônier l'inhuma dans le cimetière de Boves.

Ainsi fini cet intrépide marin.

C'était un brave entre les braves ; mais il était bon et son cœur n'était pas devenu insensible parmi les horreurs de la guerre. A sa troisième blessure, atteint sérieusement à la jambe, n'était-il pas reparti à pied afin de laisser un brancard disponible pour ses hommes blessés ?

Aussi ses chefs et ses camarades ne tarissaient-ils pas d'éloges chaque fois qu'ils parlaient de lui. Le Bataillon le considérait un peu comme son fétiche et comme son enfant : « Il personnifiait à nos yeux, disaient les soldats, la tradition de la marine à terre dans ce qu'elle a de plus beau. » « Je ne me souviens pas, ajoutait l'un d'eux, lui avoir entendu exprimer une pensée tant soit peu égoïste ou même terre-à-terre, et c'est ce qui faisait de lui un si délicieux compagnon. Il était notre ami ! »

Les citations ne font que redire, dans leur laconisme, les motifs de cette tendre sympathie, de cette admiration sans mélange :

« Officier hors ligne. Vrai modèle d'élan et de courage. Remarquable par son entrain et sa bravoure folle. Très aimé de ses hommes, dont il a su se faire une troupe d'élite. Tombé glorieusement en avant de sa section, le 8 avril 1918 ».

On ne saurait mieux dire qu'il est mort en soldat ; mais, ce que les citations ne peuvent pas mentionner et ce que retiendront les cœurs chrétiens, c'est qu'il est mort en saint et que ses dernières paroles furent ce suprême appel qui allait se réaliser là-haut : « Je désire recevoir la Sainte Communion. »

Abbé F. CHARBONNIER.

Amédée DEBRABANT
(1890-1898)

LIEUTENANT DE VAISSEAU

Commandant la 1re Compagnie du Bataillon des Fusiliers Marins

Officier de la Légion d'honneur
Médaille Coloniale
Croix de guerre avec deux palmes
5 Citations

L'Ecole Massillon est fière à juste titre d'avoir collaboré, pendant huit ans, avec une famille pénétrée des sentiments les plus élevés, à l'éducation de ce marin « d'une haute conscience et d'une bravoure magnifique », comme le dit une de ses Citations.

Sorti de l'Ecole Navale en 1903, il comptait, avant la guerre, six mois de campagne à Terre-Neuve, dix-huit au Congo d'où il revenait en 1912 avec la Médaille Coloniale. A l'ouverture des hostilités, il commandait un torpilleur à Cherbourg ; il fut maintenu à ce poste jusqu'en septembre 1915 et y mérita les éloges de l'Amirauté anglaise « pour avoir, avec un de ses collègues, sauvé deux navires anglais poursuivis par un sous-marin. » Il reçut à cette occasion un chronomètre en or avec une dédicace des plus flatteuses.

Mais ce n'était pas sur mer que se jouaient alors les destinées du pays. Amédée Debrabant demande à faire partie de l'immortelle Brigade des Fusiliers Marins qui devaient arrêter, on sait à quel prix, la ruée allemande sur Calais. Le 25 mai 1916, il est cité à l'Ordre du Bataillon et décoré de la Croix de guerre avec le motif suivant :

« Officier ayant de belles qualités de maîtrise de soi-même, d'intelligence et de pondération. Exerce avec distinction le commandement au front qui lui a été attribué sur sa demande. Le 1er mai, occupant avec sa compagnie des tranchées de première ligne soumises à une violente concentration d'artillerie, a montré un parfait sang-froid qu'il a su communiquer à ses hommes dont la tenue au feu a été parfaite ».

Une autre Citation à l'Ordre du Bataillon, en date du 15 juillet 1916, lui valut d'être nommé Chevalier de la Légion d'honneur.

Enfin, le 14 février 1917, une troisième citation du même ordre affirmait encore la prudence, la maîtrise peu commune de ce chef qui chercha toujours à obtenir le maximum de résultats avec le minimum de pertes. Voilà par quoi il pouvait exercer un ascendant moral incontesté dans le Bataillon. Ce n'est pas que l'audace lui fît défaut, quand les grandes occasions se présentaient : sa Citation à l'Ordre de l'Armée, le 30 août, nous le montre animé de cette ardeur qui convient aux heures critiques :

« Officier possédant de très brillantes qualités militaires ; a su faire de sa troupe une unité d'élite ; très aimé de ses hommes. Lors des opérations des 16 et 17 août 1917, a atteint rapidement ses objectifs. A fait 107 prisonniers et pris 3 mitrailleuses ».

On sait aujourd'hui l'importance de ces hardis coups de main, dans une période de la guerre où les opérations de large envergure étaient encore impossibles ; c'est à ce prix qu'il fallait stabiliser nos lignes et imposer notre volonté à l'ennemi.

Amédée Debrabant fut victime de cette ténacité de fer ; le 27 octobre 1917, il fut nommé Officier de la Légion d'honneur avec une Citation à l'Ordre de l'Armée qui relate les glorieuses circonstances de sa mort :

« Officier ayant toujours fait preuve des plus belles qualités de chef ; a été très grièvement blessé le 25 octobre 1917, en se tenant en première ligne, exposé au feu de l'ennemi, pour surveiller la traversée d'un cours d'eau par une de ses patrouilles, montrant ainsi que la sécurité et le moral de ses hommes étaient toujours son constant souci ».

On le transporta à l'ambulance de Linde (Belgique), où il put recevoir les derniers Sacrements avec l'esprit de foi que nous lui avions toujours connu. Il avait 34 ans.

La France avait besoin, à ces heures sombres, de héros patients, inlassables, de « héros de tranchées » pour harceler un ennemi trop audacieux. Amédée Debrabant fut de ceux-là, et le pays lui doit une éternelle reconnaissance, à lui et à ses Fusiliers Marins. Ses restes reposent sur cette terre de Belgique qu'il a contribué à sauver, à côté de ceux d'Armaury de Lorgeril, qui fut aussi, en 1914, un des héros de l'Yser.

On a pu lire, dans la notice consacrée à Hervé Buret, qu'Amédée Debrabant commandait la Délégation de Fusiliers Marins qui défila à Longchamps le 14 juillet 1917. Après cette marche triomphale du porte-drapeau et de son chef, les deux amis devaient se rencontrer bientôt dans l'apothéose définitive que Dieu réserve aux héroïques défenseurs du Droit et de la Justice.

Abbé F. CHARBONNIER.

Amaury de LORGERIL
(1907-1910)

ENSEIGNE DE VAISSEAU AU 1er RÉGIMENT DE FUSILIERS MARINS

Chevalier de la Légion d'honneur
Croix de guerre avec palme

J'ai à évoquer ici la mémoire d'un enfant très aimé, d'un nom noblement porté en Berry et en Bretagne et inscrit depuis longtemps aux glorieuses annales de la Marine française.

Amaury de Lorgeril, dès l'âge le plus tendre, rêvait d'être soldat. Dans toutes les classes, il obtint les plus belles récompenses, à l'Ecole Léon XIII à Chateauroux, comme à Massillon et à Saint-Louis. Au Lycée, il eut, deux ans de suite le premier prix de Mathématiques. A sa sortie de l'Ecole il reçut le grand prix d'honneur des mains de M. René Vallery-Radot, gendre de Pasteur, qui présidait, cette année-là, la distribution des prix. Cette récompense était la juste consécration de trois années de bonne conduite, de travail soutenu, et signe de notre confiance dans son avenir.

A seize ans, il entrait à l'Ecole Navale avec le N° 9; c'était une intelligence supérieure, également ouverte aux lettres et aux sciences et servie par une ardeur au travail qui trouvait plaisir à toutes ces études. Encore tout petit, il disait à sa grand'mère : « Ce que j'ai à faire ne m'ennuie jamais. » Simple parole d'enfant, mais d'enfant intelligent et énergique.

A sa sortie du *Borda*, le jeune aspirant de marine fit, à l'école d'application, son premier voyage sur le vaisseau *Jeanne d'Arc*. Il était depuis 1913 enseigne de vaisseau à bord du *Danton*; il y avait fait, sous la conduite de l'amiral Boué de Lapeyrère, qui l'avait distingué, un voyage dans le Levant, et il s'était assis à la table du Sultan.

C'est à Toulon que la déclaration de guerre surprit l'escadre de la Méditerranée. Amaury connut les émotions du bombardement de Cattaro; il aurait pu attendre, à son poste, d'autres combats navals. Mais il était de ceux qui ne croient jamais faire assez et, à son âme avide de labeur et de gloire, la mer elle-même paraît sans danger. Il sait la Belgique ruinée, le Nord de la France envahi; il frémit d'impatience. On demande des volontaires et il part pour l'Yser avec ses fusiliers.

Le 4 novembre 1914, il traverse Paris; il embrasse son père en lui disant : « Au revoir ! » mais à son frère, il dit un « adieu ! » grave et réfléchi. Le 5, il arrive à Dixmude; il part tout de suite aux tranchées de première ligne ; le lendemain il griffonne quelques lignes pour les siens et les termine par un « à demain ». Et cette première lettre écrite sous le feu de l'ennemi devait être aussi la dernière. Le lendemain et les jours suivants, les Fusiliers marins et leur jeune chef n'avaient plus le loisir ni d'écrire, ni de se reposer, ni de manger. Ils se battaient sans trêve, sous la pluie, sous la neige ; on se battait dans les maisons, dans les rues.... Bientôt d'énormes bombes s'abattaient sur la ville, creusant des gouffres où tombaient dans un horrible chaos les meubles et les cadavres. L'heure tragique était venue où la petite cité flamande allait tomber. Les Fusiliers marins, du moins, avaient rempli héroïquement leur tâche. On leur avait dit : « Tâchez de tenir au moins quatre jours pour donner aux renforts le temps d'arriver, » et ils avaient tenu 26 jours ! On leur avait dit : « Sacrifiez-vous ! » et 50 % des soldats, 80 % des officiers avaient succombé. Dixmude pouvait mourir avec ses défenseurs ; l'ennemi était arrêté sur la rive droite de l'Yser, la poussée des barbares était endiguée et le plan impérial en échec.

C'est dans cette grande et sombre journée que tomba notre jeune ami. L'aumônier du 1er Régiment de Marins écrivait à la famille : « J'étais au poste de secours, encombré de blessés et de mourants, de ce côté de l'Yser, à 200 mètres du Pont, lorsque vers 6 heures du soir, votre enfant arriva sur un brancard; il avait un bandage sur le front, ne faisait aucun mouvement; le docteur l'examina et le pansa. Je restai près de lui, étanchant le sang qui coulait sur ses yeux, lui tenant la main. A un moment, il se ranima, reprit sa respiration, fit des mouvements de tête. Je lui parlai de Dieu, de la vie éternelle, du pardon des péchés; je lui dis que j'allais lui donner l'absolution. Je lui demandai à plusieurs reprises de me serrer la main s'il m'entendait et me comprenait : je sentis sa main serrer la mienne. Je lui donnai les derniers sacrements. Il retomba dans l'immobilité; il ne semblait plus souffrir. On le mit avec plusieurs camarades dans la première voiture d'ambulance qui put approcher en dépit du feu encore assez nourri, vers 11 heures du soir, le 10 novembre. Mais en arrivant à l'ambulance à Forthem, il était mort. »

Il n'avait que 20 ans! Sa mort héroïque lui a valu une glorieuse citation à l'ordre du jour de l'Armée :

« Grièvement blessé, le 10 novembre, à Dixmude, à la tête de ses fusiliers marins, est resté à son poste jusqu'à la relève. Mort des suites de ses blessures ».

Pleurons-le! La lucidité de son intelligence, son esprit de méthode, sa fougue et son entrain chevaleresque, sa foi agissante, tout annonçait un vrai chef pour l'avenir. Amaury avait trop souvent occupé la première place dans son enfance et sa jeunesse pour ne pas la désirer et la mériter encore, surtout à l'heure périlleuse. Il mourut d'une balle au front : Gloire à lui!

Abbé H. PRADEL.

⚜ ⚜ ⚜

Olivier de PARSCAU du PLESSIX
(1912-1916)

ENSEIGNE DE VAISSEAU DE 2e CLASSE
OBSERVATEUR D'HYDRAVION

Croix de guerre avec étoile de vermeil

La finesse et la pureté des traits du visage n'étaient chez Olivier de Parscau du Plessix qu'un pâle reflet de la beauté morale de l'âme.

Du milieu familial il avait reçu une délicatesse et une amabilité exquises. Intelligence ouverte, il soulignait d'un joli sourire doucement malicieux les affirmations catégoriques des simplistes qui ne voient de difficultés en rien. Son âme ardente et généreuse était passionnément éprise de toutes les nobles causes; devant les souffrances et la détresse des autres, son grand cœur était toujours ému d'une pitié compatissante.

Membre de la Conférence de Saint-Vincent de Paul, il allait avec joie visiter et consoler la bonne vieille dont il se faisait l'éloquent et spirituel avocat dans les réunions du mercredi. Sa bourse d'écolier doubla souvent l'aumône de chaque semaine et il y mettait tant de discrétion que personne ne se doutait de ses largesses. Seule, la bonne vieille, qu'il allait voir pendant ses congés d'Elève de l'Ecole navale ou d'Enseigne de vaisseau, en a gardé le souvenir et lui a voué un vrai culte.

Il exerçait autour de lui une influence rayonnante, et tel de ses camarades lui demanda ses conseils longtemps encore après être sorti de l'Ecole.

Fils et petit-fils d'officiers généraux (le Général marquis d'Aubigny était son grand-père maternel, et son père, Colonel d'Infanterie commandait une brigade pendant la guerre), Olivier ne se consolait pas d'être trop jeune quand la guerre éclata : « Il n'y aura plus rien à faire quand j'arriverai, disait-il, j'aurai manqué les belles occasions de faire quelque chose d'utile pour mon pays! » Et de vraies larmes coulaient de ses yeux où brillaient tant de brûlants désirs de batailler contre l'ennemi, de *servir*, en un mot.

La guerre se prolongea et le jour vint où, après sa sortie de l'Ecole Navale où il était entré en septembre 1916, Olivier de Parscau put se jeter dans la mêlée.

Nommé *aspirant* le 1er juin 1917, il essuie son premier feu contre un sous-marin en allant rejoindre « la Gracieuse », patrouilleur en Méditerranée; il resta sur « la Gracieuse » jusqu'en octobre 1917. Nommé alors enseigne de vaisseau il monte sur le gros cuirassé « Jean Bart. » Sur « la Gracieuse » on faisait du moins quelques randonnées à la recherche des sous-marins. Mais sur le « Jean-Bart, » il faut rester tranquillement à Corfou pendant que les autres se battent. Ce n'est pas le poste qui convient à son enthousiasme chevaleresque et à son besoin de dévouement. Il demande à entrer comme son frère aîné Edmond, dans les hydravions.

En apprenant cette nouvelle, ceux qui le connaissaient et l'aimaient eurent comme le pressentiment d'une catastrophe ; il passa par Massillon pour annoncer qu'il allait se préparer à Saint-Raphaël, sous la direction de l'un de nos anciens, l'Ingénieur du génie maritime, Lucien Corpet. Dès le mois de mars 1918, il faisait patrouille contre les sous-marins dans le Pas-de-Calais, devant Boulogne. Le 3 mai, le temps était mauvais et son frère lui avait conseillé de ne pas prendre l'air. « C'est le devoir ! » répondit-il simplement, et il monta sur son hydravion. Que se passa-t-il ?

L'hydravion chaviré fut retrouvé en mer ; on put sauver le pilote, mais on n'a rien connu du sort de l'officier. Dieu avait repris en plein vol une âme qui ne se plaisait que sur les sommets. Olivier de Parscau était d'une piété éclairée et profonde ; il communiait tous les jours quand il le pouvait ; cette belle âme de jeune homme a dû charmer le cœur de Jésus.

Les hommes lui ont accordé la citation suivante à l'ordre du Corps d'Armée :

« Olivier de Parscau du Plessix, Enseigne de vaisseau de 2e classe, observateur d'hydravion : Officier énergique et plein d'allant a toujours montré les plus belles qualtiés dans l'accomplissement de ses devoirs. Mort pour la France au cours d'une reconnaissance contre sous-marin ».

Abbé L. ROUSSEL.

Gabriel PIAT-DESVIAL

(1908-1913)

ASPIRANT DE MARINE

Chevalier de la Légion d'honneur

Croix de guerre avec palme

Gabriel Piat-Desvial fut un de nos élèves les meilleurs sous tous les rapports ; piété profonde, intelligence affinée, distinction naturelle, il avait les plus belles espérances. Il fit à l'Ecole Massillon toutes les hautes classes de 1908 à 1913 et y prépara l'Ecole Navale. Il fut vice-président de notre Conférence des Pauvres ; il eut au Lycée les premiers prix et, à l'Ecole, le grand prix d'honneur.

Il était Aspirant de marine à bord du *Bouvet* quand la guerre éclata. Il fit des croisières incessantes autour des îles Tenédos, Mytilène... Le *Bouvet* fut désigné en mars 1915 pour constituer, avec le *Suffren*, le *Gaulois* et le *Charlemagne*, le groupement français de l'attaque des Dardanelles sous le comandement de l'amiral Guépratte. L'attaque commença le 18 mars à 10 h. 45 ; à 12 h. 22 l'escadre française se porta plus avant ; à 1h. 25 les forts turcs étaient réduits au silence. Au moment où nos unités franchissaient le goulot, le *Bouvet* heurta une mine dérivante qui, explosant près d'une soute à poudre, détermina l'inflammation de toutes les munitions. Le *Bouvet* fut coupé en deux ; on vit les deux mâts se rapprocher et se toucher. En trois minutes le beau cuirassé avait disparu par plus de 60 mètres de fond. Sur 600 hommes, 64 seulement purent se sauver.

L'aspirant Gabriel Piat-Desvial fut enseveli avec son navire. Dans son rapport, l'Amirauté Britannique adresse un hommage d'admiration émue à l'Etat-Major et à l'équipage du *Bouvet ;* les officiers anglais virent, avant de s'enfoncer dans les flots, l'équipage debout sur la passerelle faire face au pavillon tricolore et crier : « Vive la France ! »

Un officier survivant du *Bouvet* resta avec Gabriel jusqu'au dernier instant et a témoigné du courage et du sang-froid que montra, au moment fatal, notre cher et grand Ancien.

Le *Journal Officiel* du 27 août 1915 publiait la promotion dans la Légion d'honneur de Gabriel Pitat-Desvial, avec cette citation à l'ordre de l'Armée :

« A assuré le service d'adjudant de tir avec un parfait sang-froid et a rendu les plus grands services dans l'observation des batteries et des mines flottantes. Mort à son poste, lorsque le *Bouvet* sombra ».

Un officier de marine s'identifie avec son unité : Gabriel serait content, j'en suis sûr, qu'à l'honneur du navire qui fut son glorieux tombeau nous ajoutions ce détail : en 1870 déjà, un aviso avait illustré le nom de Bouvet, un de nos plus fameux amiraux, en obligeant, à la Havane, la canonnière allemande *Méteor*, plus forte et mieux armée pourtant, à sortir du port et en la mettant hors de combat en quelques intants. Gloire aux héros du *Bouvet*, deux fois entré dans l'histoire !

Abbé H. PRADEL.

ÉCOLE CENTRALE

Jean BASSETTI

(1897-1904)

SOUS-LIEUTENANT AU 55e RÉGIMENT D'ARTILLERIE

OBSERVATEUR A LA 51e COMPAGNIE D'AÉROSTIERS

Chevalier de la Légion d'honneur

Croix de guerre avec palme

Jean Bassetti fut nôtre ainsi que deux de ses frères modelés, comme lui, à l'image d'une mère qui les entoura des sollicitudes les plus tendres et les plus éclairées. Ils eurent le malheur de perdre leur père de bonne heure, et furent le rayon consolateur au milieu des tristesses de la maison familiale. Jean, l'aîné, nature très affectueuse et très chrétienne, donnait l'exemple à ses frères, se faisant aimer de tous par sa conscience, sa douceur, et sa modestie.

Les qualités viriles s'affirmèrent avec l'âge, et, à l'occasion de la guerre, jusqu'à l'héroïsme. Mobilisé le 9 août 1914, nommé Sous-Lieutenant le 25 février 1915, Jean entre en action, comme observateur de première ligne, à l'Epine de Vedegrange, en Champagne. Détaché ensuite à la 5e Compagnie d'Aérostiers, il se fait remarquer devant Seppois, en avril 1916, et va, de là, prendre position à Manspach Saint-Léger, près de Dannemarie (Alsace). Quelques jours après, le 5 mai, il était monté en nacelle pour repérer les batteries ennemies en action et régler le tir de nos contrebatteries. Le temps était parfaitement calme, lorsque se déchaîna tout à coup une tourmente violente, qu'aucune observation n'avait pu prévoir. Le ballon fut désemparé et déchiré, la nacelle détachée, et le Lieutenant projeté à terre, fut tué sur le coup. Un autre de nos anciens périt, victime de la même bourrasque, Georges Spiess, fils de l'inventeur du dirigeable rigide, également observateur en ballon.

Les obsèques du Lieutenant Bassetti eurent lieu à l'église de Manspach, et le corps fut inhumé dans le cimetière de Dannemarie, dans cette terre d'Alsace, rachetée par tant de sacrifices, en présence du Colonel Pététin et d'un grand nombre d'officiers de l'artillerie et de l'aviation et de soldats.

Voici comment le jugeait son Commandant :

« Plus qu'à aucun autre, il m'a été donné d'apprécier la noblesse de caractère du Lieutenant Bassetti, les hautes qualités dont l'avait paré une éducation d'ordre particulièrement élevé.

« Il était ici l'ami de tous, et tous nous admirions son mérite, sa constante bonne humeur.

« Volontaire pour les observations en ballon, volontaire pour le service de l'aviation, volontaire pour toutes les tâches périlleuses, il était un modèle accompli de courage et de bravoure.

« Son intelligence était remarquable, et les services rendus par lui ne se comptaient plus... »

La Croix de la Légion d'honneur et une citation à l'ordre de l'Armée ont consacré ces glorieux services :

« Observateur volontaire en ballon, a montré de belles qualités d'initiative et de sang-froid au cours d'ascensions exécutées dans des conditions atmosphériques souvent défavorables. Mort glorieusement à son poste, en ballon, au cours d'une tempête ». *Officiel*, 19 juin 1916.

Nous ne saurions mieux clore cette trop courte notice que par les lignes du Commandant Arnaud, interprète ému de nos indicibles tristesse : « Il a plu à Dieu tout-puissant de rappeler à lui cette âme de tout premier ordre. Quelle que soit la cruauté de la séparation, nous devons accepter résignés les décisions de la Volonté suprême. Mais il nous échoit de dire que celui-là sera regretté parmi les plus regrettés, parce que l'étendue de son sacrifice est incommensurable ! »

A. CHAUVIN.

Jacques DAVID

(1910-1912)

ELÈVE-OFFICIER D'ARTILLERIE

Il nous était venu de Chateauroux, où son père était avocat renommé pour son talent, son autorité morale et ses sentiments chrétiens. Il y était élève des Oratoriens, à l'Ecole Léon XIII.

Pendant les deux années qu'il a passées chez nous, il y fut un modèle de piété, de travail et de succès.

En 1912, il fut titulaire, au Lycée Saint-Louis, de la médaille d'or, fondation Henri Bos, décernée par le suffrage de ses professeurs. Le prix d'honneur de l'Ecole Massillon lui fut également décerné, aux applaudissements de ses maîtres et de ses camarades, et un rang brillant dans le concours d'entrée à l'Ecole Centrale vint consacrer ses mérites. Il y fut reçu 3e.

Au moment de la mobilisation, il partit plein d'entrain pour Orléans. Sa préparation militaire d'artilleur fut brusquement interrompue par une crise d'appendicite qui finit par terrasser cette belle et riche nature.

Il ne lui a pas été donné de tomber sur un champ de bataille ; il n'en est pas moins mort pour la France dans les sentiments de foi profonde qui furent ceux de toute sa vie.

A. CHAUVIN.

Raymond DESOUCHES

(1887-1898)

Ingénieur aux Mines de Boléo

LIEUTENANT AU 63e RÉGIMENT D'ARTILLERIE

(66e Section d'Autos-Canons)

Chevalier de la Légion d'honneur
Croix de guerre avec palme

Sur les cinq frères qui furent élèves à l'Ecole, Daniel, Martial, Raymond, René et Maurice, deux ont sacrifié leur vie pour la France. Ils appartenaient à une famille des plus chrétiennes. René aura sa place parmi les héroïques fantassins qui figurent si nombreux dans ce Livre d'Or.

Raymond fut notre élève pendant 11 ans, et se fit remarquer, tant à l'Ecole Massillon qu'au Lycée Charlemagne, par sa modestie, sa bonté, jointes aux plus brillantes aptitudes scientifiques.

Après de remarquables études à l'Ecole Centrale des Arts et Manufactures, il contracta un engagement aux mines de cuivre de Boléo ; il ne fit qu'un court stage dans les galeries des mines ; ses qualités d'ingénieur métallurgiste et sa façon ferme et douce à la fois de conduire les ouvriers de toutes nationalités lui valurent rapidement la place importante de « Directeur de la Fonderie. » Il fut à ce poste difficile jusqu'à la déclaration de guerre.

Une fois mobilisé comme Lieutenant au 63e d'Artillerie, le même ascendant moral ne tarda pas à lui attirer l'estime et l'affection de ses subordonnés, en même temps que la sympathie de ses chefs.

Il était sous Verdun en 1917, dans la 66e Section de 75 Automobiles, au « Ravin de la Dame. » C'est là qu'il fut atteint en plein cœur, le 21 octobre. Sa citation à l'ordre de la 2e Armée rappelle les traits de cette douce et courageuse physionomie :

> « Commandant d'unité de grande valeur ; aussi brave au feu que dévoué et modeste, payant largement de sa personne et adoré de ses hommes. Tué à son poste de tir, le 21 octobre 1917 ».
>
> Signé : Général GUILLAUMAT.

Raymond Desouches a laissé une veuve et trois enfants en bas âge. Il a généreusement sacrifié ce qu'il avait de plus cher, sa famille tendrement aimée, sa situation brillante qui lui promettait un si bel avenir. Son frère ,tombé en 1914, lui avait montré la voie de l'héroïsme ; il est allé le rejoindre dans la gloire de ceux qui n'hésitent pas à mourir pour sauver la grande famille qu'est la France.

Abbé F. CHARBONNIER.

✠ ✠ ✠

Jean ENCOIGNARD

(1898-1913)

SOUS-LIEUTENANT AU 81e RÉGIMENT D'ARTILLERIE LOURDE

Chevalier de la Légion d'honneur
Croix de guerre avec palme
2 Citations

Jean Encoignard était nôtre, non seulement par sa famille, puisque son père est le doyen des professeurs de l'Ecole, où il se dévoue à l'nstruction scientifique de notre jeunesse depuis octobre 1878, mais aussi par toute son éducation, qui s'est déroulée pendant quinze ans au milieu de nous, et par tout son être religieux et moral. Nous l'avons vu grandir et se développer sous la direction de ses maîtres et sous l'action des délicates sollicitudes paternelles et maternelles. La sympathie universelle allait à lui, au Lycée Charlemagne comme à l'Ecole, tant il était consciencieux, agréable et bon.

Entré à l'Ecole Centrale en 1913, avec le no 230, il occupait le 48e rang à a fin de l'année, progrès qu'avaient prédit ses professeurs du Lycée.

Après un stage préparatoire, il fut nommé Sous-Lieutenant au 81e d'Artillerie Lourde en mars 1915, et partit pour le front. Il se montra au régiment ce qu'il était partout, doux, simple, affable, l'homme du devoir, tout entier à sa mission, préoccupé des intérêts physiques et moraux du soldat, incliné vers les humbles. « Il n'avait pour nous que de bonnes paroles, écrivait l'un des soldats, et il répondait aux demandes de tous avec sa simplicité habituelle. »

L'affection dont il était entouré reposait aussi sur une haute estime de sa valeur professionnelle, de son courage et du sang-froid étonnant avec lequel il réglait son tir sous les obus comme s'il eût été aux Ecoles à feu. Les hommes étaient fiers des résultats obtenus et son capitaine le considérait comme « le meilleur officier de sa batterie. » Il avait été cité une première fois à Verdun « pour la rapidité avec laquelle, au milieu d'un bombardement intense d'obus asphyxiants, il avait mis ses pièces en action. »

Revenu en Champagne, dans un secteur faisant face au Mont Cornillet, il fut tué par un obus, le 1er juin 1917, à l'âge de 25 ans. La citation à l'ordre de l'Armée lui rend hommage d'un mot qui dit tout : « *Modèle de bravoure et de dévouement* ».

Son capitaine, qui l'aimait comme un fils, ne pouvait se consoler de cette perte. Le deuil de M. et de Madame Encoignard, si cruellement broyés fut celui de l'Ecole tout entière, celui de nos anciens élèves et de nos familles. Chacun se sentait atteint par cet affreux malheur.

Jean avait conservé au milieu des camps son esprit de foi, ses habitudes de prière, toute sa fraîcheur et ses délicatesses d'âme. J'en puis témoigner : n'ayant pu faire ses Pâques, faute d'aumônier, son premier mouvement, lors de sa dernière visite, fut de prendre immédiatement ses dispositions pour remplir ce devoir. Il était prêt au sacrifice suprême. « C'est un honneur pour une famille écrivait-il dès 1914, de compter parmi ses membres un martyr de notre juste cause. » C'est sur ces sommets qu'il habitait, et que la mort l'a pris, couronnant d'une glorieuse auréole sa vie si courte et déjà si bien remplie.

A. CHAUVIN.

Paul GORCE

(1910-1913)

LIEUTENANT-AVIATEUR A L'ESCADRILLE M. F. 45

Chevalier de la Légion d'honneur
Croix de guerre avec palme
Citations à l'Ordre de l'Aéronautique
et à l'Ordre de l'Armée

Nous essayons de faire revivre ici chacun de nos anciens élèves tombés au champ d'honneur avec les traits personnels de leur physionomie morale ; aucun n'a droit à notre préférence, puisque aussi bien ils ont tous sacrifié leur vie avec la plus émouvante générosité.

Mais il est impossible, dans cette galerie de portraits, de ne pas contempler longuement, avec des yeux mouillés de larmes, cette figure si jeune, si pure, si noble, que fut Paul Gorce, héros de 21 ans, parti à la guerre envers et contre tous les obstacles, malgré les hésitations de l'autorité militaire, malgré les larmes de ses parents, malgré son propre cœur, qui venait de se donner, en d'idéales fiançailles, à l'ange de douceur et de bonté qui le pleure encore.

« Nature douce et modeste, écrit sa mère, il ne nous avait jamais causé la moindre peine et s'appliquait sans cesse à dépasser nos désirs ; de ses plus grandes actions, nous n'avons rien su que par ses citations et ses amis, après sa mort. »

Paul avait fini ses études secondaires, jusqu'en Première, à l'Institution des Pères Maristes de Riom. Avant d'entrer à notre Ecole, il avait fait à la Trappe de Sept-Fons une retraite dont les réflexions attestent toute la beauté et l'élévation de son âme.

« Je serai ingénieur. Longtemps attaché à la matière, j'ai dit : « J'aime le tangible ; la sphère de l'idéal et du sentiment n'est pas pour moi ; je ne veux pas la voir. » Et j'ai brutalement refoulé des sentiments que je jugeais pusillanimes. « Beaucoup de ces idées me sont encore restées. Je serai donc ingénieur, mais je serai chrétien ; je servirai d'abord mon Dieu, l'humanité ensuite ; pour les hommes, on peut livrer de l'imparfait ; pour Dieu, il faut toujours travailler au parfait. A la foi de mon premier âge, basée surtout sur mes sentiments, s'est substituée une foi raisonnée, seule digne d'un chrétien. »

Il ajoutait : « Je me méfierai de l'orgueil, de la vanité ; je ne me laisserai pas enivrer par la science ; je veux être un homme complet, alliant les sciences aux arts ; et au-dessus, planant toujours, l'image du Christ, infinie de majesté, plus infinie encore de miséricorde. »

Ces admirables dispositions ne se démentirent pas un instant à l'Ecole Massillon ; son caractère enjoué et plein d'entrain lui attira bien vite de nombreux amis. Malgré un arrêt momentané dû à une fièvre scarlatine qu'il fit soigner trop tard, il put mener à bien ses études au Lycée Saint Louis et fut admis à l'Ecole Centrale en 1913.

En juillet 1914, il faisait un voyage d'études dans l'Est de la France et en pays annexés. A peine de retour des Vosges, s'engageait la lutte formidable dont l'enjeu était la possession des chères provinces qu'il venait de visiter. Bon sang ne peut mentir ; fils d'un Capitaine d'Infanterie de Marine, qui avait fait ses preuves en 1870, Paul Gorce est impatient de combattre à son tour. Ajourné de la classe 1913, il ne songe qu'à s'engager ; les bureaux de recrutement de Clermont et de Riom n'ayant pas cru devoir le déclarer bon pour servir, il est plus heureux à Montbrison et il se fait incorporer au 28e Bataillon de Chasseurs Alpins à Grenoble. Il ne fait que passer dans cette unité et, en octobre 1914, son titre d'élève de Centrale lui permet d'être versé dans l'Artillerie comme élève-officier.

Le 14 avril 1915, Paul Gorce était nommé Sous-Lieutenant au 3e Régiment d'Artillerie Lourde ; il arriva dans la Somme le 18 juin, pour prendre contact avec l'ennemi. En août, sa batterie fut dirigée sur le front de Champagne où il gagna la Croix de guerre après avoir été cité à l'ordre de la Division dans les termes suivants :

« A pu poser une ligne téléphonique jusqu'au Trapèze, malgré le bombardement violent, et a réglé le tir de sa batterie et des batteries voisines ».

A l'occasion de cette Croix de guerre, nous lisons dans son journal de campagne, en date du 3 novembre 1915 :

« Ma décoration ! Certes, en posant ma ligne téléphonique dans les tranchées, ce n'est pas à cela que je pensais. J'avais une mission à remplir, je faisais mon devoir, les circonstances difficiles m'ont valu la récompense. Y a-t-il donc des gens qui ne font pas leur devoir jusqu'au bout ? »

Le 27 janvier 1916, Paul Gorce annonçait à sa famille que, sur sa demande, il venait d'être versé dans l'aviation, comme observateur en avion. A la suite de différents stages et d'un concours qui le classa au meilleur rang, on l'avait désigné pour entrer à l'Etat-Major du Génie ; mais il demanda à rejoindre son Escadrille, ne voulant pas être ailleurs qu'au danger.

L'Escadrille M. F. 45 était alors à Art-sur-Meurthe, près de Nancy ; notre jeune officier fut souvent piloté par son ancien camarade de Riom, le futur As, Gilbert Sardier. Il eut, en août 1916, une chute d'avion qu'il laissa ignorer aux siens. Il ne devait plus quitter son poste jusqu'en juillet 1917 où furent célébrées, à Ambert, ses fiançailles avec Mlle Thérèse Béraudy.

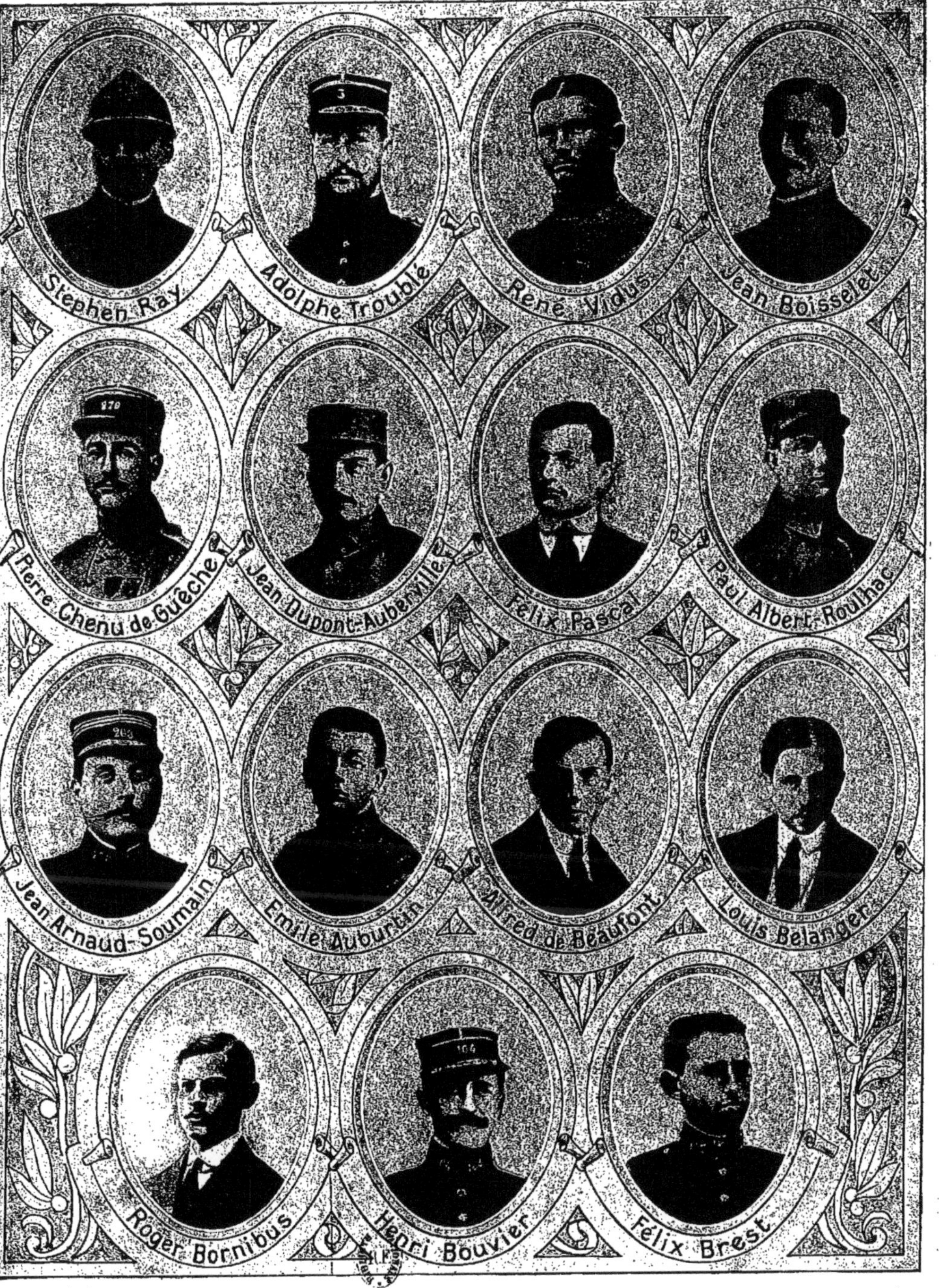
Stephen Ray
Adolphe Trouble
René Vidus
Jean Boisselet
Pierre Chenu de Guêche
Jean Dupont-Auberville
Félix Pascal
Paul Albert Roulhac
Jean Arnaud-Soumain
Emile Auburtin
Alfred de Beaufont
Louis Belanger
Roger Bornibus
Henri Bouvier
Félix Brest

Dès son retour à Art, il pouvait apprendre à l'élue de son cœur qu'il venait d'être nommé Lieutenant. Entre temps, il avait été cité à l'Ordre du Service Aéronautique de la 8e Armée :

« A participé, comme observateur en avion, à 10 réglages sur une pièce de gros calibre située à 12 kilomètres en arrière du front ennemi et protégée par une nombreuse aviation et une forte organisation d'artillerie anti-aérienne. A fait preuve, pendant ces réglages, de toutes les qualités demandées à un excellent observateur d'artillerie ».

Ses fiançailles lui donnaient droit de renoncer à l'Aviation pour rester dans l'Artillerie ; mais, quand on lui proposa cette mutation, il répondit : « Vous ne voudriez pas que je fasse une reculade ! » Il allait être bientôt victime de cette intrépidité. Le 17 septembre 1917, dans un vol volontaire, il fut frappé par une balle ennemie et tomba avec son pilote à Pettoncourt, dans les lignes allemandes. Une citation posthume à l'ordre de l'Armée fut signée par le Général Gérard, en date du 26 septembre :

« Observateur admirable d'énergie, de bravoure et d'initiative. A effectué de nombreux réglages périlleux, notamment 8 réglages d'A. L. G. P. sur la pièce de H., et 2 réglages de nuit les 3 et 4 septembre 1917. Est tombé sous les balles ennemies le 17 septembre 1917 ».

Une notice plus étendue permettait de citer les nombreux témoignages de sympathie venus de ses chefs et de ses camarades. Il suffit de rappeler ici comment Paul Gorce avait toujours envisagé la mort.

Durant sa retraite à Sept-Fons, il écrivait, dix ans plus tôt : « A ma mort, je veux pouvoir dire : « J'ai agi en homme d'honneur, de devoir, j'ai cherché à donner le bon exemple. » Et, dans son carnet de route, son héroïsme se précisait encore : « En cette ère de sang et d'horreur, le sacrifice ne prend son entière beauté que lorsqu'il est fait avec résignation et avec foi. »

C'est le plus magnifique testament moral que puisse faire une âme éprise des splendeurs que la mort seule permet de découvrir.

Abbé F. CHARBONNIER.

Roger GOUBEAU

(1911-1912)

Ingénieur des Arts et Manufactures

LIEUTENANT-AVIATEUR A L'ESCADRILLE

S. P. A. D. 76

Chevalier de la Légion d'honneur
Croix de guerre avec 3 palmes
5 Citations

Le Lieutenant Roger Goubeau a préparé à Massillon l'Ecole Centrale. Il y fut reçu en 1913. Sa première année terminée, il faisait une tournée d'études à Birmingham quand la guerre éclata. Appartenant à la classe 1914, il fut incorporé au 58e Régiment d'Artillerie à la fin d'août. Un an après, il était sous-lieutenant et désigné pour l'artillerie de tranchées dans la zone belge.

C'est à Ypres qu'il obtint sa première citation ; le transport des projectiles ne pouvait plus se faire dans les tranchées à demi démolies ; Roger Goubeau franchit le parapet et porte lui-même les bombes en terrain découvert. C'était la bravoure « poussée jusqu'à la témérité. » Roger Goubeau va multiplier les exemples de cette bravoure-là.

C'est pour en avoir de plus nombreuses occasions qu'il demande à passer dans l'aviation, comme pilote-observateur. L'arme nouvelle séduit nos jeunes Français ; quand la lutte se terre sur tout le front, elle seule offre le combat loyal, audacieux, en pleine griserie de vitesse, en pleine gloire azurée. Nos modernes chevaliers, et Dieu sait s'ils sont légions, ont vite découvert ces avantages, et plus vite encore fait leur choix. Ils lutteront au grand jour, et, s'ils meurent, ils tomberont en pleine lumière. Bombardements de nuit, missions d'observation, reconnaissances photographiques, Roger Goubeau est de toutes ces fêtes, parce qu'il s'offre toujours. Son sang-froid, son audace, son enthousiasme sont vite remarqués. Ses exploits se multiplient ; plusieurs fois, son appareil est gravement atteint ; cinq avions ennemis, qu'il a d'ailleurs mis en fuite, l'ont un jour endommagé de 41 balles. N'importe, le pilote est intact ; sur son grand oiseau blessé, il continue sa mission et la mène à bonne fin. Deux nouvelles citations reconnaissent ce beau courage, et, le 27 septembre 1917, il reçoit le grade de Lieutenant.

En octobre, un exploit particulièrement brillant lui vaut, avec sa 4e citation, la Croix de la Légion d'honeur :

« Au cours d'une reconnaissance, attaqué à deux reprises différentes par un Albatros de chasse, il a eu son appareil criblé de balles et ses commandes de gauchissement coupées. Manœuvrant avec habileté, il a permis à son observateur de faire rompre le combat à l'avion ennemi, qui est tombé désemparé dans ses lignes. Après quelques moments nécessaires à la réparation de l'appareil, il a sollicité l'honneur de repartir avec son observateur pour exécuter une liaison d'infanterie. Un obus de plein fouet ayant percé le réservoir d'essence et gravement endommagé l'appareil, il a maintenu sur les lignes son avion désemparé, faisant preuve du plus admirable sang-froid et d'une adresse remarquable ».

Un tel héros devait avoir la mort qu'il semblait chercher et la gloire qu'il méritait. Passé sur sa demande dans une escadrille de chasse, il reçut la mission de reconnaître le front ennemi entre Reims et Soissons. Il partit seul. Le ciel était sillonné d'avions ennemis. Il avait dépassé Soissons et accompli sa mission, quand il fut encerclé par plusieurs escadrilles. Il tomba avec son avion en flammes, au nord de Cœuvres, le 31 mai 1918. Il fut enterré isolément dans le voisinage.

Une cinquième et dernière citation, à l'ordre de la Ve Armée, rendait hommage à son courage et honorait son souvenir.

« Ce sont les faits qui louent ». Ils disent plus éloquemment que tout commentaire l'extraordinaire audace, l'imperturbable sang-froid, l'héroïque vaillance du Lieutenant Roger Goubeau.

Puisse sa courte et riche carrière servir d'exemple aux jeunes générations. C'est le vœu qu'avec son héroïque père nous déposons pieusement sur sa tombe glorieuse.

Abbé J. Boyer.

⚜ ⚜ ⚜

Marcel LOUVET

(1901-1910)

Sous-Lieutenant-Observateur a l'Escadrille

M. F. 50

Chevalier de la Légion d'honneur
Croix de guerre avec 2 palmes

D'une famille Massillonnaise qui nous a confié trois de ses fils, neveu de deux de nos anciens et brillants Polytechniciens, Lucien et Jean Corpet, Marcel Louvet se signalait chez nous, dès son enfance, par deux qualités maîtresses, la volonté et l'énergie. Ces qualités s'affirmèrent avec éclat sur le front.

Admis à l'Ecole Centrale, et, à ce titre, bientôt nommé Sous-Lieutenant d'Artillerie, Marcel fut attiré par les périls et les exploits de l'aviation. Il y porta la générosité et la fougue de sa riche nature et se fit remarquer rapidement par sa bravoure et son audace.

Deux glorieuses citations en témoignent :

1° Officier extrêmement audacieux, excellent observateur, s'est offert constamment pour remplir des missions périlleuses. Le 1er juillet 1916, au cours d'un réglage, et bien que son appareil eût été gravement endommagé au cours d'un combat avec un Fokker, a néanmoins tenté de continuer sa mission, a dû y renoncer, son antenne ayant été coupée par une balle, est rentré avec dix-neuf projectiles dans l'appareil ;

2° Officier d'élite, à l'escadrille depuis plus de 15 mois, n'a jamais cessé de faire preuve d'un courage et d'une valeur remarquables. A été tué le 2 décembre 1916 au cours d'un combat contre deux avions ennemis, a lutté jusqu'à la fin avec la dernière énergie. »

La Croix de la Légion d'honneur a consacré cette vaillance et cet esprit de sacrifice qui n'ont pas voulu fléchir devant un ennemi sensiblement supérieur. (19 juin 1920).

Marcel fut inhumé dans le cimetière d'Autrécourt, (Meuse). Le général Grossetti, son chef d'armée, présidait aux obsèques au milieu de la douleur générale.

Ce jeune héros est mort en chrétien. « Nous avons la consolation de savoir, m'écrivait son père, que, depuis le commencement de la guerre, il était revenu à la pratique des devoirs religieux comme au temps de son enfance. » Et M. Louvet, dominant son émotion paternelle et s'élevant à la hauteur de son glorieux fils, ajoutait :

« Honneur à lui ! Ne pleurons pas et soyons dignes de lui en travaillant avec plus de courage à la défense nationale pour amener la victoire ! » (Déc. 1916).

A. CHAUVIN.

⚜ ⚜ ⚜

Georges NICOLON

(1909-1910)

Ingénieur des Arts et Manufactures

SOUS-LIEUTENANT AU 107e RÉGIMENT D'ATILLERIE LOURDE

Croix de guerre avec palme

Georges Nicolon appartenait à une des meilleures et plus chrétiennes familles du Rouergue : son père était Lieutenant-Colonel à l'armée d'Afrique, où il était mort ; il était le neveu du sénateur Massabuau. Il vint à Massillon pour préparer l'Ecole Centrale, et il y entra d'emblée, après avoir obtenu, au Lycée Charlemagne, le prix d'Excellence et à peu près tous les premiers prix.

A la mobilisation, il partit comme sous-lieutenant au 15e Régiment d'Artillerie de campagne ; puis il passa au 107e d'Artillerie lourde. Partout et tout de suite, il se fit estimer et aimer, comme en témoigne glorieusement la citation à l'Ordre de l'Armée que lui consacra le Général Mangin : « Jeune officier de grande valeur, dont les qualités d'intelligence, de courage et d'entrain ont été appréciées dans les différents postes qui lui ont été confiés : batterie de tir, Etat-Major. »

Et ses camarades lui décernent, dans des termes émus et touchants, les mêmes éloges. Un de ses maréchaux-de-logis écrit : « Outre qu'il avait su se faire estimer pour ses qualités de conscience, d'intelligence et d'ardeur au travail, il avait su s'attirer, par la douceur de son caractère et la sagesse de ses commandements, la sympathie de tous ses hommes... Le Lieutenant Nicolon a toujours donné l'exemple d'un bon catholique, accomplissant ses devoirs religieux toutes les fois qu'il le pouvait, et sa conduite et son langage étaient édifiants à tous les points de vue. » Glorieux témoignage d'un humble ! Quelle somme de bienfaisants exemples il atteste !

Nous reconnaissons bien là, ce bon jeune homme que nous aimions tous à l'Ecole, avec son accent et sa foi du terroir ; nous le voyons encore, avec son large sourire et sa figure caractéristique qui rappelait d'assez près celle de Maurice Barrès.... Et il n'est plus !

Il fut frappé mortellement au cours d'une reconnaissance en première ligne, le 10 février 1917, non loin de Paissy de l'Aisne.

Abbé H. PRADEL.

⚜ ⚜ ⚜

Lucien PEZERIL

(1896-1899)

LIEUTENANT AU 118e RÉGIMENT D'ARTILLERIE LOURDE

Chevalier de la Légion d'honneur
Croix de guerre avec étoile d'argent

Lucien Pézeril avait commencé ses études chez les Pères de l'Oratoire au Collège de Saint-Lô. Il ne changeait donc pas de famille en venant en 1903 à l'Ecole Massillon où il retrouvait plusieurs de ses anciens camarades. C'était un élève intelligent et laborieux qui a laissé parmi ses maîtres et ses camarades le plus excellent souvenir. De son côté, il ne manquait jamais, quand il traversait Paris à son retour des pays lointains, de venir revoir ses anciens professeurs dont l'intérêt affectueux le suivait dans sa carrière.

Après sa sortie de l'Ecole Centrale il fait un stage comme sous-lieutenant d'Artillerie à Bourges. Aussitôt après il part pour l'Extrême Orient où il reste trois ans, attaché à la construction des chemins de fer Indo-Chinois. Son traité expiré, il rentre en France, se marie et part avec sa jeune femme pour l'Amérique du Sud, où il dirige d'importants travaux au port du Rio-Grande du Sud puis au chemin de fer longitudinal du Chili.

Partout ses qualités le firent apprécier. Son directeur disait de lui : « En plus de son caractère sympathique, il avait l'avantage d'être arrivé très jeune à une compétence bien rare dans des travaux difficiles ». Aussi dès son retour d'Amérique, la Compagnie Franco-Serbe de travaux publics se l'attachait pour diriger la construction d'un chemin de fer. Il venait à peine d'arriver à Belgrade avec sa femme et deux charmants enfants quand la guerre éclata. Rentré avec de grandes difficultés, il vint rejoindre à Rennes son poste de mobilisation. Il fut envoyé dans les Flandres et là, comme dans ses postes civils, il conquiert l'estime affectueuse de ses chefs. Sa conduite lui vaut rapidement une citation à l'Ordre de la Division.

Atteint dans une attaque par une vague de gaz asphyxiant, il ne doit la vie qu'au dévouement de deux sous-officiers. Mais il ne se remet jamais de cette intoxication ; il refuse, malgré une congestion, de se laisser évacuer et continue à faire campagne jusqu'au jour où la mort vient le surprendre dans son abri, le 21 décembre 1915. Lucien Pézeril avait reçu de sa famille de solides principes religieux que développa son passage dans les deux Maisons de l'Oratoire où il fit ses études.

Il avait bien servi le renom de son pays par ses travaux pacifiques dans les terres lointaines. C'est pour la France qu'il est revenu mourir en la défendant les armes à la main. Il laisse aux siens une mémoire dont ils peuvent être fiers.

A. ENCOIGNARD.

Stephen RAY

(1911-1912)

LIEUTENANT AU 272e RÉGIMENT D'ARTILLERIE

Chevalier de la Légion d'honneur

Croix de guerre avec 2 étoiles d'argent

Stephen Ray prépara l'Ecole Centrale à Massillon, en suivant les cours du Lycée Charlemagne : il était reçu en 1912. C'était un grand silencieux, mais une vraie conscience. D'une famille très chrétienne, neveu de M. Paul Thureau-Dangin, de l'Académie Française, il fut sans effort égal aux plus hauts devoirs, aux plus austères sacrifices. La chance ne le servit pas : son régiment faisait partie d'une division volante, et les récompenses étaient plus rares dans ces unités prêtées tantôt à un corps d'armées tantôt à un autre. De cet oubli injuste, le hasard voulût que le père de Stephen connût un bien émouvant témoignage : au cours d'un voyage, il entendit des officiers, qui ne savaient pas quel écho ce nom et cet éloge trouvaient dans le cœur du « civil » inconnu, critiquer la distribution des galons et des rubans et l'un d'eux s'indigner : « Et dire que Ray est mort sans avoir le 3e galon et sans avoir la croix ! » On critique souvent ses supérieurs, mais rarement au profit des pauvres absents morts depuis plus d'un an.

Stephen partit le 2 août 1914 comme sous-lieutenant au 52e d'Artillerie ; il fut promu lieutenant le 10 avril 1916. Le 29 janvier 1917, il était cité à l'ordre de la 89me Division :

« Sur le front depuis le mois d'oct. 1914, a secondé de la façon la plus énergique et avec un rare sang-froid, son commandant de batterie dans des circonstances critiques. Toujours prêt à remplir les missions les plus périlleuses, s'est particulièrement distingué sur l'Yser, où, pendant plusieurs mois, il s'est rendu presque quotidiennement aux tranchées de première ligne, pour l'observation, assurant, sous le feu de l'ennemi, le prompt rétablissement des communications téléphoniques fréquemment coupées et donnant à son personnel l'exemple du plus complet dévouemnt et du mépris du danger. »

Stephen passa ensuite au 272e d'Artillerie Lourde où il commande la 49me Batterie. Une nouvelle citation à la Division constate ses mérites :

« Officier remarquable par son courage et son sang-froid sous le feu. Du 17 au 21 mars 1918, a assuré, dans les meilleures conditions, le commandement de sa batterie, soumise, de jour et de nuit, à des bombardements violents à obus explosifs et toxiques. »

Il fut tué au Mont-Kemmel, le 8 mai 1918, à 25 ans, « alors (dit un témignage officiel) qu'il encourageait ses hommes par l'exemple de son calme inaltérable et surveillait l'exécution de sa mission sous un feu nourri. »

Son colonel écrit aux parents meurtris : « J'aimais votre fils comme s'il eût été mon propre enfant ; j'avais eu, maintes fois, dans les circonstances les plus périlleuses, l'occasion d'apprécier son dévouement, son haut sentiment du devoir, son mépris du danger, son calme sous le feu, sa superbe bravoure.. Ses hommes l'adoraient. Au bord de la tombe, l'Aumônier de l'Ambulance a dit les dernières prières et je lui ai adressé le suprême adieu... et j'ai vu, dans le cercle des braves qui m'entouraient, bien des yeux se gonfler de larmes... »

Abbé H. Pradel.

Adolphe TROUBLÉ

(1900-1903)

Sous-Lieutenant au 3e Régiment d'Artillerie à Pied

Chevalier de la Légion d'honneur
Croix de guerre avec palme

Un christianisme vivant, le patriotisme le plus généreux se fondaient avec les affections familiales dans l'âme d'Adolphe Troublé. Il les avaient sucés avec le lait ; ils ont été, jusqu'à sa mort, la lumière et la force de cette nature, énergique dans le devoir ; douce, modeste et cordiale dans les relations, sûre et fidèle dans les amitiés.

Il s'était particulièrement lié, à l'Ecole, avec deux excellents camarades, Pierre Binet, qui fut médecin auxiliaire au 129e d'Artillerie et qui est mort pour la France à Minden (Westphalie), et Marcel Mesnager, son futur beau-frère, aujourd'hui Lieutenant de vaisseau. La mort seule a pu briser ces liens.

Au sortir de l'Ecole Centrale, en 1914, il rejoint à Brest, dès le 1er août, le 3e d'Artillerie à Pied, contribue à la mise au point des batteries de côte, et, peu après, part pour le front de Champagne. C'est là que, placé à 1500 mètres des lignes ennemies, pendant la durée de l'offensive, il exécute ses tirs de destruction ; il est intoxiqué par des gaz suffocants qu'il sait être à base de cyanure ; il refuse cependant d'être évacué et d'abandonner les calculs de pointage de sa batterie. Le 29 septembre, enfin, la victoire assurée, il perd connaissance, est transféré d'ambulance en hôpital jusqu'à Orléans. C'est là qu'il s'éteint, le 4 novembre 1915, hostie pure et volontaire, avec le courage chrétien qui anima toute sa vie, répondant lui-même aux prières des agonisants, entouré des siens, qui fondaient en larmes et s'associaient à son sublime sacrifice.

Le Médecin-chef, qui l'assista jusqu'au dernier moment, en était ému et il admirait, ainsi que son confrère, un patriotique dévouement poussé jusqu'à l'oubli absolu de soi. « J'ai vu beaucoup d'hommes, disait celui-ci ; bien peu auraient eu le courage d'aller jusque là. C'est un héros modeste, devant la dépouille duquel je m'incline profondément. Je signe son acte de décès avec la mention : Mort pour la France ! »

Ainsi était brisé le bonheur d'une famille admirablement unie ; ainsi était détruit le foyer fondé par Adolphe Troublé, quelques mois auparavant, où il trouvait toute joie dans une union parfaitement assortie. Mais un fils lui est né, juste pour recueillir l'héritage de foi et d'honneur laissé par son père.

Le lendemain de l'armistice, parmi l'allégresse des Alleluia, une mère de famille m'abordait, frémissante : « Le salut et la victoire de la France me transportent de bonheur, me dit-elle ; car, c'est pour cela que mon fils a sacrifié sa vie. Et, en me parlant ainsi, son visage prenait une expression de générosité et de résignation sublimes. Mais, après un instant de silence : « Hélas ! reprit-elle d'une voix tremblante d'émotion, il n'est plus là pour vivre avec nous ces heures inoubliables de la résurrection, pour jouir avec nous du triomphe acheté au prix de tant de souffrances et au prix de sa mort. » Et, malgré l'effort qu'elle fit pour se contenir, des larmes jaillirent de ses yeux. C'était la mère d'Adolphe Troublé.

A ce mélange pathétique de sentiments également sacrés, les pères et les mères de nos glorieux martyrs reconnaissent l'étrange combat de leurs propres émotions.

A. Chauvin.

⚜ ⚜ ⚜

René VIDUS

(1904-1909)

LIEUTENANT OBSERVATEUR
A L'ESCADRILLE N. 41

Chevalier de la Légion d'honneur
Croix de guerre avec palme
2 Citations

René Vidus, pendant son court passage à l'Ecole, montra de l'ardeur, de l'entrain, de la générosité, qualités si françaises et si précieuses qui ont fait de lui, à la guerre, un soldat brave et courageux et lui ont valu ces deux belles citations : la première à l'ordre du jour de son régiment « pour avoir assuré la liaison de l'infanterie et de l'artillerie pendant un combat » — la seconde à l'ordre du jour de l'Armée, signée du général Fayolle :

« Vidus René, lieutenant à l'escadrille n° 41, jeune officier plein d'entrain et de courage. Volontaire pour les missions périlleuses, a trouvé une mort glorieuse au cours d'un combat aérien avec un avion ennemi. »

Que pourrions-nous ajouter à un pareil éloge ? Comme tant d'autres aviateurs, braves jusqu'à la témérité, René Vidus est tombé en plein ciel, face à l'ennemi, pour la plus sainte des causes ; puisse sa mort glorieuse adoucir la peine de tous les siens !

La Croix de la Légion d'Honeur lui a été attribuée le 28 octobre 1920. « Le lieutenant René Vidus, tué glorieusement au cours d'une reconnaissance en avion le 22 octobre 1916, à l'âge de 23 ans. »

Abbé C. GUESDON.

INSTITUT AGRONOMIQUE

Jean BOISSELET

(1912-1913)

Ingénieur-Agronome

SOUS-LIEUTENANT AU 42e RÉGIMENT D'INFANTERIE

Chevalier de la Légion d'honneur
Croix de guerre
Citation à l'Ordre du Corps d'Armée

Jean Boisselet, de Filain (Doubs), se prépara en 1912 à l'Institut agronomique, et au concours de juillet 1913 fut reçu le 1er. Rien de vulgaire en cette âme un peu fière, mais qui recélait des trésors de sensibilité et de valeur morale : qui parvenait à le connaître ne pouvait que concevoir pour ce beau jeune homme estime et sympathie. Il terminait sa première année d'études à l'Institut agronomique quand sonna le tocsin de la mobilisation.

Le 5 août 1914, il fut appelé au 42e régiment d'Infanterie, subit avec succès l'examen des Elèves officiers de réserve (E. O. R.) et le 25 décembre fut nommé aspirant au 60e régiment d'Infanterie.

Le 5 mai 1915, il part pour le front, avec le 42e R. I. — *Une petite action heureuse* pendant une patrouille devant les tranchées ennemies lui vaut le galon de sous-lieutenant, 19 mai 1915.

J. Boisselet avait réfléchi sur le rôle de l'officier : « Il doit, dit-il, ou bien s'attacher à ses hommes, organiser son unité comme il l'entend, l'aimer et avoir le cœur déchiré quand il la quitte ; ou bien être un chef impersonnel, froid, ne s'occupant que du soldat et non de l'homme ». — Et son choix est vite fait : « Moi, je ne pourrais jamais m'habituer à cette manière ». Il se met de tout son cœur à l'œuvre, s'attache à ses hommes, cherche à connaître leurs qualités pour en tirer le meilleur parti possible. — « Aussi quand je les quitte, écrit-il, j'ai envie de pleurer... c'est ridicule ! » Mais non, et J. Boisselet, selon nous, a la vraie conception de la mission de l'officier, surtout dans les armées modernes.

Comme beaucoup de jeunes soldats, il attend avec impatience ce qu'il croit devoir être l'assaut final, et il s'y prépare en chrétien

16 juillet « A quand les tranchées ? Le moral baisse dans l'inaction... Aujourd'hui, j'ai communié dans une petite chambre où un prêtre-soldat dit chaque matin la messe ; le rebord de la cheminée sert d'hôtel. — J'en avais besoin ! »

L'inaction va cesser. Le 23 septembre, le sous-lieutenant Boisselet reçoit l'ordre d'attaque. « Enfin, nous allons marcher. Nous ferons de la bonne besogne ! Ne nous plaignez pas, notre vie aura été au moins intéressante » Le 25 septembre, J. Boisselet se mettait à la tête de sa section, franchissait une première tranchée ennemie et entraînait sas hommes à l'asaut d'un fortin, mais un réseau de fil de fer intact l'arrêtait quelque temps... C'est alors qu'un éclat d'obus lui fracassa le crâne.

Son oncle, officier d'artillerie, participait à cette attaque de Champagne, sur une section voisine. Apprenant que son neveu était tombé à la tête de sa section, il vint reconnaître sa dépouille mortelle. Après trois jours de recherches pénibles, au milieu d'innombrables cadavres, il découvrit le corps mutilé de J. Boisselet et lui rendit les derniers devoirs. — Le jeune homme repose dans un bois de pins, au nord-est de Suippes.

Son frère Xavier était alors vers Perthes. Dans son ardeur de cavalier, il était tout joyeux d'avoir franchi trois lignes ennemies, d'avoir sabré, d'avoir ramené des prisonniers...

Et le père, aussi héroïque que ses fils, faisait taire ses angoisses et sa douleur. « Me restera-t-il un fils ? Dieu seul le sait... Pour le moment, il ne faut songer qu'au pays ! »

Jean Boisselet fut cité à l'ordre du 7e Corps d'Armée (Ordre n° 85, novembre 1915) :

« Officier de la plus grande bravoure, a été tué devant la deuxième ligne allemande, après avoir brillamment enlevé sa troupe. »

Il a été nommé Chevalier de la Légion d'Honneur, par arrêté ministériel du 28 mai 1919 :

« Tombé le 25 septembre 1915, à la tête de sa section, à l'assaut des positions ennemies en Champagne, ferme des Vacques, inhumé sur la commune de Souain, autour du monument qui vient d'être élevé sur place. »

Et le bon Dieu lui aura donné aussi la couronne immortelle. « La veille encore de sa glorieuse mort, il a reçu les sacrements et s'est préparé au sacrifice, il a été au ciel tout droit, j'en suis sûr » (Abbé Doncœur, Aumônier de la 28e Brigade d'Infanterie).

Abbé L. Roussel.

⚜ ⚜ ⚜

Pierre CHENU de GUÊCHE

(1912-1914)

Ingénieur-Agronome

Lieutenant au 279e Régiment d'Infanterie

Chevalier de la Légion d'honneur
Croix de guerre
Quatre Citations

Pierre Chenu de Guêche venait d'entrer à l'Institut Agronomique lorsque la guerre fut déclarée ; il s'était consciencieusement préparé à cette Ecole pendant les deux ans qu'il resta parmi nous, de 1912 à 1914. Il avait rêvé d'être un terrien ; les événements voulurent qu'il fût un soldat, un officier de première valeur.

Affecté au 95e Régiment d'Infanterie à la mobilisation, il est bientôt nommé Aspirant au 29e, en date du 23 décembre 1914 ; trois blessures, trois citations, tels sont ses états de service dans ce nouveau Régiment. Nous aurions voulu savoir en détail les divers faits d'armes où il se distingua ; seules les citations nous disent qu'il gagna vaillamment ses galons d'officier avant 1917, et qu'il devint très vite un magnifique entraîneur d'hommes ; voici le premier texte qui nous est parvenu :

« Jeune officier ayant déjà fait ses preuves de bravoure et de ténacité. Le 23 avril 1917, occupant avec sa section une position avancée et difficile à défendre, a repoussé l'attaque d'une compagnie allemande et maintenu ses positions ».

Cette citation à l'ordre de la Division était déjà la deuxième ; celle qui suivit n'était pas moins glorieuse :

« Officier plein d'allant et de sang-froid. Dans les différentes circonstances où il a exercé le commandement de sa compagnie, s'est toujours fait remarquer par son courage et sa clairvoyance. Blessé pour la troisième fois le 12 décembre 1917, en visitant la tranchée de première ligne sous un feu nourri d'engins de tranchée. Déjà deux fois cité à l'ordre de la Division ».

En mai 1918, le jeune Lieutenant passa au 279e d'Infanterie où sa bravoure, loin de se démentir, ne fit que s'affirmer avec plus d'éclat, comme nous l'apprend sa quatrième citation :

« Appelé, au cours d'un combat, le 30 juillet 1918, à prendre le commandement d'une compagnie qui avait subi de grandes pertes et dont tous les officiers venaient d'être tués ou blessés, a su, par son exemple et son énergie, réorganiser sous le feu cette unité, continuer le combat et contribuer au succès final. »

C'est dans ce régiment, presque à la veille de notre victoire définitive, que Pierre Chenu de Guêche devait trouver la mort qu'il avait bravée depuis 1914. Le 17 septembre 1918, il fut grièvement blessé ; on l'évacua au Val-de-Grâce ; c'est là que cette grande âme fut rendue à Dieu, le 23 novembre 1918, après 24 ans d'une vie qui a la valeur d'une longue carrière.

Abbé F. Charbonnier.

⚜ ⚜ ⚜

Phillipe de COMMINES de MARSILLY

(1907-1908)

Ingénieur-Agronome

Religieux Bénédictin au Monastère de Saint-Martin-de-Ligugé

Croix de guerre

Philippe de Commines de Marsilly se distingua dès sa jeunesse par son sérieux et sa piété. Elève du Lycée Hoche, à Versailles, il fit sa Première Communion à Notre-Dame.

En 1907, il était venu préparer l'Ecole navale à l'Ecole Massillon et au Lycée Saint-Louis. Mais il dut y renoncer pour faiblesse de vue et il se dirigea vers l'Institut Agronomique, d'où il sortit en 1911, avec son brevet d'ingénieur.

Au mois d'octobre suivant, il commençait son service militaire au 17e Bataillon de Chasseurs à pied. Physiquement et moralement, ce lui fut une rude épreuve. Mais elle servit à le fixer sur la voie qu'il devait suivre. Et en janvier 1914 il entrait dans le monastère Bénédictin de Chevetogne.

Il n'y vécut que quelques mois, assez pour s'épanouir, et déjà se donner à Dieu de toute son âme.

Discret, délicat, toujours aimable et souriant, il était une joie pour ses Frères. Et l'on se plaisait à espérer que l'avenir confirmerait tant d'heureuses promesses.

La guerre éclate. Avec ses confrères mobilisables, au premier jour, il part.

Avec la simplicité modeste qu'il apportait à tout, notre jeune Frère se donna à son devoir, tout entier.

Le 29 août (1914) il rejoignit son régiment (236e), et fit avec lui toute la retraite de la Marne. Que de privations, de dangers et d'angoisses !...

Un peu plus tard, on le nomma brancardier. Et il passa courageusement dans l'eau une partie de l'hiver. Au cours des luttes autour du Labyrinthe (1915), auxquelles il fut constamment mêlé, il fut légèrement blessé d'un éclat d'obus au pied gauche.

La citation à l'ordre du jour, à la suite de laquelle il reçut le Croix de Guerre, le peint en deux mots :

« Est connu de tout le régiment pour son *dévoûment*. Depuis le début de la campagne, ne cesse d'accomplir son devoir avec *autant de modestie que de bravoure*. S'est particulièrement distingué aux mois de mai et de juin, et dans les combats de fin septembre 1915. (Le Labyrinthe et Tahure). »

Ses camarades l'appelaient le « petit moine » et avaient pour lui une réelle vénération. Ami intime de son aumônier, il lui servait la Messe et communiait fidèlement chaque matin. Après quoi, au gré des circonstances, ils accomplissaient en commun certains exercices de piété et récitaient le Rosaire. Le Prêtre, au contact du cher novice — il ne craint pas de l'avouer, — se sentait plus près de son idéal et l'aimait davantage.

Trois fois, en des permissions brèves, il revit les siens, toujours si heureux et si fiers de recevoir leur glorieux enfant. Enfin, il repartit — pour mourir. Le 17 janvier 1916 il venait de reprendre son poste en première ligne, lorsqu'il fut presque aussitôt écrasé par un obus.

Notre-Dame de Lourdes, dont il était le brancardier, et pour laquelle il avait une particulière dévotion, a dû cueillir cette âme si noble et si pieuse. Sous des dehors timides, c'était un héros.

(Extrait de la Notice publiée par l'Abbaye de-Saint-Martin-de-Ligugé).

⚜ ⚜ ⚜

Jean DUPONT-AUBERVILLE

(1887-1893)

Ingénieur-Agronome

Sous-Lieutenant au 11e Régiment d'Artillerie de Campagne

Chevalier de la Légion d'honneur

Croix de guerre avec étoile d'argent

La guerre surprit Jean Dupont au 8e cuirassiers, à Tours, où, depuis 1912, il accomplissait son service militaire. Il était sorti de l'Institut national agronomique et se préparait à diriger une importante propriété de famille. Parti brigadier, sans enthousiasme comme sans regret, simplement, avec la conscience profonde qu'il allait remplir un devoir, et qu'il devait le remplir de son mieux, Jean ne tardait pas à devenir maréchal-des-logis, puis sous-lieutenant au 11e Régiment d'Artillerie de campagne.

Assez heureux pour avoir traversé les quatre années de guerre sans blessure, Jean mourait, 3 jours avant que ne se déclanchât notre grande offensive du 18 juillet 1918, qui vit la Victoire entrer résolument et pour toujours dans nos rangs. Un éclat d'obus l'atteignit en pleine poitrine, à son poste de combat, près de Monthurel, dans l'Aisne, alors qu'il avait mission, avec sa batterie, d'arrêter l'extrême pointe que l'ennemi poussait vers Paris.

Il a été l'objet de la citation suivante avec attribution de la Légion d'honneur :

« D'un dévouement complet dans les circonstances les plus difficiles, d'une bravoure et d'un sang-froid faisant l'admiration de tous, a été frappé mortellement à son poste de combat, le 15 juillet 1918 ».

D'une extrême sensibilité, modeste et timide, Jean ne se révélait qu'à des amis choisis et sûrs, mais alors toute la richesse de sa nature exquise apparaissait et s'abandonnait en toute confiance. Le sentiment du devoir qu'il avait à un degré éminent puisait, chez lui, sa force souveraine dans une foi vivante : « Vous m'avez élevé, écrivait-il à son père, Inspecteur des Haras, le jour où son régiment quittait Tours, vous m'avez élevé dans la foi et dans l'idée du devoir ; quelle que soit la tâche qui m'incombera, vous savez que je l'accomplirai de mon mieux et jusqu'au bout, parce que je suis votre fils et veux être digne de vous pour que vous puissiez être fier de moi. »

L'Ecole Massillon peut être fière, à son tour, d'avoir contribué à former cette âme élevée qui fut celle d'un bon chrétien et d'un magnifique Français.

Abbé J. Dedieu.

Félix PASCAL

(1912-1913)

Elève à l'Institut Agronomique

Sergent au 86e Régiment d'Infanterie

Médaille militaire

Croix de guerre avec étoile d'argent

2 Citations

Après une année passée à l'Ecole Massillon, où il a laissé le souvenir d'une nature droite, consciencieuse et énergique, Félix Pascal était entré, le 30e, à l'Institut Agronomique, avec Jean Boisselet, reçu 1er, avec Maxime de Guichen, Pierre Chenu de Guêche, morts, comme lui, pour la France ; avec Jacques Leclerc qui fut cruellement blessé, et Camille Vigouroux. Il se destinait à revenir, une fois ses études terminées, dans son cher pays du Velay auquel il tenait par toutes les fibres de son âme.

Mais la guerre allait l'appeler, non pas à cultiver, mais à défendre la terre avec cette mâle énergie qui est au fond du caractère des familles cévenoles.

Il partit le 9 août 1914, sans avoir eu le temps d'achever la conquête de son diplôme d'Ingénieur-Agronome. Affecté au 86e d'Infanterie dont le dépôt était au Puy, il ne quitta plus ce Régiment ; il y servit durant deux ans comme simple soldat et fut nommé caporal, puis sergent en 1916.

C'est à cette époque que le 86e fut envoyé dans la Somme : le 17 septembre, à l'attaque de Vermandonvillers, qui fut si meurtrière, Félix Pascal en fut quitte pour « quelques égratignures », comme il l'écrivait à sa famille.

Malheureusement, il n'en fut pas de même à Ablaincourt, le 10 octobre suivant. Lancé à l'assaut des tranchées ennemies à la tête de sa section, le sergent fut tué net de deux balles, l'une au front, l'autre à la poitrine.

Il avait gagné la Croix de guerre, quelques mois plus tôt, avec une Citation des plus élogieuses :

« A fait preuve du plus grand courage en assurant la liaison avec son bataillon, sous un bombardement particulièrement violent. »

Son nom avait été également mentionné

dans une Citation collective de sa Compagnie, à l'Ordre de la Division :

« La 3e Compagnie du 86e Régiment d'Infanterie, envoyée pour renforcer des troupes exténuées et décimées qui occupaient le village de Damloup, s'est établie immédiatement à la lisière extérieure du village ; par son tir, a obligé l'ennemi à rentrer dans les tranchées ; est restée dans ce village qu'elle a tenu pendant trois jours, sous un bombardement d'une extrême violence, jusqu'au moment où elle a été relevée par d'autres troupes. Félix Pascal a participé à cette attaque ».

L'attribution posthume de la Médaille militaire a été accompagnée du motif suivant, adressé à sa famille :

« Sous-officier énergique et audacieux, tombé à la tête de sa section le 10 octobre 1916. »

Ainsi mourut en brave, à 24 ans, ce jeune homme profondément chrétien, aussi fidèle à son devoir sur les champs de bataille qu'il l'avait été dans sa vie religieuse et scolaire.

Abbé F. CHARBONNIER.

Aymar SOLANET

Elève à l'Institut Agronomique

ADJUDANT AU 86e RÉGIMENT D'INFANTERIE

Médaille militaire
Croix de guerre avec étoile d'argent

Aymar Solanet, comme Gilbert Marcilhacy, comme Georges Nicolon, comme Jean Noël, nous vint du Rouergue où les convictions chrétiennes sont fermes et les cœurs vaillants. Aymar, par sa mère, était petit-fils de M. G. Charreyron, député à l'Assemblée Nationale, et sa jeunesse avait été chauffée au désir de venger les deuils de la Patrie. Il vint à Massillon couronner de fortes études commencées à l'Ecole Saint-Martial de Limoges. Il a laissé ici le souvenir d'un élève très appliqué, très consciencieux, très chrétien et très doux. A 18 ans, il fut reçu à l'Institut Agronomique.

A la mobilisation, il partit comme adjudant au 19e Dragons ; et 20 jours après, lui naissait une petite fille, car Aymar s'était marié le 24 juin 1913. Il avait épousé Mademoiselle Seguin de Prades, nièce de Mgr de Ligonnès, évêque de Rodez, et descendante de Lamartine. Hélas ! sans que la mère et le père eussent pu reposer ensemble leurs yeux sur cette enfant, la jeune mère, consumée de préoccupations constantes au sujet de son mari en danger, mourait en janvier 1915.

Aymar fut détaché au 86e Régiment d'Infanterie. C'est là qu'il trouva la mort dans des circonstances dramatiques sur lesquelles un de nos anciens, M. de Monval, a bien voulu nous envoyer quelques renseignements. L'adjudant Aymar revenait, le 17 août 1916, d'une reconnaissance dans les lignes ennemies, à Tracy-le-Mont : il rapportait, selon les ordres qu'il avait reçus, des renseignements sur le résultat d'un bombardement par notre artillerie et des modèles de nouvelles grenades allemandes que l'on désirait étudier. Le marmitage le forçait à se coucher souvent ; c'est dans un de ces mouvements qu'une grenade explosa et le blessa cruellement, lui arrachant les deux jambes. Huit jours après, il expirait, à l'âge de 31 ans, à l'hôpital des Sablons, à Compiègne, au milieu de souffrances terribles, mais après avoir eu la consolation de revoir son père et sa mère et de bénir et leur confier la petite orpheline qui est aujourd'hui leur unique consolation.

La profondeur des sentiments chrétiens de l'adjudant Solanet s'était manifestée dès la tranchée même où il avait été blessé ; il avait fait venir un prêtre-soldat avant de se laisser relever.

Aymar Solanet fut cité à l'ordre de la 81e Division dans les termes suivants :

« Excellent sous-officier, détaché dans les tranchées de première ligne avec l'infanterie, s'y est fait remarquer par son entrain et sa bravoure, participant à maintes reprises aux patrouilles extérieures en qualité de volontaire. Blessé très grièvement en service commandé, a donné en cette circonstance un bel exemple de sang-froid, de calme et de force morale. »

Abbé H. PRADEL.

INFANTERIE

Paul ALBERT-ROULHAC

(1909-1911)

Sergent au 70e Régiment d'Infanterie

Médaille militaire
Croix de guerre
Citation à l'Ordre de la Division

« Nous sommes fiers de sa belle conduite, écrit sa mère, nous l'avions élevé pour qu'il sût un jour défendre son pays.... Mais quelle croix affreusement douloureuse ; il y a des heures où elle semble dépasser nos forces ! »

L'admirable patriotisme dont tant de femmes de France donnèrent l'exemple pendant la guerre se retrouve dans ces lignes, mêlé au cri de détresse de la mère accablée par la mort d'un enfant tendrement aimé.

Le 30 avril 1917, devant le massif de Moronvilliers, la 3e Compagnie d'assaut se portait à l'attaque de ses objectifs.

Dans sa progression, la section à laquelle appartenait le sergent Albert-Roulhac, se heurtait à un blockhaus allemand où des ennemis résistaient encore ; une pluie de pétards accueille les Français et en blesse une partie.

Devant la soudaineté de cette riposte, appuyée par un tir fauchant de mitrailleuses, quelques hommes de la 1re vague refluèrent précipitamment ; Albert-Roulhac, en 2e vague, les aperçut.

Ces hommes, se découvrant, allaient être fauchés ; de plus ils privaient de leur appui le sergent qui commandait la 1re vague.

« C'est alors que le sergent Albert-Roulhac, n'écoutant que son devoir et méprisant le feu meurtrier des mitrailleuses, se dressa de toute sa hauteur sur la plaine, et croisant la baïonnette s'écria : « *On ne passe pas* ! » Les hommes s'arrêtèrent. Le sergent Albert-Roulhac tomba mortellement blessé.

Le 27 septembre 1917,

Le Colonel Commandant le 70e R. I.

Signé : de Barbe. »

Ce fait d'armes avait lieu vers 2 heures de l'après-midi. Blessé, P. Albert-Roulhac se traîna dans un trou d'obus. Il ne put être relevé par les brancardiers qu'à 8 h. du soir. On le transporta aussitôt à l'ambulance chirurgicale où il arriva vers 2 h. du matin. Les blessures étaient trop graves, les majors furent impuissants, le blessé avait le poumon traversé de part en part, et à 5 h., après avoir reçu les derniers sacrements, le sergent rendait sa belle âme à Dieu.

Il fut enterré au cimetière de Sept-Saulx. L'Enseigne de Vaisseau Dupré, son ancien camarade à l'Ecole, se trouvait alors dans le même secteur : il prit soin de faire bien entourer la tombe et y déposa quelques fleurs.

Paul Albert-Roulhac avait été blessé une première fois, en juin 1915, en Argonne, alors qu'il était caporal au 151e R. I.

Il a été l'objet de la belle citation suivante :

Grand quartier général
des armées françaises de l'Est — Ordre n° 5068. D. R.
Etat major

En vertu des pouvoirs qui lui sont conférés par les décisions ministérielles du 8 août 1914, etc.... le maréchal de France commandant en chef les armées de l'Est, a conféré la médaille militaire à Albert Roulhac Charles-Louis-Paul, matricule 10165, sergent à la 3e compagnie du 70e R. I.

« Excellent sous-officier qui a fait preuve au feu d'une magnifique bravoure et d'une haute valeur morale. Au cours de l'attaque du 30 avril 1917, a donné le plus bel exemple d'énergie et de sang-froid en ralliant avec un parfait mépris du danger les hommes de sa compagnie dispersés par le feu meurtrier des mitrailleuses allemandes. Est tombé mortellement blessé en montrant à ses hommes le chemin du devoir. (A été cité). »

Au G. Q. G., le 12 juillet 1919.

Le Maréchal de France commandant en chef les armées françaises de l'Est,

Signé : PÉTAIN.

Abbé L. ROUSSEL.

⚜ ⚜ ⚜

Clément d'ANDURAIN de MAYTIE

(1896-1897)

SOUS-LIEUTENANT AU 142e RÉGIMENT D'INFANTERIE

Chevalier de la Légion d'honneur
Croix de guerre avec étoile d'argent

Issu d'une famille qui, de temps immémorial, habite l'antique manoir de Maytie, dont les tours semblent protéger encore la ville de Mauléon, Clément d'Andurain portait en lui toute la noblesse, toute la fierté, mais aussi toute la bonté d'âme de ses ancêtres.

Il était le plus jeune de la famille et il fut élevé avec son frère et ses deux sœurs, très aimé, très choyé, dans cette chaude atmosphère familiale dont il ne perdra jamais le souvenir ; sa gentillesse, son caractère affectueux lui avaient valu une place de choix parmi les siens. Ce ne fut pas sans peine qu'il fut privé des tendresses de son enfance lorsqu'il entra, comme pensionnaire, à 13 ans, au collège de l'Immaculée Conception, à Pau ; mais sa générosité triompha vite de ce premier serrement de cœur : il fut bon élève, s'appliqua à ses études autant qu'à ses devoirs religieux et, à 15 ans, il était bachelier.

Après sa philosophie qu'il prépara au collège de Vaugirard à Paris, il passa quelques mois à l'Ecole Massillon ; il avait songé tout d'abord à préparer les examens de l'Ecole Navale, puis s'était décidé à suivre les cours des Sciences politiques ; il cherchait sa voie. Le petit élève docile du collège de l'Immaculée Conception se sentait maintenant une âme d'artiste, éprise de la vie, enthousiaste de tout ce qui fait le charme de l'existence parisienne. Dans un siècle où chaque esprit se spécialise, il va demeurer « l'honnête homme qui ne se pique de rien. » Théâtre, littérature, musique, tout l'attire au même degré, sans fixer son activité débordante.

Après son service militaire, il voyage en Espagne, en Allemagne, en Italie, sans se lasser jamais de nouveaux décors qui l'enchantent. Puis, il prend la plume et fixe ses impressions en des pages qui témoignent d'un beau talent d'écrivain ; il a laissé des romans où se mêlent tous les souvenirs de sa terre natale, enrichis des visions de ses voyages.

Il ne faudrait pas se méprendre sur cette riche nature ; son *dilettantisme* n'est qu'apparent et cache un fond de générosité qui n'attend que l'occasion de se dépenser sans mesure. La guerre va nous montrer un autre aspect de cette âme capable d'envisager la mort « comme une fête, » plus belle que toutes les autres.

Le 4 août 1914, Clément d'Andurain alla rejoindre, en qualité de sergent, le 142e d'Infanterie à Bayonne. La veille, il avait rédigé son testament : « Le sort des armes, y disait-il, est le secret de Dieu : qu'il veuille nous donner la victoire et garder à notre France bien-aimée son rang de première nation du monde civilisé. Je ferai, pour vaincre, tout mon devoir à mon humble place. Qu'en sera-t-il de moi ? Dieu veuille me faire mourir pour le drapeau français. »

Cet artiste est déjà un héros ; il a trouvé une cause à sa mesure. Il fait campagne sur la Marne, en Artois, dans la Somme et à Verdun. Les lettres envoyées à ses sœurs respirent le plus pur patriotisme :

18 Octobre 1914 : « La France mérite tous nos sacrifices, puisque nous sommes de ceux qui l'aimons le mieux. »

16 novembre : « Je suis tout-à-fait grisé par ce bruit de mitraille. C'est une existence horrible et merveilleuse, le vrai sport où l'on joue sa vie pour la France. Priez pour moi et pensez à moi. »

26 novembre : Il est proposé pour le grade

de Sous-Lieutenant : « Je suis très content, je vais être officier français. Cela va augmenter ma responsabilité, mais j'ai confiance en mon cœur pour me rendre digne de cet honneur. »

Il en fut digne, en effet, et il devint bientôt indispensable dans son régiment : à plusieurs reprises, il voulut entrer dans l'aviation, mais son Colonel le retint ; son influence était trop profonde autour de lui pour qu'elle ne fût pas appréciée de ses chefs et de ses subordonnés ; pour les uns et les autres, c'était le plus charmant des camarades ; dès 1915, il fondait un de ces journaux de tranchées où il répandait toute sa verve et tous ses patriotiques espoirs :

« Mur de rocher et de ciment ! Grand mur français, mur sacré fait de nos poitrines et de nos cœurs, tu protèges le recueillement de la France ! Au prochain soleil, dans l'élan unanime de notre foi patriotique, au chant de l'hymne de nos libertés, nous te pousserons, empanaché de nos trois couleurs, comme un bouclier, jusqu'au Rhin ! »

Il ne devait pas assister à ce triomphe. En février 1916, il était sous Verdun, au village de Belleray. Le 2 mars, vers dix heures, deux aviatiks survolaient sa Compagine ; au moment où il dirigeait contre eux le tir de ses mitrailleuses, une bombe ennemie explose ; un éclat l'atteint à l'œil droit ; on l'emporte malgré lui jusqu'à l'Ambulance de Dugny. Il ne se croyait pas mortellement atteint et continuait à plaisanter avec ceux qui le soignaient. On lui apporta la Croix de guerre, avec une Citation au Corps d'Armée.

Cependant, les médecins ont reconnu la gravité de sa blessure ; un aumônier de son pays vient lui donner l'absolution et l'Extrême-Onction. Mgr Ruch, évêque coadjuteur de Nancy, se rend à son chevet. Le 6 mars, il expire, en appelant encore une fois les camarades de sa compagnie, qu'il avait tant aimés.

Le vœu exprimé dans son testament se réalisait : « Dieu me donne une belle mort ! »

Abbé F. CHARBONNIER.

⚜ ⚜ ⚜

Jean ARNAUD-SOUMAIN

(1896-1904)

CAPITAINE AU 268e RÉGIMENT D'INFANTERIE

Chevalier de la Légion d'honneur
Croix de guerre avec palme
2 Citations

Jean Arnaud-Soumain fut un officier d'élite, comme il avait été le modèle des fils, et pendant dix ans, le modèle des élèves à l'Ecole et au Lycée Charlemagne. Profondément chrétien, toute sa personne respirait la noblesse morale, la délicatesse des sentiments et la bonté. Aussi était-il très estimé et très aimé de ses camarades. Ils l'avaient nommé, quelques années avant la guerre, Président de la Conférence de Charité des Anciens, tant ils le savaient dévoué de cœur aux pauvres !

Une rare fermeté d'âme se cachait sous ces dehors de modestie et de douceur. On le vit bien, quand la guerre éclata. Jean s'arracha à l'activité commerciale, à laquelle il se formait sous la direction d'un père tendrement aimé, et rapidement il se fit remarquer par son intelligence et sa bravoure.

Dès le 9 septembre 1914, il était blessé grièvement à la bataille de la Marne, et il n'échappait à la mort que par miracle. La balle, qui lui traversa la poitrine, avait passé à deux centimètres du cœur. Cette secousse tragique n'affaiblit pas sa volonté. De son ambulance, il m'écrivait, le 12 octobre, ces lignes admirables : « Je ne cesse de demander à Dieu la force et le courage nécessaires pour retourner au combat, en même temps que je le remercie de sa protection. » Et de son cœur tout français jaillissaient aussitôt ces paroles de foi patriotique : « Croyez-en un de ceux qui ont vu les premiers combats de près, nous serons victorieux. L'enthousiasme et la bravoure de nos soldats, la justice de notre cause nous donneront bientôt la victoire. La Providence n'abandonne pas la France. »

Quand il reprend sa place au front, avec une citation des plus honorables, signalant son très grand courage dans l'organisation d'un secteur des plus délicats et des plus dangereux, le secteur de Souchez, le haut sentiment du devoir qui l'anime, son allant, son énergie lui valent successivement les galons de Sous-Lieutenant, de Lieutenant et de Capitaine. Pour la garde d'un poste important, ses chefs savent qu'ils peuvent se reposer sur lui et qu'il le défendra jusqu'à la mort. A la fosse de Calonne, près de Loos (Artois), un bombardement terrible décime sa troupe. Un adjudant lui amène une section de renfort et lui demande, en arrivant, où est le boyau à suivre en cas de retraite. Jean lui répond : « Prévoyance inutile. Ordre de tenir ici ; nous y tiendrons jusqu'au dernier ! »

Nul ne saurait dire ce qu'il a souffert devant Verdun où il arrive en avril 1916. Il est à la cote 304. Le 6 mai « le Capitaine Poujol, son camarade de promotion », se glisse jusqu'à lui, le voit blessé.

— « As-tu beaucoup de casse, » lui dit-il.

— Oui, regarde autour de moi tous ces morts et ces blessés.

— Tu es blessé aussi, pourquoi ne vas-tu pas te faire panser sérieusement ?

— Parce que ma présence est nécessaire ici en ce moment.

— Alors, qu'est-ce que tu fais ?

— Tu le vois, j'attends mon tour.

Ce tour du suprême sacrifice qu'il prévoyait dans ce tragique et sublime dialogue, il ne l'attendit pas longtemps. Quelques heures après, une rafale d'obus de gros calibre l'ensevelissait dans la mort et dans la gloire. On n'a pu retrouver trace de ses restes.

Emouvante charité ! Au milieu de tant d'effroyables épreuves, il n'oubliait pas les pauvres familles de la Conférence. Il m'écrivait de faire le nécessaire pour les secourir avec les réserves disponibles. Il leur a laissé toutes ses économies de jeune homme.

« Officier de grand mérite, dit la citation à l'ordre de l'armée, d'une bravoure calme et réfléchie, a donné, pendant les journées du 5 et 6 mai 1916, le plus bel exemple à sa troupe. Blessé, il a refusé de quitter son poste de combat, et a maintenu sa compagnie sous un bombardement d'une violence inouie, sans céder un pouce du terrain qu'il devait défendre. »

Ce héros chrétien, décoré de la Croix de la Légion d'honneur, continue sa garde à la frontière de l'Est ! A. Chauvin.

Emile AUBURTIN

(1909-1913)

Caporal au 298e Régiment d'Infanterie

Médaille militaire

Croix de guerre

Elève à l'Ecole, de 1909 à 1913, Emile Auburtin s'était fait remarquer par son ardeur au travail et l'énergie de son caractère, qualités qui ont fait de lui plus tard « le soldat courageux et plein d'entrain » dont parle sa citation.

Les seuls détails que nous ayons, sur sa conduite pendant la guerre et sur sa mort, nous sont fournis par une lettre que son Capitaine écrivit à son père :

« Votre fils était depuis peu à ma Compagnie ; malgré cela je l'avais tout de suite remarqué par la bonne volonté qu'il apportait à accomplir tout son devoir. J'avais déjà l'œil sur lui pour en faire un sergent. Hélas ! l'homme propose et Dieu dispose.

« Le 21 juillet nous sommes partis à l'attaque ; nous avons enfoncé les Boches de trois kilomètres. Bref, c'était une belle victoire pour le bataillon ; la 15e Compagnie y a pris une part splendide, mais beaucoup de braves manquaient à l'appel : le succès de nos armes a été payé de leur sang.

« Le caporal Auburtin a été tué ce jour-là vers cinq heures trente, en chargeant à la baïonnette. Il est tombé à 900 mètres au nord de la Ferme Triange, est de Latilly ; il est inhumé avec d'autres camarades, mais à part, à la ferme de Triange. »

« Très bon gradé, courageux et pein d'entrain, a trouvé une mort glorieuse en se portant à l'attaque des positions ennemies, le 21 juillet 1918. »

Abbé C. Guesdon.

Georges BALLION

Professeur à l'Ecole Massillon

Sous-Lieutenant au 7e Régiment d'Infanterie Coloniale

Croix de guerre

« Je fais partie de la 10e Division Colo

niale commandée par le général Marchand, et de la 4e Armée commandée par le général de Langle de Cary. Nous étions destinés aux Dardanelles, mais des ordres récents ont changé notre première destination ; nous partons cette nuit pour le front. Déjà, j'entends le canon et je pars très calme pour accomplir le grand devoir. »

Et il l'accomplit avec une énergie et une bravoure qui lui valurent une belle citation en septembre 1915 :

« Baillon Georges, s.-lieutenant, 7e R. I. colonial. Le 25 septembre 1915, étant chef d'une patrouille chargée de fouiller un bois, a été blessé à l'épaule droite par trois balles de mitrailleuse, a courageusement achevé sa mission et a rapporté les renseignements demandés. »

Le Sous-Lieutenant G. Ballion était entré à l'Ecole en octobre 1913 en qualité de Surveillant et de Professeur de 5e B. Les qualités pédagogiques remarquables, le sens élevé du devoir dont il fit preuve lui conquirent vite l'estime universelle. Il s'était attaché à l'Ecole. « A mesure qu'il s'éloigne, le souvenir de Massillon reste en moi de plus en plus cher, » écrivait-il, et il se proposait de consacrer désormais à la jeunesse de l'Ecole l'activité de son intelligence et de son dévouement, et il eût été un collaborateur apprécié.

Quand la France le réclama, il se donna également tout à elle, soit dans l'instruction des jeunes recrues, soit dans le commandement sur la ligne de feu ; il devint rapidement sergent, adjudant, sous-lieutenant au 7e Colonial.

Son esprit d'initiative et sa bravoure lui avaient valu la Croix de guerre. Sa blessure à l'épaule ne l'avait pas empêché de garder toute sa confiance en l'avenir. Lors de sa dernière visite à Massillon, il parlait de la prochaine offensive de Champagne avec un entrain juvénile et une foi entière au succès. Le 21 mai 1917, M. le Curé du Barp, (Gironde) écrivit à M. le Directeur de l'Ecole Massillon :

« Monsieur le Chanoine,

« J'ai une bien triste nouvelle à vous apprendre. Notre cher sous-lieutenant G. Ballion a été tué le 5 mai, à Vauxaillon, à la tête de sa section qu'il conduisait à l'assaut. Soldat, il a fait tout son devoir comme il l'avait fait en tant que professeur... Que nos prières aident le cher disparu à obtenir de Dieu la récompense des braves ! »

Abbé L. Roussel.

⚜ ⚜ ⚜

Alfred de BEAUFOND
(1909-1912)

Caporal au 27e Régiment d'Infanterie

Croix de guerre

Elève à l'Ecole de 1909 à 1912, Alfred de Beaufond, sous des dehors simples et un peu timides, cachait une nature ardente et généreuse, avec une foi solide et des convictions religieuses profondément enracinées. Il terminait sa première année de droit à l'Institut catholique lorsque survint la guerre. Après une période de préparation trop longue à son gré, il reçut près de Vaux, avec le 27e d'Infanterie, le baptême du feu.

Il y tomba bientôt gravement malade. Pris de fièvre, il trouva à Nancy, dans cette maison si justement nommée « le Bon Pasteur », des soins empressés et des attentions quasi maternelles qui le remirent sur pied.

Les lettres pleines de gaieté et de confiance qu'il écrivait à sa famille, pendant sa convalescence, le montrent animé de la plus vive reconnaissance envers les « bonnes Croix-Rouge » qui lui prodiguent leurs soins, et de l'ardent désir de pouvoir repartir au plus tôt. Son régiment a chargé à la baïonnette, et il n'y était pas ! Son bataillon a été presque tout entier mis hors de combat : « et voilà trente-quatre jours que je ne me bats plus ! » En attendant il se rend utile comme infirmier volontaire, dès que ses forces le lui permettent ; en se dévouant aux autres, il se découvre « une âme de père de famille » ; et tous s'étonnent de voir ce jeune homme, à qui l'on ne donne pas plus de dix-sept ans, se prodiguer jour et nuit avec tant de cœur et tant d'énergie.

Il repart pour le front en mai 1915. Il retrouve son régiment dans la forêt d'Apremont ; il le suit à Tahure. Il passe plusieurs mois dans les régions les plus exposées.

En novembre, il est cité une première

fois à l'ordre du jour. Devant les lignes, à quelques mètres de l'ennemi, on voyait, parmi les morts, s'agiter une tête et un bras. C'est un blessé qu'il faut sauver. Le lieutenant demande des volontaires pour aller le chercher. De Beaufond et deux autres s'offrent et escaladent la crête au galop. Sous la couverture que le malheureux désespéré a ramenée sur lui, ils découvrent un soldat allemand. Ils le rapportent tout de même à l'abri dans un boyau.

Heureux d'avoir la croix de guerre (ils ne sont que deux à la compagnie), il s'offre de nouveau pour toutes les missions périlleuses. « Quand il y a quelque chose à risquer, on vient le chercher ». Il se sent dans son élément. Il écrit dans une de ses dernières lettres, datée du Bois-le-Prêtre : « J'aime à rester dans un petit boyau fleuri, d'où je vois partir les torpilles, d'où j'entends la chanson des grenades ; je les sens arriver, et il ne faut pas qu'un muscle bouge, ni que le visage tressaille.... »

A Vaux-Chapitre, « le 27e Régiment d'Infanterie, sous les ordres du Lieutenant-Colonel Tisserand, attaqué de front et sur ses deux flancs, dont un complètement découvert, sous un bombardement d'une violence inouïe par obus à gaz asphyxiants, et presque entièrement privé de communications et de ravitaillement, est resté inébranlable sur la position qu'il avait mission de garder, et après une lutte de quatre jours, du 1er au 5 août 1916, dans laquelle il a fait des pertes considérables, a refoulé finalement l'ennemi en lui faisant des prisonniers... » Telle est la citation glorieuse qu'obtient son régiment.

C'est dès le début de cette attaque que tombe Alfred de Beaufond. Le 1er août, vers 8 heures et demie du matin, un obus éclatant près de la tranchée le blesse au côté et au ventre. Renversé sanglant et sans connaissance, pansé hâtivement par ses camarades, il rend, une heure après, le dernier soupir. On attend la nuit pour lui creuser une fosse à quelques pas de l'endroit où il a reçu le coup mortel. Sur sa tombe on met une croix faite de morceaux de bois trouvés sur place. Il repose dans le bois de Vaux-Chapitre, à l'ouest du ravin des Fontaines ; l'endroit a été soigneusement repéré, et les siens pourront y venir un jour prier pour lui.

Il était très estimé de ses chefs qui savaient qu'en toutes circonstances ils pouvaient compter sur lui et qui appréciaient fort sa bravoure, sa bonne humeur, son « moral imperméable, » comme il disait lui-même. Ils ont honoré sa mémoire d'une dernière citation :

« A donné un bel exemple de courage et de mépris du danger pendant l'attaque du 1er août 1916, en tirant à découvert sur l'ennemi s'élançant à l'assaut ; a été tué à son poste de combat. ».

Il était très aimé de ses hommes envers qui il s'acquittait avec un inaltérable dévouement de ces menus devoirs quotidiens du gradé d'infanterie. Il allait être nommé sergent quand il fut enlevé par la mort.

Elle ne l'a point surpris. Dès la première heure il avait rédigé à l'adresse de ses parents, pour être lus par eux en cas de malheur, quelques mots leur exprimant ses regrets pour les peines qu'il avait pu leur causer, leur recommandant de ne pas pleurer sa mort, « la plus belle qu'il pût désirer »; les chargeant de faire parvenir des souvenirs à quelques amis. Fidèle à de pieuses habitudes, il était allé, le 23 juillet, communier avec quelques camarades d'élite dans cette cathédrale de Verdun qui recevait tous les jours les obus allemands.

Il s'était montré très fier, au début de la guerre, d'une blessure qu'avait reçue son frère aîné dès les premiers jours. Il le félicitait et l'enviait d'avoir versé son sang pour la patrie. A son tour, il lui a donné le sien ; et sa famille peut être fière de lui.

(Extraits du *Bulletin de l'Institut Catholique de Paris.*)

Louis BELANGER
(1904-1911)

INFIRMIER AU 405e RÉGIMENT D'INFANTERIE

Croix de guerre avec étoile de vermeil

Louis Belanger, né le 23 septembre 1895, à Saint-Mandé, entra à l'Ecole en 1904 ; sa nature ardente et enjouée le fit aimer de tous ses camarades. Ses maîtres admiraient les riches trésors d'intelligence et de cœur que Dieu lui avait donnés et qu'une admirable famille avait développés. Mais l'épanouissement de ces brillantes qualités ne se manifesta qu'après le collège, quand se fut révélée une ardente vocation pour la médecine ; cette vocation le transforma radicalement ; il se mit à travailler avec un acharnement inconnu jusqu'alors ; il se préoccupait, en même temps, de questions sociales et d'apostolat populaire. Je me souviens qu'il venait souvent, au sortir du P. C. N., causer avec moi de l'avenir bienfaisant qu'il rêvait ; et dirai-je qu'il nous trouvait, nous, ses maîtres hier jugés exigeants, trop timides maintenant à demander aux élèves des choses héroïques ? Enfin les qualités foncières de cette nature saine, spontanée, tendre, vibrante, s'épanouissaient en vertus viriles et chrétiennes, et promettaient une vie féconde de travail et de dévouement.

Il allait mourir à 20 ans !... Quand la guerre éclata, il refusa de s'engager dans le régiment de son frère, lieutenant d'Artillerie, voulant, disait-il, faire cette guerre comme infirmier. « Ma mission n'est pas de tuer, mais de guérir ; je sens que je servirai mieux ainsi la France. » En décembre 1914, il était incorporé au 113e Régiment d'Infanterie, à Blois. Là, il refusait de suivre le peloton des Elèves-officiers, attendant toujours l'occasion d'entrer dans le service de santé. Cette occasion lui fut offerte lors de la formation du 405e Régiment d'Infanterie ; il la saisit avec joie, et en avril 1915, il partait au front comme infirmier. Ses lettres du front étaient pleines de confiance, d'entrain : « On mange peu, on dort moins encore..... mais on n'a pas le droit de penser à soi. »

Le 28 septembre 1915, à onze heures du matin, sa compagnie partit à l'assaut dans le secteur du Mont Saint-Eloy (Pas-de-Calais). Son capitaine tomba blessé en avant de la tranchée ; Louis se précipita à son secours, le pansa, le mit à l'abri ; et, debout sous la mitraille, il courait d'un blessé à l'autre, faisant l'admiration de tous. Un simple soldat, trois jours après, écrivait à son Lieutenant : « Il ne faut pas que j'oublie de vous signaler la conduite exemplaire de Belanger qui, durant toute la fusillade, se promenait debout sur le terrain à la recherche des blessés. » Malgré tout, il avait échappé à la mort quand, vers le soir, on demanda un infirmier de bonne volonté pour soigner un officier supérieur d'un régiment voisin. Louis bondit hors de l'abri à cet appel ; mais à peine avait-il franchi quelques mètres qu'on le vit tomber, foudroyé.

Ce ne fut que deux mois plus tard que son corps put être relevé et enterré à quelques kilomètres de là dans le cimetière de la Motte, Mont Saint-Eloy. La meilleure citation, c'est le témoignage du camarade rapporté plus haut. Louis fut cité à l'ordre du 3e Corps d'armée en ces termes : « A suivi sa compagnie à l'attaque et a été tué en se portant au secours d'un Commandant blessé. »

En partant au front, Louis avait laissé à son frère un pli cacheté qui devait être remis à ses parents, en cas de mort. Cette lettre est d'une beauté qui arrache des larmes ; nous remercions M. et Madame Belanger d'avoir bien voulu nous la communiquer : « Mon cher papa, ma chère maman, si cette lettre vous parvient, c'est que j'aurai payé ma dette pour le rachat de l'Alsace-Lorraine. Je viens vous demander humblement pardon de tous les ennuis et de toutes les fautes que j'ai commises envers vous et envers tous les gens que j'ai connus. J'espère que le souvenir de ma mort ne sera pas pour vous un sujet de tristesse, mais bien au contraire, une sensation de fierté. Comme le fils de S.... je désire que mon deuil ne soit pas porté, car il ne faut pas qu'au jour de gloire où la France sera restaurée, le noir, c'est-à-dire le néant, vienne ternir le soleil dont toutes les âmes françaises seront illuminées.

« Surtout, ne regrettez pas la vie pour moi ;.... je meurs utilement en soignant la France ; c'est bien la plus délicieuse et la plus aimée de toutes les malades. Je vous embrasse tous du fond du cœur, en attendant de vivre avec vous une éternité de bonheur. *Louis.* »

Cette lettre magnifique, plus que tout commentaire, révèle en notre cher et grand Louis Belanger une nature d'une essence rare et un cœur où la délicatesse égalait l'héroïsme.

Abbé H. Pradel.

⚜ ⚜ ⚜

Léon BLAVIER

(1909-1911)

Aspirant au 171e Régiment d'Infanterie

Croix de guerre avec palme
2 Citations

Fils du colonel Blavier, grand blessé de guerre, Léon entend bien, lui qui était si calme et si timide à l'Ecole Massillon, ne pas démentir sa race. Son père pouvait se reconnaître en ses deux fils et dire en vérité :

« Ma jeunesse revit en cette ardeur si prompte ! »

Tous les deux, Léon et Claude, encore frêles et délicats, ne formaient qu'un vœu, de servir, et n'avaient qu'une crainte, celle que la guerre s'achève sans leur laisser une part d'action.

Léon s'engage dès que son âge le lui permet. Désigné pour suivre à Saint-Cyr des cours spéciaux, il en sort Aspirant au mois de décembre 1917. Pendant 3 mois il s'aguerrit ; puis, quand l'Allemagne orgueilleuse de sa poussée du mois de mars a pris Montdidier et menace Amiens, Compiègne, et que Paris est bombardé, que le front est rompu et l'armée anglaise menacée, Léon Blavier sollicite d'entrer dans la mêlée et de se battre de tout près. Il choisit l'Infanterie et dans l'Infanterie, une troupe d'élite, les Chasseurs. Au 26e Bataillon, il sera brave entre les braves. « Tout jeune, dit sa 1re citation, il fait preuve d'un beau courage et d'une magnifique attitude au feu pendant les combats du 4 au 9 avril. Il est d'un exemple admirable pour ses chasseurs. »

Passé en août 1918 au 171e Régiment d'Infanterie, il aide à repousser les Allemands de Roye à Vesle, de Vesle à la route de Ham à Péronne. Il entend les premiers frémissements des ailes de la Victoire et son âme en tressaille. Il marche, il marche toujours et toujours au premier rang, « magnifique de courage et de sang-froid. »

En avant de Saint-Quentin, le 5 septembre, il est mortellement frappé par une balle de mitrailleuse « comme il se portait en tête de son unité à l'attaque des lisières d'un village puissamment défendu. » Citation à l'ordre de la 1re armée.)

Il est mort en héros et en chrétien, et sa douce physionomie rayonne, pour ceux qui ont eu le bonheur de le connaître et de l'aimer, de l'auréole du martyre.

Abbé J. Michel.

⚜ ⚜ ⚜

Roger BORNIBUS

(1902-1908)

Caporal au 106e Régiment d'Infanterie

Médaille militaire
Croix de guerre

Roger Bornibus fut élève à l'Ecole de 1902 à 1908. Qui ne se rappelle ce bon gros bébé joufflu, si plein d'entrain au travail comme au jeu ? C'était une figure sympathique, un élève laborieux et un excellent camarade. L'année de sa première Communion, il fut élu Intendant du Catéchisme et se montra digne de cette confiance par sa piété et son application. Les palmarès de cette époque relatent les nombreux prix et nominations que mérita son travail. Il fut aussi brave soldat qu'il avait été bon élève.

Madame Bornibus écrivait à M. le Directeur en lui annonçant la terrible nouvelle : « Roger est parti digne de votre estime et de votre affection ; jamais il n'a oublié les leçons que vous lui avez inculquées dès son enfance, et il a toujours été un digne élève de Massillon.

« En terminant la dernière lettre qu'il nous écrivait, plein de confiance, espérant nous revoir, il ajoutait : « S'il m'arrivait quelque chose soyez persuadés que j'aurais fait tout mon devoir et que je compte que le bon Dieu voudrait bien recevoir votre petit soldat ! »

« A la fête du 15 août, il avait reçu la Sainte Communion avec grande piété, et le soir de ses 20 ans, le 21 août, dans le pays où le Régiment cantonnait, il y avait eu un salut solennel et les soldats avaient été émus et édifiés, nous a-t-on dit, de la façon dont Roger avait chanté le *Tantum ergo*. Le lendemain, le Dieu qu'il glorifiait ainsi l'appelait à Lui.

« Il est parti en accomplissant scrupuleusement son devoir ; son escouade venait de recevoir l'ordre de traverser le village de Cons-la-Granville ; les Allemands le cernaient de toute part et les soldats hésitaient à exécuter l'ordre reçu à cause du danger. Roger, ne voyant que le devoir, leur dit qu'il fallait exécuter l'ordre et, pour entraîner ses hommes, il passa le premier ; au bout de quelques pas, il tombait foudroyé par une mitrailleuse devant tous ses hommes épargnés. »

Nous pleurons avec ses parents et amis désolés, mais nous avons confiance que le Bon Dieu a reçu au ciel ce cher petit soldat tombé glorieusement le 22 août 1914, « premier jour de ses vingt ans. »

Abbé C. GUESDON.

Henri BOUVIER
(1888-1898)

SOUS-LIEUTENANT PORTE-DRAPEAU AU 304ᵉ RÉGIMENT D'INFANTERIE

Chevalier de la Légion d'honneur
Croix de guerre avec étoile d'argent

Henri était le second des trois frères qui ont fait leurs études à l'Ecole et qui lui ont conservé le plus fidèle attachement. Jacques, le plus jeune, se battait aux côtés de son frère Henri, dans le même régiment, et il y fut cruellement blessé. On pourra lire ses glorieuses citations dans la seconde partie de ce volume.

Henri avait d'abord préparé l'Ecole Navale ; il y renonça pour se consacrer aux affaires, où il s'était déjà fait une place honorable par son intelligence et son activité. Nature ardente et généreuse, dès qu'il entendit le tocsin, il se trouva prêt à faire tout son devoir et à faire honneur aux belles traditions françaises que garde jalousement sa famille.

C'était un bel officier, de haute taille, d'une noble prestance, d'une tenue martiale, d'une affable distinction. Au commencement de la guerre, le sous-lieutenant Henri Bouvier faisait partie de l'armée Ruffey qui, malgré « sa résistance héroïque à Virton et à Ethe le 22 août », reçut l'ordre de se replier derrière la Meuse, pour suivre dans son mouvement de retraite le général Langle de Cary. Or, le 25 août, comme il obéissait, le 304ᵉ est surpris à Spincourt, en avant des Hauts de Meuse, par l'avant-garde ennemie. Une panique folle s'empare de tout le régiment. Henri trouve alors dans sa grande âme une noble inspiration. Il déploie l'enseigne sacrée dont il a la garde, « Soldats du 304ᵉ, crie-t-il, voilà votre drapeau, défendez-le, vous l'avez juré. En avant ! »

Ce geste, ces mots arrêtent les fuyards, raffermissent les pusillanimes. Il les groupe, les rallie, les met à la disposition du général qu'il rencontre dans le village.

Du 25 août au 7 septembre, Henri Bouvier dut lutter tous les jours. Il fallait empêcher le kronprinz allemand de percer les lignes françaises. « Quelles journées, écrit-il à son père, et quels combats ! Je t'assure que notre régiment a bien donné : colonel tué, 150 à 200 hommes tués ou blessés ; mon frère et moi, nous sommes sains et saufs, et cependant nous avons fait notre devoir, je t'assure, mais la Sainte Vierge nous a protégés. » Il termine cette lettre, qui fut l'une de ses dernières, par ces mots de généreux abandon : « Nous serions si heureux de verser notre sang et même de donner notre vie pour notre chère France ! »

La victime était prête pour le sacrifice suprême : le général Marabail en témoigne et il énumère toutes ses qualités dans cette citation à l'ordre de la 67ᵉ Division :

« Officier très distingué, d'une bravoure au-dessus de tout éloge, ayant au plus haut point le sentiment du devoir. »

Le 7 septembre 1914, chargé du commandement de sa compagnie, Henri Bouvier soutient toute la journée le feu de l'ennemi, et le soir, quand ce feu se ralentit, il entraîne les hommes qui lui restent à l'assaut d'une crête importante. Il tombe à leur tête, face à l'ennemi. Il avait 33 ans !

La patrie sauvée par le sacrifice de ses enfants a épinglé sur la poitrine de son héros la Croix de la Légion d'honneur. Nous saluons cette Croix, symbole de souffrances, symbole aussi d'espérance, avec une admiration attendrie et une reconnaissance émue.

Abbé J. MICHEL.

⚜ ⚜ ⚜

Félix BREST

(1913-1914)

SERGENT AU 415e RÉGIMENT D'INFANTERIE

Médaille militaire

Croix de guerre avec palme

Félix Brest, élève de spéciales, suivait les cours du Lycée Saint-Louis. Il fut admissible en 1914 aux Mines de Saint-Etienne, sergent, agent de liaison au 415e d'Infanterie, trouva la mort à la côte 193, en Champagne, le 27 septembre 1915, à l'âge de 21 ans. Il fut cité à l'ordre de l'armée en ces termes :

« Agent de liaison du bataillon, actif et consciencieux. A été tué en première ligne en se déplaçant sous un feu très violent pour porter des ordres urgents ; a fait preuve des plus belles qualités militaires au cours des trois journées de combat. »

Félix Brest était un modeste et un timide, d'une timidité excessive qui le paralysait dans les examens. De très fermes convictions religieuses animaient chez lui une vie morale profonde que peu soupçonnaient.

Une fois au régiment, sa délicatesse et son patriotisme eurent d'abord à souffrir de la vulgarité de son entourage ; mais au lieu de se décourager et de s'isoler, il attira vers lui deux ou trois camarades, les pénétra de ses sentiments. Chaque soir, il recommençait sa conférence et lui, qui parlait si peu précédemment, finit par grouper, progressivement, jusqu'à deux cents auditeurs autour de lui ! Sa conviction sincère et son ardent patriotisme eurent vite raison de l'indifférence du début, à tel point qu'à la fin, la prière se faisait en commun. L'éclat de sa noblesse morale inspirait son éloquence et élevait l'âme du plus grand nombre de ses auditeurs.

Plus tard, il écrit à sa mère qu'il n'était plus le même homme, qu'il était né pour faire un militaire, toujours calme et prêt à faire tout son devoir, mettant toute sa confiance en Dieu.

En raison de ses connaissances techniques, son Commandant lui ayant proposé de l'attacher aux services spéciaux de l'arrière, il refusa, disant qu'il désirait prendre toute sa part « du danger avec ses camarades et aux endroits les plus exposés. » (Lettre de son Commandant).

— « Votre fils, écrit l'aumônier, était une âme profondément chrétienne et gaiement attachée au Devoir. Il s'était confessé et avait communié la veille de l'attaque. »

Dans son élan téméraire, il alla jusqu'au bout de la côte 193, au point le plus éloigné où les Français purent atteindre et il tomba sous un ouragan de mitraille. Son corps disparut sans qu'on ait pu en retrouver trace.

— « J'invoque la chère âme héroïque du petit sergent du Christ. Je lui demande de m'aider, à faire, moi aussi, mon devoir jusqu'au bout. » (Lettre d'un prêtre, son ami, à sa mère).

Quelques jours avant l'attaque funeste, il disait à un ami : « Je vous assure que pour moi, j'envisage la mort sans crainte. J'ai la Foi... je sais qu'en donnant ma vie pour mon pays, j'irai directement vers Dieu... Alors !... Mon seul et grand chagrin est de penser à la peine si amère qu'aura maman si je ne reviens pas... »

Devant de tels héros, on ne peut que s'incliner tout bas dans une admiration muette. C'est en vain qu'on cherche les plus belles fleurs pour les jeter à pleines mains sur leurs tombes... « Date manibus lilia plenis »...

Seul le souvenir de Roland nous obsède. Beaux, jeunes, téméraires comme le paladin, ils savent aussi combattre et mourir comme lui ! Ils se battent comme des lions, puis quand la mort les frappe dans la mêlée, ils joignent les mains, tendent leur gant au ciel, et meurent dans une ferveur d'amour pour Dieu et pour la douce France.

Abbé E. NIOBEY.

Marcel BRICHARD

(1905-1907)

SOLDAT AU 46e RÉGIMENT D'INFANTERIE

Marcel fut interne deux ans à l'Ecole, de 1905 à 1907 ; il s'y prépara avec beaucoup de piété à sa première Communion. C'était un enfant doux et sympathique, aux sentiments délicats et généreux, qui sut gagner l'affection de ses maîtres et de ses camarades. Nous lui conservons un souvenir douloureusement fidèle. Nous n'avons aucun détail sur sa mort ; nous savons seulement que, soldat au 46e d'Infanterie, il a succombé à Bar-le-Duc, dans sa 21e année, faisant généreusemnt comme tant d'autres héros obscurs, le sacrifice de sa vie pour sauver la France.

Abbé C. GUESDON.

⚜ ⚜ ⚜

Jean BRUNET

(1902-1904)

SOLDAT AU 119e RÉGIMENT D'INFANTERIE

Médaille militaire

Croix de guerre

Ils étaient deux frères, Jean et Maurice, qui faisaient leurs études ensemble chez nous, et qui, tous deux, se sont sacrifiés pour nous sauver. Jean achevait sa philosophie en 1903.

Né à Rouen il tenait de ses origines un esprit réfléchi, l'esprit de « sapience, » et il s'efforça de le développer pendant les années de son adolescence. Il y travailla, à l'Ecole Massillon où il resta deux ans en compagnie de son frère, nature cordiale et sympathique comme lui et qui comme lui mourra pour la France. Par ailleurs quoi d'étonnant s'il aima le code et les affaires ? C'est naturel à un Normand. Il prépara donc sa licence en droit et devint premier clerc de notaire à Paris.

Août 1914 ! Il ne s'agit plus de s'enfermer dans un bureau, il faut quitter la ville et battre la campagne. Le fusil remplacera la plume.

Jean Brunet a 31 ans. Il est mobilisé au 119e Régiment d'Infanterie. Or, au mois d'avril 1916, son régiment fut appelé à son tour, comme tous ceux de France, à passer dans « cette Forge de Verdun, sur l'enclume de ces collines où se forgea, se durcit, s'aguerrit notre armée. » (Louis Gillet, *bataille de Verdun*, p. 232).

Le 28 avril il se trouvait dans un ravin aux environs de Vaux, où les coups redoublés de l'artillerie ennemie martelaient nuit et jour, depuis plus de deux mois, les sublimes défenseurs de notre sol. Il n'y avait plus ni abris ni tranchées, mais des trous d'obus servant de refuge à ceux qui, comme Jean Brunet, avaient juré de vaincre ou de mourir.

L'inévitable arriva. Il fut blessé grièvement et le 12 mai 1916 il mourut à l'ambulance de Londrecourt.

La patrie a consacré le glorieux sacrifice de son enfant. Elle l'a décoré de la croix de guerre et de la médaille militaire.

Abbé J. MICHEL.

⚜ ⚜ ⚜

Robert COCATRE

(1900-1912)

AGENT DE LIAISON AU 130e RÉGIMENT D'INFANTERIE

Croix de guerre

Robert Cocâtre, quand la mobilisation appela sa classe, laissa ses livres et cahiers de philosophie entr'ouverts chez M. Martin, professeur à l'Ecole, dans la pensée que bientôt il viendrait les reprendre. Moins d'un an après, il avait donné toute sa mesure et reposait dans un cimetière du front.

A l'Ecole où il arriva tout jeune et charmant en 1900 et où il fit toutes ses classes, il a laissé, comme son frère Alexandre, le souvenir d'un enfant doux, affectueux, d'une de ces natures tendres qui ne semblent point faites pour les horribles visions du champ de bataille. Il fut pourtant un soldat modèle.

Faisant partie de la classe 1915, il fut incorporé le 19 décembre 1914 au 130e Régiment d'Infanterie, à Mayenne ; il fut nommé fonctionnaire caporal, mais il ne recevra les galons de laine qu'au front. Retenu comme instructeur de la classe 1916, il ne partit pour le front que le 16 juin 1915 ; sa mère et son grand'père (qui vient de le rejoindre dans la tombe) virent le régiment gravir la côte conduisant à la gare et admirèrent la décision enjouée de leur enfant ; ils ne devaient plus le revoir !

Arrivé au camp de Châlons, le 130e fut cantonné à Sept-Saux et bientôt il prenait les tranchées de Prosne. Lorsque Robert n'était pas en ligne, il travaillait aux bureaux, et avec quelques amis il rédigeait, pour distraire les camarades, un journal, « *L'Écho des cas boches* », où les poésies patriotiques voisinaient avec l'esprit gaulois et la blague parisienne.

En septembre 1915, le régiment fut engagé dans les combats livrés autour d'Auberive. C'est là, dans les tranchées fameuses de l'Epine de Védégrange, que, le 27 septembre, Robert fut blessé à la cuisse. On le transporta à l'ambulance du Mont Fernet près de Cuperly (Marne) ; il y mourut le lendemain, à l'âge de 20 ans.

Son chef, le Lieutenant-Colonel de Parscau du Plessis, le père de trois de nos Elèves, dont l'un, Olivier, Enseigne de vaisseau, est mort glorieusement pour la France, le citait à l'ordre du Régiment en ces termes :

« S'est acquitté avec autant d'entrain que de bravoure de ses fonctions d'agent de liaison au cours d'un violent bombardement ; a été grièvement blessé ».

Son Lieutenant écrivait que « la conduite de Robert au combat avait été magnifique. » Ses camarades corroboraient ces témoignages des chefs en qualifiant son courage d' « admirable. »

Enfin le prêtre infirmier qui le soigna à l'ambulance et lui donna les derniers sacrements témoigne de la profondeur de ses sentiments chrétiens : « Je garderai toute ma vie, écrit-il, le souvenir de ce soldat faisant généreusement le sacrifice de sa vie pour la France, à un âge si tendre, et unissant dans ses derniers moments le nom de sa chère maman à celui de son Dieu. »

Robert Cocâtre, membre de la Conférence Saint-Vincent de Paul, soldat de la Grande Guerre, fut un jeune homme au cœur droit et noble, religieux et bon.

Abbé H. PRADEL.

Jacques COCHIN

(1895-1902)

CAPORAL AU 231e RÉGIMENT D'INFANTERIE

Médaille militaire

Croix de guerre avec palme et étoile

Jacques Cochin avait terminé ses études depuis plusieurs années lorsque la guerre éclata. Il n'avait laissé que d'excellents souvenirs parmi nous : nature douce et modeste, âme loyale, cœur profondément chrétien, il semblait doué au plus haut point des qualités qui conviennent aux féconds labeurs de la paix ; la grande tourmente l'arracha à ses affaires et le trouva prêt pour une plus noble mission.

Affecté d'abord au 231e d'Infanterie, il y gagna la Croix de guerre. Sa citation à l'ordre du Régiment est magnifique :

« En faveur du soldat Jacques Cochin : A quitté Melun le 10 août 1914 ; avec le 231e, a assisté à la bataille de Frianville, le 25 aout ; au combat d'Iverny-Monthyon, le 5 septembre ; à la bataille de la Marne, le 6 septembre, devant Barcy ; entré à Soissons le 12 septembre ; a participé aux opérations, au nord de cette ville, du 13 septembre 1914 au 7 janvier 1915 ; a soutenu énergiquement la lutte dans les tranchées allemandes de la cote 132, devant Crouy, du 8 au 12 janvier.

« A fait bravement son devoir et a bien mérité de la Patrie ».

En campagne, le 22 mars 1915

Le Lieutenant-Colonel Commandant le 231e.

Jacques Cochin passa ensuite au 246e d'Infanterie et fut envoyé devant Verdun en décembre 1916 ; il n'avait pas cessé, durant 29 mois, de se tenir aux premières lignes ; simple caporal durant cette dernière période, il avait l'âme d'un grand chef ; c'était un modèle de bravoure, déjà mûr pour le suprême sacrifice.

Le 15 septembre, il fut criblé de blessures et on dut le transporter dans une ambulance du front, son état ne permettant pas de l'évacuer à l'arrière. C'est là qu'il eut la consolation de revoir sa mère qui l'assista courageusement jusqu'à la dernière minute et lui ferma les yeux, le 16 janvier 1916.

Il avait pris soin, avant de mourir, de demander les derniers sacrements qu'il reçut en pleine connaissance : « Je suis heureux, écrivait plus tard son aumônier à sa mère, de pouvoir vous renouveler l'assurance que je vous donnais à son lit d'agonie ; votre cher fils avait mis bon ordre à sa conscience ; il a fait son purgatoire sur son lit de souffrances et le bon Dieu lui aura sans doute donné la couronne des élus, juste récompense de son courage et de son martyre pour son pays. »

Une lettre de son Lieutenant résume toutes ses qualités militaires : « J'ai eu près d'un an, à la 20e Compagnie que je commandais, votre cher fils sous mes ordres et j'avais pour lui une grande estime et une profonde sympathie.

C'était un brave garçon, consciencieux, d'un dévouement absolu, en qui j'avais la plus grande confiance et que j'estimais infiniment.

Si toutefois cela peut être un apaisement à votre douleur, vous pouvez être certaine que votre fils a toujours fait son devoir et qu'il s'est toujours conduit en brave ; vous pouvez être fière de lui, il le méritait. »

La médaille militaire à titre posthume fut conférée à ce héros, en date du 4 février 1917, avec le motif suivant :

« Excellent gradé, très courageux et d'un dévouement à tout épreuve. Déjà cité à l'ordre. Très grièvement blessé, à la tête de ses hommes, le 15 décembre 1916.

La présente nomination comporte l'attribution de la Croix de guerre avec palme.

Le général commandant en chef,
Signé : R. Nivelle.

Abbé F. Charbonnier.

Georges COUTURE
(1903-1908)

Docteur en Droit

Avocat à la Cour d'Appel de Paris

Sergent

Faisant fonction de Sous-Lieutenant

au 131e Régiment d'Infanterie

Croix de guerre

Georges Couture a passé six années dans la maison, et y a laissé le souvenir d'un élève doux, modeste, laborieux et distingué. Le baccalauréat facilement conquis, il aborda les études de droit avec le même succès. A peine âgé de 21 ans, il était déjà Docteur et diplômé des Sciences administratives et financières ; et aussitôt, il s'était mis à préparer le Conseil d'Etat.

La guerre enleva cette âme délicate et affectueuse au foyer familial et aux tendresses qui l'y enveloppaient et dont il jouissait si pleinement, pour le jeter dans le dur service des camps. Il y souffrit d'abord beaucoup sans se plaindre ; et une fois en campagne, il accepta virilement les épreuves de la vie militaire. « Le soldat, écrivait-il à ses parents, est un pélerin errant, qui n'a pas de toit pour abriter sa tête. Il s'en va, sa fortune sur le dos, soumis à une volonté étrangère, selon le mot du Centurion de l'Evangile : *Et ego sub potestate constitutus.* Le mieux est de s'aider d'une telle vie pour son perfectionnement moral et d'accepter volontairement les mortifications que l'on ne peut éviter. Mais, rares ceux qui du fond du cœur sont capables d'une telle adhésion. »

Georges avait emporté dans son sac l'*Evangile* et l'*Imitation* en latin, et c'est à cette source que, chaque soir, autant que possible, il puisait le réconfort et renouvelait sa volonté de sacrifice. Son grand souci était les angoisses de sa mère. « La religion seule donnera à maman la force de supporter cette séparation, » écrivait-il.

C'est dans ces sentiments qu'il fit d'abord trois mois de campagne en Argonne. L'excès de fatigue altéra sa santé au point qu'une convalescence lui fut imposée. Une fois remis, il fut envoyé, comme aspirant, à Saint-Maixent, et revenu au front, il faisait fonction de sous-lieutenant. Son activité s'exerça, à ce titre, encore en Argonne, puis dans la Somme. C'est là qu'il succomba devant Raucourt, le 3 octobre 1916, à l'âge de 24 ans.

Ce jour-là, le Sous-Lieutenant qui commandait une section voisine de la sienne ayant été tué, il reçut l'ordre d'aller le remplacer. Il s'y rendit sous un bombardement violent, et il fut tué à son poste avec son ordonnance.

Il avait le pressentiment que l'heure du sacrifice suprême était proche, et il avait regardé la mort en face. Au moment de

Infanterie

Marcel Brichard
Robert Cocâtre
Jacques Cochin
Georges Couture
Jacques Damon
René Desouches
Henry Desroys du Roure
Jean Dournel
André Dufrasne
Pierre Falcou
Charles Faure
Marcel Favel
Robert Fontaine
Joseph Franck
André Gruin

monter à l'attaque, d'où il ne revint pas, il écrivait à sa mère : « Prie pour moi, pour que j'aie le courage de faire mon devoir jusqu'au bout. »

Et à une de ses tantes : « J'ai fait le sacrifice de ma vie. Car, je ne reviendrai pas cette fois. Ce qui me fait le plus de peine, c'est de laisser maman. Tu sauras, je pense, la préparer à toutes les éventualités. »

Il fit, en effet, son devoir jusqu'au bout. « Très brave sous-officier, dit la citation, ayant toujours donné toute satisfaction à ses chefs, tué à son poste de combat, le 3 octobre 1916, alors qu'il venait de prendre le commandement d'une section au cours d'un violent bombardement. »

M. l'abbé Pirus, vicaire à Notre-Dame de la Croix de Ménilmontant, caporal-infirmier, écrivait à la famille : « Georges était la douceur même, et il ne comptait que des amis. Ses qualités de cœur et d'esprit lui avaient conquis tous ses camarades. C'était aussi un croyant, et sur les sujets religieux, il faisait preuve d'un esprit très sûr, très judicieux et très chrétien. Il lisait l'*Imitation de J. C.* en latin. C'était aussi un excellent camarade, toujours gai, toujours de bonne humeur, et il avait d'autant plus de mérite à se plier à la vie militaire qui exige tant d'abnégation en juxtaposant des jeunes gens de milieux sociaux si différents, que rien, dans sa vie antérieure, ne l'y avait préparé. Ses compagnons d'armes le pleurent... »

Le Barreau de Paris, qui a compté tant de glorieux martyrs au cours de cette effroyable guerre, peut être fier de lui. Il l'a grandement honoré par sa carrière si courte et déjà si pleine de promesses et par sa mort héroïque. Et si quelque chose peut adoucir la douleur des parents désormais inconsolables, c'est la hauteur morale où s'est élevée l'âme si noble et si tendre de leur fils bien-aimé et la splendeur féconde du suprême sacrifice qu'il a chrétiennement accepté.

A. CHAUVIN.

Jacques DAMON

(1889-1892)

SERGENT AU 254e RÉGIMENT D'INFANTERIE

Croix de guerre

Jacques Damon faisait partie de l'Association des Anciens Elèves, et il était resté fidèle à l'Ecole où il avait laissé le meilleur souvenir.

Mobilisé le 4 août 1914, comme caporal au 104e d'Infanterie, il dut quitter deux petits enfants qui faisaient son bonheur. Il fut bientôt nommé sergent et versé au 115e d'Infanterie, après les combats de Perthes et de Beauséjour. En septembre 1915, il se trouvait encore en Champagne ; c'est là qu'il fut blessé assez gravement pour être évacué ; sa convalescence ne prit fin qu'en mai 1916.

A cette date, nous le retrouvons à Cumières, sous Verdun, avec le 254e d'Infanterie ; la bataille faisait rage ; les Allemands voulaient percer nos lignes coûte que coûte et s'emparer des ruines de l'inviolable et glorieuse ville de Verdun. Le 23 mai, ils parvinrent à faire une avance dans les bois de Cumières et le sergent Damon disparut.

Des mois d'angoisse s'écoulèrent pour les siens ; sa famille attendit longtemps de ses nouvelles. Mais il fallut enfin se rendre à la cruelle évidence ; Jacques Damon laissait une veuve et deux orphelins.

« J'ai toujours eu de lui, écrit Madame Damon, des lettres admirables de patriotisme, de dévouement et de confiance en Dieu, malgré ses souffrances. »

Ce sont les sentiments que nous lui avions connus, quand il était notre élève. La Croix de guerre posthume, accordée à sa mémoire n'est que la juste récompense d'un héroïsme qui s'est dépensé jusqu'à la mort.

Abbé F. CHARBONNIER.

Edouard DARDONVILLE

(1889-1896)

LIEUTENANT AU 24e RÉGIMENT D'INFANTERIE

C'était un bon cœur, une nature modeste qui, pendant les sept années passées à l'Ecole Massillon, fit son devoir avec la simplicité d'une conscience droite. Il se préparait ainsi à être, le jour venu, un patriote et un chrétien à l'âme bien trempée.

Edouard entra ensuite à l'Institut Commercial, d'où il sortit un des premiers ; il fit alors son droit, tout en s'occupant pratiquement des questions d'assurances, auxquelles il devait consacrer entièrement sa trop courte existence.

Tout jeune encore, il avait compris que, dans sa situation, il était de son devoir d'apporter à l'Armée française tout le concours qu'un civil peut lui offrir. Aussi, pendant l'année qu'il passa à Bernay, au 24e régiment d'Infanterie, il fut un soldat modèle qui ne tarda pas, quelque temps après, à recevoir les galons de sous-lieutenant.

Edouard Dardonville avait une passion pour tout ce qui est militaire.

Une fois rentré dans la vie civile, le dimanche, il ne craignait pas d'aller suivre des cours à Vincennes ou à Fontainebleau pour y recevoir l'instruction réservée aux jeunes officiers volontaires.

A la déclaration de la guerre, Edouard Dardonville était Lieutenant au 24e Régiment d'Infanterie ; avec sa compagnie, il resta quelques jours à Paris pour un service d'ordre, puis rejoignit son régiment à la frontière ; il fit, à cette époque, partie du IIIe Corps.

Inutile de rappeler notre pénible retraite sur Charleroi, Guise et Reims, pendant laquelle le lieutenant Dardonville eut le bonheur, après quinze jours d'isolement, de ramener intacte sa section qui, dans le désastre de la retraite, avait été encerclée par les Allemands.

Puis, le 7 octobre 1914, à Loivre, le lieutenant Dardonville fut violemment renversé par l'explosion d'une marmite ; on le crut d'abord légèrement contusionné, mais après quelques jours, et malgré toute son énergie, il dut se résoudre à se faire évacuer sur l'arrière, puis diriger sur Bernay, au dépôt du 24e Régiment d'Infanterie, où il arriva dans un état déplorable, la colonne vertébrale profondément atteinte.

Pendant un mois, entouré des siens, le lieutenant Dardonville vit son état empirer de jour en jour, et finalement, sur les conseils du major de la Place, Mme Dardonville installa son mari dans son automobile et, seule au volant, partit pour Berck, où son malade devait enfin trouver des spécialistes que son état réclamait depuis plus d'un mois.

A Rouen, où il dut faire étape, les officiers anglais, cantonnés dans l'hôtel où se reposa le lieutenant Edouard Dardonville, lui firent une réception touchante et couvrirent de fleurs sa toute dévouée watwomen.

Edouard Dardonville resta près de quatre ans à Berck, enfermé dans une armure de plâtre qui paralysait presque tous ses mouvements ; mais pendant ce long martyre, le Lieutenant ne cessa pas un instant d'occuper ses hautes facultés intellectuelles ; il travaillait à ses publications d'assurances si appréciées des spécialistes.

C'est sur son lit de douleurs que le lieutenant Dardonville eut l'idée de publier la nomenclature de tous les assureurs tués, blessés, décorés, promus ou prisonniers pendant cette longue guerre. Les trois premiers fascicules de cette publication sont parus sous son titre de *Au Champ d'honneur*. Edouard Dardonville ne se doutait pas que toutes ses souffrances et sa mort sans faiblesse lui donneraient le droit de figurer dans son œuvre à côté des plus vaillants.

En dehors de ces publications d'assurances, sa longue immobilité permit à Edouard Dardonville de mettre en relief ses heureuses qualités de peintre, de poète, d'écrivain, de musicien et de sculpteur. A Berck, il organisa quantité de fêtes pour les réunions de nos chers poilus blessés ou convalescents, leur faisant des chansons, illustrant leurs programmes et publiant des dessins satiriques d'un mordant surprenant.

Continuellement, on le voyait diriger sa petite voiture de malade dans les endroits où il pensait que sa présence pouvait être utile ou seulement agréable.

Dans une de ses nombreuses randonnées qu'il aimait tant à faire en automobile, il eut l'occasion d'admirer à Bayeux les tapisseries de la Reine Mathilde, d'une facture si originale. Il s'amusa à composer dans le même style l'histoire du vieux Berck qui fut un succès pour son auteur.

Enfin, Edouard Dardonville laisse quantité de poèmes et de contes qu'il a chargé sa femme de faire éditer après sa mort pour être vendus au bénéfice des œuvres militaires.

Il faisait vendre, au profit des œuvres militaires de Berck, toutes ses productions, dont il a exposé, du reste, de très intéressants spécimens à Lyon et à La Haye, dans les expositions réservées aux travaux des blessés où il remporta des légitimes succès.

C'est en juillet 1918, au moment où son tout dévoué docteur de Berck venait de lui enlever la partie supérieure de son armure de plâtre et parlait de le lever incessamment, que l'on constata que, pendant sa longue immobilité, le lieutenant Edouard Dardonville avait contracté une maladie qui nécessitait une prompte intervention chirurgicale; il fut donc transporté à Paris où une première opération fut vaillamment supportée par le malade. Malheureusement, les chirurgiens constatèrent bientôt que le mal avait attaqué d'autres organes et une nouvelle intervention fut jugée indispensable, bien que beaucoup plus dangereuse que la première.

Quelques jours après avoir été opéré pour la deuxième fois, le lieutenant Edouard Dardonville s'éteignait le 5 octobre 1918 en pleine connaissance, au milieu de l'affection des siens, regardant la mort venir dans son lit d'hôpital avec autant de calme qu'il l'avait vue sur le champ de bataille à Loivre, lorsqu'il eut son képi traversé par une balle.

La mort d'Edouard Dardonville fut plus qu'héroïque, car, pendant quatre longues années, ce fut un véritable martyr, sans que jamais sa bouche n'exhalât ni une plainte ni une désespérance.

Il n'avait qu'un seul désir, retrouver assez de santé et de force pour prendre du service dans l'Aviation et contribuer à chasser l'ennemi de notre territoire; il aura eu au moins le suprême bonheur de voir grandir, sur son lit de mort, l'aube naissante de la victoire. Comme le dit une lettre de sa famille, il est mort « en soldat et en chrétien. »

Extrait de l'*Avenir Economique*.

⚜ ⚜ ⚜

René DESOUCHES

(1885-1895)

Professeur à l'Université de Birmingham

SOLDAT AU 102e RÉGIMENT D'INFANTERIE

A l'encontre de son frère Raymond, l'Ingénieur des Arts et Manufactures dont on a vu plus haut la brillante carrière et la mort glorieuse, René Desouches avait une nature d'artiste; cette différence de caractères était déjà bien tranchée à l'École Massilon, où les deux frères passèrent de longues et heureuses années; mais, ce qui leur était commun, c'était la bonté, le désintéressement, le besoin de se donner, de se faire aimer en aimant les autres.

René Desouches, quand il nous quitta en 1895, s'adonna à l'étude des littératures française et étrangères; au-dessus des livres, il plaçait la nature, ce livre plus vaste toujours ouvert à qui veut l'étudier et le comprendre. Il ne partageait pas avec ses contemporains le goût des voyages rapides : « Tandis qu'on dévore des kilomètres, disait-il, on ne profite de rien. » Il préconisait les vastes excursions à pied, et on le vit, durant les vacances, partir sac au dos pour visiter successivement l'Ecosse, la Belgique, la Bohême. Doué pour le dessin comme pour la littérature, il fixait sur des feuilles les sites qui avaient enchanté ses yeux et ravi son cœur.

Il était professeur à Birmingham lorsque la guerre fut déclarée; ce contemplatif ne s'attarda pas à d'inutiles regrets; il partit calme et résolu, envisageant sans crainte les pires évènements. Pendant assez longtemps, il fut retenu à son dépôt, à Chartres, où il souffrit de l'inaction si contraire à ses habitudes. Aussi demanda-t-il à partir dans le premier contingent prélevé pour le front.

Arrivé en face de l'ennemi avec le 102e d'Infanterie, il se propose aussitôt pour les reconnaissances périlleuses : « Moi, célibataire, disait-il, je dois être exposé de préférence à un père de famille. » « Le 31 octobre 1914, lisons-nous dans une lettre, on avait demandé une patrouille volontaire pour aller reconnaître une tranchée allemande. René Desouches s'offrit naturellement le premier ; mais, chargé de voir si le nombre des ennemis occupant la tranchée était important, il s'avança trop près et fut tué d'une balle à la tête. Ses camarades purent se retirer sans autre perte.

« Le lendemain, nos troupes renseignées par la reconnaissance purent s'emparer de ce terrain et retrouvèrent le corps de René Desouches, qui fut enterré pieusement, le jour de la Toussaint, dans la même tombe que son Capitaine. La Compagnie toute entière pleura le chef et le camarade qu'elle venait de perdre. ».

Ce court récit suffit à montrer que, fidèle à lui-même, René Desouches avait su, comme son frère Raymond, pousser le désintéressement jusqu'au suprême sacrifice.

Abbé F. CHARBONNIER.

Henri DESROYS du ROURE (1)

(1893-1899)

Avocat, Docteur en Droit

SERGENT AU 369e RÉGIMENT D'INFANTERIE

Médaille militaire

Croix de guerre avec étoile d'argent

Henry était le plus jeune des trois frères qui ont fait leurs études chez nous et au Lycée Charlemagne. Le second, René, reçu brillamment à l'Agrégation des Lettres, aujourd'hui professeur très goûté à l'Université de Montréal, a payé à la patrie, en qualité de Sous-Lieutenant au 315e, la rançon du sang par de cruelles blessures et les épreuves de la captivité. Henry s'est dévoué jusqu'au suprême sacrifice.

Il était le troisième fils d'une famille profondément chrétienne, qui devait bientôt compter neuf enfants. Il a passé sept années dans notre maison. Ceux qui ont eu le bonheur de le connaître alors, ne sauraient oublier cette physionomie fine, lumineuse, souriante et spirituelle, gentiment malicieuse à la surface, sincère et religieuse en son fond. L'intelligence ailée, instinctive, ouverte à tout, brillait surtout dans les études littéraires. Henry était Docteur en droit avant 21 ans.

Avec l'âge, les lignes de sa physionomie morale s'accusent, le caractère prend du relief à mesure que les convictions chrétiennes, de plus en plus personnelles et vivantes, s'emparent de l'âme entière et en font jaillir les sources latentes de charité, de générosité et de dévouement apostolique. Cette transformation fut l'œuvre du *Sillon*, qui fut, pour toute une élite de jeunes gens, un merveilleux éveilleur d'énergies et dont l'action conquérante contribua efficacement à la renaissance religieuse et française du commencement de ce siècle.

Par ses riches facultés, comme par ses relations de famille — son père était Directeur des Finances de la Ville de Paris, — Henry pouvait aspirer à l'avenir le plus brillant. Avec un désintéressement évangélique, malgré les objections de sa famille et de ses amis, il sacrifia tout résolument, pour se dévouer, à la suite de Marc Sangnier, à la Christianisation des ouvriers et des masses populaires. *Chercher d'abord le règne de Dieu et sa Justice*, telle est la religieuse inspiration qui va désormais dominer et gouverner sa vie, vie active, laborieuse et militante, s'il en fut. Presque jour et nuit, il est sur la brèche, soit comme chevalier de la Jeune Garde, soit comme organisateur de la propagande, soit comme Secrétaire de la Rédaction de la Revue *Le Sillon*, soit comme Rédacteur de la Démocratie. Ses chroniques françaises et Chrétiennes, publiées en deux volumes, obtinrent un vif et légitime succès. Il a écrit, sous la même inspiration, des drames et des romans. Il dépensait ainsi pour la cause, avec un désintéressement absolu, les forces de sa belle jeunesse, au point de tomber de fatigue, épuisé, à 28 ans.

Il commençait seulement à se remettre de cet accablement, lorsque retentit l'appel aux armes. Il y répondit avec résolution, non sans

(1) La biographie de Henry du Roure a été écrite avec une émotion contenue par M. Léonard Constant, professeur de l'Université. Ces pages loyales, d'une inspiration très élevée, ont révélé les splendeurs cachées de l'âme de foi, de charité et d'héroïque vaillance que fut Henry du Roure, splendeurs dont le rayonnement bienfaisant continuera d'éveiller de généreuses et chrétiennes initiatives. (1 vol. in-12 de 240 pages. Bloud et Gay, Paris).

un déchirement sensible. « J'emporte ma petite *Imitation* et mon *Evangile,* écrit-il, et pense aux Béatitudes : « *Bienheureux ceux qui souffrent persécution pour la Justice, car le royaume des Cieux est à eux.* Et je crois de toute mon âme que, notre France et nous, nous souffrons persécution pour la Justice. »

Son âme, trempée dans une foi forte, une charité qui l'unit de plus en plus à Dieu, dans le patriotisme le plus généreux, supporte des fatigues et des souffrances qui dépassent ses forces. « Je souffre horriblement, écrit-il ; mais, vous le voulez, mon Dieu, vous qui avez souffert pour nous les tortures de l'agonie. Souffrir ne serait rien, si l'on savait vous aimer ! » Comme il paraissait à bout de résistance physique, on lui conseilla de demander à se reposer un peu. Il refusa, disant qu'il tiendrait jusqu'au bout. Il pressentait la grave échéance, qui ne tarda guère.

« Henry du Roure est tombé en brave, écrivait à M. Desroys du Roure le Lieutenant Maure, commandant la 21e compagnie du 369e. Il est tombé en ralliant des fuyards, (d'un autre régiment que le sien), et en leur montrant le chemin du devoir. A la suite de sa belle attitude, qui lui a d'ailleurs coûté la vie, il a été nommé Adjudant au Corps.

« Je ne vous apprends rien en vous disant que Henry du Roure était un saint ; c'est la plus grande consolation que vous puissiez avoir à son sujet. Constamment sur la brèche, il se dévouait pour tous. Toujours le premier à marcher, il entraînait les autres de la voix et de l'exemple. Aux heures de lassitude et de découragement, j'ai été souvent heureux de pouvoir causer avec lui ; il m'a toujours donné du cœur et remonté le moral..... »

Un autre officier, d'un régiment qui combattait avec le sien, écrivait en même temps à sa mère : « J'ai vu mourir Henry du Roure ; c'était un saint et un apôtre. » « Il remplissait son devoir comme un sacerdoce, » écrivait un soldat.

C'est non loin du bois de Mort-Mare que Henry fut tué le 21 septembre 1914. Son corps ne put être relevé que le 7 octobre. Ses frères d'armes placèrent sur sa tombe une humble croix de bois. « La seule Croix qui vaille de vivre, avait-il écrit, est celle qu'on voit sur les tombes ! »

Il fut cité, en ces termes, à l'ordre de la 146e Brigade :

« Sous-officier d'une rare énergie. A été tué en entraînant sa demi-section à l'attaque du 21 septembre 1914. »

Douloureuse et mystérieuse destinée de cette noble et exquise nature ! Les plus radieuses espérances illuminent son adolescence, et il semble que la vie n'aura pour lui que des succès, des joies et des sourires. Il en aurait pu être ainsi. Mais, Henry souhaitait autre chose. Il voulait se dévouer à l'idéal évangélique, dans sa vie intérieure comme dans son activité extérieure. Cette cause là, on la sert et on la sauve surtout par le sacrifice. Voilà pourquoi il a été broyé dans son œuvre du *Sillon ;* voilà pourquoi il a porté au dedans cette tristesse invincible d'un désintéressement qui n'a point sa récompense ici-bas, tristesse qui donnait, les derniers temps, à sa douce physionomie, une teinte de mélancolie si touchante. Il aimait passionnément la France : il n'a pu que gravir, pour elle, humble fantassin, un Calvaire de fatigues et de souffrances sans aucun rayon de gloire humaine, et il est mort pour elle sans avoir entrevu l'aube de la victoire. Victime de choix qui s'est immolée pour le salut des autres et pour notre rédemption nationale !

A. Chauvin.

Jean DOURNEL

(1906-1908)

Soldat au 27e Régiment d'Infanterie

Jean Dournel entra à l'Ecole, avec son frère aîné Martial, en 1907. Il s'y rencontrait aussi avec son cousin germain, André Gruin, tombé, comme lui, héroïquement, au champ d'honneur. C'était une nature timide et douce, affectueuse et pacifique, dont on ne découvrait que peu à peu la sensibilité profonde.

Il partit avec la classe 1915 et fut incorporé au 27e d'Infanterie, à Dijon. Envoyé au front en 1916, il disparut le 1er août dans un combat livré au bois de Vaux-Chapitre, sous Verdun, sans avoir eu le temps de déployer tout le beau courage qui l'animait.

Sa famille n'a pu obtenir que les renseignements suivants, dûs au Lieutenant qui commandait la Compagnie :

« Le soldat Dournel, que j'ai très bien connu, était un très bon soldat ; il est disparu au cours d'une contre-attaque, sa section ayant été envoyée occuper la pente d'un ravin. La marche de cette section était difficile ; c'était la progression de trous à trous, et si Jean Dournel a trouvé la mort devant Verdun, sa famille peut être fière que ce fils soit tombé dans un combat où la 15e Division a eu toute la gloire et l'honneur. »

Ce vaillant enfant, élevé chrétiennement, a trouvé dans sa foi, comme son cousin André Gruin, un soutien au milieu de ses tragiques épreuves. Elle a fait de sa mort un sacrifice fécond et rédempteur. Nous nous inclinons avec une profonde émotion devant la tombe inconnue de ce petit soldat de 20 ans, qui continue sa faction devant Verdun !

A. Chauvin.

André DUFRASNE

(1898-1903)

Lieutenant au 124e Régiment d'Infanterie

Chevalier de la Légion d'honneur
Croix de guerre avec étoile de vermeil

André Dufrasne était né avec des goûts militaires. Il suivait les cours préparatoires à Saint-Cyr en 1903 avec son héroïque camarade Jean Lasserre, mort, comme lui, pour la France, et Louis de Labretoigne du Mazel, qui a glorieusement conquis son titre de Commandant d'Artillerie. Son frère, René, aujourd'hui Capitaine d'Infanterie, suivait alors les cours de Première. Ces deux jeunes gens avaient grandi dans une atmosphère familiale de foi profonde, qui les avait pénétrés de bonne heure d'un christianisme généreux. Leur mère, aujourd'hui disparue, était une femme de piété vivante et énergique, qui tâchait, par une sollicitude éclairée et par ses prières, de modeler ses fils à son image. Cette éducation a porté les fruits qu'elle pouvait souhaiter.

« Vous connaissiez l'âme ardente et patriote d'André ; il est tombé en brave, face à l'ennemi ; j'éprouve une douloureuse fierté à vous annoncer moi-même cette nouvelle. »

C'est en ces termes que la veuve du Lieutenant Dufrasne nous faisait part de son deuil immense, deuil qu'elle ne connut que très longtemps après la mort glorieuse de son mari. Tel nous l'avions connu à l'Ecole, tel il était resté, jusqu'à la veille de la guerre.

Lorsqu'il fut mobilisé en 1914, comme Lieutenant au 124e d'Infanterie, il fut envoyé en Belgique avec tous ceux qui devaient opposer une barrière à l'envahisseur. Tous ses camarades, tous ses soldats ont été unanimes à dire jusqu'à quel point il méprisait le danger, « toujours debout malgré le feu violent, ne s'épargnant pas pour ménager ses soldats qui l'aimaient. »

Un adjudant, séminariste, qui appartenait à son Bataillon, disait de lui : « Ah ! le Lieutenant Dufrasne était bien le modèle de l'officier français, chrétien et brave ! »

Le 22 août 1914, il était à Virton, dans le Luxembourg belge ; il fut atteint par une balle en pleine poitrine. On le porta d'abord disparu, mais des rapports ultérieurs firent connaître qu'il était mort de cette blessure, victime de son audace, comme nous l'apprend sa citation à l'ordre du Corps d'Armée :

« Mortellement blessé le 22 août 1914, en franchissant avec sa section une crête battue par les obus et les balles ; a refusé de se laisser panser, afin de ne pas arrêter l'élan de sa section qu'il a au contraire encouragée de sa parole. »

Ce coup ne le surprit pas : « Il était prêt pour le Ciel, » disent ceux qui l'ont connu. Il n'y a pas de meilleure préparation, en effet, que ce désir ardent de se donner, pour sauver ce qu'on a de plus cher ici-bas, sa famille et son pays.

Abbé F. Charbonnier.

⚜ ⚜ ⚜

Charles EUDES

(1903-1904)

MÉDECIN-AUXILIAIRE

AU 279e RÉGIMENT D'INFANTERIE

Croix de guerre avec étoile de vermeil

2 Citations

Charles Eudes descendait d'une famille de médecins normands dont il eût sans doute continué la vie simple et les traditions de foi et de dévouement, si la guerre n'était venue le frapper d'une mort aussi prématurée qu'héroïque. Il n'a séjourné qu'un an à l'Ecole Massillon, mais c'est assez pour que nous le réclamions comme un des nôtres, et que ses prouesses soient inscrites au Livre d'Or que liront avec admiration les jeunes générations de notre Ecole.

Né à Cerisy-la-Salle, (Manche), en 1886, il fit ses études au Collège des Oratoriens de Saint-Lô. Là, il connut les succès que cueillent sans efforts les intelligences vives comme la sienne ; il subit aussi la rançon des natures exubérantes et tumultueuses ; il eut, dit-on, quelques passes d'armes avec le représentant de l'ordre disciplinaire, qui ne diminuèrent rien de l'estime et de la confiance qu'il inspirait.

A l'Ecole Massillon, où il vint après son baccalauréat, il s'accommoda de l'esprit de famille et de la discipline paternelle qui y régnait ; et il laissa à tous le souvenir d'un élève et d'un camarade très sympathique.

Il se préparait à Saint-Cyr, quand un accident survenu dans une partie de football lui en interdit l'entrée. « Il se retourna par une sorte de réflexe héréditaire vers la médecine.

Ce qu'il était alors, un de ses amis, M. Léon Gosset, nous l'a tracé en un portrait original : « Très grand garçon, aux traits accentués et hardis, à l'allure tantôt nonchalante, tantôt soudainement brusque, ce qui frappait surtout dans sa physionomie, c'était les yeux. L'orbe s'en ouvrait jusqu'à l'âme, une âme qui était un abîme de clarté, de loyauté, d'ingénuité et de dévouement. » Et l'ami souligne dans son gai camarade, l'extrême droiture, l'équilibre harmonieux, l'audace pleine de crânerie. » Tel fut bien en effet Charles Eudes, dit « l'optimiste ».

Né pour l'action beaucoup plus que pour les études arides, « il se jeta avec fougue dans le mouvement provoqué par Charles Maurras », qui lui décernera plus tard, en toute justice, la belle citation suivante :

« Le souvenir de Charles Eude s'associera longtemps pour nous à la notion d'honneur et de devoir. Nous ne pouvons songer à lui sans un mouvement de gratitude attendrie. »

C'est qu'en effet, le néophyte avait pris sa mission au sérieux. Il en oubliait même quelque peu la médecine. D'un pas nonchalant et méditatif, notre étudiant se rendait « parfois » au cours de la Faculté, préoccupé beaucoup moins de soigner nos maux physiques que de guérir la « Grande Malade », la France. Il avait entrepris de la préserver des « microbes étrangers » ; il y déployait une ardeur et une action toute française ; son bras invaincu et toujours invincible était la terreur des « Métèques » du Quartier Latin.

C'est qu'il aimait la bataille ; il eût fait un Croisé magnifique ; il eût suivi ses ancêtres aventureux, les Guiscard et les Tancrède de Hauteville jusqu'au bout du monde, à condition d'y trouver des ennemis à pourfendre. La guerre vint lui en amener sur son propre sol et lui fournit l'occasion de montrer la sincérité de ses convictions.

C'est alors qu'on vit jaillir du fond de la race les nobles sentiments cachés dans cette âme qui n'avait pas trouvé sa voie ; l'étudiant musard fit place au combattant qui travailla avec enthousiasme pendant deux ans à la libération de sa patrie et lui voua généreusement tout son sang. Il installe d'abord en son âme la notion et la volonté du Devoir. On retrouve sur son carnet de route ces énergiques paroles dignes d'un chef : « Avant tout, il faut songer à bien faire son devoir de soldat ; il faut tendre toute son énergie pour travailler à la libération et à la grandeur de la France. » Il lui faut d'abord gagner ses galons ; le 3 août 1914, il part comme simple soldat, faisant fonction de médecin auxiliaire. En 3 mois, il est nommé, sur le champ de bataille, sucessivement caporal, sergent, adjudant et, dès le mois de novembre 1914, une première citation souligne « son dévouement aux malades et sa bravoure au feu. » Un accident le ramène à l'arrière ; il ne se croit pas le droit d'y rester ; il intrigue pour retourner au front. En janvier 1917, il est jeté en pleine action ; il prend part à l'offensive du printemps et reçoit une nouvelle citation au Corps d'Armée. La grande offensive de 1918 commence ; le voilà dans son élément ; ses lettres sentent la poudre et prennent l'allure de bulletins de victoire : « J'emporte un pantalon rouge, je le mettrai pour passer le Rhin. Voilà une cinquième année de guerre qui s'ouvre : ce sera la dernière. » Et le 3 août 1918 : « Aux armées victorieuses : Hurrah ! voilà le Boche qui *cavale* en quatrième vitesse... Nous recueillerons le magnifique résultat de nos efforts, je ne trouve pas que nous l'ayons payé trop cher. »

Hélas ! le noble enfant ne pensait pas qu'il traçait ses dernières lignes et que son sang allait être le prix de la victoire. Le 8 août, il dirigeait en première ligne, sur le talus d'une voie ferrée, un convoi de blessés. Un obus de gros calibre lui fit sept blessures, toutes graves, auxquelles il survécut 24 heures. Laissons la parole à son capitaine et à son aumônier, pour dire la fin courageuse et chrétienne de leur ami : C'est le Docteur Jarrige qui écrit à M. Eudes : « Transporté à mon poste de secours, Charles, quoique très affaibli, avait toute sa lucidité d'esprit et ne se faisait aucune illusion sur l'issue fatale. Très calme, il a stoïquement supporté les souffrances de ses membres fracassés. « François, m'a-t-il dit, tu écriras toi-même à mon père, je veux qu'il sache la nouvelle par un ami ; dis-lui que je meurs en pensant aux miens. »

« Lorsque nous nous sommes embrassés, les sanglots étaient dans la gorge de tous, car nous l'aimions tous ; lui seul a été calme et souriant, même à cette manifestation de notre affection. Et maintenant, laissez-moi vous dire que Charles est mort en héros à son poste de combat. » Et voici la fin chrétienne du soldat racontée par l'aumônier à sa mère : « Oui, Madame, votre enfant m'a appelé près de lui. Il était admirable de courage, de résignation, et, se sentant frappé à mort, il a demandé pardon à Dieu des fautes de toute sa vie. Il avait sa pleine connaisance, et au milieu des plus atroces douleurs, il ne cessait de murmurer : « Mon Dieu ! ayez pitié de moi. Je vous offre mes souffrances. Mon Dieu ! Mon Dieu ! » Madame, votre fils est mort en brave et en chrétien. »

Une glorieuse citation est venue consacrer ce double témoignage aussi autorisé qu'éloquent :

« Eudes Charles, médecin-auxiliaire au 5e Bataillon, médecin courageux et dévoué, ayant un mépris absolu du danger. A fait preuve d'un courage et d'un sang-froid remarquables en donnant ses soins aux blessés en plein champ, sous de violents bombardements. A été blessé mortellement le 8 août 1918 dans l'exercice de ses fonctions. »

Sa mort fut un deuil dans sa région, où il était très sympathique ; on sentait disparaître quelqu'un qui promettait d'être le médecin de campagne qui voit dans sa profession un sacerdoce. Il s'en fût allé par les sentiers fleuris de sa verte Normandie, porter à des compatriotes non pas tant les remèdes (auxquels il ne croyait guère) que ces paroles de réconfort et de foi qui aident à supporter la douleur et à mourir.

« Sa mort est un grand malheur pour vous, disait à M. Eudes une femme du pays ; c'est aussi une grande perte pour nous, car M. Charles eût été pour nos enfants ce que vous avez été pour nous, un père. » Cette mère traduisait les sentiments de la foule immense qui se presait aux obsèques du jeune médecin.

Il repose maintenant dans la terre natale, au milieu des siens. Il y repose deux fois, en quelque sorte, car l'artiste qui a exécuté le Monument aux Morts de Cerisy, M. Maxime Réal del Sarte, a gravé les traits de Charles Eudes dans la figure du « soldat gisant ».

On aimerait à lire sur la stèle la belle strophe du poète normand qui a chanté les « Morts fécondes » : elle convient à notre héroïque élève :

« Heureux donc qui, dans la bataille,
Se dressa de toute sa taille,
A la fois calme et frémissant ;
Qui, prêtre de son sacrifice,
Prenant son cœur comme un calice,
Tendit vers le ciel tout son sang. »

Abbé E. Niobey.

✠ ✠ ✠

Pierre FALCOU

(1903-1907)

SERGENT AU 132e RÉGIMENT D'INFANTERIE

Médaille militaire
Croix de guerre avec étoile

En octobre 1903, Pierre Falcou entrait en sixième. Elevé par une pieuse mère, et trouvant dans sa famille l'exemple de toutes les vertus morales et chrétiennes, il se fit remarquer par son amabilité, son application et sa délicatesse de conscience. Il se prépara à sa 1re Communion avec une foi et une piété dont se souviennent ceux qui en furent les heureux témoins.

Nature généreuse, habitué au sacrifice, ce cher enfant, à peine âgé de 20 ans, supporta les fatigues de la guerre en vaillant français et en bon chrétien.

Sergent au 132e d'Infanterie, blessé le 22 août 1914 près de Longwy, il tomba aux Eparges, frappé d'un éclat d'obus, le 27 février 1915. Il fut pieusement enterré à Mont-sous-les-Côtes par les soins d'amis qu'il avait au régiment. Pierre Falcou, en effet, par la noblesse de sa nature, par son ardent patriotisme, par sa foi profonde, avait une autorité morale extraordinaire sur ses hommes.

L'un d'eux qui ne s'est point fait connaître, a écrit dans « La Croix » du 29 août 1915 une page touchante à la mémoire de « son petit sergent ». Nous empruntons à cet article si élogieux et si plein de sincérité quelques traits qui nous feront mieux connaître la belle conduite de ce jeune sous-officier et l'influence bienfaisante qu'il exerçait autour de lui : nous gardons le tour de phrases simple et les expressions naïves de ce petit soldat si plein de cœur.

« J'ai beaucoup de peine, car j'ai perdu mon sergent : il était *très chic* pour moi, pas fier du tout ; il a vécu avec nous, sans *faire de la pose, du chichi*, et il est mort comme il a vécu, *sans faire d'histoires*.

« Bon pour ses hommes, il faisait souvent les corvées des autres... Le 22 août dans une reconnaissance, il reçut le baptême du feu ; son Commandant tomba mort à ses pieds et lui-même fut blessé au bras. Il fut envoyé à son dépôt en Bretagne ; à peine remis, il instruisit la jeune classe. Quand arrive l'ordre du départ, son Commandant lui propose de le faire rester, car il est encore souffrant ; mais non, il refuse : « Je suis nommé et désigné pour partir, c'est mon devoir, je pars. » Et le premier, il monte dans le train, ému, mais en vrai Français et chantant toujours.

« Dans la tranchée, il lisait, et il nous apprit beaucoup de choses profondes, sérieuses, réconfortantes. Toujours il était à entraîner ses hommes, sortant de la tranchée le premier ; c'était aussi un vrai chrétien. La première fois qu'il partit à l'attaque, il se leva et nous cria : « En avant, mes amis, du courage ! » et nous le vîmes faire un grand signe de croix. Plusieurs sourirent ; il fut mécontent, son regard nous le montra : « Moi, dit-il, je crois en Dieu et je me donne à lui avant de combattre ! » Le lendemain, tous dans la tranchée, nous l'imitions.

« Le 27 février, il tomba ; un 105 l'atteignit au côté ; quelques heures après, sans un mot, sérieux mais calme, il rendait à Dieu sa grande âme de Français qu'il avait su garder pure...

« Cher sergent, je te pleure ; un jour tu nous avais dit : « Je voudrais revenir près de mes parents avec la médaille militaire et tout couvert de gloire, pour leur faire plaisir ; mais je n'aime pas me mettre en avant ! » Il me semble, en effet, en lisant certaines citations, qu'il en a fait plus que bien d'autres. Eh bien ! tu l'auras, ta Croix, je veux la gagner, moi, et quand je l'aurai, je courrai à Mont-sous-les-Côtes, où tu reposes, petit sergent, et on me verra remuer la terre et sur ton cœur généreux, je la déposerai, cette Croix ! »

Nous n'ajouterons rien à ces lignes si simples et si émouvantes. Le vœu de ce soldat a été exaucé : nous lisons en effet à l' « Officiel » du 20 novembre 1915 : « Falcou Pierre, sergent ; sous-officier courageux, mort pour la France le 27 février 1915, dans l'accomplissement de son devoir, au bois des Eparges. Croix de guerre avec étoile de bronze ; inscrit au tableau spécial pour la médaille militaire. »

Les parents chrétiens de ce petit sergent, qui a supporté les fatigues de la guerre et est tombé bravement « sans faire d'histoires », trouveront dans ces témoignages sincères un peu de consolation à leur immense douleur.

Du reste M. Falcou écrivait à M. le Directeur avec une foi et une résignation admirables :

« Loin de nous plaindre, nous remercions la Providence de ne pas nous avoir abandonnés dans cette épreuve. C'est dans votre familial Etablissement que Pierre a fait sa Première Communion et que ses sentiments religieux ont grandi sous la spirituelle direction de ses vénérés maîtres ; ma confiance est trop grande dans la Miséricorde divine pour douter qu'il ne fasse pas partie de cette moison sanglante d'Elus qui, par le sacrifice de leur vie, vont contribuer à la résurrection chrétienne de notre pays. »

Abbé C. Guesdon.

Charles FAURE

(1903-1905)

Sergent au 39e Régiment d'Infanterie

Médaille militaire

Croix de guerre avec étoile d'argent

5 Citations

« C'était un brave soldat, lisons-nous dans une lettre adressée à l'Ecole ; pendant cette terrible guerre, il n'a jamais oublié les principes religieux reçus dans votre maison. »

Charles Faure était en effet un élève des plus consciencieux, ponctuel à tous ses devoirs, et ces qualités n'ont fait que s'affirmer plus magnifiquement lorsqu'il a dû combattre pour son pays.

Parti à la mobilisation avec le 39e d'Infanterie, il passa quatre ans sans être blessé une seule fois, préservation d'autant plus étonnante qu'il fut constamment aux postes les plus périlleux ; il suffit, pour s'en convaincre, de lire la suite de ses citations.

Encore simple soldat, il est cité à l'ordre du Régiment, le 21 mai 1915 :

« A assuré la liaison entre le Commandant de la Compagnie et son Chef de section, passant à travers un terrain découvert pour aller plus vite, et malgré un feu violent d'artillerie et d'infanterie. »

Le 29 juillet 1917, devenu Caporal-fourrier, il obtient une Citation à l'ordre de la Division, pour avoir arrêté un malheureux soldat qui voulait déserter et l'avoir ramené au sentiment du devoir.

Un mois plus tard, il mérite encore la citation suivante, à l'Ordre du Régiment :

« Sous-officier très crâne et très courageux : sous un violent bombardement, s'est offert pour prendre la place d'un observateur et est resté à son poste jusqu'à la fin du tir.

Charles Faure fut nommé sergent vers cette date ; ce ne fut pour lui qu'un nouveau stimulant pour se dépenser sans mesure. La citation du 24 août 1918 le montre « s'élançant à l'assaut avec un bel entrain, et servant d'exemple à tous les hommes de la Compagnie. »

La mort semblait le dédaigner, lui qui la bravait tous les jours. On était à la dernière période de la guerre ; tout faisait espérer qu'il allait revenir sain et sauf. Mais il était de ceux qui devaient payer leur tribut suprême à la veille de la victoire sans recevoir ici-bas la récompense de leur héroïsme.

La dernière citation de Charles Faure, l'invulnérable combattant de 4 ans de guerre, est pour relater sa première blessure, qui fut mortelle :

« Sous-officier connu par sa bravoure et son sang-froid. Blessé mortellement le 19 septembre 1918 en résistant à la violente contre-attaque d'un ennemi très supérieur en nombre, et au moment où il encourageait ses hommes avec un beau mépris du danger. »

Charles Faure succomba le lendemain, à l'ambulance de Ham, dans la Somme, où il s'était si glorieusement battu. La Médaille militaire fut envoyée plus tard à sa famille, en souvenir des « exemples donnés à tous les hommes de sa Compagnie. »

S'il fut homme de devoir avant tout, il sut aussi se faire aimer ; son jeune camarade d'Ecole, Emile Pouré, fut son compagnon d'armes avec lequel il vécut durant 3 ans dans la plus douce intimité. Deux lettres de son Capitaine montrent les attentions délicates qu'il eut jusqu'au dernier moment pour ceux qui lui étaient attachés ; quand il fut blessé, n'ayant pu voir ce Chef qui était devenu son ami, il chargea ceux qui le transportaient de lui transmettre son dernier adieu.

A peine sortis de la lutte, nos héros savent s'attendrir, et c'est par quoi ils nous arrachent des larmes, après avoir excité notre admiration.

Abbé F. CHARBONNIER.

Marcel FAVEL
(1908-1912)

CAPORAL, AGENT DE LIAISON
AU 167e RÉGIMENT D'INFANTERIE

Médaille militaire
Croix de guerre avec étoile d'argent
2 Citations

Marcel Favel a été élève à l'Ecole Massillon de 1908 à 1912. C'était une nature très calme, d'une gravité qui étonnait chez un enfant; avec cela, profondément délicat, affectueux, confiant. Quelques essais, assez bien venus du reste, et son air rêveur le faisaient traiter de « poëte »; mais c'est un beau poème intérieur que déjà il écrivait; il avait décidé d'être prêtre, et ses beaux yeux bleus se reposaient déjà avec une religieuse émotion sur les urgentes moissons d'âmes qui appellent les ouvriers. Les horribles visions de la guerre n'avaient fait que confirmer ce noble désir d'apostolat total. Je me souviens qu'au cours d'une permission, en 1917, comme je célébrais la messe à Notre-Dame des Victoires, j'eus la douce surprise de voir Marcel, le caporal Favel plutôt, qui avait congédié mon enfant de chœur, et me servait la Messe; après, nous causâmes longtemps, comme des gens qui auraient dû être morts et qui demain rentraient dans la fournaise. Et je sais bien que mon retour au front fut singulièrement adouci par cette réconfortante pensée que, si j'étais tué, un au moins de mes bons élèves achèverait le sillon que j'avais commencé... Hélas! c'est le jeune moissonneur qui n'est pas revenu!...

Marcel était caporal à la 9e Compagnie du 167e d'Infanterie. Un mot très simple d'une lettre du front à un de ses maîtres les plus aimés, M. Martin, le peint tout entier : « C'est une vie curieuse que nous menons, oh! pas plaisante! mais on a la satisfaction de *faire son devoir.* » Faire son devoir! ce fut le souci de toute sa jeunesse. En guerre, il le fit modestement et héroïquement. Il fut blessé à Tahure en 1915 et nous savons par un de ses maîtres qui le rencontra, qu'à l'hôpital, pour obtenir l'autorisation de se lever à cinq heures afin d'assister à la messe, il acceptait plusieurs heures de travail au bureau. Le 21 mai 1917, il fut cité à l'ordre en ces termes qui répètent le mot qui le définit tout entier : « Agent de liaison brave et dévoué; a porté des ordres sous un feu violent de l'artillerie ennemie, donnant ainsi un *bel exemple de devoir* et de mépris du danger. »

Un éclat d'obus le blessa mortellement aux reins devant Verdun, à l'attaque du bois des Caurières, le 8 septembre 1917, à l'âge de 22 ans. La veille, il avait communié et demandé à Dieu la force de bien faire son devoir; il reçut les derniers sacrements avec une foi vive et un calme surprenant. Le prêtre infirmier qui l'assista nous a gardé le souvenir de cette belle mort : « Il ne cessait de dire : Mon Dieu que votre volonté soit faite! que pour ajouter : Mes pauvres chers Parents! ou pour me dire à cause du bombardement qui faisait rage : Laissez-moi là, vous allez vous faire tuer aussi! » Mais M. l'abbé Thomas était digne d'être son ami; il ne le quitta pas. Et il écrivit aux parents de Marcel : « Votre fils était un saint. Son élévation de sentiments, sa conscience délicate jusqu'au scrupule, ses hautes qualités morales imposaient le respect à ses camarades même les plus étrangers aux croyances religieuses. Son ambition eût été d'être prêtre pour se dévouer; il ne lui a pas été donné d'offrir le saint sacrifice de la Messe, il a offert le sacrifice de sa vie spontanément, généreusement. »

Abbé H. PRADEL.

✢ ✢ ✢

Robert FONTAINE

(1911-1912)

Sergent au 25e Régiment d'Infanterie

Croix de guerre

Citation à l'Ordre de la Division

Robert Fontaine n'avait passé chez nous qu'une année scolaire (1911-1912) ; fils d'un officier de marine, il préparait l'Ecole navale ; puis, il avait dû interrompre ses études pour raisons de santé. Il avait conservé de son court séjour à Massillon un souvenir très fidèle, et celui que nous gardions de lui était particulièrement vivant et sympathique. Nature d'élite, intelligence vive, esprit très distingué, il semblait destiné à un avenir brillant.

Après sa guérison, en décembre 1913, il se remit courageusement au travail et songea à Saint-Cyr. La déclaration de guerre le trouva en pleine préparation ; suivant aussitôt l'élan de son cœur de soldat, il s'engagea pour 4 ans, au 25e Régiment d'Infanterie, à Cherbourg.

Il était envoyé, à la fin de l'année 1914, comme caporal, aux Sables d'Olonne, pour y prendre le brevet de mitrailleur et était proposé pour le grade sergent avec le n° 1. Le 11 janvier 1915, il partait pour le front. Son père, Capitaine de frégate, écrit : « Il en était ravi. » Il allait pouvoir donner libre champ à son activité et « servir. »

Il supporta gaiement les fatigues de la vie des tranchées, et il était proposé pour le grade de Sous-Lieutenant, lorsque, vers la mi-mai, son régiment fut envoyé au nord d'Arras, en pleine fournaise. Donnant sans cesse de sa personne, entraîneur d'hommes remarquable, il avait échappé maintes fois à la mort, lorsque, le 11 juin, jour de la Fête du Sacré-Cœur, à 5 heures du soir, il reçut l'ordre d'aller avec sa section à l'attaque d'une tranchée allemande. Il s'élance à la tête de ses hommes. Ceux-ci tombent sous les balles ennemies. Seul, le sergent peut atteindre le but qui lui avait été désigné. Il continue à lancer des grenades, jusqu'au moment où il tombe à son tour, foudroyé par une balle au front.

La tranchée ayant été prise quelques jours plus tard, son corps put être retrouvé et fut inhumé sur place avec ceux de ses compagnons d'armes. C'était au Labyrinthe, commune de Rochincourt.

Il avait fait ses Pâques, « avec bonheur », écrivait-il à son père, peu de temps avant de mourir, et il avait demandé à Dieu « la mort des braves plutôt qu'une blessure grave. » Son vœu fut exaucé.

Promu Sous-Lieutenant 2 jours après sa mort, on lui décernait la belle citation suivante, le 3 octobre 1915 :

« Le sergent Robert Fontaine, du 25e régiment d'infanterie. Le 11 juin 1915, a très bravement entraîné sa demi-section en terrain découvert et sous un feu violent, à l'assaut d'une barricade allemande. A été tué à quelques mètres de la tranchée ennemie, alors que, précédant ses hommes, il leur donnait le plus bel exemple de courage et d'énergie en lançant des pétards. »

Son père, à qui nous devons ces détails, nous écrivait : « Nous le pleurons, mais non sans fierté ni espérance, en adorant les desseins de Dieu qui sait mieux que nous ce qui nous convient. »

Ce sont là, admirablement exprimés, les sentiments d'un père à l'âme chrétienne et française.

Abbé E. Niobey.

✢ ✢ ✢

Joseph FRANCK

(1911-1912)

Sous-Lieutenant au 287e Régiment d'Infanterie

Croix de guerre avec étoile

« C'était un cœur d'or », a-t-on pu dire de Joseph Franck ; durant l'année qu'il passa à l'Ecole, il était, comme son jeune frère, très aimé de ses camarades.

Mais, fils d'un Général, il était appelé à des vertus plus hautes ; pour lui comme pour ses deux frères qui se sont vaillamment battus, la bravoure était un héritage de famille. Il en donna la preuve sous Verdun, et il tomba au Mort-Homme le 14 avril 1916, « à la tête de sa section qu'il entraînait superbement à l'assaut. »

Ce sont les termes mêmes de sa citation à l'ordre du Corps d'Armée, signée du Général Berthelot, Commandant le 32e Corps. Mais nous devons à l'un de ses sous-officiers, le seul survivant de la section après cette journée fatale, les détails les plus émouvants sur la mort glorieuse de cet officier de 22 ans.

« Nous avons attaqué le 14 avril, écrit le sergent Sarochus à la mère de notre héros. Il pleuvait et nous avions de l'eau jusqu'à la cheville. Nous avons passé cette journée à rire de notre mauvaise fortune et à l'idée de battre ces « sales boches. » Notre Lieutenant riait de tout ; les hommes prenaient confiance en regardant leur chef.

A 10 heures du matin, le bombardement commence ; nous étions aux premières loges. Les canons de tout calibre donnent sur les tranchées allemandes. Enfin, l'artillerie arrête son tir ; nous allons sortir de la tranchée pour l'assaut. Nous avons un peu d'émotion ; notre Lieutenant a le sourire : « Attention, les gars, plus que trois minutes ! » Le Capitaine, montre en main, donne le signal du départ de la première vague d'assaut.

Notre Lieutenant ne fait qu'un bond hors de la tranchée en criant : « En avant! », suivi de tous ses hommes. Nous faisons une trentaine de mètres; mais, hélas ! une mitrailleuse allemande se met en action et nous sommes fauchés ; notre Lieutenant est tué d'une balle à la tête, au moment où il ajustait de son pistolet les mitrailleurs boches. »

Le sergent raconte ensuite comment il put, à la nuit tombante, au prix de mille difficultés, ramener le corps de son officier :

« Les balles sifflaient, dit-il, mais j'étais déjà à portée de ce grand et beau garçon !... L'image de votre cher fils n'avait pas changé ; il était même souriant et il n'avait pas trace de souffrance. Il était beau ! Je l'ai embrassé et enseveli en arrière de la tranchée. »

Cette beauté, ce sourire dans la mort sont des traits inoubliables. C'est la vie qui se continue, qui s'immortalise. Mourir en beauté, c'est le souci des âmes éprises d'un idéal que la tombe ne fait qu'embellir ; c'est la réalisation d'un rêve qui s'achève dans les splendeurs de l'infini.

Le Lieutenant Franck était profondément chrétien.

Abbé F. CHARBONNIER.

⚜ ⚜ ⚜

Jacques GARAND

(1914-1916)

Sorti de Saint-Maixent

ASPIRANT AU 30e RÉGIMENT D'INFANTERIE

Croix de guerre avec étoile d'argent

« Jacques Garand engagé volontaire à 17 ans, mort à 19 ans. »

Cette inscriptiton ne serait-elle pas le plus éloquent éloge de ce jeune héros, et le seul qui soit digne de sa bravoure sublime ?

J. Garand commença ses Etudes au Collège Sainte-Marie de la Seyne et vint les achever à Paris. Il a laissé à ses maîtres le souvenir d'une âme pieuse, vibrante et généreuse. A la déclaration de guerre, Jacques n'a que 16 ans. Mais son âme ardente l'incite à voler à l'appel des armes. Depuis longtemps il rêvait de Saint-Cyr ; la guerre était sa passion, son ambition ; il voulait y jouer un rôle, fût-ce le plus effacé. Sa famille, en le raisonnant sur son avenir, obtint avec peine qu'il attendît le jour du baccalauréat. Jacques se livre à l'étude avec plus d'ardeur que jamais et mène de front ses examens et la préparation militaire. Enfin le jour de l'examen arrive ; Jacques est reçu.

Malgré la fatigue, sans prendre une journée de repos, il part le lendemain pour Annecy où il s'engage au 30e Régiment d'Infanterie. C'est de là qu'il crie son enthousiasme : « Aujourd'hui, c'est le plus beau jour de ma vie ; je suis soldat français. »

En octobre 1916, il est reçu à l'examen des élèves-aspirants et envoyé à l'Ecole de Saint-Maixent d'où il sort premier, à l'examen de 1917 avec le titre d'Aspirant.

Mais l'ardeur patriotique n'étouffe pas dans cette riche nature les sentiments de la tendresse humaine : « Je suis heureux, écrit-il à sa mère, mais j'éprouve une impression que je n'ai jamais éprouvée, celle de me sentir éloigné de ma chère maman. » Et à la suite d'une visite à ses premiers maîtres, il traduit ainsi la délicatesse de son cœur : « Je ne puis te décrire l'accueil qu'on m'a fait. Tout ce que je puis te dire, c'est que j'ai ressenti une grande joie, une joie étrange, comme le jour de ma première communion et la première fois que j'ai porté l'uniforme français. Je conserverai toute ma vie un souvenir charmant de ce Collège qui a formé tant de héros. »

Enfin le voilà en route vers la zône de bataille. Il demande à son Colonel de partir le soir même sur le front, où se prépare l'offensive de la Malmaison, (octobre 1917).

Déjà remarqué par ses chefs, on lui confie le commandement d'une section pour l'assaut. L'heure est arrivée ; Jacques bondit sur le parapet, entraîne ses hommes, et arrive le premier sur l'objectif désigné, le château de la Motte. Il organise alors la défense à découvert ; sa capote est traversée de plusieurs balles de mitrailleuse.

A la suite de cet exploit, l'aspirant Garand est cité à l'ordre de la Division dans les termes suivants :

« Jeune chef de section d'un allant superbe. Au cours de l'attaque du 23 octobre a entraîné vaillamment sa section. A fait preuve de beaucoup d'initiative pour l'organisation de la position conquise. »

Le régiment relevé descend au repos, mais le jeune officier n'est plus l'enfant du début. Les journées d'émotion et de fatigue, ainsi que le contact de la mort ont fait de lui un homme. Ainsi que l'écrivait à sa mère M. le Directeur de l'Ecole Massillon, où Jacques avait passé ses dernières années d'études : « A sa dernière visite de permissionnaire, il avait déjeûné avec nous et il nous avait charmés non seulement par ses récits, mais par son entrain, sa modestie, sa généreuse ardeur. Tant d'épreuves l'avaient rapidement mûri. On pressentait chez ce jeune aspirant un officier d'élite, intelligent, vaillant et chrétien. Il me disait à cette dernière visite : « Je reviendrai faire ma philosophie, car je me rends compte que mes études sont incomplètes et qu'il me faut affermir et étendre mes idées. » Le propos n'était pas banal dans la bouche d'un aspirant de 18 ans encore tout chaud de la bataille. »

En Alsace où sa division est envoyée passer l'hiver il commence à réaliser ses projets d'étude. Mais les jours de repos sont rares ; souvent il faut faire, en première ligne, ce qu'il appelle une « guerre de Peaux-Rouges » c'est-à-dire des coups de main et des surprises. Le colonel visitant les tranchées, baptise sa section « la section des As » ; cet éloge le comble de joie. Aux premiers mois de 1918, l'annonce de l'offensive allemande enflamme son héroïsme. Il renonce à une permission longtemps attendue, mais son cœur de fils saigne à la pensée de ne pas revoir « sa chère maman » et il comprend maintenant le sacrifice qu'il lui a demandé. « Qu'on prie pour moi, dit-il, la grande lutte arrive ; il faut que je sois fort, intrépide, héroïque. » Il le fut.

On envoie sa division à l'autre extrémité du front pour soutenir les Anglais au moment de la poussée allemande sur Calais. Son régiment, le 30e d'Infanterie, est lancé dans l'enfer du mont Kemmel ; pas de tranchées ; rien que des trous d'obus remplis d'eau, des combats furieux et sans répit pendant 8 jours ; enfin l'assaut final des divisions allemandes. Le régiment d'élite auquel on a dit de tenir coûte que coûte se fait tuer sur place. Dans cette effroyable tourmente, qu'était devenu l'aspirant Garand ? Il avait trouvé une mort digne de sa vie. On a su qu'il était tombé en première ligne, à la tête de sa section qu'il entraînait à une défense désespérée.

En tête de son carnet de route, le jeune héros avait écrit : « Dieu, France, Foyer. » Et au-dessous, comme pour soutenir sa faiblesse dans la défense de ces trois amours : « Ne perds pas de vue qu'à l'heure présente tu es, par le choix, plus que les autres, un sacrifié, un libérateur, la pierre d'angle de nos espérances. »

Nobles paroles et noble cœur ! Ainsi, cet enfant de 19 ans a su tracer dans cette formule sublime l'idéal du chef ; puis il l'a réalisée en l'écrivant de son sang. Honneur à la race, aux familles, aux maîtres qui donnent à la Patrie de tels héros !

Abbé E. Niobey.

André GRUIN

(1907-1908)

ADJUDANT AU 131e RÉGIMENT D'INFANTERIE

Médaille militaire
Croix de guerre avec médaille d'argent

Adjudant au 131e Régiment d'Infanterie, Croix de guerre, Médaille militaire, André Gruin, après une enfance maladive qui avait interrompu ses études, se destinait aux affaires dans la maison de son père, quand la guerre éclata. Il s'engagea aussitôt au 131e Régiment d'Infanterie, et bien qu'il relevât à peine d'une grave maladie, il partit, sans atendre son rétablissement. Entré dans l'action, il fut blessé en septembre 1914, d'une balle au bras, au combat de Cierge, près Montfaucon, mais il ne tardait pas à rejoindre son régiment, en Argonne. Nommé chef de section en septembre 1916, il fut engagé dans cette grande bataille de la Somme, dont lui-même disait qu'elle était formidable et dépassait en horreur ce qu'il avait déjà vu en Champagne et en Argonne. »

Son âme, vibrante de foi chrétienne, de patriotisme exalté et de tendresse filiale, apparaît bien dans une lettre qu'il écrivait, le 15 septembre 1916, « dans un trou d'obus, » au moment de partir à l'assaut des lignes ennemies : « Ne craignez rien pour moi, écrivait-il, car j'ai grande confiance et je me place sous la protection du Seigneur. S'il m'arrivait de disparaître, ne me pleurez pas, car vous pouvez être certains que je me serai conduit en bon Français. »

Ce bon Français tombait quelques jours plus tard, le 2 octobre 1916, au combat de Raucourt, près Bouchavesnes, devant le bois Saint-Pierre-Wast, où dorment tant de héros. Frappé sur la ligne de combat, il avait reçu une seconde blessure, pendant qu'on le transportait au poste de secours ; c'est là qu'il mourut, fier de donner sa vie à la France, ainsi qu'il le disait, au moment d'expirer : « Embrassez pour moi mes parents, et dites-leur que je meurs pour ma patrie. »

Comme il était naturellement scrupuleux à l'endroit de ses responsabilités et de ses devoirs, il atteignit la véritable grandeur morale, et cependant il restait simple et bon. Ses chefs, son aumônier, son ordonnance, sont unanimes dans ce témoignage rendu à sa bonté qui lui avait conquis l'estime générale.

Il a mérité une glorieuse citation à l'ordre de la 125e division :

« Jeune chef de section d'une bravoure et d'un sang-froid à toute épreuve, s'est fait remarquer à maintes reprises par la conception élevée de ses devoirs ; a été mortellement blessé le 2 octobre 1916, à la tête de sa section qu'il maintenait sur les positions conquises sous un violent bombardement. »

Il avait vingt-trois ans !

Abbé J. DEDIEU.

⚜ ⚜ ⚜

Henri GUIEU

(1876-1885)

COMMANDANT AU 69e RÉGIMENT D'INFANTERIE

Chevalier de la Légion d'honneur

Commandant au 69e d'Infanterie, Légion d'honneur, Henri Guieu, élève à Massillon de 1876 à 1885, tombé glorieusement au nord d'Arras, le 22 mai 1915, était le neveu du R. P. Nouvelle, le vénéré fondateur de l'Ecole Massillon. Un maître qui l'a bien connu nous rappelait avec émotion que, dès son enfance, Henri Guieu, nature vive, spontanée, en-dehors, cordiale et sympathique, semblait né pour l'action et la vie militaire. Engagé à 18 ans, il conquit rapidement le grade de capitaine. Blessé deux fois, dans les Vosges et en Alsace, il avait refusé de quitter son poste, prenait part, avec le 4e Chasseurs, à la bataille d'Ypres et fut versé au 69e d'Infanterie.

A l'attaque de Neuville Saint-Vaast, le capitaine Henri Guieu fut frappé, à son poste même de commandement, en plein front par un obus de 130.

Il avait eu la suprême consolation de recevoir, vingt minutes avant sa glorieuse fin, la communication de son général lui annonçant, par téléphone, qu'il était promu Commandant à la date du 3 mai. Il ne put voir l'issue de ce combat terrible qu'il menait, avec ses hommes héroïques, depuis le 9 mai, sans arrêt, jour et nuit, sans vouloir être relevé par d'autres troupes, fier de voir que ses soldats « savaient tenir », alors « qu'on se battait avec des grenades, pied à pied, à un mètre de distance, trop rapprochés pour se servir du fusil, » mais avec une telle fougue « que les troupes allemandes de 1re ligne cédaient le terrain ».

Ce vaillant était un chrétien fervent ; il allait au combat, l'âme retrempée aux sources de la vie. Son lieutenant qui a raconté la belle mort du Commandant Henri Guieu écrit : « Le 9 mai, au matin, aux premières heures du jour, nous nous étions réunis une dernière fois avec l'aumônier pour recevoir la bénédiction de Dieu. La veille, un grand service avait eu lieu, car Jeanne d'Arc, le 8 mai, avait chassé l'ennemi de France, et nous demandions la foi et le secours de Dieu pour permettre à nos armées d'être victorieuses le 9. » La victoire si religieusement implorée par les sodats que l'on dirait des martyrs, ne devait couronner nos efforts que près de trois années après ces grands sacrifices. Des holocaustes où tombèrent des hommes tels que le commandant Henri Guieu étaient encore hélas ! nécessaires pour la rédemption de la France. Son corps repose dans le cimetière de Mareuil.

Abbé J. Dedieu.

Marc HOUYVET

(1906-1908)

Sous-Lieutenant
au 104e Régiment d'Infanterie

Chevalier de la Légion d'honneur
Croix de guerre avec palme

Cité à l'ordre de l'Armée le 8 décembre 1916 dans les termes suivants :

« Engagé volontaire pour la durée de la guerre. Officier d'un courage et d'un entrain remarquables. Tué le 12 septembre en s'élançant à l'assaut à la tête de sa section. »

Sa conduite lui valut d'abord la Croix de guerre avec palme puis la distinction très justement méritée, la Légion d'honneur.

Au lendemain de la déclaration de guerre, Marc Houyvet, dégagé de toute obligation militaire, s'engagea au 104e Régiment d'Infanterie. Son entrain, sa bonté, son énergie lui attirèrent rapidement la sympathie de ses camarades ; sa conduite devant l'ennemi et son exemple lui méritèrent leur confiance et leur admiration ; sergent, pendant les durs combats de Perthes-les-Hurlus (Champagne) en février 1915, il s'offrit volontairement pour occuper des points particulièrement dangereux et attaquer un boyau allemand ; tous ses hommes voulurent le suivre !

Son attitude devant l'ennemi le signala à l'attention de ses chefs ; en septembre 1915, au cours de l'offensive de Champagne, pour sa brillante conduite, il reçut, dans les tranchées allemandes récemment occupées, les galons de Sous-Lieutenant.

Officier, il continua à prêcher par l'exemple. Sa bravoure, son calme, son sang-froid, son mépris conscient du danger le firent admirer de tous. Il était adoré de ses hommes, pour lesquels il était non seulement le chef, mais encore l'ami et le confident ; par sa gaieté, sa bravoure, sa droiture et sa délicatesse de sentiments, il s'attira la sympathie de tous ses camarades : « On devinait ce qu'il était en le regardant dans les yeux et en lui serrant la main. » (Lettre de son colonel à ses parents).

Sa mort fut pour ses camarades et pour ses hommes un deuil cruel : il tomba face à l'ennemi le 12 septembre 1916 : « Il est mort bravement, chic, sans ostentation, comme on pouvait s'y attendre de lui. Une escouade seule de sa section montait à l'assaut ; il a tenu à en être et à monter en tête. Une balle en plein front l'abattit à cinq mètres de son trou d'obus. Vous voyez quels regrets peut laisser à ses camarades et à ses hommes un tel officier. » Qu'ajouter à ces lignes écrites à sa famille par un de ses camarades ? Elles sont l'expression des sentiments unanimes de tous ceux qui l'ont connu !

Il avait au plus haut point le sentiment du Devoir, de l'Honneur, l'Amour de la Patrie !

Le sentiment du devoir il le poussa jusqu'à l'abnégation la plus complète, jusqu'à l'héroïsme, en sacrifiant à la France ses affections les plus chères, sacrifice douloureux, mais voulu !

L'extrait suivant d'une lettre adressée par le Colonel commandant le 104e Régiment d'Infanterie aux parents de ce vaillant officier « pour qui le Devoir et l'Honneur étaient sacrés » retrace en résumé le splendide et noble caractère du véritable officier Français qu'était Marc Houyvet : « Il est mort en héros, dans un corps à corps terrible. Il était en tête de sa section. Ses hommes se sont énergiquement battus autour du corps de l'officier qu'ils adoraient et l'ont vengé.

Sa conduite mérite d'être citée comme exemple à tous les Français. »

Lieutenant Joseph DORNERIN.

Joseph HUET

(1914-1915)

SOLDAT AU 153e RÉGIMENT D'INFANTERIE

La guerre a pris Joseph Huet au moment où il finissait ses études, la captivité l'a ravi à l'Armée Française à l'heure où il donnait les plus belles espérances ; vie brisée, sans gloire apparente, mais dont il suffit d'entrevoir les débuts pour en deviner la réelle grandeur.

Comme le dit sa mère, comme il l'a écrit lui-même du camp où il était interné, « il aimait l'Ecole Massillon. » Il n'y était pas moins aimé, et nous sommes heureux que le nom de ce simple soldat figure parmi ceux de ses camarades qui ont eu le temps de mettre en valeur le même héroïsme.

« Entré joyeux et plein d'ardeur, lisons-nous dans une lettre de sa famille, au 4e d'Infanterie à Auxerrre, avec la classe 1916 dont il faisait partie, Joseph fut bien plus heureux encore lorsque l'heure arriva de s'approcher du front. Le 15 mars 1916, le 153e d'Infanterie vint demander du renfort, après avoir été décimé à Verdun. Notre petit soldat, qui n'avait pu s'engager au début de la guerre, malgré ses instances, partit alors comme combattant volontaire ; grande joie pour lui, car il appartenait maintenant à un régiment d'attaque. »

Le 5 avril, cette vaillante unité est appelée à Hancourt, dans la Meuse ; après deux jours d'une lutte terrible, il ne restait plus personne de sa compagnie. Joseph Huet avait été blessé, intoxiqué par les gaz, et il tomba aux mains des ennemis avec ses quelques camarades qui avaient échappé à la mort. Quelle déception pour lui !

Après 15 jours passés au camp de Giessen, il fut conduit à Cassel où il rencontra deux aumôniers français ; il entendait la messe tous les matins, avec ses compagnons de souffrance. Mais il ne se consolait pas de cette vie monotone, succédant à de si beaux rêves. Les fatigues physiques jointes aux épreuves morales eurent vite raison du peu de santé qui lui restait. Le 27 décembre, à l'âge de 20 ans, il fit de lointains adieux aux siens, à son pays qu'il n'avait pu servir autant qu'il l'aurait voulu, et il rendit sa belle âme à Dieu.

Ces martyrs obscurs, comme l'écrivait sa mère, ont contribué, eux aussi, à la délivrance de notre sol : « Mon cœur de mère a confiance en la bonté de Dieu, et les prières que nous adressons au Ciel pour nos glorieux morts obtiendront par eux le salut de la Patrie et sa résurrection chrétienne. C'était le vœu de notre cher petit Joseph, comme de tous ces jeunes gens qui ont appris à votre Ecole un patriotisme si ardent et si pur. »

Tels sont, en effet, les facteurs moraux d'une victoire où l'abnégation des enfants n'a d'égale que la sublime résignation de leurs mères.

Abbé F. CHARBONNIER.

Henri JAWORSKI

(1895-1903)

SOUS-LIEUTENANT D'INFANTERIE

Chevalier de la Légion d'honneur
Croix de guerre avec étoile d'argent

Mort pour la France à Neuville Saint-Waast, le 9 juin 1915.

Ce nous est un très vif regret de n'avoir point reçu de détails sur la campagne de Henri, qui fut huit ans notre élève. La citation suivante, à l'ordre de la Division, dit du moins quelle fut sa bravoure :

« Soldat dans l'âme, brave, plein d'entrain et de bonne humeur ; a été tué en exhortant ses hommes à la patience, sous le feu de l'artillerie ennemie, au moment où il s'apprêtait à aller de l'avant. La veille, avait fait 80 prisonniers ».

✤ ✤ ✤

Bernard de JOUFFROY-GONSANS

(1912-1914)

SOLDAT AU 251e RÉGIMENT D'INFANTERIE

Croix de guerre

Bernard entra chez nous en octobre 1912, en vue de préparer Saint-Cyr. Quand on parcourt la liste de ses camarades Massillonnais, jeunes gens si généreux, si ardents, si français d'âme et de tradition, on ne peut se défendre d'une profonde émotion. C'est presque une liste funèbre. Dix sont morts pour la France et plusieurs ont été cruellement blessés !

Parmi tant de destinées brisées, celle de Bernard a été particulièrement douloureuse.

Longtemps, en effet, a plané sur son sort l'effroyable incertitude. Parti avec le 251e d'Infanterie, Bernard de Jouffroy disparut, au cours d'une action, le 2 novembre 1914. Chargé, avec quelques camarades, de défendre une tranchée isolée, il put en assurer, sous un feu violent, le ravitaillement en cartouches. Mais des forces très supérieures menaçaient de cerner ces braves ; on leur donna l'ordre de se replier au plus vite. C'est au cours de ce mouvement que Bernard de Jouffroy fut grièvement blessé ; ses camarades le virent tomber ; les Allemands durent le relever mourant, et sans doute, ils l'ont enseveli dans cette tranchée qu'il avait si vaillamment défendue. De sa mort, il n'y a plus, hélas ! lieu de douter ; mais nous ignorons encore les dernières circonstances de sa fin tragique et le lieu de sa sépulture. En citant à l'ordre du Régiment « le soldat de Jouffroy-Consans, » le Colonel du 251e rendait hommage « à son moral élevé et à sa belle énergie dont il fit preuve en toutes circonstances. »

Par son courage et par son sacrifice conscient, Bernard a ajouté un glorieux rayon au lustre de sa noble famille.

Abbé J. DEDIEU.

Abbé Jean LAJULE

(1897-1901)

SOUS-LIEUTENANT

AU 174e RÉGIMENT D'INFANTERIE

Chevalier de la Légion d'honneur

Croix de guerre avec palme et étoile

« Je vous envoie pour me gagner des âmes » disait Notre Seigneur à ses disciples. L'abbé Jean Lajule, après s'être formé d'abord à l'Ecole Massillon pendant 4 ans 1897-1901, puis aux Grands Séminaires de Bourges et de Rouen, s'est employé à la réaliser cette recommandation du Maître, soit à l'Ecole Fénelon d'Elbeuf comme professeur, soit au 24e Régiment d'Infanterie comme sergent et au 174e comme Sous-Lieutenant. Il avait reçu de son Dieu, la victime du Calvaire, et de son père, Officier de 1870, une même consigne : se dévouer jusqu'au sacrifice.

Ce mot d'ordre le rend admirable de bravoure à Charleroi, le presse de quitter l'hôpital où il guérit ses blessures, lui rend le dépôt insupportable, enfin fait de lui un héros dans les boues de l'Yser et sur les pentes de Notre-Dame de Lorette. « Comme prêtre, écrit-il dès son premier contact avec l'ennemi, j'ai fait mon strict devoir. Je me serais cru déshonoré devant ma conscience et mortellement coupable devant Dieu, si je n'avais pas usé de mes pouvoirs sacerdotaux au moment où mes camarades en avaient besoin. Je n'imagine pas que la Providence m'ait donné la charge et l'honneur du sacerdoce pour y renoncer prudemment aux instants périlleux. Je n'ai qu'une inquiétude, c'est de me demander si j'ai bien fait tout ce que j'ai pu, et qu'une ambition : recommencer. »

Quand, blessé, il est évacué, il n'a de joie et de contentement que de retourner au front : « Je ne suis pas très gai en ce moment, écrit-il de Pau ; mon devoir est de retourner avec mes camarades et je considérerais comme criminel de faire quoi que ce soit pour m'y soustraire, criminel envers le Bon Dieu surtout, qui m'a si visiblement protégé et que je désire de toutes mes forces aller servir de nouveau auprès des mourants. »

Le souci des âmes le préoccupe et lui fait paraître amères les douceurs de sa convalescence. « Je ne pouvais m'empêcher de penser que, tandis que j'étais tranquille, il y avait là-bas des gens à qui le secours d'un prêtre pourrait procurer au dernier moment la plus grande consolation de la vie. Et puis la pensée de tous ces petits de Fénelon à qui nous devons l'exemple m'encourageait encore à mieux faire. »

La vie de l'arrière lui semble « dure » comme aux vrais héros. « Je m'en vais de bon cœur, puisque c'est moi qui ai fait depuis 15 jours des démarches répétées pour obtenir cette faveur. » Et le voici dans les marais de l'Yser pendant les mois de février et de mars 1915. « Le canon gronde sans interruption et nous rappelle que nous sommes des « *morituri.* » Mais ma grosse préoccupation est de savoir si je fais tout ce que je peux pour mettre le plus possible de mes camarades en état de supporter le jugement de Dieu. Il me semble que je ne sais et n'ose pas assez m'y prendre. Priez donc le Bon Dieu qu'Il me donne l'audace nécessaire ; je ne voudrais pas être le serviteur qui enfouit le talent. »

Il s'en faut qu'il le soit. Le printemps revient et avec lui la Pâque chrétienne ; mais aussi la lutte va reprendre sur les collines de l'Artois. Il y vient en renfort et il écrit : « J'ai trouvé à la brigade un aumônier ; nous nous partageons les confessions pascales et tâchons de profiter de l'accalmie pour remettre de l'ordre dans les consciences, car ici je ne me fais pas beaucoup d'illusion sur le sort qui m'attend. Je commence ici-bas les fêtes pascales et j'irai probablement les clore près du Bon Dieu. C'est une pensée qui m'est maintenant familière et qui ne me cause aucune tristesse. Je veux seulement bien employer le temps qui me reste, à faire le plus possible mon ministère de prêtre. Ce serait un vrai charme pour moi de paraître devant le Bon Dieu avec quelques amis à qui j'aurais rendu la grâce... Et puis qu'on ne soit pas triste si l'on apprend ma mort. Ce sera mon « *Dies natalis* », mon jour de naissance à l'autre vie. Vous en profiterez pour donner aux enfants de l'Ecole l'impression très nette que la mort n'est pas une catastrophe, quand on croit et que l'on n'a point peur de se trouver face à face avec Dieu. »

Il est tué ; la croix de guerre, une citation à l'ordre de l'armée, la croix de la Légion d'honneur attestent que les hommes ont officiellement reconnu la qualité du métal pur et résistant dont son âme était faite, mais nul témoignage n'égale l'éloge de l'un de ses chefs. « Il a été le modèle de toutes les vertus militaires et morales : excellent chef, plein de zèle et d'entrain, d'une bravoure à toute épreuve ; un homme d'un tact parfait, très aimé dans toute la compagnie, en même temps animé d'un zèle admirable et intelligent pour le salut des âmes. Nous ne saurons jamais tout le bien qu'il a fait. » C'est l'éloge le plus beau qu'on puisse faire de lui.

Abbé J. Michel.

Edouard LAURENT-BARRAULT

(1893-1896)

Sergent au 115e Régiment d'Infanterie

Quand la guerre éclata, Edouard Laurent venait de fonder, depuis un mois à peine, un foyer, et devant lui s'ouvrait un avenir de bonheur. Versé aux services auxiliaires, il n'a de repos qu'il ne soit accepté, après vingt demandes, au service actif.

Il s'engage alors au 115e Régiment d'Infanterie, est nommé, peu après, sergent et, dans son bonheur, écrit à son père : « J'ai demandé et obtenu le grand honneur de conduire au feu les premiers contingents. Je pars demain ; inutile de te dire combien je t'aime ! » Mais s'il aimait, avec tendresse, sa famille et sa toute jeune femme, il aimait avec ardeur, avec exaltation, la France immortelle ; et, dans cette ferveur mystique, il absorbait toute autre affection. Hélas ! il ne put servir longtemps cette Patrie qu'il voulait protéger de son corps, et qu'il aurait eu tant de joie de contempler, rayonnante dans la victoire ! Quinze jours après son arrivée au 115e, il était frappé, à Arvillers, dans la journée du 23 novembre 1914. La blessure était atroce : le bras droit, le côté, tout le corps était traversé, le poumon perforé. « Ses dernières paroles, écrivait le commandant Richard, de la 4e compagnie, ont été pour sa jeune femme et pour sa chère patrie qu'il aimait tant et qu'il regrettait de n'avoir pu mieux servir. »

Magnifique exemple, qui constitue une noblesse pour une famille, et ce n'aura pas été sans joie que, de là-haut, Edouard Laurent aura pu voir les siens continuer, après sa disparition, ce qu'il avait la grande ambition de faire : Servir la France. Au service de la Patrie, de ses enfants blessés et malheureux, la noble mère d'Edouard consacra toutes ses forces et ses revenus à un hôpital bénévole, qu'elle avait fondé à Paramé, et dont elle demeura jusqu'au bout la directrice active et généreuse.

Abbé J. Dedieu.

Jean LEDUC

(1889-1895)

Docteur en médecine

Médecin-major de 2e Classe
au 114e Régiment d'Infanterie

Chevalier de la Légion d'honneur
Croix de guerre avec palme et étoile
3 Citations françaises
1 Citation américaine

Jean-Paul Leduc fut élève de Massillon de 1889 à 1895. C'était une nature délicate, consciencieuse et profondément religieuse.

Il s'était consacré à la médecine qu'il exerçait à Paris, avec un vrai succès. Quand la guerre éclata, Jean, à qui son âge aurait permis d'être affecté à une formation de l'arrière, demanda instamment à prendre, au 114e d'Infanterie, les fonctions de chef de service. « Il avait su conquérir, dit son Colonel, tous ceux qui l'approchaient. La guerre l'intéressait et l'absorbait. Il parcourait la ligne de feu, sans souci du bombardement, et raillait, avec son fin sourire, la Mort qui a fini par s'irriter. Le 11 juin 1918, après avoir installé ses postes de secours dans les caves du village de Méry, dont une partie venait d'être enlevée par le 114e il est blessé par un éclat d'obus à la cuisse. Simplement, il se le fait extraire, et après un sommaire pansement, il continue à assurer ses délicates fonctions. Le 12 juin, il parcourt les bataillons qui sont sur la ligne de feu, afin de s'assurer que les blessés ont été enlevés du champ de bataille. Le 13, un de ses postes de secours dans Méry est incendié par un obus ; il accourt, sous le bombardement, pour en diriger l'évacuation. Il est alors frappé d'un éclat d'obus au cœur, et tombe à son poste de combat.

Le major Leduc avait mérité 4 citations, dont une à l'ordre de l'armée, et une américaine.

« Médecin d'un dévouement remarquable ; du 25 au 30 octobre 1916, s'est dépensé sans compter dans l'organisation du transport des blessés qu'il est allé surveiller jusqu'aux lignes les plus avancées. A prodigué ses soins nuit et jour au poste de secours, assurant les évacuations avec un ordre et une rapidité dignes des plus grands éloges. »

Leduc, que les soldats admiraient pour sa bravoure insouciante, avait cependant prévu la terrible échéance et dans sa lettre d'adieu écrivait : « Il ne faudra pas pleurer, car, je le jure, je mourrai heureux s'il faut donner ma vie pour la France. » Ce sont là des paroles d'une grandeur et d'une beauté souveraines, qui révèlent les trésors cachés d'énergie et de noblesse qui faisaient, de la France de 1914, l'inépuisable source des héroïsmes et des sacrifices. Le conseil municipal de Méry a donné son nom à la rue principale du village, et une inscription rappelle cette mort héroïque.

Abbé J. Dedieu.

Yves Le GONIDEC de PENLAN
(1911-1915)

SOUS-LIEUTENANT
AU 158e RÉGIMENT D'INFANTERIE

Chevalier de la Légion d'honneur
Croix de guerre avec 2 palmes

Quand Yves le Gonidec tomba héroïquement à la tête de sa compagnie au combat d'Orfeuil, le 4 octobre 1918, son Colonel dit de lui : « Je viens de perdre l'officier le plus complet et le plus magnifique que j'ai rencontré pendant cette terrible guerre, un brave parmi les braves, un héros au-dessus de tous les héros, et dont la mort a égalé en héroïsme son héroïsme de chaque jour. »

Ce héros sublime était encore un enfant. Il n'avait que 21 ans. Ses études finies après cinq années passées à l'Ecole, il s'engageait à 17 ans au 2e Cuirassiers. Son frère Guy l'y rejoint l'année suivante. Les deux frères, rivalisant d'élan patriotique, demandent à passer de la cavalerie dans l'infanterie « pour être plus à l'action et au danger. » Je hasarde quelque objection de prudence bourgeoise. Leur mère, aussi héroïque que ses fils, me répond : « Ces enfants s'élèvent à la hauteur de leur courage. Ils m'inspirent un esprit que je ne me connaissais pas. Je me ferais un reproche de les retenir. »

Incorporé au 158e d'Infanterie, Yves se fait remarquer par son brillant courage, conquiert rapidement le grade de Sous-Lieutenant. Il mérite une première citation à l'attaque du chemin des Dames, une seconde le 29 mai 1918, « pour avoir dans un combat des plus difficiles, sur un plateau balayé par des feux croisés de mitrailleuses, commandé sa compagnie, qui était en soutien, avec un calme et une énergie parfaite, faisant à plusieurs reprises face à l'ennemi et conduisant lui-même ses hommes, un fusil à la main. Bien que blessé gravement, a conservé son commandement jusqu'à ce que son unité soit rentrée dans nos lignes, a été évacué sur l'ordre de son commandant. *(Citation à l'ordre de l'Armée.)*

« Le 27 septembre, il entraîne brillamment sa compagine, refoule l'ennemi, gagne 3 kilomètres de terrain en profondeur, se maintient sur son objectif avec une superbe énergie, repoussant deux contre-attaques d'un ennemi agressif et très supérieur en nombre. » *(3e Citation).*

Il succombe le 4 octobre, alors que, sur un plateau dénudé et balayé par les mitrailleuses, il essaye, debout, ne songeant qu'à ses hommes, de les abriter dans les trous d'obus. Il meurt avec la vision de la victoire finale : « On les aura, n'est-ce pas ? » Telles furent ses dernières paroles.

La victoire, le salut de la France, tout son cœur est là. Dans la première phase de l'action, il s'est emparé d'une batterie d'Artillerie Lourde et il n'en a rien dit. Son capitaine l'apprend, lui en fait le reproche, ajoutant qu'il le propose pour la Légion d'honneur. « Je ne me bats pas pour la gloire, » répond Yves avec une modestie revélatrice de ses pensées profondes. Et pourquoi se bat-il donc, cet enfant ? Il se bat pour la France, sa mère, qu'il sait en grand péril ; il se bat pour la justice et pour le droit, il se bat, parce que c'est le devoir, à la fois humain et divin. C'est pour ces grandes choses, et non pour une vaine fumée de gloire que ce héros chrétien est prêt à mourir et qu'il meurt. Il meurt « comme les prêtres qui sont dans le rang, » — le mot est de lui, — assuré que son sacrifice s'élèvera comme une prière suppliante et rédemptrice jusqu'au cœur de Dieu et qu'il sera d'un exemple efficace sur ses hommes.

Ses hommes, comme il les aimait et comme ils l'aimaient ! « Dans l'armée française, écrivait-il à ses parents, on est obligé, quand on a du cœur, d'aimer son métier pour ses poilus. J'ai toujours grand plaisir à les retrouver en revenant de permission, surtout quand ils sont au feu. Car, une chose aussi est devenue vraie durant cette longue guerre, c'est que les poilus se battent pour leurs officiers et parce qu'ils les aiment. C'est ce qui fait la puissance énorme de notre force. Nous sommes, je crois, la seule armée dans ce cas, et c'est pourquoi cette force brisera tous les obstacles. »

Yves a été nommé Chevalier de la Légion d'honneur.

« Jamais la Croix des braves ne fut mieux placée, a dit son capitaine. Il était le meilleur parmi les meilleurs ! »

Le médecin de son Régiment écrivait de lui : « C'est lui qui m'avait reçu au 158e. Dès l'abord, sa franchise, son énergie, sa confiance juvénile, sa foi, pour mieux dire, à tout ce qui était élevé, idéal et chrétien, m'avaient séduit. Bien souvent son exemple et sa vie m'ont ranimé. »

Que la Croix d'honneur, symbole de l'esprit de sacrifice, hommage d'une reconnaissance inaltérable de la France, soit aussi pour une noble famille broyée par la douleur et pour les amis d'Yves, le symbole de l'espérance et le gage des éternelles consolations !

A. CHAUVIN.

⚜ ⚜ ⚜

Henri LEGROS

(1890-1897)

SERGENT AU 272e RÉGIMENT D'INFANTERIE

Croix de guerre

C'était un terrien à l'âme paisible. Bon, compatissant, il s'était créé de nombreux amis, depuis la période de sept années qu'il passa à l'Ecole Massillon, jusqu'au moment où la guerre vint l'arracher aux travaux des champs, dans la ferme-modèle qu'il dirigeait en Seine-et-Oise, à Soisy-sous-Etiolles. Il venait d'y fonder un foyer et avait déjà deux fillettes qu'il adorait.

Il lui en coûta horriblement, comme l'écrit sa mère, de quitter tout ce qui était sa raison de vivre. Optimiste par nature, il n'avait pu croire à la guerre ; mais, quand sonna l'heure du départ, il n'hésita pas : « Je ferai tout mon devoir, » dit-il simplement ; et il alla prendre sa place au 72e d'Infanterie, comme sous-officier.

Envoyé plus tard au 272e, il s'y attira les plus profondes sympathies ; il aimait ses hommes et il en était aimé. Pour ne pas les quitter, il refusa d'être nommé sous-lieutenant.

Blessé deux fois, il n'avait pas songé à se plaindre ; il pouvait espérer qu'il serait rendu à la tendresse des siens. Hélas ! il ne devait pas voir la victoire ! La mort, qui l'avait épargné jusqu'en 1918, l'attendait quelques mois avant l'armistice ; le 21 juillet 1918, il partit à l'attaque avec sa section à Villemontoire, dans l'Aisne ; il était 5 heures du matin ; 10 minutes plus tard, les mitrailleuses allemandes anéantissaient cette poigneé de braves ; Henri Legros était au nombre des victimes.

Ce ne fut qu'après quatre jours de rudes combats que nos troupes purent avancer pour ensevelir ces héros.

La famille éplorée d'Henri Legros reçut, bientôt après, sa Croix de guerre avec la citation suivante :

« Excellent sous-officier, très dévoué ; s'est dépensé sans compter pendant les journées du 15 et 18 juin, faisant preuve de beaucoup d'entrain ; a été tué devant Villemontoire, à l'attaque, le dimanche 21 juillet. »

Comme il l'avait promis, ce « pacifique » avait fait « tout son devoir. »

Abbé F. CHARBONNIER.

⚜ ⚜ ⚜

Ernest LEGUÉRY

(1909-1913)

CAPORAL AU 114e RÉGIMENT D'INFANTERIE

Médaille militaire

Croix de guerre avec étoile de vermeil

On retrouve dans Ernest Leguéry les sentiments délicats et élevés de sa mère et de son père.

Ame généreuse, vibrant toujours à l'évocation de toutes les belles causes, Ernest Leguéry fut d'abord à l'Ecole un membre très dévoué des Conférences de Saint-Vincent de Paul. Au régiment il continua sa mission de charité, s'ingéniant à soulager les souffrances et les fatigues des jeunes soldats ses camarades. D'un patriotisme ardent et éclairé, il se sentait profondément humilié par les provocations de l'Allemagne et se jeta, avec sa fougue de dix-huit ans, dans le mouvement qui porta la jeunesse scolaire à soutenir énergiquement le gouvernement dans le vote de la loi de trois ans.

Quand l'heure grave de la mobilisation arriva, il n'avait pas encore été appelé sous les drapeaux. Impatient de *servir*, il se met, avec son ami Robert Lallement, pendant les semaines qui le séparent de l'appel à la caserne, à la disposition de M. le Curé de

Nogent-sur-Marne pour l'organisation des ambulances de la paroisse, et il s'emploie à cette mission avec une activité et un dévouement au-dessus de tout éloge ; il racontait le soir à ses parents, avec une émotion communicative, qu'un pauvre blessé lui avait souri et dit « merci ».

Le 3 septembre, son tour de partir arriva ; il se rendit au Hâvre au 129e de ligne. Dans les dépôts on multipliait les exercices. Ernest passa son examen de chef de section et le 20 janvier fit partie d'un bataillon de marche composé de deux compagnies du 129e et de deux du 24e. A la suite d'une revue passée par un Contre-Amiral, ordre fut donné de retrancher des Etats de départ les jeunes caporaux. Cuisante déception ! Ernest Leguéry se fit alors solliciteur ; il importuna ses officiers, leur représenta qu'il était vigoureux, et leur arracha la faveur de partir à la place d'un père de famille. Ce fut alors une joie débordante ; enfin il allait travailler directement à la libération du territoire.

Versé au 114e de ligne, il prend part au nord d'Arras, au terrible assaut du 9 mai. De sa propre volonté, il était allé pendant la nuit précédente, couper les fils de fer de la tranchée allemande. En homme qui a fait le sacrifice de sa vie, Ernest Leguéry fait ses recommandations suprêmes à l'un de ses camarades, puis il s'élance à la conquête de la tranchée, contribue à l'organiser ; le soir s'étant dressé sur le parapet pour encourager son escouade, il tombe frappé d'une balle à la tête. « Si tu peux, avait-il dit à son camarade, tu m'enterreras et tu mettras une croix sur ma tombe avec une inscription très lisible. »

Le confident du caporal Leguéry ne put mettre à exécution cette dernière recommandation. La tranchée fut reprise par les Allemands et l'on n'a jamais su en quel endroit ni dans quelles conditions le jeune héros avait été enterré.

Il a été cité à l'ordre du jour du Corps d'armée en ces termes :

« Caporal au 114e d'infanterie, pendant la défense d'une tranchée conquise sur l'ennemi, le 9 mai, a donné l'exemple du plus magnifique courage en montant pour mieux tirer sur le parapet. Tombé glorieusement. »

18 Mai 1915. 9e Corps d'Armée.

Abbé L. ROUSSEL.

⚜ ⚜ ⚜

Paul LEMAITRE

(1900-1903)

SERGENT AU 115e RÉGIMENT D'INFANTERIE

Paul Lemaître fut parmi les premiers qui s'opposèrent à la ruée allemande ; il fut aussi parmi les premières victimes.

Parti au front le 25 août 1914, il fut atteint d'un éclat d'obus le 15 septembre et fut évacué dans une ambulance d'Evreux, à peine organisée ; malgré l'amputation du bras droit, il mourut du tétanos le 23 septembre.

Le supérieur du Séminaire d'Evreux a écrit qu'il était mort en bon chrétien, tel que nous l'avions connu à l'Ecole Massillon ; il avait d'ailleurs, le jour de son départ, communié à Paris, à Notre-Dame des Victoires.

C'est à ces morts prématurées, survenues aux sombres jours de nos défaites, que nous devons d'avoir vu plus tard les victoires définitives.

Abbé F. CHARBONNIER.

⚜ ⚜ ⚜

Henri LEMARINIER

(1878-1884)

LIEUTENANT AU 11e TERRITORIAL D'INFANTERIE

Croix de guerre avec palme

Mort pour la France à Bucquois, le 4 octobre 1914.

Nous regrettons de n'avoir pu obtenir les renseignements nécessaires sur les états de service de ce vaillant officier.

⚜ ⚜ ⚜

Albert LIÉNARD

(1901-1903)

ADJUDANT AU 52e RÉGIMENT D'INFANTERIE COLONIALE

Croix de guerre avec étoile d'argent

D'une nature affectueuse, très attaché à

ses parents, très fidèle à son Ecole et à ses maîtres, très sympathique à ses camarades, Albert Liénard était d'une santé délicate depuis une opération qu'il dut subir en 1900. La mobilisation l'appela d'abord à des travaux qui dépassaient déjà ses forces, dans les services de l'arrière ; mais il ne voulut pas y rester et s'engagea dans un service de Sous-Intendance du front. Nommé Adjudant, il fut versé au 52e d'Infanterie Coloniale, en 1917 ; il dut faire appel à toutes ses énergies pour répondre à la confiance de ses chefs.

Pendant une année, il lutta contre des souffrances physiques perpétuelles ; mais l'âme restait toujours forte, dans ce corps exténué. Le 10 juin, il partait avec sa section à l'attaque de la Cote 204, près de Château-Thierry. Le 11, il était grièvement blessé, ayant eu la main gauche emportée, et, quelques heures plus tard, sur le même champ de bataille, il fut mortellement frappé d'un éclat d'obus à la tête.

Comme l'écrivait sa famille, « Dieu, en le rappelant à lui, abrégea ses souffrances ! » Il avait 29 ans et n'avait connu de la vie que les épreuves physiques, dont il avait triomphé à force de volonté et d'indomptable endurance.

Le Général Marchand, Commandant la 10e Division d'Infanterie Coloniale, le cita à l'ordre de la Division en ces termes :

« Sous-officier très courageux ; a entraîné vaillamment sa section à l'assaut. A trouvé une mort glorieuse au cours de la progression. »

Albert Liénard était sincèrement religieux ; il faisait partie de la Conférence de Charité de nos Anciens. Il trouvait dans ses croyances un allègement de ses épreuves ; de pareils sentiments l'ont accompagné jusqu'à sa mort, qui fut celle d'un héros et d'un chrétien.

Abbé F. CHARBONNIER.

✠ ✠ ✠

Louis MARLAUD

(1896-1900)

CAPITAINE D'INFANTERIE

Mort pour la France dans les derniers jours de 1917.

Ce nous est un très vif regret de n'avoir reçu aucun renseignement au sujet du Capitaine Marlaud. Sa famille avait quitté Paris depuis longtemps au moment de la guerre.

✠ ✠ ✠

Jacques MASSOT

(1895-1901)

SOUS-LIEUTENANT

AU 153e RÉGIMENT D'INFANTERIE

Croix de guerre

Cœur éminemment charitable, il semblait avoir pris pour devise cette parole des Saints Livres : « Il est passé en faisant le bien. »

A l'Ecole Massillon, où il fut un élève modèle, il consacrait les heures libres du jeudi et du dimanche aux enfants du peuple, dans le patronage de l' « Union familiale. »

Ses études terminées, il résolut de se donner tout entier à cette œuvre de dévouement ; véritable religieux dans le monde, il devint le directeur de cette admirable association.

Mais il allait répondre, durant la guerre, à une vocation plus haute. Sous-Lieutenant au 153e d'Infanterie, il y obtint la citation suivante, à l'ordre du Régiment :

« Chargé d'organiser et de diriger des équipes de grenadiers et de bombardiers, a obtenu en peu de temps des résutats remarquables par son autorité, son initiative et son courage. »

La mort l'attendait sous Verdun ; il fut mortellement atteint le 8 avril 1916, dans sa 32e année.

S'il était passé « en faisant le bien » durant la paix, il atteignit dans la tourmente le suprême idéal de l'Evangile, en donnant sa vie pour nous sauver, à l'exemple de Celui qu'il s'était proposé de suivre jusqu'au Calvaire.

Abbé F. CHARBONNIER.

INFANTERIE — ARMES DIVERSES

✠ ✠ ✠

Fernand MÉQUET
(1908-1909)

Elève à l'Ecole Spéciale des Travaux publics

CAPORAL AU 25e RÉGIMENT D'INFANTERIE

« Fernand Méquet avait une figure ouverte et avenante, une volonté énergique et tenace, une discrétion qui allait jusqu'au scrupule. Cœur très affectueux, il savait témoigner, même sans paroles, la reconnaissance que lui inspiraient les attentions que l'on avait pour lui ou pour ses frères. »

Tel est le portrait qu'a tracé du jeune Fernand, M. le docteur Leclerc, de Saint-Lô, qui, pendant six ans, avec une sollicitude touchante, servit de correspondant et de père au jeune orphelin et à ses quatre frères.

Petit-fils d'Amiral, Fernand quitta le collège de Saint-Lô en 1908 pour préparer l'Ecole Navale chez nous et au Lycée Saint-Louis. Il a laissé à l'Ecole Massillon le souvenir d'un élève modeste, consciencieux et sympathique.

Trois ans plus tard, ne prévoyant pas pour la marine de chances de succès, il suivit les cours de l'Ecole spéciale des travaux publics à Paris. Après trois années d'études sérieuses, il sortait en juillet 1914, classé le troisième, avec le diplôme d'ingénieur électricien.

Lors de la mobilisation, ses aptitudes le désignaient tout naturellement pour le Génie militaire. Il tint absolument, le 9 novembre 1914, à être incorporé au 25e Régiment d'Infanterie, simple fantassin, « comme mes frères » disait-il. Au mois de juillet suivant, il était caporal, et, en cette qualité, recevait souvent des missions de confiance de son Capitaine qui avait pour lui une grande estime.

Le 22 août 1915, il fut frappé d'une balle dans la gorge, en allant surveiller la construction d'un boyau de communication dans le bois de la Gruerie, aux environs de Vienne-le-Château.

Transporté à l'ambulance, il ne reprit point connaissance et succomba quelques heures après. Il repose maintenant au cimetière de Neuville-au-Pont (Marne).

Abbé E. NIOBEY.

✠ ✠ ✠

Jean NOËL
(1905-1909)

Avocat, Diplômé des Sciences Politiques

SOUS-LIEUTENANT
AU 5e RÉGIMENT D'INFANTERIE

Chevalier de la Légion d'honneur
Croix de guerre avec palme

Rouergat par ses ascendants paternels, Corse par ses ascendants maternels, issu d'une famille établie depuis deux générations à Paris, Jean Noël reflétait dans son caractère l'énergie de sa race et le sérieux de l'éducation qu'il avait reçue au foyer. Externe tout d'abord au lycée Janson-de-Sailly, ses études subirent une crise vers l'âge de treize ans. Son père, d'une affection très ferme, le confia alors comme interne aux Maîtres de l'Ecole Massillon.

Cette double sollicitude attentive porta ses fruits. Jean Noël fut reçu à son baccalauréat de philosophie avec la mention Bien. La carrière des Consulats, si longue et si difficile de préparation, l'attirait. Intelligent, opiniâtre, travailleur, soutenu dans son rude labeur par son esprit chrétien, par sa ténacité naturelle et par un père qui pouvait contrôler et stimuler ses progrès, il passa ses seize examens de l'Ecole des Sciences morales et politiques dont il conquit ainsi le diplôme, ses trois examens de la licence en droit, et se préparait à affronter la licence ès-lettres-histoire, quand la guerre éclata. Il était donc très sérieusement armé pour aborder avec de grandes chances le concours des Consulats. Entre temps, en 1912-1913, il avait fait 12 mois de service militaire, dont les six derniers comme sous-lieutenant, au 41e d'Infanterie.

Il partit comme officier au premier jour de la mobilisation, se battit en Belgique, puis sur la Marne. Epuisé par la dureté de la campagne, il tomba malade dans les tranchées de Craonne et fut évacué sur Toulouse.

Rétabli peu après, il regagna son dépôt et fut envoyé aux Sables d'Olonne pour y accomplir un stage d'officier mitrailleur. Frappé d'une fièvre typhoïde qui le tint plusieurs mois loin du front, il fut, à peine convalescent, désigné comme instructeur des jeunes recrues au camp de Coëtquidan. Vite lassé de cette besogne sans danger et sans gloire, sinon sans utilité, il demanda à repartir et s'enfonça, pour n'en pas revenir, dans la fournaise de Verdun.

Le 1er juin 1916, il tenait avec son régiment les pentes sud-ouest du fort de Douaumont, quand à 9 h. 15 un éclat d'obus le frappa à la tête et le coucha dans la mort. Le décret qui le fit Chevalier de la Légion d'honneur, dit de lui : « Officier d'un entrain et d'un courage admirables. Tué glorieusement le 1er juin 1916 à Douaumont. »

Abbé D. Sabatier.

André NORMANDIN

(1900-1907)

Caporal au 36e Régiment d'Infanterie

Il fut notre élève durant 6 ans ; enfant charmant, souriant à la vie, très gai et foncièrement religieux. Il était allé, jeune encore, continuer ses études au Collège de Juilly.

Ses qualités de sympathie rayonnante se déployèrent jusqu'à la guerre, et il sut y joindre alors la noble assurance de ceux qui partirent les premiers pour la frontière.

Il n'eut que le temps de s'opposer, avec ses camarades du 36e d'Infanterie, à la ruée des barbares ; dès le 22 août 1914, il était porté disparu. Le grand silence qui s'est fait sur ces glorieuses victimes des premiers combats ne doit pas nous faire oublier leur héroïsme ; leur poitrine servit de bouclier à la France et nous valut la victoire qui devait nous sauver, à ces heures tragiques. Nous gardons avec une reconnaissance émue, avec une paternelle affection, gravée au fond du cœur, l'image du généreux et aimable enfant que fut André Normandin, mort pour son pays.

A. Chauvin.

Jean PARÉ

(1901-1905)

Soldat au 131e Régiment d'Infanterie

Les âmes que soigne le Jardinier divin n'ont ni le même parfum ni la même saveur. Il aime la variété dans les fleurs de ses parterres et dans les fruits de ses vergers. La beauté du monde spirituel est faite de toutes ces nuances. Il y a des caractères ardents et enthousiastes, d'autres sont plutôt calmes et timides.

Jean Paré était de ces derniers, au souvenir de ses maîtres comme au dire de sa mère. « Il était bien pacifique, » écrit-elle. C'était une nature aimante et douce, d'une simplicité confiante et d'une droiture parfaite. Il était aimé de tous.

Docile aux conseils de ses professeurs, comme il l'était à ceux de ses parents, « il trouva sur sa route, continue sa mère, de saints éducateurs dont il reçut de bonnes impressions qu'il conserva toujours intactes. Jamais il ne manqua à ses devoirs religieux. »

Au moment de la déclaration de guerre, il était soldat au 131e Régiment d'Infanterie. Il faisait partie de l'armée active, de ces jeunes gens qui durent suppléer à notre pénurie d'artillerie lourde par la généreuse oblation de leurs poitrines et le sacrifice total de leurs vies. Le 2 septembre 1914, Jean Paré prit part au combat de Cierges aux environs de Montfaucon. Ce qui lui arriva, ce fut simple et ce fut grand. Sa mère le raconte sans phrase. « Il fit bravement son devoir de soldat ; il en est mort. Que le bon Dieu le reçoive comme tous les martyrs du devoir ! »

Abbé J. Michel.

✠ ✠ ✠

Maurice PATEY

(1904-1910)

Engagé volontaire
au 210e Régiment d'Infanterie

Comme tant de généreux enfants, Maurice Patey, à peine âgé de 18 ans, s'engagea dès le début de la guerre ; il revenait d'Allemagne et il savait, pour l'avoir vu de près, à quel redoutable ennemi nous avions affaire. Il fit bravement son devoir, supporta avec vaillance les fatigues de la campagne et succomba glorieusement à la redoute du Bois Brûlé près de Saint-Mihiel, le 28 novembre 1914.

Ceux qui ont connu Maurice Patey, pendant les années qu'il a passées à l'Ecole de 1904 à 1910, savent quelle âme généreuse et quel bon cœur se cachaient sous des dehors un peu indolents, et nous avons l'invincible espérance que Dieu a déjà récompensé son sacrifice si spontanément offert pour la patrie en danger.

Abbé C. GUESDON.

Emile PELLÉ

(1902-1905)

SOUS-LIEUTENANT

AU 102e RÉGIMENT D'INFANTERIE

Croix de guerre avec étoile de vermeil

Emile et Jean Pellé ont passé à l'Ecole, avant de quitter Paris pour la province, leurs jeunes années, et ils y avaient laissé tous les deux le souvenir de natures exquises de douceur, de fidélité et de délicatesse.

Lorsque Emile tomba, à 20 ans, victime des balles ennemies, son père était blessé et prisonnier, son frère Jean se trouvait dans la tourmente.

Dans ces instants de poignante douleur, Mme Pellé trouva le courage d'écrire à l'Ecole les lignes admirables qui montrent le caractère de son fils : « Vous savez quels souvenirs nous unit à votre chère maison : mon petit y avait laissé un peu (j'allais dire beaucoup) de son cœur d'enfant ; il en parlait souvent, n'oubliait personne, et il était heureux de savoir qu'on y pensait à lui. »

Ce fils tendrement aimé était devenu Sous-Lieutenant sur le champ de bataille et venait d'être décoré de la Croix de guerre, lorsqu'il tomba en Champagne le 25 décembre 1915, frappé d'une balle en plein front, en entraînant ses hommes à l'attaque.

Fin glorieuse d'un héros dont la mère intrépide, faisant taire sa douleur, se disait « légitimement fière, revivant dans ses souvenirs les beaux jours où elle conduisait ses fils à l'Ecole Massillon. »

C'est dans le sanctuaire de la famille que s'étaient préparés à leur rôle trois défenseurs de la Patrie : foyer désolé mais glorieux entre tous ; le cœur maternel qui s'y révèle comme on vient de voir est digne de toute notre admiration.

Abbé F. CHARBONNIER.

Emile PILLET

(1899-1901)

CAPITAINE AU 119e RÉGIMENT D'INFANTERIE

Chevalier de la Légion d'honneur

Croix de guerre avec 3 étoiles

C'est une histoire bien glorieuse mais bien triste que celle du Capitaine Emile Pillet ! Parti, dès le début, comme officier de liaison, toujours en première ligne, atteint par les gaz, par la grippe, il est enlevé, en pleine action et presque à la fin de la guerre, le 29 juin 1918, par une pneumonie foudroyante ; et il laisse une jeune femme et deux petits enfants !

Emile Pillet était sous-lieutenant au 29e Dragons ; en 1914, il passe au 119e Régiment d'Infanterie ; il obtient sa « seconde ficelle », après Charleroi ; le 1er mai 1917 il est promu capitaine, le même jour que son frère Edouard, dont il sera question dans la partie de ce livre réservée aux survivants.

Il obtint les trois citations suivantes : le 14 octobre 1915, à l'ordre de la 6e Division d'Infanterie :

« Officier adjoint au Colonel ; a fait preuve, au cours des combats, du plus grand sang-froid en portant lui-même des ordres aux chefs de bataillon sous un feu violent ; s'est toujours très bien acquitté des missions qui lui ont été confiées ».

Le 31 janvier 1917, le Général de Thuy le citait à l'ordre de la 12e Brigade :

« Lieutenant Pillet, officier adjoint d'une conscience et d'un dévouement à toute épreuve ; a, pendant 26 jours, dans un P. C. fortement bombardé, assuré son service avec un zèle qui ne s'est jamais démenti ; faisant preuve d'une grande endurance et d'une grande énergie ».

Le 21 octobre 1917, nouvelle citation :

« Au cours des combats des 1er, 3, 5 et 29 juillet 1917, et tout particulièrement le 7 juillet 1917, le capitaine Pillet a fait preuve d'un dévouement inlassable et d'une belle bravoure, en assurant, dans des conditions souvent très difficiles, la transmission des ordres du Chef de Corps ».

« Le 20 juin 1918, le Capitaine Pillet avait la grippe avec 40° de fièvre, (raconte l'aumônier de la Division). Comme nous allions dans un secteur mouvementé, son âme était en désarroi de penser que nous irions sans lui. Son premier mot en arrivant à l'ambulance 10/4 fut pour dire au médecin-chef : « Guérissez-moi vite, que je rejoigne au plus tôt mes hommes. » « Quand j'appris que la grippe s'était soudain aggravée d'une broncho-pneumonie, je partis... Il était dans le délire et son délire ne manifestait d'autres préoccupations que son devoir militaire ; il me demandait si on avait évité le coup de main des Boches, si tout le monde avait bien son masque.... » Tel est le rapport du médecin-chef.

« Il était, ajoute son aumônier, de tous points l'homme de devoir religieux et militaire le plus simple et le plus parfait que je connaisse. Il se refaisait une famille de ses hommes qu'il aimait. » « Je suis officier depuis vingt ans, écrit un de ses pairs, et jamais dans ma carrière je n'ai trouvé de camarade plus parfait que Pillet. « Et son Colonel : « Il avait des qualités exceptionnelles de cœur et d'esprit ; dix mois de vie commune ont créé entre nous une étroite affection : il avait un sentiment très élevé du devoir qu'il accomplisait toujours jusqu'aux extrêmes limites de ses forces ; il laisse des regrets unanimes. » Avec une rare ténacité, avec une endurance sans défaillance il a fait l'admiration de tous ; ses funérailles se firent à Clermont (Oise), parmi les larmes des officiers et soldats.

Dès le début de la campagne, il avait fait le sacrifice de sa vie ; il disait à sa mère et à sa femme ce mot qui le peint tout entier : « La France est assez belle pour mériter tous les sacrifices. » Disons à notre tour que de tels sacrifices sont assez beaux pour justifier tous les espoirs. Abbé H. PRADEL.

⚜ ⚜ ⚜

Jacques PINEAU de VIENNAY

(1913-1914)

ENGAGÉ VOLONTAIRE

AU 29e RÉGIMENT D'INFANTERIE

Croix de guerre

Une de nos plus jeunes victimes de la guerre ! Jacques Pineau de Viennay est mort pour la France à 18 ans ! Il fait partie de ce groupe de jeunes engagés, jaloux des lauriers de leurs aînés, impatients de courir au péril, à la gloire. Morts prématurées qui arrachent des larmes de douleur et d'admiration.

Jacques était né au château de Val Pineau, dans la Sarthe. Son enfance y fut pénétrée des sentiments les plus chrétiens. D'une piété profonde, il a laissé ici le souvenir d'une riche et délicate nature, ajoutant à la noblesse du nom et de la race celle d'une âme très haute, assoiffée de dévouement. Il achevait sa Première quand le tocsin sonna. L'exemple de son frère aîné, Jean, notre ancien élève aussi, aspirant au 18e Chasseurs à cheval, glorieux soldat également, le désir de montrer que noblesse oblige, le drapeau menacé, remuèrent son âme ardente, et il devança l'appel. Il s'engagea au 39e d'Artillerie, dès le mois d'août. Depuis, il ne cesse de s'offrir pour toutes les tâches périlleuses. On demande des volontaires pour renforcer un régiment d'infanterie très décimé ; il se présente et est versé au 13e d'Infanterie. A la fin de novembre, il réclame l'honneur de faire partie d'un groupe de treize soldats désignés pour une mission terrible.

Il tombe le 26 décembre 1914, au combat du Bois Brûlé, près d'Apremont (Meuse), frappé en pleine tête par un éclat d'obus. Trois jours avant, il écrivait à sa mère une carte délicieuse où il se déclarait « heureux », et où il évoquait les nuits de Noël en famille.

Ainsi, l'affection filiale, le patriotisme et la foi religieuse étaient chez lui à la même hauteur. Il est vraiment allé, avec un généreux empressement, au-devant de la mort. Sa pauvre mère, dans son inconsolable douleur, a le droit d'être fière de lui, comme nous le sommes.

Quand l'heure des réparations sonna pour les premières victimes de la guerre, une citation à l'ordre vint consacrer l'héroïque dévouement de Jacques Pineau de Viennay :

« Engagé dans l'artillerie, est passé, sur sa demande, dans l'infanterie. Très brave soldat, énergique et plein d'allant, ayant l'esprit de l'abnégation et du devoir poussé à un haut degré ; a été tué le 26 décembre 1914, au cours d'une attaque ».

Aux Armées, 16 novembre 1917.

Abbé H. Pradel.

⚜ ⚜ ⚜

André PRIEUR

(1900-1906)

Sergent au 124e Régiment d'Infanterie

D'un naturel doux et affectueux, André Prieur n'était heureux que lorsqu'il pouvait faire plaisir à ceux qui l'entouraient. Il a passé six années à l'Ecole Massillon ; il était élève à l'Institut Catholique de Paris lorsque la guerre éclata. Il fut incorporé comme sergent au 124e d'Infanterie et il y fit vaillamment son devoir.

Blessé au bras à Virton (Belgique), il fut évacué à Laval pour être traité à l'hôpital Saint-Julien. Cette blessure sans gravité avait rendu inertes deux doigts de la main droite ; après plusieurs tâtonnements, on décida de recourir à une intervention chirurgicale, le 26 décembre 1914. On pouvait attendre les meilleurs résultats de cette opération, lorsqu'une fièvre scarlatine se déclara 2 jours plus tard.

Les fatigues, les privations des premiers mois de campagne avaient trop affaibli ce jeune organisme pour qu'il pût réagir ; des complications survinrent ; malgré tous les soins que lui prodigua sa mère accourue à son chevet, André Prieur rendit sa belle âme à Dieu le vendredi saint, 2 avril 1915. Il était âgé de 26 ans.

« Il a supporté chrétiennement, avec résignation et courage, nous dit une lettre, les longues et cruelles souffrances qu'il a plu à Dieu de lui envoyer ; il trouvait encore de bonnes paroles pour consoler ses parents : « Ne pleure pas, disait-il à sa mère ; je serai si heureux dans quelques jours ! » En pleine connaissance, il a fait le sacrifice de sa vie pour la victoire de la France et pour que ses amis soient épargnés. »

C'est assez dire qu'il a pensé aux autres jusqu'au bout, dans le ferme espoir que la récompense lui serait accordée par surcroît.

Abbé F. Charbonnier.

René RIQUET

(1897-1901)

Sous-Lieutenant au 304e Régiment d'Infanterie

Croix de guerre avec palme

René Riquet était sous-lieutenant au 304e Régiment d'Infanterie, comme son camarade Henri Bouvier, mort, lui aussi, pour la France.

Il succomba à Rambercourt (Meuse), le 7 septembre 1914, à l'âge de 25 ans.

Il a été cité à l'ordre de la 3e Armée dans les termes suivants :

« A montré de belles qualités militaires jusqu'au moment où il a été tué à la tête de la Compagnie dont il venait de prendre le commandement sous le feu de l'ennemi ».

Ce vaillant laisse le souvenir d'une belle et riche nature chez ses anciens maîtres et chez ses camarades. Nos regrets en sont d'autant plus amers !

A. Chauvin.

⚜ ⚜ ⚜

Robert TACKELS

(1913-1915)

Engagé volontaire dans l'Infanterie

Il n'avait que 16 ans, il était encore à l'Ecole Massillon, et déjà il suppliait ses parents de le laisser partir à la guerre.

Lorsque sonnèrent ses 18 ans, il fallut lui donner satisfaction ; il signa son engagement pour l'Infanterie et alla commencer son instruction militaire à Auvours, dans la Sarthe, où se trouvait un camp de l'Armée belge ; par ses origines, Robert Tackels devait servir sous les drapeaux du roi Albert.

Hélas ! ses vœux ne devaient recevoir qu'un commencement de réalisation ! A peine arrivé à Auvours, il y contracta la grippe qui l'emporta au bout de quelques jours ; le 14 septembre 1918, cet enfant rendait sa belle âme à Dieu, après avoir reçu les secours de la Religion et fait le sacrifice de sa vie pour sa chère Belgique qui était à la veille de la délivrance.

Elevé dans une famille chrétienne, il en avait gardé tous les sentiments.

Noble victime, dont les aspirations généreuses valent les plus beaux faits d'armes. Sa mort n'aura pas été vaine aux yeux de Celui qui regarde avant tout le fond des cœurs ; Robert Tackels avait l'âme d'un héros ; il a été cueilli avant l'heure des glorieuses moissons de palmes et de lauriers ; c'est là-haut qu'il a été couronné selon ses mérites.

Abbé F. CHARBONNIER.

⚜ ⚜ ⚜

Charles de THOMASSIN de MONTBEL (1912-1913)

AGENT DE LIAISON
AU 107e RÉGIMENT D'INFANTERIE

Croix de guerre

Fils du Baron de Thomassin de Montbel, Charles fit ses études à l'Ecole Saint-Sigisbert de Nancy jusqu'au baccalauréat. C'est en octobre 1912 qu'il entra à l'Ecole Massillon où se trouvait son jeune cousin, Charles Boutmy. Il se destinait par goût à l'industrie et comptait entrer à l'Ecole Centrale. Malheureusement, une maladie très sérieuse l'arracha à ses études après quelques mois. Il était resté avec nous juste le temps nécessaire pour nous faire apprécier toute la noblesse et l'élévation d'un caractère qu'il tenait de sa race et auquel la guerre allait donner toute sa valeur.

Après avoir collaboré avec un de ses oncles à la direction d'un important tissage des Vosges, tout en préparant ses premiers examens de droit qu'il passa en juillet 1914, Charles de Montbel fut envoyé au dépôt du 165e d'Infanterie à Bellac ; il faillit y être victime d'une violente épidémie de fièvre typhoïde qui éclata dès son arrivée ; gravement atteint, il resta pendant deux mois entre la vie et la mort.

Sa convalescence à peine terminée, il rejoignait son dépôt transféré à Confolens, et il était bientôt envoyé sur le front. « Il ne s'en plaignit pas, écrit son père ; la vie de garnison lui pesait ; depuis si longtemps qu'il entendait parler de la guerre, il voulait, lui aussi, y prendre part. »

Affecté au 107e d'Infanterie près d'Arras, au début de septembre 1915, il s'accoutume vite au bruit de la mitraille ; à peine dans les tranchées, il en sort de lui-même plusieurs fois pour ramener des blessés, se montrant ainsi « follement courageux », selon les paroles de ses camarades.

Lorsque se produisirent les attaques de fin septembre, il y prit part volontairement et il y vit la mort de bien près à plusieurs reprises, comme il l'écrivait lui-même. Sa crânerie, sa fière allure militaire l'avaient fait déjà remarquer de ses chefs qui voyaient en lui un futur officier. Il fut désigné pour le rôle périlleux d'agent de liaison.

C'est dans cette mission qu'il devait trouver la mort : le 9 octobre 1915 il était dans une tranchée allemande récemment conquise, avec son lieutenant qui donnait ses ordres, quand une rafale d'obus s'abattit sur eux ; un projectile, rasant le parapet, vint le tuer net. Deux mois de front avaient suffi à en faire un héros.

« On saurait peu de choses sur sa vaillante conduite, dit le mémoire qui nous est parvenu, si l'on ne s'en rapportait qu'à ses lettres, car sa modestie, sa fière réserve l'empêchaient de publier ce qui pouvait le faire valoir. »

Mais il avait des amis qui ont témoigné, après sa mort, de l'impression profonde qu'ils avaient gardée de sa bravoure :

« C'était une âme d'élite, écrivent-ils, une de ces natures splendides qui savent glisser sur toutes les petitesses de la vie pour suivre leur idéal et ne voir que lui, quoi qu'il advienne ; cœur débordant d'affection, sincère et généreux, esprit fin, très philosophe, détaché de cette vie et prêt à la sacrifier pour son pays.

« Dans la tranchée, indifférent aux obus qui tombaient de tous côtés, il avait la confiance illimitée de celui qui fait ce qu'il doit et qui a le courage inné. Il avait horreur des caractères faibles ou vils : « J'aimerais mieux être tué, disait-il, que d'être traité plus tard d'embusqué. » On sentait en lui un homme dont le sang ne ment pas, et il était le digne héritier de son nom et des qualités de sa race. »

C'est qu'en effet il comptait parmi ses ancêtres paternels et maternels une longue suite de vaillants soldats ; il le savait, il en était fier, et sa plus grande ambition était de faire, lui aussi, « quelque chose de grand », suivant ses propres expressions.

Ces magnifiques aspirations n'ont rien de commun avec la vanité ou l'orgueil, car les Thomassin de Montbel ont toujours voulu répondre à une vocation d'en-haut ; en tout et partout, jusque dans l'héroïsme, Charles entendait bien que Dieu fût le « premier servi. »

Voici ce qu'il écrivait à ses parents, deux jours avant de recevoir le coup mortel : « Je crois pouvoir vous certifier que je serai mort en brave, péchant de ce côté plutôt par excès que par défaut. Ensuite, je puis vous rassurer sur l'état de ma conscience ; je m'efforce de ne jamais partir au danger sans qu'un prêtre soit venu absoudre mes fautes, sans que le Bon Dieu soit descendu en moi pour fortifier mon cœur. Enfin, je serai mort content, tout simplement, parce que ce sera pour la France ! »

Cette conscience si sûre d'elle-même, cette âme si confiante était mûre pour l'holocauste ; ceux qui s'abandonnent ainsi à Dieu « ne seront jamais confondus », selon la promesse des Saints Livres. Ils sont dignes d'être pleurés ici-bas et d'être glorifiés là-haut.

La citation relative à la fin héroïque de Charles de Montbel ne nous est malheureusement pas parvenue.

Abbé F. CHARBONNIER.

Vicomte Albert de TRUCHIS de LAYS

(1903-1908)

Etudiant en Droit

SOLDAT AU 46e RÉGIMENT D'INFANTERIE

Médaille militaire

Ame généreuse, soutenue par un haut sentiment du devoir, acceptant la loi du sacrifice et croyant à sa fécondité ; tel nous apparaît, dans les notes de son carnet de route, Albert de Lays. Voici comment, le 7 août 1914, il faisait, sur son carnet, ses adieux à sa fiancée : « Soyez tous forts et courageux dans l'épreuve, car vous pouvez vous dire que j'ai fait mon devoir et que, si je suis mort au combat, c'est pour défendre notre territoire et assurer la paix pour ceux qui viendront après nous. » Il savait, celui-là, comme tant d'autres élevés à l'école du christianisme, la valeur rédemptrice des souffrances librement acceptées, et, dès son entrée en campagne, il s'offrait.

Ailleurs dans ses lettres ou dans ce même carnet de notes, admirablement tenu avec cartes à l'appui (et ceci nous révèle les habitudes d'esprit de ce jeune homme, la probité ordonnée de sa vie intellectuelle), nous trouvons d'identiques témoignages. A son père, le 14 août, la veille de sa première bataille, il écrivait : « Je ferai mon devoir et tâcherai même de faire plus que les autres, afin qu'on puisse dire qu'un de Truchis est mort glorieusement. » Admirable sentiment des devoirs que lui créaient son nom et le passé de sa race, de l'obligation où il était de ne pas déchoir. Ce ne sont point là des sentiments vulgaires ; ils révèlent, simplement notés et pour la seule intimité familiale, à quelle hauteur morale Albert de Lays avait d'emblée établi sa pensée.

Les actes répondirent. Le 30 août, il partit à l'assaut de la ferme de Fossé (Ardennes). « Il allait au combat sans défaillance et entraînait dans un même élan ses frères d'armes. » C'est le témoignage d'un de ses camarades.

Il fut blessé. Vers neuf heures du soir, un soldat le trouva, gisant au fond d'une combe perdue, dans un champ d'avoine non fauché. Sa blessure à la cuisse, près du genou, lui causait une abondante hémorragie. Il resta là toute la nuit, donnant son sang goutte à goutte. C'était la volonté de la Providence que cette lente agonie, la forme qu'elle imposait à la volonté de sacrifice, si généreusement exprimée dès le début de la campagne ! Nous pouvons être assurés que l'héroïsme du noble enfant ne fut pas inférieur à l'épreuve et qu'il l'accepta en chrétien.

Le lendemain matin, nous battions en retraite. Ce furent les Allemands qui relevèrent Albert de Lays. Ils le transportèrent dans leur ambulance de Vaux-en-Dieulet. Les soins furent sans doute trop tardifs. C'est là qu'il mourut, loin des siens, loin de sa patrie (puisqu'il mourait entre les mains des ennemis), dans la plénitude douloureuse d'un sacrifice que rien ne pouvait adoucir.

Les parents apprirent, par la Croix de Genève, qu'il avait été enseveli dans le cimetière de Dieulet.

Il avait été bon soldat de France, comme il avait été bon élève à Massillon, et aussi bon fils dans sa famille, bon chrétien partout et toujours, suivant le témoignage de son père. Il avait mis sa grandeur à servir, son idéal dans le devoir austère, son élégance à le faire simplement. C'est le plus bel exemple de noblesse morale, qui porte avec soi le plus bel éloge.

Abbé J. BOYER.

Guy d'USSEL

(1891-1892)

SOUS-LIEUTENANT

AU 80e RÉGIMENT D'INFANTERIE

Commandant la 162e Compagnie de Mitrailleuses de position

Chevalier de la Légion d'honneur

Croix de guerre

Guy d'Ussel était issu d'une noble, très ancienne et très chrétienne famille du Limousin, qui, de tout temps, sut allier la haute culture intellectuelle aux plus brillantes qualités militaires. Elle a donné à la France toute une élite d'officiers et d'ingénieurs. On raconte encore, en Corrèze, les exploits légendaires du jeune Hector d'Ussel, Lieutenant au 16e Dragons sous Napoléon, Chevalier de la Légion d'honneur à 22 ans ; il fut fait officier à 24 ans, pour avoir, avec 15 dragons, chargé et conquis, devant Malaga, quatre pièces d'artillerie défendues par 2.000 hommes d'Infanterie et 300 chevaux ! Il tomba en pleine gloire, à 25 ans, non loin de Grenade.

Le même esprit de sacrifice animait Guy et ses frères pendant la guerre. Ils partirent cinq pour le front ; deux y furent tués et un blessé, pendant que leur cousin, le vicomte Jean d'Ussel, Inspecteur adjoint des Eaux et Forêts, Capitaine au 263e d'Infanterie, tombait, dès le 28 août 1914 à Sailly-Saillisel, et que le frère de ce héros, le Capitaine d'Artillerie, conquérait au feu la Croix de la Légion d'honneur.

Le courage de Guy s'éleva à la hauteur de pareils exemples. Marié et père de famille, il quitta tout au premier appel de la France, avec un élan dont la citation suivante est le glorieux témoignage :

« A donné, en toutes circonstances, les preuves de sa bravoure et du haut sentiment qu'il avait de ses devoirs. A trouvé la mort le 28 mars 1917, au cours d'un violent bombardement, en cherchant un abri pour ses hommes, sans s'inquiéter du danger qu'il courait lui-même ».

A. CHAUVIN.

✠ ✠ ✠

Léon WENDLING

Professeur d'Allemand à l'Ecole Massillon

SERGENT AU 72e RÉGIMENT D'INFANTERIE

Léon Wendling alsacien d'origine, vint en France faire ses études au collège catholique de Lourdoueix Saint-Michel (Indre).

Intelligence solide, servie par une tenace énergie, il conquit facilement, après le baccalauréat, la Licence ès Lettres et le Certificat d'Aptitude pour l'enseignement de l'Allemand.

Il s'attachait à l'Ecole en 1910. Homme de conscience et de forte trempe chrétienne, professeur intelligent et méthodique, il était

ARMES DIVERSES

très estimé et aimé de ses élèves, surtout des plus grands.

Le 4 août 1914, il rejoignait, plein d'enthousiasme, à Amiens, le 72e d'Infanterie où il avait fait, comme dispensé, son année de service. Peu après, sa femme et son jeune fils étaient surpris et retenus en pays envahis. Il n'en eut plus aucune nouvelle. Il devait mourir sans savoir ce qu'ils étaient devenus !

Au moment de partir pour l'Argonne, le 26 septembre 1914, il écrivait à sa femme une suprême recommandation :

« Je sais que tu l'élèveras bien Pierre : qu'il soit bon fils, bon chrétien et que, plus tard, il me remplace auprès de toi ; qu'il soit ta consolation. »

D'autre part, il adressait cet adieu émouvant à M. le Directeur :

« Je pars avec entrain pour chasser les Barbares de l'Alsace. J'y mettrai ma vie, s'il le faut. »

Il y mit sa vie, en effet, après avoir traversé les plus dures épreuves, en première ligne, jusqu'en janvier 1915. Nommé sergent, il était toujours prêt pour les missions difficiles et périlleuses.

A cette date, sa division fut relevée et, après quelques semaines de vrai repos, cette fois, elle fut envoyée en Champagne. Son régiment attaqua sur Mesnil-les-Hurlus ; les pertes furent grandes et le succès douteux, sinon nul. C'est là qu'il trouva la mort, le 25 février 1915, à l'âge de 33 ans, dans des conditions héroïques.

Son Capitaine, qui fut lui-même blessé dans cette affaire, écrit à son sujet : « Le sergent Wendling a été tué, à la tête d'une patrouille qu'il conduisait courageusement, en plein jour, près des lignes ennemies ; il était volontaire pour cette mission. Le sergent Wendling était très brave, très courageux et très aimé de ses hommes. Les conditions hasardeuses dans lesquelles il a fait cette patrouille lui valaient la médaille militaire. »

Hélas ! les morts ont souvent tort, il n'a pas encore obtenu une simple citation posthume.

Wendling n'a connu de la guerre que la période pénible entre toutes et que n'éclairait pas le succès. C'est alors que se sont manifestées les plus rares qualités du soldat français, celles que l'ennemi, comme le reste du monde, d'ailleurs, semblaient lui refuser à cette date : la ténacité patiente sans l'encouragement du succès. Les morts de cette époque sont les plus humbles ; il n'en fut point de plus vaillants. Wendling fut un de ceux-là. Nous savons où ce héros chrétien puisait sa force : « J'ai pu communier ce matin, écrivait-il. J'ai demandé à Dieu qu'il me conserve en état de grâce jusqu'à la mort, qu'il sauve ma femme et mon petit Pierre des mains des Allemands, et, qu'un jour, on se réunisse tous là-haut ! »

J. Rétout.

ARMES DIVERSES

Jacques d'ALAYER de COSTEMORE d'ARC

(1911-1912)

SOUS-LIEUTENANT AU 41e BATAILLON DE CHASSEURS

Chevalier de la Légion d'honneur
Croix de guerre
Citations à l'Ordre de la Brigade et du Corps d'Armée

Madame d'Alayer écrivait en 1917 à M. le Directeur de l'Ecole : « Notre Jacques vient de succomber en Alsace, à la suite d'un acte héroïque...... Je vous demande une de vos plus ferventes prières pour notre malheureux enfant qui, chez vous, a puisé la force d'être un héros ! » Il l'avait puisée aussi dans sa famille ; à l'heure où il tombait, le Colonel, son père, était exposé aux pires dangers devant Saint-Quentin, et son frère Jean se trouvait, en qualité d'aviateur, à Monastir ; tous les trois ne faisaient que continuer la tradition des ancêtres dans cette belle famille de soldats.

Jacques d'Alayer s'était engagé dans la cavalerie, rêvant de grandes chevauchées et de charges glorieuses. Le 9 janvier, il porte l'uniforme du 3e Chasseurs à cheval ; le 22 mars 1914, il est nommé sous-officier. Quelques mois après, il part à la frontière avec son régiment. Mais, dans cette guerre, le rôle de la cavalerie fut bientôt réduit à néant ; pendant de longs mois, les cavaliers attendirent pied à terre que la trouée fût faite. Jeune et ardent, d'Alayer ne voulut pas attendre, et quand le général commandant en chef demanda aux cavaliers qui « voulait se battre dans l'arme la plus humble, dans l'arme de tous les sacrifices, dans l'infanterie », Jacques d'Alayer répondit « Présent ! »

C'est avec le 290e d'Infanterie qu'il fit, comme officier, campagne sur l'Yser, puis à Verdun où son courage lui valut une blessure et deux citations :

« A toujours fait preuve de calme, de sang-froid, notamment le 24 mai lors d'une attaque allemande, en allant sous le feu de l'artillerie lourde, renforcer la première ligne (304e régiment d'infanterie). »

« Officier d'une bravoure et d'un entrain remarquables. Le 5 et 6 mai a tenu avec sa section, sous un bombardement violent d'obus de gros calibre. Le 6, a repoussé une attaque allemande ; le 7, son commandant de compagnie ayant été tué, a pris le commandement et a repoussé une nouvelle attaque. Est resté en place malgré qu'il fût débordé sur sa gauche. Blessé sérieusement dans la journée, ne se fit panser qu'à la nuit après avoir passé son commandement à l'adjudant (9e Corps d'armée). »

Remis de sa blessure en octobre 1916, J. d'Alayer arriva au 41e Bataillon de Chasseurs à pied et prit le commandement d'une section franche. C'est à sa tête qu'il tomba, le 10 février 1917, à Dannemarie.

J. d'Alayer avait de belles qualités qui lui valurent l'estime et la sympathie de ceux qui le connurent. Elégant et correct, il venait à ses camarades avec son regard droit et ferme, sa main loyale toujours tendue. Il se faisait remarquer par sa froide résolution, son courage, sa modestie et son abnégation. Sa foi religieuse soutenait ces grandes vertus. Non seulement J. d'Alayer est mort en héros, il est aussi mort en chrétien. D'après les papiers trouvés sur lui, il avait eu conscience du danger qu'il allait courir et il s'était pieusement préparé à la mort.

Abbé L. ROUSSEL.

Léon ALLARD-MÉEUS

(1873-1883)

ENGAGÉ VOLONTAIRE

LIEUTENANT DE CAVALERIE

Léon Allard-Méeus avait tenu, bien que dégagé de toute obligation militaire, (il avait 48 ans) à reprendre du service. Il fut attaché au Ministère de la Guerre. Puis il ne tardait pas à solliciter un service plus actif. Incorporé au 2e Dragons, il fut envoyé sur le front de la Somme en février 1915. Le 13 mai suivant, il était tué brutalement d'un accident de cheval, en service commandé.

Il était le père du charmant et héroïque Jean Allard-Méeus, qui était mort dès le début de la guerre.

C'était ce jeune Saint-Cyrien qui avait eu l'idée du serment chevaleresque qui immortalisera à jamais cette promotion et restera dans nos annales comme un des plus beaux gestes de l'éternelle épopée française. Apprenant la mort d'un tel fils, le père avait remis à plus tard le devoir de le pleurer ; et, ne pouvant supporter que son nom et son sang ne fussent plus à l'honneur et au péril, il s'était engagé malgré ses cheveux gris. Le fils mort appelait le père au partage de l'héroïsme et de la gloire, tout comme le père appellera à son tour son plus jeune enfant, Serge, qui s'engagera, à peine âgé de 17 ans, et, gagnant rapidement grades et citations, annoncera sa première nomination à sa mère par ces simples mots : « Maman chérie, Papa et Jean sont contents ! » Echo, à quatre ans de distance, du dernier billet de Jean, adressé à sa mère, à la veille d'une mort qu'il savait certaine, puisqu'on devait tenir jusqu'au dernier : « Tout va bien, mère chérie. » Et il lui envoyait l'image de la Mère douloureuse tenant dans ses bras son Fils immolé ; c'était le commentaire sanglant de ce fort et tendre adieu.

Telle est cette famille dont le sang a coulé si généreusement pour la plus belle des causes, et où le patriotisme s'alimentait aux plus hautes convictions chrétiennes ; le père et son fils Jean n'avaient-ils pas fait bénir ensemble leurs épées à Notre-Dame des Victoires ? Dieu ne les a pas séparés dans le sacrifice ; nous ne les séparerons pas dans notre souvenir.

Abbé J. BOYER.

⚜ ⚜ ⚜

Jacques BENDIX

(1906-1907)

MARÉCHAL-DES-LOGIS AU 5e DRAGONS

Détaché à l'Escadrille B. R. E. 107

Croix de guerre avec palme et étoile

Engagé volontaire à 18 ans, au 5e Dragons, Jacques Bendix se sentit attiré par l'aviation et fut attaché à une Escadrille où il fit preuve de la plus belle audace. Si nous n'avons pas de détails sur ses débuts à la guerre, sa fin glorieuse montre bien qu'il était le digne émule de ses camarades Massillonnais, de ceux surtout qui ont pris part aux luttes aériennes.

Ses citations à l'ordre de l'Armée et du Corps d'Armée nous apprennent ses exploits, en 1918 :

« Pilote de premier ordre. S'est particulièrement distingué les 26, 27 et 28 mars, en mitraillant, à 150 mètres, des colonnes allemandes et en rapportant des renseignements précieux sur l'emplacement des lignes ennemies. S'est également distingué le 23 avril et le 10 mai en conduisant, pendant toute l'expédition, et en ramenant indemne, en l'absence du guide, le peloton dont il faisait partie, malgré les poursuites d'avions ennemis et dans des conditions atmosphériques très difficiles ».

Le Capitaine qui commandait son Escadrille a laissé un rapport des plus émouvants sur les péripéties de l'expédition du 18 mai, qui devait être la dernière. Jacques Bendix était parti sur Nesles, dans la Somme, avec un groupe d'avions. Il se trouvait déjà à 20 kilomètres au-delà de nos lignes, lorsqu'il fut attaqué avec une extrême violence par les aviatiks allemands ; il dut être blessé dès les premières rafales, car son appareil perdit tout à coup beaucoup de hauteur et resta isolé.

Les fantassins de nos tranchées de première ligne assistèrent alors à la lutte qui s'engagea pendant le retour de l'avion désemparé ; le pilote et son mitrailleur se battirent en héros contre 5 monoplaces allemands qui les harcelaient, et épuisèrent leurs dernières cartouches.

« Maîtrisant sa douleur, manœuvrant avec un sang-froid hors de pair, ajoute le rapport du Capitaine, Bendix parvint à atterrir dans nos lignes. Son mitrailleur était tué, son appareil littéralement criblé de balles. Lui-même, atteint d'une double blessure, fut immédiatement conduit à l'hôpital de Vignemont où il expira une demi-heure plus tard. »

Il avait conservé jusqu'au bout sa pleine lucidité et fut assisté par l'aumônier de l'hôpital à ses derniers instants. Ses chefs, ses camarades le pleurèrent, car, disaient-ils, « il apportait à sa tâche tout son cœur, et il exerçait sur tous une bienfaisante influence. »

Inutile de rien ajouter à ce pathétique récit et à ces glorieux éloges.

Abbé F. Charbonnier.

Robert BLAZY

(1913-1914)

Engagé volontaire

Maréchal-des-Logis au 103e Régiment d'Artillerie Lourde

Croix de guerre

Encore une pure et noble victime !

L'un de nos « Africains », le général Brulard a rendu ce témoignage au maréchal-des-logis Robert Blazy : « C'est un jeune sous-officier toujours prêt à marcher. S'il est grièvement blessé, il oublie sa douleur pour ne songer qu'à une chose : faire abriter ses hommes qui se précipitaient pour le relever. »

C'est cette impatience de dévouement aux autres et à la patrie qui lui fit devancer l'appel de sa classe. Nature simple et droite, caractère modeste, riche de générosité, tout jeune encore, il s'engage cependant. La présence de l'ennemi, la nécessité de vaincre fortifient son courage : *Vires acquirit eundo.*

Le 23 avril 1917, maréchal-des-logis au 103e Régiment d'Artillerie, il se trouve sur les plateaux de Champagne. La mitraille ennemie tombe, éclate autour de sa pièce. Mais il a l'ordre de tenir, il n'abandonne point son poste dangereux. Un obus le blesse gravement ; ses hommes s'empressent pour le secourir ; lui, il ne songe qu'à la vie de ses soldats et les prie de ne pas s'exposer. On le ramasse cependant, on le porte à l'ambulance de Saint-Hilaire du Temple ; il écrit à sa pauvre mère, mais pour la rassurer. Dès le surlendemain il rendait à Dieu sa jeune âme, tige vigoureuse « interrompue dans sa croissance par le sort des armes, » mais qui achèvera de grandir dans la lumière de Dieu.

Abbé J. Michel.

Georges BOILLOT

(1904-1908)

Lieutenant au 13e Bataillon de Chasseurs Alpins

Chevalier de la Légion d'honneur
Croix de guerre avec 2 palmes et 3 étoiles

Comme ils connaissaient mal l'âme française, ceux qui la croyaient incapable de froide décision et d'inébranlable ténacité ! Qu'ils étaient nombreux au contraire en 1914, nos jeunes gens calmes, réfléchis, qui partaient dans la claire vision de ce qu'ils abandonnaient et de ce qui les attendait, et qui s'en allaient à la bataille seulement pour répondre à l'appel austère du devoir !

Georges Boillot fut de ce nombre. Son enfance avait été sérieuse. On l'avait habitué à considérer la vie comme un combat où l'on se répète ce mot d'ordre sévère du devoir, où l'on ne connaît que les joies souvent tardives du succès. Cette éducation fut celle de toute sa jeunesse : il la reçut au foyer familial ; on la lui inculqua à l'Ecole Massillon, pendant les quatre ans qu'il y resta, en compagnie de son frère, pour préparer son baccalauréat ; il la comprit mieux et la fit complètement sienne, tandis qu'il étudiait le droit pour obtenir son diplôme de licencié.

Le 2 août 1914, il partait avec le 13e Bataillon de Chasseurs Alpins. Il avait 24 ans.

Son âme habituée à la réflexion se rendit compte, dès l'abord, de la gravité de ce départ : « Ne nous faisons pas d'illusion, disait-il, nous sommes voués à la mort ; nous avons fait le sacrifice de notre vie. » Et, se tournant vers sa mère, il ajoutait gentiment avec un sourire : « Il faut, ma mère, que nous te formions, que nous t'élevions à notre tour, comme tu nous as formés et élevés autrefois. » A chaque permission, très maître de lui, il partait sans manifester le moindre regret. Sa mère le conduisait à la gare ; il se tenait à la portière, insensible en apparence ; le train se mettait en marche ; lui, il restait à la regarder longuement, jusqu'au détour de la voie, afin de lui donner le réconfort de sa propre énergie.

Blessé le 3 septembre 1914, blessé le 14 juin 1915, blessé encore en 1916, ou bien il refuse de se laisser évacuer, ou bien il se hâte de retourner au front.

Lieutenant de chasseurs, il est partout à la tête de ses hommes. A la bataille de Béhouille, il entraîne sa section dans une charge terrible à la baïonnette. L'année suivante, le 14 juin, il conduit brillamment ses hommes à la bataille et dès le surlendemain il recommence : il entraîne encore ses chasseurs à l'attaque d'un ravin puissamment défendu.

Quand il est blessé gravement, qu'il perd son sang, « il refuse de quitter son poste avant d'avoir assuré la liaison, fait prévenir ses chefs et donne tous ses ordres. »

Il mérite, pour ses exploits, 2 citations à l'ordre de la Division, deux citations à l'ordre de l'Armée, une proposition pour la Croix de la Légion d'honneur sur le champ même de la bataille.

Voilà le soldat qui, calme, tenace, jamais imprudent, brave sans forfanterie, se battait encore le 11 novembre 1916, dans le bois Saint-Pierre Saint-Waast, aux abords de Sailly-Saillisel. La lutte était chaude : « Il ne fait pas bon, où vous êtes, mon Lieutenant, lui disait en passant l'un de ses camarades. » « Je le vois bien, répondit-il en souriant ; mais c'est le poste qu'on m'a confié, j'y suis, j'y reste. » Il y est resté ; sa chair a été mêlée à cette terre ; ce sol a bu son sang ; et personne ici-bas n'a plus revu le beau chasseur alpin.

Une cinquième citation est venue s'ajouter aux 4 autres, et Georges Boillot est entré officiellement, par sa mort, dans la Légion des braves.

Abbé J. Michel.

⚜ ⚜ ⚜

Xavier BOITEUX-LEVRET
(1912-1913)

Sergent

Pilote-Aviateur a l'Escadrille N. 81.

Médaille militaire

Croix de guerre avec 2 étoiles et 1 palme

Ce fut une escadrille modèle que l'escadrille N. 81. En avril 1917, les jeunes aviateurs qui la composaient y rivalisaient de vaillance, de générosité, de vie religieuse. Ils ont exprimé leurs sentiments intimes dans les lettres admirables écrites à la mère de leur camarade Xavier Boiteux-Levret, qui, en plein vol de combat, le 25 avril 1917, venait d'avoir les reins brisés par un obus.

Xavier avait passé une année à l'Ecole. Ame noble et ardente, d'une piété sincère, modelée à l'image de sa vénérée mère, cœur délicat et profond, il voulut s'engager avant la fin de ses études et choisit les bataillons de chasseurs alpins. Tout frémissant de courage, « il débute en Alsace, y voit les Boches d'un peu trop près, et, le 2 septembre 1914, est blessé d'un balle à la jambe. » Sitôt guéri, il brûle de repartir, car, écrit-il à M. le Directeur de l'Ecole, « s'il y a des vides parmi vos nombreux enfants, c'est de la gloire aussi pour notre maison d'être un nid de héros. »

Il désire travailler à cette renommée et le voilà, sur sa demande, à l'escadrille N. 81. « Je l'avais apprécié, écrit de lui le sous-lieutenant Leps, pilote de l'escadrille, dès que je l'avais connu, et m'étais empressé de me l'attacher pour l'avoir dans mon escadrille. C'était un vrai Français, dans toute l'acception du mot. »

« Sur le front, il donne, dit l'une de ses citations, le plus bel exemple de bravoure et de mépris du danger. » Une autre ajoute qu'il était « un pilote remarquable par son allant et sa haute conception du devoir. »

Les témoignages de ses frères d'armes ne sont pas moins explicites et ils sont plus touchants encore. Le commandant de l'escadrille écrit le 25 avril 1917 : « Voilà un mois que j'ai votre fils sous mes ordres, et c'est assez pour apprécier son généreux caractère, son esprit ardent, plein de l'idée du devoir et du sacrifice. » Il ajoute, deux jours plus tard, le 27 avril : « Il est atroce, Madame, de perdre un fils ; mais croyez bien que le souvenir de Xavier sera inoubliable pour nous. Dieu l'a rappelé à lui ; mais votre fils ne s'est pas laissé surprendre par la mort ; j'avais eu le bonheur de communier à ses côtés le 15 avril dernier. Il repose dans le sein de Dieu, il est en paix, il prie pour nous. »

Le sous-lieutenant de l'escadrille exprime les mêmes sentiments, avec une note plus intime. « Je m'intéressais à tout ce qu'il faisait ; je l'aimais comme un frère ; nous ne nous quittions guère, c'était mon ami et mon confident. Plus que cela, je me battais mieux lorsqu'il était à côté de moi, parce que je désirais lui montrer que j'étais presque aussi brave que lui. »

De Cazenove de Pradieu, maréchal-des-logis pilote à la même escadrille, écrit à son tour : « Dans l'air comme au sol, nous ne nous quittions jamais. Peut-être vous a-t-il écrit ses prouesses ; peut-être pas, car il était si modeste ! Combien de fois a-t-il secouru ses camarades en danger ! Vaillant Français, il était aussi un grand chrétien. Dimanche dernier nous trouvait encore réunis à la Sainte-Table. Aussi n'est-ce pas seulement le meilleur des amis que je pleure, c'est encore un jeune saint que je vénère. Je lui demande qu'il adoucisse un peu votre peine, et qu'il donne aux camarades qu'il laisse à l'escadrille du courage pour faire vaillamment leur devoir de Français et mériter la fin si belle qu'il a eue. »

Et l'un de ces braves jeunes gens d'ajouter : « Je fais tout ce que je peux pour le venger dignement avec mes camarades. Permettez-moi, Madame, de saluer la mère de l'ami que je pleure, mais que je tiens à venger. »

Nous ne pouvons rien ajouter à l'éloquence de pareils documents. Xavier fut une de ces grandes âmes et de ces héros chrétiens dont le martyre conscient a sauvé la France.

Abbé J. Michel.

Henri BOURDEL

(1910-1912)

Engagé volontaire a 19 ans

Médaille militaire
Croix de guerre

Henri Bourdel fut élève à l'Ecole Massilon de 1910 à 1912. Il nous venait du clair Midi, avec son frère, plus jeune que lui, et qui, lui aussi, a supporté avec courage, les dures épreuves de la guerre.

Engagé volontaire, il trouve la mort le 14 septembre 1914 au combat de Craonne. La désorganisation qui régnait pendant ces premiers jours tragiques, n'a pas permis de recueillir tous les renseignements sur la mort de notre cher élève. Quelques brancardiers, cependant, ont été témoins de la fin glorieuse d'Henri et ils l'ont racontée en ces termes : « Le 14 septembre, Henri et quelques-uns de ses camarades, malgré les balles meurtrières des Allemands, n'ont pas hésité à rester sur les crêtes qui dominent Craonne, pour protéger la retraite des Français obligés d'évacuer le village. Il a été tué d'un éclat d'obus à la tête ; il est mort très rapidement et sans souffrance. »

Il fut inhumé le lendemain par l'aumônier. Quelques jours auparavant, le cher enfant écrivait à sa mère : « J'entends gronder le canon, et je n'en ai pas peur. »

Deux décorations posthumes, la Croix de guerre et la Médaille militaire, ont été adressées, quelques mois après, à Madame Bourdel, pour honorer la fin glorieuse de son courageux enfant.

Abbé E. Niobey.

Vicomte Noël de BOURGOING

(1908-1913)

Avocat

Lieutenant au 54e Bataillon de Chasseurs

Croix de guerre
Citation à l'Armée

Issu d'une noble famille, qui mit toujours au premier rang le service de la France —

son grand'père était ambassadeur et son père, capitaine au 64e Territorial, devait tomber glorieusement pour le pays — Noël de Bourgoing se montra digne de ses aïeux !

Engagé dans les dragons, mais fatigué de l'inaction forcée de la cavalerie, il demanda à passer dans l'infanterie et c'est dans une troupe d'élite, au 54e Bataillon de Chasseurs à pied, qu'il fit toute la campagne, sauf pendant quelques mois où il eut l'honneur d'être détaché au camp de Mailly pour instruire les recrues américaines.

Depuis juin 1915, il prit part aux combats de Souchez, à l'attaque de Champagne, aux opérations d'Italie, du nord de la France, et enfin sur l'Ourcq en juin 1918. Partout, ayant devant les yeux l'héroïque exemple de son père, il sollicita le poste du plus grand péril et c'est avec le sentiment chrétien du devoir qu'il s'est offert au sacrifice suprême.

« Mon Père,

« Un nouveau malheur vient de nous frapper cruellement. Noël a été tué le 8 juin, à Chezy-en-Auxois, d'une balle de mitrailleuse ; priez pour nous, mon Père.

Votre désolé,
Antoine. »

C'est ainsi que le plus jeune des frères de Bourgoing annonça à M. le Directeur que son aîné venait de succomber. Denis, le marin, était alors en Méditerranée, aux environs de Corfou. Les trois frères ont laissé à l'Ecole un très vivant souvenir.

Noël, avec sa vive intelligence, son esprit fin, fit de bonnes études, couronnées par le baccalauréat de philosophie, et il suivit ensuite les cours des Sciences Morales et Politiques. Ses sentiments élevés, son caractère aimable et enjoué, sa parfaite cordialité lui concilièrent l'estime et l'affection de ses maîtres et de ses camarades ; il fut membre des Conférences de Saint-Vincent de Paul de l'Ecole Massillon.

Toutes ces qualités font plus vivement regretter ce jeune héros ; il eût fait grand honneur à son nom et à sa race. Il s'était déjà signalé par sa belle vaillance et son esprit de sacrifice, porté jusqu'au don complet de lui-même.

Le 17 août 1917, il avait mérité la citation suivante :

« De Bourgoing Antoine-Charles-Marie-Noël, lieutenant au 54e Bataillon de Chasseurs.

« Excellent officier, venu sur sa demande de la cavalerie. En campagne depuis juin 1915, a pris part aux combats de Souchez, à l'attaque de Champagne. A réussi, dans un secteur difficile, à effectuer des reconnaissances en avant des lignes et à procurer ainsi de précieux renseignements ».

Abbé L. Roussel.

⚜ ⚜ ⚜

Maurice BRUNET

(1902-1904)

Licencié en Droit

Maréchal-des-Logis
au 4e Chasseurs d'Afrique

Médaille militaire
Croix de guerre

Il appartenait à cette race de Français énergiques qui ne se contentent pas de jouir du labeur des autres, mais qui sont persuadés que chacun ici-bas doit gagner son pain à la sueur de son front et bien plus, faire œuvre qui dure. Esprit ouvert, il comprit qu'à côté de la vieille France, il y avait place au soleil d'Afrique, dans une France nouvelle, pour les bons serviteurs de la Patrie. Caractère entreprenant, nature fortement tempée et par les exemples qu'il vit au sein de sa famille et par les enseignements qu'il reçut à l'Ecole Massillon, quand l'âge vint pour lui de se créer une situation, il traversa la Méditerranée, s'établit en Tunisie, y bâtit une ferme et la dirigeait quand la guerre éclata.

Mobilisé au 4e Chasseurs d'Afrique, il vint bientôt sur le front de France. Pendant la bataille de la Somme, il remplit les fonctions dangereuses d'agent de liaison « avec une bravoure et un dévouement dignes de tout éloge. »

Puis, on l'envoya à Salonique ; il y fut nommé Maréchal-des-Logis et choisi comme vaguemestre. La fièvre paludéenne le terrassa presque dès son arrivée et il mourut en pays grec le 4 septembre 1918, à l'âge de 33 ans.

Il fut un de ces bons ouvriers que le pays réclame aux heures du suprême danger.

Abbé J. Michel.

⚜ ⚜ ⚜

Frédéric CAILLAUX

(1902-1911)

SOLDAT

AU 21e BATAILLON DE CHASSEURS A PIED

Frédéric Caillaux, né le 28 février 1895 d'une famille de braves (son frère Georges a reçu la médaille militaire et la croix de guerre) entra à l'Ecole en 1902 et y termina ses études en 1911. Ce fut toujours un élève modèle pour la conduite, le travail et la piété.

Il avait voulu s'engager volontairement dès le début de la guerre, mais il avait été ajourné pour la vue. Au moment du départ de la classe 1915, dont il faisait partie, il témoigna d'un si réel chagrin en s'entendant ajourner de nouveau que l'on revint sur la première décision : il fut pris. Mais sa carrière militaire fut bien courte : cinq mois !

Il fut versé au 21e Batailon de Chasseurs à pied, 1re Compagnie. Toutes ses lettres, du dépôt comme du front, témoignent d'une vraie passion pour la France, d'une sereine et calme gaieté. Le 20 mai 1915, à son départ pour le front, il écrit à son père : « Ce qui est étonnant, c'est que nous partons tous contents ! Sitôt la nouvelle de notre départ confirmée, les sonneries de clairon éclatent sans interruption ; nous avons tous, du reste, un idéal élevé et une sereine philosophie qui nous soutiennent. Nous considérons la vie comme un passage plus ou moins difficile et plus ou moins long avec la même issue. Ainsi donc, mon cher papa, compte que ton fils fera pleinement son devoir et qu'il le fera jusqu'au bout ! »

Ce devoir accompli jusqu'au bout, Frédéric avait bien vu où cela pouvait le mener et il l'avait chrétiennement accepté : un papier intime, en effet, a manifesté qu'il avait fait l'acte héroïque du sacrifice de sa vie pour la rédemption de la France. Et Dieu l'agréa. Et ce sacrifice fut offert dans des circonstances inconnues, obscures, qui en doublent la valeur : Frédéric Caillaux disparut à Notre-Dame de Lorette, le 17 juin 1915. Parti à l'attaque avec sa compagnie, à cinq heures du soir, il ne revint pas et rien, depuis, n'est venu interrompre le grand silence... ; si, quelque chose : les larmes des parents inconsolables, les regrets des camarades de régiment, et les éloges des condisciples et des Maîtres qui évoquent son souvenir.

Abbé H. PRADEL.

⚜ ⚜ ⚜

André CHAPPELLIER

(1903-1912)

ENGAGÉ VOLONTAIRE

« C'est la première peine qu'il m'ait faite ! » disait la mère d'André Chappellier quand il manifesta la volonté de s'engager au début de la guerre. André, en effet, avait une âme exquise dont le calme et la beauté brillaient dans ses grands yeux noirs. Il avait au cœur la flamme du dévouement et de l'esprit de sacrifice pour les grandes causes.

Aimable et bon, il soulignait d'un fin sourire les réflexions de camarades qui ne lui semblaient pas assez judicieuses. Il n'y mettait jamais de méchanceté ; tous ses condisciples l'estimaient et l'aimaient, et il ne se servait que pour le bien des sympathies qui venaient à lui.

Il fut élève à l'Ecole de 1903 à 1912, et, après sa philosophie, il partit pour l'Angleterre en vue de se perfectionner dans la langue de nos voisins. En 1914, la guerre éclate, et il s'empresse de rentrer en France pour s'engager. On lui demande d'attendre l'appel de sa classe, on lui représente que sa santé délicate ne pourra supporter les fatigues et les rudes travaux d'une longue campagne ; rien ne l'arrête. Le conseil de révision le juge trop faible et le refuse. Il n'accepte pas la décision, il mendie des appuis et finit par se faire accepter dans le service actif.

Son instruction est en cours lorsqu'on demande des volontaires pour les tranchées ; il s'offre et il part. « Je suis fou de joie, » écrit-il. Il reçoit deux blessures, mais revient le plus tôt possible au poste de combat. Le 3 juin 1915, il se trouvait avec son sergent, à l'assaut du Labyrinthe, en tranchée avancée, à quelques mètres des Allemands. « Pen-

Armes diverses

dant que nous tirions, André a reçu une balle explosive en pleine face, il s'est éteint dans mes bras, à bout de sang, en murmurant ces deux seuls mots : « Mes Parents ! » Il n'avait que 19 ans.

Un mot de lui donne la note de l'âme de foi et de feu que revêtait cette frêle enveloppe : « Si je reviens, dit-il à une des dernières réunions de famille, je me ferai missionnaire ! » — « Tu plaisantes, André, reprit l'un des siens. — « On ne plaisante pas de ces choses-là, » répondit-il avec son doux sourire.

Abbé L. ROUSSEL.

⚜ ⚜ ⚜

Paul CHARPENTIER

(1910-1912)

ASPIRANT AU 205e RÉGIMENT D'ARTILLERIE DE CAMPAGNE

Croix de guerre avec étoile d'argent

« Les sources de nos sacrifices, où les hommes ont bu pendant tant de siècles, se sont remises à couler et les vertus de notre race agitent à nouveau nos enfants. » Cette pensée, un peu modifiée dans sa forme, de l'un de nos meilleurs écrivains, s'applique bien à Paul Charpentier.

C'est à peine un jeune homme, il n'a que 19 ans au sortir de l'Ecole, où il a laissé le souvenir d'une nature douce, cordiale et sympathique à tous ; entré dans les affaires où il réussit, il n'hésite pas à tout quitter pour répondre à l'appel de son pays. Il n'est mobilisé que depuis 13 mois, et déjà il tombe glorieusement aux portes d'Ypres, sur les frontières mêmes de la Belgique dont il défend le dernier lambeau.

Accrochés par Von Arnim depuis le 9 avril 1918, devant Poperinghe et devant Bailleul, les généraux de Mitry et Plumer se sont repliés et s'appuient désormais sur les monts de Flandre. Le 29 avril, le mont Kemmel est assiégé et le 30e Régiment d'Infanterie française, qui tenait magnifiquement sous un bombardement inouï, est encerclé. Si l'ennemi pénètre plus avant, c'est la perte de toute la Belgique. Il faut, pour l'arrêter, des régiments héroïques et des hommes de haute valeur morale. Le 205e Régiment d'Artillerie de campagne est envoyé près de Locre, et avec lui le jeune aspirant Paul Charpentier. Dans ce secteur où chaque pouce de terrain est âprement disputé, où la lutte ne cesse ni le jour ni la nuit, le danger est continu. Paul n'a rien du vétéran ; hier encore il se complaisait aux caresses de sa mère.

« Mais aux âmes bien nées, la valeur n'attend pas le nombre des années. » Il tient son courage de son sang et de sa race. Tout naturellement, il fait « l'admiration de sa batterie par sa bravoure et son mépris du danger. » (Citation à l'ordre de la Brigade). Dans la journée du 24 mai 1918, il est atteint par un obus et sa mort est instantanée. Il verse son sang pour la cause de la France et de sa noble alliée, la Belgique. Par lui, par son sacrifice, la France continue de défendre

« ... le droit des hommes, coutumière
« De tous les dévouements et de tous les devoirs. »
(Victor Hugo. *L'Année terrible. A la France*).

Abbé J. MICHEL.

⚜ ⚜ ⚜

Jean COLAS

(1906-1909)

BRIGADIER AU 83e RÉGIMENT D'ARTILLERIE LOURDE

Croix de guerre

Mort pour la France à Becquincourt (Somme), le 30 septembre 1916, à l'âge de 21 ans.

Son grand'père, qui l'aimait tendrement, n'a pu nous faire parvenir que l'image mortuaire où se lit le texte ci-dessus, avec une photographie où se révèle toute la franchise, toute la droiture de ce beau jeune homme qui passa trois ans chez nous, et a laissé à l'Ecole l'impression d'un élève aimable, très sympathique et très vivant.

⚜ ⚜ ⚜

Gaëtan COSSÉ
(1910-1912)

LIEUTENANT

AU 21e BATAILLON DE CHASSEURS A PIED

Chevalier de la Légion d'honneur
Croix de guerre avec palme et étoile

Gaëtan Cossé était de Nantes. La vie souriait à ce jeune homme de physionomie sympathique et de caractère aimable. Le 29 novembre 1913, à 18 ans, il s'engage dans la cavalerie, au 1er Chasseurs, à Châteaudun. Le régiment était commandé par le Colonel Comte de Ponton d'Amécourt, dont Gaëtan Cossé avait pu connaître le fils à Massillon.

Le 1er août 1914, il partait pour le front et, pour sa belle conduite au combat du 26 septembre, à Buenoville, il fut nommé sous-officier (2 octobre 1914).

Sur sa demande, il passe de la Cavalerie dans l'Infanterie (22 avril 1916) et reçoit les galons de sous-lieutenant au 21e Bataillon de Chasseurs à pied. Il prit part aux batailles de la Somme et fut blessé le 15 septembre 1916.

Un nouveau et puissant engin de guerre, le *char d'assaut,* qui s'avançait, véritable forteresse, renversant tout sur son passage, franchissant tranchées et boyaux à la barbe d'un ennemi stupéfait, offrit à l'audace du jeune sous-lieutenant de Chasseurs le moyen de signaler à nouveau sa bravoure et son dévouement.

Il voulut monter sur ces chars et fut nommé à la 505e Batterie du Régiment des Tanks.

« Le 16 septembre 1918, écrit l'un des hommes de la Compagnie que commandait Gaëtan Cossé, nous avions fini notre travail, mais l'infanterie américaine avait continué sans nous, puisque nous étions devenus inutiles. Nous étions dans un bois à 1.500 mètres des lignes, dans la région de Saint-Mihiel. Pas d'eau du tout! Trois hommes de ma Compagnie et moi étions allés une première fois en chercher au village de Thiaucourt. Mais Thiaucourt était très bombardé et un de mes camarades avait été tué.

« Cossé, qui s'occupe beaucoup de sa compagnie, a voulu y aller lui-même, avec une voiture, pour assurer le ravitaillement de ses hommes; il a toujours fait preuve pour nous d'un zèle admirable. Un obus a éclaté près de sa voiture : le conducteur a été légèrement blessé à la tête, un éclat d'obus a traversé le poumon du sous-lieutenant. Il n'a pas repris connaissance. On l'a transporté aussitôt à l'hôpital 114, à Toul. Il est mort le lendemain. »

Gaëtan Cossé savait l'endroit très dangereux; il y alla avec ce beau courage que ses hommes avaient constamment admiré chez lui. Pour ménager la vie de ses soldats, il sacrifia la sienne. C'était le troisième et dernier fils de l'honorable famille Cossé : « Trois sur trois, s'écriait la pauvre mère, c'est vraiment trop! La nature humaine peut-elle supporter pareille douleur? Nous espérons heureusement que Dieu leur aura fait une belle place là-haut! »

Des amis de la famille avaient voulu sauver au moins le troisième en le faisant mettre à l'arrière. « Mes frères rougiraient de moi, répondit-il; c'est à nous, les jeunes, de nous faire tuer!

Il fut proposé pour la Légion d'honneur et mérita bien les deux citations suivantes :

1re Citation au Corps d'Armée :

« Jeune officier énergique et plein d'entrain. Passé de la cavalerie dans l'infanterie sur sa demande; a magnifiquement entraîné sa section à l'assaut d'une tranchée ennemie ».

2e Citation à l'Armée :

« Officier dont l'énergie est au-dessus de tout éloge; monté en ligne lors d'une attaque ennemie pour y conduire des renforts, a pris volontairement le commandement d'un groupe de contre-attaque, avec lequel il a brillamment enlevé une position que cette troupe avait été contrainte d'abandonner ».

Abbé L. ROUSSEL.

René DARDEL

(1908-1911)

ENGAGÉ VOLONTAIRE

BRIGADIER TÉLÉPHONISTE DE L'ETAT-MAJOR DU 103e RÉGIMENT D'ARTILLERIE LOURDE

Médaille militaire
Croix de guerre avec étoile d'argent

René Dardel, fils du docteur Dardel, de Gisors, frère de Jacques Dardel, sous-lieutenant au 39e d'Infanterie, prisonnier au camp d'officiers de Heidelberg, et du Médecin Auxiliaire Louis Dardel, tous deux nos anciens élèves et décorés de la Croix de guerre, passa trois ans comme interne à l'Ecole, de 1908 à 1911. Il a laissé à tous ceux qui l'ont connu le souvenir d'un enfant doux et aimable, d'une nature délicate et attachante. Elevé dans une famille profondément religieuse, il avait une foi vive et une solide piété. Ausi avec quel sérieux et quelle ferveur il se prépara à sa première Communion! Ses maîtres et ses camarades en ont gardé un souvenir ému.

Un petit Péruvien, qui fut un de ses amis les plus intimes, écrivit de Lima en apprenant sa mort : « La mort de René Dardel me peine profondément; mon pauvre René! Depuis que nous nous sommes quittés, j'ai bien pensé à lui, et lui à moi, sans doute, car nous étions bons amis : je le revois encore, avec ses boucles blondes, ses grands yeux bleus, un peu rêveurs; il avait un caractère si doux, si délicat! Il était pour moi un frère, et, alors que j'étais seul, loin de ma famille, son affection m'adoucissait les tristesses de l'exil. »

Une nature si fine et si sensible n'était pas faite pour les horreurs de la guerre; et cependant, René y a fait preuve du plus grand courage.

Engagé volontaire le 3 janvier 1915, au 43e d'Artillerie, brigadier le 1er mars, passé au 103e d'Artillerie lourde en octobre 1915, parti au front le 1er décembre 1915, il a pris part à tous les combats de la Somme, puis à ceux de l'Oise devant Lassigny, et enfin en Champagne, à Moronvilliers. Il était brigadier téléphoniste à l'Etat-Major du 7e groupe du régiment, quand il fut tué d'un éclat d'obus à Prones, le 25 avril. Il fut cité à l'ordre de l'Artillerie de la Division :

« Brigadier téléphoniste très courageux; a été tué à la tête d'une corvée qu'il dirigeait vers sa batterie très violemment bombardée ».

Son père annonçait en ces termes la terrible nouvelle à M. le Directeur : « Votre ancien petit René, notre cher petit, si tendrement aimé, si bon, si droit, si noble, vient d'être tué hélas! et il a été inhumé à Mourmelon.

« Connaissant la noblesse de son cœur, la beauté de sa conscience, son respect du devoir, ses souffrances physiques et morales dans la vie qu'il a menée depuis plus de deux ans, vie si peu faite pour sa délicatesse, nous ne voulons pas douter de la miséricorde du Bon Dieu pour lui; nous prions tant que nous pouvons, et je n'ai pas besoin, cher M. le Directeur, de vous demander le concours de vos prières, afin d'obtenir pour notre cher petit la récompense à laquelle il semble si bien avoir droit. »

Nous qui avons connu et aimé ce cher René, nous partageons la douleur du père, et toute sa confiance en la Miséricorde divine pour cet enfant chrétien qui a rempli son devoir jusqu'au suprême sacrifice.

Abbé C. GUESDON.

⚜ ⚜ ⚜

Pierre DUFAYET

(1904-1907)

PILOTE-AVIATEUR

Tombé avec son appareil dans les lignes ennemies le 24 août 1918.

C'est tout ce que nous avons pu savoir sur Pierre Dufayet, sa famille n'ayant pas reçu d'autre information. Il avait d'excellents amis à l'Ecole; l'un d'eux, Charles Faure, qui nous a confirmé ces renseignements, est également mort à la guerre à la veille de l'armistice. Du mystère qui plane sur la disparition de ce héros de l'air, nous ne dégagerons que le souvenir qu'il a laissé à ceux qui l'ont connu : il fit vaillamment son devoir, il fut victime de sa bravoure. Que ceux qui le pleurent trouvent dans ce glorieux hommage une suprême consolation.

Abbé F. CHARBONNIER.

Léo DUPUY

(1904-1905)

SOUS-LIEUTENANT

AU 3e RÉGIMENT D'ARTILLERIE COLONIALE

OBSERVATEUR A L'ESCADRILLE L. 105

Chevalier de la Légion d'honneur

Croix de guerre avec 2 palmes et 1 étoile

Léo Dupuy avait été élève de philosophie à l'Ecole Massillon pendant l'année scolaire 1904-1905. Il est tombé au champ d'honneur en Champagne, le 14 avril 1917, à l'âge de 30 ans. Il était sous-lieutenant observateur, au 3e Régiment d'Artillerie Coloniale, et était déjà décoré de la Croix de guerre avec deux palmes et une étoile. Il suffira de transcrire les deux citations qui rappellent la valeur de cet officier énergique et vaillant jusqu'à la témérité.

« Léo Dupuy, observateur parfait, joignant à un complet mépris du danger un sang-froid, une adresse et une connaissance du commandement qui lui fait remplir avec succès les missions les plus délicates. Sur le front de Verdun depuis le début de la bataille, a rendu de précieux services par des reconnaissances photographiques, loin dans les lignes ennemies, ou par la prise de photographies à altitude très basse, sur les tranchées. A livré 10 combats, a obligé, le 3 août, un avion ennemi à piquer précipitamment sur ses lignes ».

« Léo Dupuy, excellent observateur, spécialisé dans la prise des photographies ; a rendu les plus grands services par ses reconnaissances éloignées dans les lignes ennemies. Blessé grièvement dans une chute d'avion en partant en reconnaissance, est mort des suites de ses blessures ».

Abbé J. DEDIEU.

Marc ETIENNE

(1904-1909)

MARÉCHAL-DES-LOGIS

AU 114e RÉGIMENT D'ARTILLERIE

Croix de guerre avec étoile de vermeil

Issu d'une famille profondément chrétienne, Marc fit, comme son frère Joseph, ses études à l'Ecole et au Lycée Charlemagne, de 1904 à 1909.

On y a gardé le souvenir bien vivant de ce grand adolescent un peu timide, très religieux et qui s'épanouissait dans un atmosphère de sympathie. Il fut un excellent élève, comme en témoignent les palmarès, et fut aussi très aimé de ses maîtres et de ses camarades. C'est une de ces victimes de choix dont Dieu a accepté le sacrifice pour le salut de la patrie.

Maréchal-des-Logis au 114e d'Artillerie, il tomba devant Verdun le 29 juin, à l'âge de 22 ans.

Il avait été précédemment cité à l'ordre du jour du Corps d'Armée, en ces termes :

« Sous-officier d'un dévouement absolu ; resté seul sous-officier dans sa batterie durement éprouvée, a montré, dans cette circonstance, la plus grande énergie ; a exécuté, le 19 mars 1916, une reconnaissance très périlleuse, faisant lui-même de la signalisation à bras en vue de l'ennemi ».

Son frère aîné, Joseph, Lieutenant d'Artillerie, ne fit pas moins d'honneur à son nom par son courage qui lui valut la Croix de la Légion d'honneur, le 15 janvier 1916. Le fait d'armes qui la lui valut, mérite d'être raconté. Lors des attaques du 21 au 24 décembre 1915, l'Infanterie s'étant portée en avant, Joseph Etienne, agent de liaison entre l'infanterie et l'artillerie, fut chargé de reconnaître la ligne atteinte par nos troupes, afin de pouvoir la situer avec précision. Au cours de cette reconnaissance, il arrive à l'entrée d'une caverne, où il entend des voix ; à l'accent rauque, il reconnaît des Allemands que notre avance a surpris. Joseph Etienne est seul avec son téléphoniste ; sans calculer le danger auquel il s'expose, il se place à l'entrée de la grotte, et d'une voix de stentor, il crie : « Rendez-vous et sortez ! » Les Allemands sortent les uns après les autres ; il les désarme un à un, et il en compte 120 ! L'air décidé du jeune lieutenant, sa haute taille, son revolver braqué et celui de son téléphoniste imposent le respect et la crainte à ces soldats. C'est ainsi qu'on vit arriver au poste voisin 120 prisonniers conduits par un Lieutenant et son téléphoniste.

Marc et Joseph Etienne ont glorieusement enrichi le patrimoine d'honneur de leur noble famille.

Abbé C. GUESDON.

André FABRE

(1887-1895)

Sous-Lieutenant

au 14e Bataillon de Chasseurs a pied

Chevalier de la Légion d'honneur
Croix de guerre avec étoile de vermeil

Nous n'avons d'André Fabre que le décret en date du 12 mars 1920, lui conférant la Légion d'honneur. Il est ainsi conçu :

« Chargé avec sa section de défendre, le 14 novembre 1914, à Zilebeke, la cote 60, soumise à un bombardement intense, a donné à tous ses chasseurs l'exemple d'un courage stoïque. Tombé glorieusement alors qu'il parcourait la ligne pour maintenir ferme le moral de ses chasseurs ».

Abbé J. Dedieu.

André FAGOT

(1902-1917)

Conducteur-Mécanicien

au 2e Groupe d'Aviation

Médaille d'Italie

Né le 16 avril 1891, André Fagot souriait à la vie qui s'ouvrait à lui pleine de promesses. Son adolescence s'épanouit parmi les tendresses familiales et parmi les sympathies de ses maîtres et de ses camarades à l'Ecole. Il grandit heureux, suivant le cours régulier de ses études. Son père, architecte distingué, lui avait transmis son goût pour le dessin et pour l'architecture, et il s'engagea dans cette voie.

Lorsque la guerre éclata, il était attaché à l'Etat-Major comme secrétaire au service de la géodésie, et finissait son service militaire. Il partit avec le G. Q. G. du général Joffre, passa ensuite dans l'armée de Franchet d'Esperey, et enfin fut versé dans l'aviation, comme dessinateur pour les relevés des emplacements de l'ennemi. Il fut envoyé, à ce titre, en Italie, et fut, pour ses services, décoré de la médaille d'Italie.

Quelques semaines avant la signature de l'armistice, ce vaillant enfant mourait, muni des sacrements de l'Eglise, le 27 septembre 1918, à l'âge de 27 ans, dans sa famille, des suites d'une maladie contractée au front. Il n'a pu qu'entrevoir l'aube de la victoire !

Abbé J. Dedieu.

Henry FAIVRE

(1913-1914)

Elève de Saint-Cyr

Sergent au 63e Bataillon de Chasseurs Alpins

Médaille militaire
Croix de guerre avec étoile

Henry Faivre était fils du Lieutenant-Colonel Wilfrid Faivre, tué à l'ennemi à Suippes (Marne), le 24 septembre 1914. A cette date, Henry venait de terminer sa 1re C. à l'Ecole Massillon ; un an plus tard, il entrait à Saint-Cyr d'où il aurait dû sortir avec la promotion « Sainte Odile. » Il n'attendit pas d'avoir le galon de Sous-Lieutenant et fut affecté en 1918, comme sergent, au 63e Bataillon de Chasseurs Alpins, dans un dépôt de l'Est.

Il aurait pu attendre son tour pour aller au front ; mais il ne voyait pas le moment où il vengerait son père en allant combattre à côté de son frère Roger, déjà entré dans la lutte ; il fit demandes sur demandes et, le 19 août, il arrivait dans la Somme, en pleine bataille ; le 22, il était tué !

Comme nous l'écrit sa mère, il n'était pas destiné à quitter son dépôt avant l'armistice ; seule, la vaillance de ses 19 ans le poussa au sacrifice prématuré de sa vie.

La citation qui lui fut décernée nous le montre « animé du plus haut sentiment du devoir. » Plus tard, la Médaille militaire a été remise à sa famille, avec sa Croix de guerre, glorieux symboles de son désintéressement et de sa bravoure.

Henry Faivre avait gardé intacts les sentiments religieux que nous lui avions connus à l'Ecole Massillon ; l'aumônier qui avait reçu ses dernières confidences a fait savoir « l'impression profonde que cette petite âme si

pure et si belle avait produite sur lui. »
« Il est parti pur comme un ange, ajoutait-il, avec le Bon Dieu dans son cœur. »

Mourir pour une grande cause avec de tels sentiments, en faut-il davantage pour aller cueillir les palmes éternelles qui attendent les héros ? Henry Faivre a été digne de son père et il est allé partager sa gloire.

Abbé F. CHARBONNIER.

⚜ ⚜ ⚜

François FERRÉ

(1905-1909)

Etudiant en pharmacie

ENGAGÉ VOLONTAIRE

« Que je sois surtout un bon soldat ! » Tel était le vœu exprimé par François Ferré à sa famille en s'engageant. C'est ainsi qu'il apportait à sa patrie, pour la servir de son mieux, toutes ses forces physiques, toute sa générosité morale. Comme il était Etudiant en Pharmacie, il fut envoyé à Toulon en qualité de matelot infirmier. Il ne lui a pas été donné de dépenser dans l'action les trésors de son dévouement. Il n'a pu que souffrir et mourir pour la France, mourir obscurément, sur un lit d'hôpital, mais avec un courage chrétien non moins admirable que celui du champ de bataille.

Une première injection de serum antityphique avait déjà bouleversé son organisme. Une seconde brisa sa résistance et il succomba à l'hôpital maritime de Toulon, le 22 février 1915, offrant à Dieu sa vie pour son pays.

A côté de son nom, c'est toute une liste de glorieux martyrs que je relève parmi les camarades de son année : Louis Belanger, Frédéric Caillaux, Robert Cocâtre, Jean Colas, Jean Dournel, Maurice Pascaud, Maurice Patey !

François fut, chez nous, un élève modèle par la douceur du caractère, par la délicatesse de sa conscience, son travail et ses succès.

Il avait hérité de son père le goût des études pharmaceutiques, et il s'y livrait avec ardeur. La guerre interrompit cet élan, au moment où l'avenir s'ouvrait devant lui radieux et plein de promesses. Intelligence, fortune, goût du travail et des recherches personnelles, il avait tout. Les tendres sollicitudes de ses parents, qui l'adoraient, avaient affiné son exquise nature sans l'amollir. A travers les difficultés de l'adolescence, la volonté demeurait ferme sur la ligne du devoir. Une piété sincère, montant des profondeurs de l'âme, confirmée déjà par la réflexion et par l'expérience des choses divines, lui avaient donné la maturité précoce d'un chrétien convaincu et actif, dominant par des vues plus hautes les préoccupations légitimes de carrière. Il était du nombre des ouvriers d'élite soucieux de refaire l'âme chrétienne de la France.

Si sa vie a été brève, son sacrifice a été fécond ; il a contribué à notre rédemption nationale.

Il a mérité l'inaltérable reconnaissance de tous les cœurs français.

A. CHAUVIN.

⚜ ⚜ ⚜

Emile FOULQUIER

(1903-1906)

MARÉCHAL-DES-LOGIS
AU 151e RÉGIMENT D'ARTILLERIE

Mort au Champ d'honneur le 26 juin 1918, dans sa 28e année.

Nous regrettons d'autant plus de n'avoir point de renseignements précis sur la carrière militaire de cet ancien élève, qu'il avait laissé à l'Ecole le souvenir d'une conduite exemplaire, inspirée par une piété profonde. Il a été une des dernières victimes de la guerre ; nous n'avons pas reçu les éléments d'une notice qui aurait honoré sa mémoire. Il était de ceux qu'on n'oublie pas, dès qu'on a eu l'ocasion de les connaître et de les aimer. Sous des dehors timides, il cachait des trésors d'affection et de délicatesse. Très attaché à l'Ecole, il avait demandé d'y habiter encore pendant ses études de Droit. La guerre lui a fourni l'occasion de se donner jusqu'à la suprême immolation, pour sa patrie et pour sa foi. Nous nous inclinons avec émotion devant sa glorieuse mémoire, et nous mêlons nos larmes à celles de ses vénérés parents, accablés par le coup qui leur a enlevé un pareil trésor.

A. CHAUVIN.

⚜ ⚜ ⚜

Sampiero GAVINI

(1903-1908)

Avocat

Diplômé de l'Ecole des Sciences Politiques

SOUS-LIEUTENANT

AU 7e RÉGIMENT D'ARTILLERIE A PIED

Chevalier de la Légion d'honneur

Croix de guerre avec 2 étoiles de vermeil

D'une famille de robe, puisque son père, ancien député, est Président de Chambre à la Cour d'Appel de Bastia, Sampiero Gavini, de par ses études, se disposait, lui aussi, à défendre « la cause du droit et de la justice. » Mais la guerre allait l'appeler à se servir d'autres armes que celles de l'éloquence. La terre de Corse a fourni à la France de si vaillants soldats, qu'il n'y a pas lieu de s'étonner qu'il ait quitté « la robe pour l'épée, » durant la terrible tourmente. Il était du reste apparenté à une famille dont les traditions sont éminemment militaires, et c'est à l'un de ses cousins, le Comte Hector de Béarn, Lieutenant de vaisseau, également notre ancien élève, que nous devons d'avoir connu sa fin glorieuse.

Sampiero a passé cinq années chez nous. Nature souriante, aimable, alerte et intuitive, il se destinait à l'Ecole Polytechnique ; son frère Jacques se préparait à l'Ecole Centrale où il fut reçu, et, par là même, bien préparé à son rôle d'Officier d'Artillerie pendant la guerre.

Sampiero fut incorporé en 1914, comme simple soldat, au 7e Régiment d'Artillerie à pied. Promu successivement brigadier et maréchal-des-logis, il recevait le galon de sous-lieutenant en 1917.

En mars 1918, il méritait la citation suivante, à l'ordre du Régiment :

« Commandant une batterie de tir, a fait preuve en toute circonstance d'un courage et d'un sang-froid remarquables : s'est particulièrement distingué le 12 mars 1915, en se portant à la tête de son personnel hésitant, pour le conduire, en ordre et à une allure régulière, à la position soumise à un violent bombardement par obus explosifs et asphyxiants ; a su, par son seul exemple, entraîner ses hommes vers le devoir ».

Signé : Lieutenant-Colonel SCHALCK,
Commandant le 7e R. A. C.

Tant d'intrépidité devait le désigner pour les missions les plus périlleuses. Il était sur le « Balkan » en août 1918, exposé à tous les risques de la mer. Le 16, une torpille atteignit le bâtiment, et Sampiero Gavini, en face de son île de Corse qu'il avait tant aimée, fut enseveli dans les flots avec l'équipage.

C'est aussi une tombe glorieuse, que celle de l'immense espace azuré ; dormir son dernier sommeil sous un tertre fleuri ou dans la profondeur mystérieuse des mers, qu'importe, quand on a donné sa vie pour la même cause, sous le même pavillon.

Abbé F. CHARBONNIER.

⚜ ⚜ ⚜

Maurice GIRETTE

(1900-1910)

Sorti de l'Ecole des Beaux-Arts

SOUS-LIEUTENANT

AU 60e RÉGIMENT D'ARTILLERIE

Chevalier de la Légion d'honneur

Croix de guerre

Citation à l'Ordre du Corps d'Armée

Maurice Girette était tout particulièrement nôtre : dix années passées à l'Ecole de 1900 à 1910, les exemples de travail consciencieux qu'il y avait constamment donnés, les qualités d'esprit et de cœur qu'il y avait montrées et dont la tradition fut ravivée et continuée brillamment par son frère Jean, actuellement à Polytechnique, l'estime de ses camarades qui l'avaient nommé membre du Comité des Anciens de l'Ecole, tout nous rend chers ce nom et ce souvenir.

Maurice Girette avait été reçu à l'Ecole des Beaux-Arts, section d'Architecture, en janvier 1912. C'était pour lui une vocation qui s'était révélée de bonne heure, au contact des chefs-d'œuvre de notre architecture, et que sa famille, qui eût préféré la préparation d'une grande école, ne crut pas devoir contrarier. Il apportait d'ailleurs à l'Ecole des Beaux-Arts, avec un sentiment très vif de l'art, cette conscience au travail, cette régularité dans l'effort, cette probité intellectuelle et morale qui étaient sa caractéristique.

Son père avait exigé la réussite, ou du moins la preuve rapide de réelles dispositions, comme justification d'un choix qui, à bien des titres, appelait des réserves. Maurice avait tenu la promesse qu'impliquait une volonté maintenue dans de telles conditions; et aux Beaux-Arts, comme à Massillon, il réussissait brillamment et passait avec succès les examens de fin d'année. Ainsi il s'affirmait et se continuait.

Il venait de terminer la deuxième année; il avait 21 ans. Il partit avec sa classe.

Incorporé aux Chasseurs à pied à Lunéville, il fut ensuite versé au 60e d'Artillerie, au camp de Mailly. La déclaration de guerre le trouva à Troyes, où il venait de passer avec succès les examens d'E. O. R. Il conquerra ses autres grades sur le champ de bataille.

Sa vie fut celle de son régiment, avec ses alternatives de combat et de repos, ses constants déplacements sur la ligne du front. Il est de la première offensive de Lorraine, de la retraite en Champagne; il est blessé d'une balle de schrapnell à l'épaule à Foncquevillers (Pas-de-Calais), en octobre 1914; il revient à son Corps « à peine guéri, » comme le dira la Citation qu'on lui décernera après sa mort; il est sur l'Yser, retourne dans l'Est où il tombera glorieusement devant Verdun. Sa courte carrière de soldat est bien remplie.

Non qu'il ait des aptitudes spéciales, ni même un goût marqué pour ce genre de vie. Très paisible d'allure, très indépendant de caractère, il n'est, comme beaucoup, qu'un français qui fait son devoir. Mais le devoir a dans son âme chrétienne de trop profondes racines, il s'impose à elle avec la fore d'une trop longue habitude; Maurice Girette remplira son devoir de soldat comme il a rempli les autres, simplement, complètement. Cela le mènera jusqu'à l'héroïsme.

Les lettres de ses chefs et de ses camarades disent à l'envi sa conscience scrupuleuse, son souci de la tâche bien faite, son oubli de lui-même devant la fatigue, sa préoccupation constante de ses subordonnés, son habitude de payer toujours et d'abord de sa personne. Ce sont toutes ces qualités que récompensera la Croix de la Légion d'honneur, qui honorera sa mémoire.

Il a de plus des qualités techniques et professionnelles qui le font vivement apprécier. Certain jour, des croquis d'observation font merveille près de ses chefs. Ils faillirent, écrit-il en plaisantant, amener une catastrophe : l'enlever à la troupe et le faire attacher à un Etat-Major.

Mais surtout il a une façon bien à lui de mêler de bonne humeur et de tempérer de cordialité les dures exigences de la vie et de la discipline militaires. Il est de ceux qui travaillent, souffrent et au besoin meurent sans quitter le sourire, à la française. Ses qualités l'avaient rendu très sympathique à tous. Quand il sera frappé, son Capitaine, blessé lui-même à ses côtés, oubliera sa blessure pour le pleurer comme on pleure un fils; son Chef d'Escadron ne pourra cacher son émotion; et c'est encore son Capitaine qui, écrivant à son père, le Commandant Girette, trouvera ces simples mots si suggestifs dans leur nudité sans apprêt : « Je ne trouve pas de mots, mon Commandant, pour vous expliquer, pour vous dire ce qu'était votre fils. » Il y a là un accent de sincérité qu'on trouverait rarement dans des lettres semblables, et une unanimité dans l'appréciation qui emporte la conviction.

C'est près de Verdun, le 27 février 1916, que Maurice Girette fut frappé, au milieu d'un groupe que formaient avec lui son Capitaine et un de ses camarades. Il avait reçu de multiples éclats d'obus. Blessé à mort, mais conservant jusqu'au bout son calme et le plus beau courage, il put encore se tourner vers son camarade, pour le prier de transmettre ses adieux à sa famille; le temps de chercher un brancard, et il s'éteignait sans une plainte.

C'était une âme forte, cachant sous la simplicité de ses dehors et la modestie de son allure « les plus hautes vertus morales, » comme l'écrira un camarade. Ennemi de l'at-

Clément d'Andurain
Georges Boillot
Henry Faivre
Henri Legros
Maurice Pascaud
Albéric Vaillant
Léon Wendling

titude, des grands gestes et des grandes phrases, cordial et bon, soucieux avant tout, dans sa correspondance, de rassurer les siens, attentif à créer de la joie autour de lui, pensant que la simplicité est l'élégance du devoir, ayant le culte de la loyauté et ne se mentant pas plus à lui-même qu'aux autres, possédant au plus haut degré le sentiment de la famille qu'il aime profondément et simplement, le sous-lieutenant Maurice Girette restera, dans la riche galerie, si variée, de nos gloires, comme le type complet et singulièrement attachant du héros qui s'ignore.

Abbé J. BOYER.

Robert GRELET

(1907-1913)

AGENT DE LIAISON

AU 202e RÉGIMENT D'ARTILLERIE DE CAMPAGNE

Croix de guerre avec étoile d'argent
Médaille d'Italie

Robert Grelet, élève à notre Ecole de 1907 à 1913, s'est toujours distingué par la douceur et l'aménité de son caractère. A l'Ecole comme dans sa famille, c'était le plus prévenant et le plus affectueux des enfants, qui n'avait point de joie plus sensible que de faire plaisir aux siens.

A 17 ans, Robert s'engage au 26e Régiment d'Artillerie de Campagne, où, tout de suite, il est choyé de tous pour son extrême jeunesse et son admirable entrain.

Il monte au front et montre un très haut sentiment du devoir, qui l'animera jusqu'à la fin ; en Italie, en France, au 26e et plus tard au 202e Régiment d'Artillerie, Robert fait preuve du plus généreux dévouement. Il sollicite le poste périlleux d'observateur, et on remarque avec quel mépris du danger il remplit sa mission. Sur sa demande, il devient agent de liaison et, comme tel, prend part à 24 attaques en 25 jours. Au cours d'une de ces attaques et sous un feu particulièrement violent de l'ennemi, on le voit aller chercher et rapporter les corps de deux de ses camarades.

Enfin Robert est gravement atteint par le gaz Ipérite. Il est évacué à Paris, à l'hôpital Rollin. Très courageusement et très chrétiennement il souffre un douloureux martyre.

Il est mort pour la France, le 13 novembre 1918, à l'âge de 21 ans, dans les sentiments chrétiens qui furent ceux de son adolescence.

Robert Grelet était titulaire de la Médaille militaire d'Italie, de la Croix de guerre, et avait obtenu la Citation suivante à l'ordre de la 64e Division :

« Canonnier d'un courage et d'un entrain splendides. A participé, comme coureur, dans un bataillon, à plusieurs attaques et y a montré un beau courage. A été volontaire pour plusieurs missions très dangereuses, parcourant un terrain très violemment battu par les tirs de barrages ennemis et soumis au feu des mitrailleuses ».

Maîtres et anciens camarades de l'Ecole Massillon, nous nous inclinons avec une émotion profonde devant la croix de bois qui surmonte la tombe de ce héros de 20 ans, si modeste et si doux.

R. EMÉRIAU.

⚜ ⚜ ⚜

Henri GUÉRET

(1910-1912)

Sur Henri Guéret, nous ne possédons qu'un seul titre, qui le rend digne de vivre à jamais dans notre souvenir : il est mort pour la France. Aucun autre renseignement ne nous est parvenu.

⚜ ⚜ ⚜

Robert GUESNIER

(1898-1907)

ASPIRANT AU 44e RÉGIMENT D'ARTILLERIE

Eclaireur du 2e Groupe

Médaille militaire
Croix de guerre avec étoile de vermeil

Robert Guesnier fit ses études chez nous de 1898 à 1907. Physionomie ouverte et souriante, éclairée par de beaux yeux noirs, il avait conquis toutes les sympathies.

Aspirant au 44ᵉ d'Artillerie, il était éclaireur du 2ᵉ Groupe et c'est dans ce rôle difficile et périlleux qu'il montra ses rares qualités d'énergie, de courage joyeux et de totale abnégation. Les paroles du Commandant du 44ᵉ, sur sa tombe, et le texte de la citation disent, mieux que nous ne saurions le faire, de quelle essence rare était faite cette nature morale, douce et forte à la fois, solidement chrétienne.

« Je ne veux pas quitter cette tombe sans dire à l'aspirant Guesnier un adieu affectueux, reconnaissant et douloureux. Affectueux, car sa franchise, sa bonne humeur au milieu des fatigues, son courage joyeux dans les dangers m'avaient fait ressentir pour lui, depuis longtemps et de plus en plus, une vive amitié. Reconnaissant, parce que, si le Groupe a fait tant de mal à l'ennemi et s'il a subi si peu de pertes, il le doit en partie aux excellents services rendus par ses éclaireurs. Je vois encore Guesnier, le 31 août, parcourant un village qu'on nous disait occupé par l'ennemi et, en démentant ces faux bruits, me permettant de maintenir, une heure durant, la 5ᵉ batterie en avant de nos lignes. Je le vois le 24 septembre, se portant au-devant de l'infanterie prussienne et revenant en courant sous des feux de salve dirigés contre lui, pour me renseigner sur sa position. Je le vois à Popincourt, à Dancourt, réglant à distance nos tirs dans des observatoires périlleux.... »

Et voici le texte de la citation à l'ordre de l'Armée :

« Sous-officier intelligent, plein d'entrain, a toujours fait preuve de la plus grande bravoure dans ses fonctions d'éclaireur du Groupe, ne reculant devant aucun danger pour aller chercher les renseignements utiles. A été tué le 7 mars 1915, à Suippes, d'une balle au cœur, pendant la préparation d'une attaque, en circulant dans des tranchées soumises à un feu violent, pour tâcher de découvrir une batterie ennemie signalée en action à proximité de nos lignes ».

Il faut ajouter à ce texte éloquent que Robert Guesnier était parti spontanément vérifier si la chose était vraie. C'est à son retour qu'il fut atteint, en plein cœur, brusquement, sans souffrance ; Robert tombait, de la mort glorieuse d'un soldat !

Abbé J. Dedieu.

⚜ ⚜ ⚜

Maxime HÉNON

(1894-1904)

Agent de Liaison

au 43ᵉ Bataillon de Chasseurs a pied

Médaille militaire

Croix de guerre avec étoile d'argent

Maxime Hénon était, au moment de la guerre, le collaborateur de ses frères, dont il devait devenir l'associé dans la grande imprimerie parisienne, si honorablement connue, qui porte le nom de famille. Comme ses deux frères, il fut élevé à Massillon, dont l'atmosphère familiale et chrétienne convenait à merveille à son caractère doux et généreux. Les meilleures facultés s'y étaient développées harmonieusement. Enfant, il apparaissait déjà tout rempli du sentiment élevé du devoir. Nulle rigidité dans cette soumission disciplinée ; une sensibilité très vive jointe à une charmante aménité faisaient de Maxime l'élève qui inspire la confiance et gagne la sympathie. Il fut ainsi l'un des plus chers, l'un des plus fidèles, l'un des meilleurs enfants de Massillon.

Le 3 août 1914, il partit, à l'âge de 25 ans, avec le 43ᵉ Bataillon de Chasseurs à pied, dont on ne dira jamais assez la valeur héroïque et l'étendue des sacrifices. Soldat de devoir et de courage, Maxime fut nommé agent de liaison, et c'est dans cet office périlleux qu'il fut tué, à Cléry (Somme), le 3 septembre 1916, par un éclat d'obus, à l'âge de 27 ans.

Son âme, foncièrement chrétienne et tendre, ne saurait être mieux mise en lumière que par ces quelques mots, d'une brièveté émouvante, écrits à sa mère, la veille de sa mort, dans la tranchée de combat où il allait être frappé : « Je pense bien à vous tous, et tu sais ce que mon cœur voudrait te dire ! Je prie et j'espère. »

Son Capitaine, qui avait, lui aussi, ressenti l'attrait que dégageait cette âme d'élite, en faisant part de son décès à ses parents, ajoutait : « J'avais pour votre fils Maxime une réelle sympathie ; ne me quittant jamais, nous avons partagé ensemble les dures épreuves de cette campagne et j'ai pu apprécier ses nobles qualités. J'ai éprouvé une vive douleur en le voyant tomber à nos côtés, au moment où nous partions en avant pour l'attaque. Il est mort en brave, face à l'ennemi. »

Il avait mérité, avec la Croix de guerre, la Citation suivante à l'Ordre de la 46e Division :

« Agent de liaison des plus consciencieux. A toujours rempli ses missions avec le plus grand mépris du danger ».

Plus tard, la Médaille militaire a été envoyée à sa famille, accompagnée de cette nouvelle Citation :

« Chasseur d'un courage admirable. Tué le 3 septembre 1916 à Le Forest (Somme) en faisant superbement son devoir ».

Abbé J. Dedieu.

⚜ ⚜ ⚜

Henri LACOMBE
(1901-1907)

Ancien Elève à l'Ecole des Travaux Publics

Maréchal-des-Logis, Aviateur

Médaille militaire
Croix de guerre avec 2 palmes
4 Citations

Henri Lacombe fit une partie de ses études secondaires à l'Ecole Massillon et les termina au Collège de Juilly. Dans ces deux maisons si étroitement apparentées, il a laissé le souvenir d'un enfant agréable, attaché à ses maîtres et souriant à la vie. La guerre lui donna l'occasion de développer son énergie.

A 19 ans, il contractait un engagement au 19e Chasseurs à cheval. La cavalerie n'ayant plus qu'un rôle secondaire après la première bataille de la Marne, il fut détaché au 11e d'Artillerie de tranchées où il devait rester jusqu'en 1918, comme brigadier. Il y mérita la Croix de guerre avec deux Citations à l'ordre de la Division.

La première est de 1914 :

« Sous un violent bombardement, a coopéré à sauver des militaires d'un autre régiment, enfouis par une explosion d'obus ».

En 1916, nous le trouvons sous Verdun, dans la Division Mangin, bravant les obus qui faisaient rage sur la cité martyre ; sa seconde Citation est de cette date :

« Lacombe Henri, brigadier. A fait preuve de beaucoup de sang-froid et de courage, en assurant une liaison difficile pendant les journées des 24 et 25 mai 1916 devant Verdun, sous un bombardement des plus violents. »

Cependant, le jeune artilleur rêvait déjà de quitter les tranchées pour entrer dans l'aviation et se mesurer de plus près avec l'ennemi. Son stage dans cette nouvelle arme eut lieu au début de 1918, et l'on vit bientôt qu'il ne s'était pas trompé sur ses aptitudes. Nommé Maréchal-des-Logis, il obtint une première Citation à l'ordre de l'Armée :

« Jeune pilote nouvellement sorti d'école et plein d'allant ; a remporté sa première victoire en abattant un monoplan qui venait d'incendier un de nos ballons. »

Mis en goût d'exploits par ce rapide succès, il obtient presque aussitôt une autre Citation à l'ordre de l'Armée :

« Jeune pilote s'imposant de plus en plus par son entrain et son courage. A obtenu sa deuxième citation en abattant un monoplan ennemi venu pour attaquer un de nos ballons. »

Les deux Citations sont signées par le Général de Mitry dont on sait la rude activité durant cette dernière période de la guerre, sur le front des Flandres et de Champagne.

On était déjà en juin, à l'aube des grands succès. Mais Henri Lacombe, qui avait été si merveilleusement protégé jusque-là, fut victime de ses audacieuses randonnées sur les lignes ennemies ; le 13 juin, il disparut au cours d'une patrouille aérienne, et cette disparition était pour toujours. Il avait 24 ans.

Il s'en est allé avec la plus pure auréole de sa jeunesse, de son patriotisme et de sa foi chrétienne.

Abbé F. Charbonnier.

⚜ ⚜ ⚜

Robert LALLEMENT

(1905-1911)

Licencié en Droit

Elève à l'Ecole des Sciences Politiques

ASPIRANT A L'ECOLE D'APPLICATION D'ARTILLERIE

Croix de guerre avec palme

Robert Lallement fut brisé par un mal terrible, au moment où il allait partir pour le front, après avoir terminé sa préparation à l'Ecole d'Artillerie de Fontainebleau.

Il fait partie du petit groupe de jeunes, admirables de foi, de noblesse morale, de distinction et de délicatesse, tels que Jacques David, François Ferré, Jean Robin, victimes de choix, qui n'ont pas connu les émotions généreuses de la bataille et qui ont offert pour la France, sur un lit d'hôpital, leur suprême sacrifice.

Brillant Lauréat de l'Ecole et du Lycée Charlemagne, grand Prix de notre Association Amicale, Robert était licencié en Droit à 20 ans, et classé très honorablement à la sortie de l'Ecole des Sciences Politiques. « Il y avait suivi les cours de la Section Générale, qu'il affectionnait particulièrement, loin des préoccupations de l'arrière. Il y rencontrait des élèves plus âgés et plus avancés que lui. Il se fit une place au milieu d'eux avec une aisance et une bonne grâce qui lui gagnèrent toutes les estimes et tous les cœurs. Sa physionomie ouverte, son geste gracieux, sa parole aimable attiraient et charmaient. Il devint ainsi tout naturellement le centre d'un petit groupe plein d'initiative et d'élan, où l'on travaillait pour le plaisir de travailler, pour s'améliorer plus encore que pour s'instruire, dans une émulation de réflexion et de maturité qui fut rarement égalée dans notre Ecole. Ce bel effort donna des résultats remarquables. Lallement réussit brillamment au concours de 1914. » (1)

Il était l'orgueil de ses parents et leur joie en famille.

Quand retentit l'appel aux armes, en attendant l'heure du départ, il a le sentiment des risques qu'il va courir ; il se met, avec son camarade Ernest Leguéry, à la disposition de M. le Curé de Nogent-sur-Marne pour l'organisation des ambulances de la paroisse, et tous les deux y font merveille.

Quand son tour arrive, apprenant la mort au front de trois de ses camarades : « L'intérêt de la France est assez grand pour qu'on lui fasse tous les sacrifices, écrit-il à ses parents. C'est la volonté de Dieu. Apaisons nos cœurs par cette pensée. La Providence ne veille-t-elle pas sur nous qui sommes ses enfants ? »

Cette acceptation ferme du devoir et de ses conséquences possibles, cette soumission à la volonté divine ne se sont jamais démenties. Sur son lit d'agonie, pendant 23 jours, pas une plainte : « Mon Dieu, ayez pitié de moi... Je veux tout ce que vous voulez, j'accepte tout, je vous fais le sacrifice de tout, sachant bien, ô mon Dieu, que ce que vous exigez de moi, c'est pour mon plus grand bien ! »

Telles furent ses dernières paroles.

« C'était une âme d'une pureté admirable, » disait l'aumônier à ses funérailles.

Tous ceux qui ont eu le bonheur de le connaître garderont avec mélancolie, au sanctuaire du cœur, l'image de cette physionomie fine et douce, rayonnante d'intelligence et de bonne grâce, noble et distinguée, souverainement sympathique.

Tant de qualités, tant de nobles et chrétiennes aspirations, ce qu'avait donné, ce que promettait cette riche et rare nature nous rendent sa perte infiniment cruelle. Ses parents furent brisés ; son père a succombé à la douleur.

A. CHAUVIN.

(1) *Revue des Sciences Politiques*, 15 oct. 1915.

Fernand LANGLOIS

(1912-1914)

ELÈVE-OFFICIER D'ARTILLERIE A ORLÉANS

Fernand Langlois se préparait chez nous au concours de l'Ecole Polytechnique. Des crises de santé contrarièrent ses efforts. Il se présenta à l'examen de l'Ecole Centrale en 1914, et son succès paraissait assuré. Mais, par suite de l'indiscrétion d'un professeur qui avait communiqué le texte de certaines questions à des candidats, le concours fut annulé. La guerre étant survenue, le temps manqua pour recommencer l'écrit.

Fernand Langlois partit comme ses camarades. Mais, ses forces ne résistèrent pas aux fatigues des exercices militaires. Avant de partir pour le front, il dut rentrer à Bayeux dans sa famille, où il succomba le 21 novembre 1915. A. CHAUVIN.

François LEMOT

(1908-1910)

SOLDAT

AU 85e RÉGIMENT D'ARTILLERIE LOURDE

Mort pour la France à l'hôpital militaire de Briare, à l'âge de 27 ans.

Il était né au château de Clisson, et il avait grandi au milieu des légendes héroïques de cette importante forteresse et des traditions du Connétable. Venu à l'Ecole pour compléter ses études, il s'y fit remarquer par l'aménité de son caractère et la sûreté de son commerce qui lui concilièrent toutes les sympathies. Il avait perdu sa mère de bonne heure. La mort prématurée de son père, le baron Lemot, l'obligea, après le service militaire, à prendre en mains la direction de ses domaines, et c'est au milieu de cette activité généreuse qu'il entendit l'appel de la France. Il répondit aussitôt : *Présent*, et se rendit à son poste, prêt à faire généreusement son devoir. Nous n'avons pu, à notre grand regret, suivre sa trace ni obtenir de renseignements sur la fin si tristement pématurée de ce vaillant Vendéen.

A. CHAUVIN.

Abbé Jean LEROY

(1913-1914)

Elève au Grand Séminaire d'Issy

MARÉCHAL-DES-LOGIS

AU 213e RÉGIMENT D'ARTILLERIE

Croix de guerre

Jean Leroy, Maréchal-des-Logis à la 25e Batterie de 75 à tracteurs du 213e d'Artillerie, trouva la mort à l'ennemi le 14 avril 1918 à Courcelles (Oise), par un obus qui défonça l'abri où il se trouvait avec les hommes de sa pièce.

Elève à l'Ecole Massillon en 1913, il était entré en 1914 au Grand Séminaire d'Issy. C'est de cet asile que la mobilisation vient arracher cette âme douce et pacifique, pour la jeter parmi les horreurs de la guerre. « Mais, écrit sa mère dans une lettre à M. le Directeur, Jean resta ce que vous l'aviez connu : très simple, très pieux, ne se plaignant jamais, ne demandant jamais rien, voyant en tout la volonté de Dieu. »

Sa citation met en relief les qualités de ce séminariste droit et énergique : la conscience d'abord, puis le calme et le sang-froid :

« Excellent gradé, remplit toutes les fonctions de chef de pièce avec beaucoup de conscience. S'est particulièrement distingué pendant les combats du 26 au 31 mars 1918, par son calme et son sang-froid. » Signé : Lieutenant-colonel DURAND.

Il repose à l'endroit où se trouvait sa pièce. L'Eglise pourrait graver sur la tombe de son Lévite les belles paroles de l'Ecriture : « Consummatus in brevi, explevit tempora multa. » Il a bien rempli sa courte journée.

Madame Leroy a traduit avec l'éloquence simple des mères sa résignation chrétienne :

« Certaines personnes me disent : il vaudrait mieux ne pas avoir eu d'enfants que de les perdre à cet âge-là. Je ne suis pas de leur avis : ma douleur est immense ; il ne me reste que le souvenir, souvenir bien pur et bien doux des dernières années de sa vie. Il a été pour nous un modèle d'obéissance et de piété. Il sera pour nous un protecteur. »

Nobles et chrétiennes paroles qui pourraient figurer avec tant d'autres dans une Anthologie des Mères pendant la guerre, et qui ont fait dire à l'un de nos généraux : « Ce sont les mères françaises qui ont gagné la guerre. »

Abbé E. NIOREY.

Jean LESCURE
(1911-1914)

MARÉCHAL-DES-LOGIS

AU 16e RÉGIMENT D'ARTILLERIE

Croix de guerre avec 2 étoiles

Né le 5 juin 1896, Jean Lescure entra à l'Ecole Massillon en 1911, avec son frère Maurice. Tout le monde fut immédiatement conquis par la distinction, la spontanéité, la droiture de ces deux natures d'élite. Sous les dehors de la timidité et de la modestie, Jean abritait des trésors de sensibilité et d'une rare délicatesse morale. Ses confrères de la Conférence Saint-Vincent de Paul étaient profondément touchés par les compte-rendus de ses visites à sa « famille » pauvre, et l'on a gardé le souvenir de ce fait touchant qu'il se chargea à lui seul d'habiller et de préparer à sa 1re Communion un des enfants de la famille qu'il visitait.

Il est tombé pour la France, à Chaulnes, le 21 octobre 1916, à l'âge de 20 ans ; il était maréchal-des-logis à la 9e Batterie du 16e Régiment d'Artillerie, et à la veille de partir pour Fontainebleau conquérir d'autres galons.

Toute sa carrière de soldat peut être écrite en style militaire, mais quel son il rend ! Ecoutons ses camarades de Batterie : « En lui nous perdons un grand ami et un rare camarade ; sa mort glorieuse est pour nous un bel exemple de courage et d'énergie... il est mort à son poste en véritable soldat en faisant plus que son devoir. » Ecoutons son Capitaine : « Le sous-officier Lescure s'était toujours fait remarquer par sa bravoure, son allant et sa décision. J'attendais impatiemment le moment où son ancienneté lui permettrait d'être proposé pour Fontainebleau, et de marcher sur les traces de son frère qui n'avait laissé que de très bons souvenirs au Groupe. » Le Colonel Dupont de Dinechin, père de quatre brillants Elèves de l'Ecole, dont deux sont morts en héros, le cite à l'ordre du Régiment :

« Le maréchal des logis Lescure a, à diverses reprises, depuis le 4 septembre, accompagné la vague d'assaut, comme agent de liaison, dans les tranchées avancées ; s'est fait remarquer par son courage et son sang-froid sous des bombardements violents. »

Ecoutons le Général Anthoine citant à l'ordre du 10e Corps d'Armée

« Le sous-officier Lescure Jean, qui, le 21 octobre 1916, étant observateur d'artillerie aux tranchées de première ligne, a bravement accompagné la vague d'assaut pour mieux remplir sa mission ; a été glorieusement tué au cours de l'action. Jeune sous-officier remarquable de sang-froid et de bravoure, ayant rendu les plus grands services comme observateur et comme éclaireur. »

Ceux d'entre nous qui ont pu pénétrer dans l'intimité de cette nature d'élite que fut Jean Lescure, ne seront pas surpris de cette glorieuse citation. Et ils feront leur cette citation à l'ordre de l'amitié qu'un ancien de Massillon, André Loiseau, consacrait à celui que nous pleurons : « Jean Lescure était devenu, ces derniers temps surtout, un de mes amis les meilleurs ; et, en apprenant sa fin prématurée, c'est le meilleur de moi-même qui a été touché... C'est au fond du cœur de ceux qui l'ont connu que demeurera le souvenir ému de cette âme si franche, bonne et généreuse, de cet esprit si gai et si alerte que représentait pour nous l'ami Jean ! »

Abbé H. PRADEL.

⚜ ⚜ ⚜

Jean des MICHELS
(1913-1914)

Elève du Cours de Navale

ENGAGÉ VOLONTAIRE A BORD DU « SUFFREN »

Jean des Michels était entré chez nous, en qualité d'élève du Cours de Navale. Il se faisait remarquer par son travail, par la délicatesse de ses sentiments et par sa piété. Il faisait partie de la Conférence de charité de la Division Saint-Louis, qui comptait, cette année-là, plusieurs de ses camarades, aujourd'hui officiers de marine.

Impatient de se dévouer à son pays, il s'engagea à la fin de sa première année d'études comme apprenti marin. Sa carrière ne fut pas longue. La maladie l'arrêta dans son généreux élan, et il succomba le 7 juillet 1915 à Moudros (Ile de Lemnos), à l'âge de 18 ans. Nous regrettons vivement de n'avoir pas reçu de détails plus circonstanciés sur les dernières épreuve de ce très sympathique et vaillant enfant.

A. CHAUVIN.

✤ ✤ ✤

Hubert NAUDIN
(1905-1911)

ENGAGÉ VOLONTAIRE
TÉLÉPHONISTE
AU 3e RÉGIMENT D'INFANTERIE COLONIALE

Croix de guerre avec étoile d'argent

Ceux qui l'ont connu à l'Ecole Massillon se le représentent encore comme un enfant doux et sympathique, d'une grande ouverture de cœur, d'une loyauté parfaite. Ces qualités aimables n'excluaient pas l'énergie, comme la guerre allait en fournir la preuve.

Hubert s'engagea à 18 ans ; il fut affecté au 3e d'Artillerie Coloniale et se présenta toujours pour les missions périlleuses. Son Capitaine l'avait pris en amitié et le considérait comme un jeune camarade ; ensemble, ils se rendaient aux observatoires placés tout près des lignes ennemies, affrontant la mort à chaque instant.

En 1915, le régiment se trouvait en Champagne ; le 5 octobre, Hubert Naudin suivait la ligne téléphonique qui reliait la Batterie au poste d'observation du Capitaine ; c'est là qu'il reçut une blessure dont on ne soupçonna pas d'abord la gravité ; transporté au poste de secours, il fut évacué dans une ambulance. Malgré tous les soins, il mourut le lendemain et fut inhumé près de Souain, à la Cote 170.

Nous n'avons pas d'autres détails sur cette fin glorieuse ; mais les sentiments qui l'animaient au plus fort des combats ne permettent pas de douter de ses dispositions à l'heure suprême ; il était tombé en brave, il mourut sûrement en bon chrétien, en bon Français.

Il fut cité en ces termes à l'ordre du 2e Corps d'Armée Colonial :

« Sur un terrain battu par les projectiles ennemis et dans des circonstances extrêmement périlleuses, a assuré, au cours des combats du 25 septembre au 6 octobre, son service de téléphoniste avec la plus grande énergie. Très grièvement blessé dans son service. »

Le Capitaine écrivit aux parents du héros ces lignes émouvantes : « La mort qui fait pleurer les mères, nous la regardons toujours en face, nous la narguons souvent, nous l'affrontons en souriant. Que nos familles ne se montrent pas trop tristes de notre mort, qu'elles l'acceptent avec la résignation qui est la nôtre. »

Le chef et son jeune ami étaient dignes l'un de l'autre ; ils s'aimaient comme on s'aime, quand on court les mêmes risques, avec le même idéal au plus profond du cœur.

Abbé F. CHARBONNIER

✤ ✤ ✤

Maurice PASCAUD
(1904-1910)

SOLDAT
AU 3e BATAILLON DE CHASSEURS D'AFRIQUE

Maurice Pascaud est mort presque au début de la guerre, et sa famille n'a pu à peu près rien savoir des circonstances de son sacrifice. Il était le fils et le frère des Maîtres de Gymnastique qui formèrent au Manège Saint-Paul tant de générations de Massillonnais. Il fut élève à l'Ecole, de 1904 à 1910, élève sympathique et intelligent, mais plus enclin aux sports où il excellait qu'aux études où il aurait pu briller. Il semble que sa classe a été particulièrement meurtrie par la guerre, comme sa famille du reste. Il était ici, de la même promotion que Frédéric Caillaux, Ernest Duchamp de Chastaigné, etc.

Il s'était engagé au 3e Bataillon de Chasseurs d'Afrique, et il avait eu, à Constantine, un très grave accident qui déforma sa figure au point que certains camarades peut-être hésiteront comme nous à le reconnaître dans la photographie que nous en donnons.

Il arriva en France avec enthousiasme pour la guerre. Hélas ! il ne vit que les jours de deuil et de défaite ! Le bruit a couru dans son escadron que, fait prisonnier en Belgique, il avait essayé de s'évader, et avait été fusillé. La seule chose, malheureusement certaine, c'est qu'il a été enterré à Rossignol (Belgique) le 22 août 1914. Il avait 20 ans.

Abbé H. PRADEL.

⚜ ⚜ ⚜

Gabriel POLLISSARD

(1881-1884)

MOBILISÉ AU 29e RÉGIMENT D'ARTILLERIE

G. Pollissard entra à l'Ecole en 1881, avec son frère aîné, Augustin. D'une vieille famille parisienne, arrière petit-fils de Marc-Etienne Quatremère, marchand-drapier, Juge au Tribunal de la Seine, qui paya de sa tête, le 22 janvier 1794, sa fidélité à son Dieu et à son Roi, ils ont été tous les deux, pendant la guerre, fidèles aux nobles traditions de leur race. Augustin, devenu Capitaine d'Infanterie, a été blessé et a conquis sa Croix de guerre dans les tranchées.

Gabriel s'était fait agriculteur à Bailleul-le-Soc (Oise). Mobilisé le 2 août, il fut renvoyé dans ses foyers avec sa classe, par suite de l'avance ennemie. Il subit dans sa commune, dont il était maire, l'invasion allemande. Resté à son poste avec trois ou quatre fidèles seulement, il maintint toute son autorité devant l'ennemi et défendit les intérêts dont il avait la charge.

Il repartit le 11 septembre, le pays étant encore occupé, et parvint quand même à regagner son dépôt. Il est affecté comme conducteur à une section de Munitions, ravitaillant les batteries de 75 sous le feu de l'ennemi, fait l'Alsace, la Champagne, Verdun, pendant les mois tragiques de 1916, où il faillit être fait prisonnier sous Fleury, lors de l'avance rapide des Allemands.

Une grave pleurésie, contractée à la bataille de Craonne, abattit ses forces en 1917, et il ne s'en remit jamais complètement. Il n'en reprit pas moins sa place au front en 1918, en pleine bataille de l'Oise, pour y être violemment intoxiqué par les gaz. Son courage dépassait ses forces. Il était encore à Château-Thierry en juillet, en Lorraine, au mois d'août. Le mal le terrassait enfin. Transporté à l'hôpital de Saint-Didier (Vaucluse), il y mourait le 24 septembre, léguant à ses trois enfants l'exemple de son sublime sacrifice.

A ceux qui le pressaient, pendant cette douloureuse période, de se faire réformer, il n'eut jamais que cette réponse : « Mon devoir est d'aller jusqu'au bout de mes forces, et je tiendrai jusqu'à la fin. Si l'exemple ne vient pas de moi, à qui les autres le demanderont-ils ? » Les petits et les humbles de son village, pleurèrent à ses funérailles.

A travers de si cruelles épreuves, Mme Pollissard, née Cécile de la Brosse, fut digne de son mari par l'énergie inlassable avec laquelle, à proximité des premières lignes, elle fit face à ses charges familiales, dirigea son importante exploitation d'Ereuse, veilla avec dévouement aux intérêts matériels et moraux du pays, et mérita par sa patriotique activité les félicitations de nos généraux et la décoration de la Reconnaissance Française.

A. CHAUVIN.

Georges PORTE

(1900-1902)

SOUS-LIEUTENANT

Affecté aux Tanks, sur sa demande

Chevalier de la Légion d'honneur

Croix de guerre

Voici un glorieux représentant, dans ce Livre d'Or, d'une très honorable famille ; ils étaient six frères ; tous les six se mirent en route le premier jour de la mobilisation et tous ont fait grandement leur devoir.

Georges partit comme Maréchal-des-Logis dans le service automobile ; le 20 mars, il était promu sous-lieutenant. Affecté sur sa demande à l'artillerie d'assaut en octobre 1916, il est adjoint à un commandant de groupement.

Lors de la bataille de l'Aisne, il participe à l'attaque du 16 avril 1917 ; il conduit lui-même le tank du Commandant Bossut, et meurt héroïquement, en tête de la formation dans les lignes ennemies avec tous ses compagnons.

Sa mémoire fut honorée par la Croix de la Légion d'honneur et par cette magnifique citation à l'ordre de l'Armée :

« Adjoint technique de son Groupe, y a montré les plus belles qualités de science et de travail. A sollicité de conduire au feu le char du Commandant du Groupe et est glorieusement tombé dans ce char détruit par l'artillerie ».

MARBRES COMMÉMORATIFS

Offerts par le Conseil d'Administration et l'Association des Anciens Élèves de l'École Massillon

Nous avons de cette équipée de tanks un récit fait le jour même, par son frère René ; on ne peut se priver d'en transcrire quelques passages : « ...Le 15 avril au soir je soupai avec Georges et ses camarades qui allaient partir au combat la nuit suivante... Après le repas, le Commandant Bossut dicta ses derniers ordres dont les suivants me frappèrent : « Une messe sera dite à Cuiry à 1 heure.... Ordre de marche : en tête le char du Commandant... » Bossut dit à ses officiers que le Général lui avait demandé en cas de besoin, une mission de sacrifice et qu'il l'avait acceptée au nom de tous ses officiers... Georges m'indiqua sur la carte un observatoire d'où les officiers des chars avaient le matin même reconnu le terrain, et d'où je pourrais assister à la bataille. Il me demanda de lui prêter mon kodak ; pour rien au monde, je n'aurais voulu lui laisser paraître le doute qui traversait mon esprit et je lui remis aussitôt l'appareil.

« Le lendemain, à 7 heures, j'arrivai par de longs boyaux, à l'observatoire ; les premières lignes ennemies s'étalaient à 1 kilomètre de mon poste... Vers 9 heures, je vis arriver à travers les arbres qui bordent le canal, les chars et je reconnus en tête le char du Commandant à son fanion ; ils donnaient une grande impression de force... Bientôt les Allemands commencèrent à tirer sur les chars avec de grosses pièces dont les projectiles soulevaient de grandes colonnes noires de terre et de fumée, derrière lesquelles les tanks disparaissaient. A chaque explosion je regardais avidement, le cœur serré, le char conduit par mon frère ; et, sitôt la fumée dissipée, j'étais rassuré en apercevant le char qui semblait devoir être atteint, continuer tranquillement sa route. Vers 10 heures, les chars disparurent derrière un repli de terrain et, ayant attendu vainement pour les voir réapparaître, je partis pour rejoindre ma formation... Le soir j'allai aux nouvelles : grande fut mon inquiétude en apprenant que les tanks s'étaient couverts de gloire mais qu'ils avaient été fort éprouvés. Beaucoup, traversés par un obus, avaient pris feu par suite de l'essence et des munitions qu'ils contenaient ; l'équipage, en pareil cas, a bien peu de chance de se sauver à temps par les étroites ouvertures d'accès ; pour le conducteur, c'est chose presque impossible, sa place étant la plus éloignée des sorties. Or le bruit courait que le char du Commandant, conduit par mon frère Georges, avait brûlé !... »

Telle fut la mort grandiose et tragique de Georges Porte, dont le général Estienne disait, « qu'il était un officier de toute première valeur. »

Abbé H. Pradel.

Jacques PORTE

(1906-1911)

Brigadier au 16e Dragons

Croix de guerre avec 2 étoiles

Jacques Porte, élève à l'Ecole de 1906 à 1911, fut un enfant plein d'entrain et de bonne humeur, et un excellent camarade. Nul doute qu'il n'ait fait bravement son devoir pendant la guerre ; malheureusement, nous n'avons pu avoir aucun détail sur les circonstances de sa mort ; nous savons seulement que, brigadier au 16e Régiment de Dragons, il tomba au champ d'honneur, près de Montdidier, le 27 mars 1918, dans sa 20e année.

La croix de guerre et deux citations ont récompensé ici-bas son courage et nous espérons que le Bon Dieu l'a accueilli parmi les braves qui ont versé généreusement leur sang pour la plus sainte des causes.

Abbé C. Guesdon.

Edouard PRESTAT

(1895-1899)

Vice Consul au Consulat général de Londres

Sergent

au 14e Bataillon de Chasseurs Alpins

Croix de guerre

Par la rare distinction qui se remarquait sur toute sa personne, Edouard Prestat semblait tout désigné pour représenter dignement la France, dans les délicates missions diplomatiques dont il faisait partie.

Après quatre années passées à l'Ecole Massillon, où il fut parmi nos meilleurs élèves, il fit son Droit; tandis que son frère Louis, qui était des nôtres vers les mêmes dates, se destinait à la carrière d'Avoué, Edouard se prépara à la Diplomatie. Le poste de Vice-Consul qu'il occupait à Londres, malgré sa jeunesse, prouve combien il y avait réussi.

Mais la guerre allait l'appeler à représenter la France, non sous les brillantes livrées de Vice-Consul, mais sous l'uniforme militaire, dans la lutte corps à corps avec un ennemi qui ne reconnaissait plus aucun droit. Encore que ses fonctions fussent de nature à le retenir loin de la mêlée effroyable, il n'hésita pas à prendre sa place au 14e Bataillon de Chasseurs Alpins, comme sergent.

La famille n'a pu malheureusement nous faire parvenir que de rares renseignements sur sa courageuse attitude en face de l'ennemi. Nous savons qu'il obtint la Croix de guerre et qu'il tomba glorieusement en Alsace, le 17 octobre 1915, à l'âge de 32 ans.

Ainsi se termina une vie qui s'annonçait comme des plus brillantes. Mais une si belle mort, volontairement acceptée, est un titre plus noble encore que tous les honneurs auxquels Edouard Prestat était appelé : il eût été un bon serviteur de la France dans sa première carrière; par sa participation à la guerre, il en est devenu le soldat et le martyr.

Abbé F. CHARBONNIER.

⚜ ⚜ ⚜

Georges RIBET

(1905-1910)

SOLDAT

AU 2e RÉGIMENT D'ARTILLERIE LOURDE

Georges Ribet, élève de 1905 à 1910, se fit remarquer pendant toutes ses classes par la douceur de son caractère, la délicatesse de sa conscience et la sûreté de son commerce. Discret et modeste, il sut gagner l'affection de ses maîtres et de ses camarades.

Il était canonnier au 2e Régiment d'Artillerie lourde, lorsque, le 7 septembre 1914, à la bataille de la Marne, au milieu d'une manœuvre de déplacement de sa batterie sous le feu de l'ennemi, il fut très grièvement blessé à la cuisse, d'un éclat d'obus.

Il fut hospitalisé à Vichy; il y connut de longues souffrances et y mourut le 29 novembre, dans sa vingt-deuxième année.

Humble combattant, il a fait, dans le rang, à une heure décisive, tout son devoir pour sauver la Patrie, et nous ne doutons pas que, là-haut, Dieu ne l'ait récompensé de son sacrifice et de ses souffrances chrétiennement supportées.

Abbé C. GUESDON.

⚜ ⚜ ⚜

Maurice RIVIÈRE

(1903-1905)

CAPORAL

PILOTE-AVIATEUR A L'ESCADRILLE N. 81

Médaille militaire

Croix de guerre avec étoile d'argent

Parmi les solides amitiés que Maurice Rivière s'était faites à l'Ecole Massillon, il faut compter notre si cher Xavier Boiteux-Levret, aviateur comme lui, comme lui aussi victime de son audace, à quelques mois de distance.

Le 5 janvier 1917, les deux amis s'étaient rencontrés à Paris avec quelques autres camarades, dans un déjeuner familial. Ils repartirent l'âme rayonnante, malgré les dangers qu'ils allaient continuer à courir chaque jour. A quelque temps de là, sur ces neuf convives permissionnaires, six avaient été tués; Maurice Rivière était du nombre des victimes.

Le 25 février, il était parti en mission au-dessus de Mulhouse, avec Boiteux-Levret, chacun sur son appareil. Arrivés à 4.300 mètres, ils se trouvèrent séparés; c'est à ce moment que deux avions ennemis profitèrent de l'isolement de Maurice Rivière, comme le dit sa Citation à l'ordre de la Division aérienne :

« Pilote splendide de bravoure, d'habileté et de jeunesse ; admiré de ses chefs et de ses camarades. Le 25 février 1917, attaque deux Albatros et soutient contre eux une lutte inégale au cours de laquelle il est tué d'une balle dans la tête ».

Ses chefs et ses camarades ont dit à l'envi tous les regrets que leur causait cette mort :

« Maurice était un brave dans toute l'acception du mot, écrivait son Capitaine ; courageux à l'excès, méprisant absolument le danger. Aimant, aimé de tous. »

Son Sous-Lieutenant écrivait à son tour à sa famille : « Il est mort en fait, mais bien vivant dans nos cœurs. Soyez-en fiers. Flattez-vous-en sans crainte et appelez en témoignage tous ses chefs et camarades d'Escadrille. Nous sommes honorés en lui, et fiers de ce que l'ennemi nous juge d'après lui. »

Enfin, ses camarades prononcent sur sa tombe des mots qui sont des cris de douleur : « Adieu éternel à l'ami le plus cher, au frère par le cœur. Le souvenir de Maurice vivra sans cesse parmi ceux qui l'ont connu. »

C'est qu'il était bon, dans toute l'acception du mot : « Je serai toujours gai, écrivait-il, pour encourager mes camarades. » Cette charité rayonnante, il la puisait à la source même de tout amour : « Plus on s'élève dans les airs, lisons-nous dans ses notes, plus on sent qu'on se rapproche de Dieu. »

Il est mort dans l'azur infini, en planant très haut au-dessus de la terre ; son âme était déjà prête à prendre son essor vers d'autres Cieux.

Abbé F. CHARBONNIER.

⚜ ⚜ ⚜

Etienne et René RUELLE

Etienne RUELLE

(1902-1904)

Mort pour la France à Lérouville, en 1914, à l'âge de 24 ans.

René RUELLE

(1902-1907)

MÉDECIN AUXILIAIRE

Mort pour la France devant Arras en 1916, en secourant les blessés sur le champ de bataille.

Doux et modestes, ces deux frères étaient profondément attachés à leur famille et à l'Ecole Massillon.

Etienne, depuis la mort de sa mère si tendrement aimée, veillait sur sa sœur et sur son frère plus jeune avec une sollicitude maternelle. Son dévouement aux pauvres était connu dans le quartier et lui avait valu, tout jeune encore, d'être nommé Commissaire de Bureau de Bienfaisance du Xe Arrondissement.

Le patriotisme ardent, passionné, de ces deux âmes de choix les entraîna à se dépenser sans mesure devant l'ennemi. Deux nobles victimes qui ont laissé un père inconsolable : « Eux sacrifiés, disait-il, je n'ai plus rien à perdre. »

La foi chrétienne, qui fut toujours de tradition dans cette famille, est, en effet, la seule consolation qui reste après leur mort. Ils ont bien mérité du pays et de ceux qu'ils aimaient.

Abbé F. CHARBONNIER.

⚜ ⚜ ⚜

Georges SPIESS

(1907-1908)

SERGENT-AÉROSTIER

Médaille militaire

Croix de guerre avec palme

Né à Paris en avril 1891, Georges Spiess fit avec ses deux frères aînés, Joseph et Emile, ses premières études au collège de Juilly ; il vint faire sa rhétorique à Massillon. C'était une nature ardente, bouillonnante, quelquefois impatiente sous la main de qui voulait la diriger. Ainsi je le connus à Juilly en 1902, et tel je le vis à Massillon en 1908. Son père, le génial inventeur du dirigeable rigide, que le comte Zeppelin ne fit que démarquer au profit de son pays, son père, dis-je, voyant les merveilleuses ressources de Georges, eut l'intelligent et héroïque courage de se séparer de lui, et de l'envoyer à 20 ans, dégager sa personnalité à l'étranger. L'épreuve donna d'excellents résultats : Georges acquit une maturité, un don d'observation, un esprit d'initiative qui auraient brillé dans la vie, si une longue carrière lui eût été permise, et qu'on découvre en tout cas dans ses lettres et dans son carnet intime.

Il était au Canada quand sonna l'appel des armes; vite il arriva en France et contracta un engagement dans le service de l'Aéronautique. On se souvient que son père avait offert à la France un dirigeable qui portait son nom et que souvent Paris admira avant la guerre. Georges fut à peu près sur tous les fronts, d'Ypres à Verdun. D'abord caporal à la 6e compagnie d'Aérostiers, il passa ensuite sergent à la 53e Compagnie automobile d'Aérostiers de campagne. Il était observateur.

Il tomba devant Verdun, en mai 1916, comme son camarade Massillonnais, le Sous-Lieutenant Jean Bassetti, victime de la bourrasque qui emporta plusieurs de nos ballons dans les lignes ennemies. Georges préféra la mort à la captivité : il s'élança hors de la nacelle; malheureusement son parachute se prit dans les cordages de maintien, et notre pauvre ami fut traîné sur les fils de fer barbelés sur plus d'un kilomètre! Sa belle figure spirituelle et fine était méconnaissable! Son corps resta, comme il l'avait voulu, dans nos lignes, et ses camarades lui firent un cortège ému à ses funérailles; sa pauvre mère vient de faire ramener ses restes au caveau de famille, au Père-Lachaise.

Georges Spiess a été cité à l'ordre en ces termes émouvants :

« Sous-officier aérostier d'une bravoure au-dessus de l'ordinaire. Etant chargé d'étudier et de mettre au point les liaisons optiques entre le ballon et l'infanterie, a trouvé la mort au cours d'une descente en parachute, préférant tout plutôt que d'être fait prisonnier. »

Abbé H. PRADEL.

Maurice TANCHE

(1906-1908)

SOUS-OFFICIER AU 10e GÉNIE

Croix de guerre

Ayant dû suivre son père, qui était officier, dans diverses garnisons, Maurice Tanche ne resta chez nous que durant son enfance; il n'en laissa pas moins à ses maîtres et à ses camarades le souvenir d'un élève intelligent, à l'âme généreuse, aux sentiments élevés. Nature aimante, il nous était resté fidèlement attaché.

Quand il partit pour la guerre, il était sous-officier au 10e Génie. Le 1er avril 1916, il recevait la Croix de guerre avec cette Citation :

« Excellent sous-officier, très brave, très courageux ; se prodigue en toutes circonstances avec le plus grand mépris du danger ; a pénétré à l'extrémité d'un rameau pour reconnaître les dégâts produits par un camouflet ennemi, malgré les gaz qui infectaient le rameau ; dans un accident, avait déjà participé au sauvetage des mineurs intoxiqués par les gaz. »

Le 17 septembre suivant, il fut blessé et succomba le lendemain. Il avait 21 ans.

Il n'avait cessé de montrer un courage à toute épreuve, comme en témoignent les éloges unanimes de ses chefs.

« Le sergent Tanche, écrit son Capitaine, se rendait bien compte du danger qu'il allait courir, un jour où ses camarades étaient exposés à la mort; mais il n'écoutait que le sentiment du devoir et sa conscience de chef; il se glissa dans l'excavation afin de prévenir l'explosion d'une mine ennemie qui aurait enseveli ses sapeurs.

« Aucune perte dans ma Compagnie ne fut plus douloureuse que celle de ce sous-officier modèle, réunissant toutes les qualités de chef intelligent, ayant la plus noble conception du devoir : brave, courageux, dévoué, bon camarade, je pouvais compter sur lui en toutes circonstances, et mon plus grand désir était de le voir officier à ma Compagnie, avant la fin de la campagne. »

Le lieutenant de Maurice écrivait de son côté à ses parents : « J'avais l'honneur d'avoir sous mes ordres le sergent Tanche : c'était mon meilleur sous-officier, auquel allait toute ma confiance. Tanche, à mes yeux, n'était pas un subordonné, mais un camarade; j'y penserai toujours; que sa mort glorieuse vous soit une consolation : il est mort en héros! »

Maurice puisait ce courage, ce sentiment du devoir dans une foi très éclairée et une piété profonde. Pour nous en convaincre et connaître cette belle âme, qu'il nous suffise de citer quelques fragments de lettres écrites à sa chère grand'mère.

« J'ai reçu les médailles; elles me protègeront; combien, pendant cette rude guerre, la confiance de Dieu est une grande chose !

« Puisque le bon Dieu n'a pas permis que tu viennes jusqu'à moi, avant le départ, je lui offre ce sacrifice pour la rémission de mes fautes.

« La situation est quelquefois pénible, mais inclinons-nous devant la volonté divine et ne nous révoltons pas.

« Aujourd'hui, la Toussaint, jour de prières; pensons tout particulièrement à nos chers morts.

« Au repos, nous allons tous les soirs à la prière et assistons aux instructions du curé du village; c'est le meilleur moment de la journée. »

Quelles pensées surnaturelles et quel esprit chrétien dans ces lettres si touchantes ! Aussi ne serons-nous pas surpris de la confidence qu'il fit à sa grand'mère :

« La guerre aura produit dans certains esprits des revirements complets : tel qui, hier, se disait libre-penseur, redeviendra, j'en suis sûr, un chrétien pratiquant. Pour moi, mon passage au milieu de temps si troublés sera marqué par un grand changement : j'avais résolu d'être officier, mais une voix a parlé, celle de ma petite maman. (Maurice, dès son enfance, avait perdu sa mère). Je sens que Dieu m'appelle, je veux être prêtre ! Te rappelles-tu mes premières années à l'école des Frères ? J'étais à cette époque d'une piété exemplaire; la guerre a fait renaître toute ma jeunesse, je veux la revivre en rentrant ! »

Dieu ne lui a pas permis de réaliser son vœu et d'aller grossir le nombre des jeunes gens et des hommes qui, au retour de la guerre, sont rentrés dans nos grands séminaires pour se consacrer à la vie sacerdotale ou religieuse. Mais nous espérons que le bon Maître a accepté son sacrifice et lui a déjà donné, comme l'écrivait encore son capitaine, « le paradis des braves en récompense de son dévouement, de son abnégation, de son héroïsme ! »

Abbé C. GUESDON.

⚜ ⚜ ⚜

André THUILLIER

(1908-1911)

Elève de l'Ecole d'Agriculture de Fribourg

ENGAGÉ VOLONTAIRE

CAPORAL AU 131e RÉGIMENT D'INFANTERIE

André Thuillier fut élève à l'Ecole Massillon de 1908 à 1911; c'était une nature exquise de bonne grâce, de délicatesse morale, de finesse littéraire, de piété franche. Ses aptitudes mathématiques (il obtenait toujours en cette matière, les premiers prix au Lycée Charlemagne) lui permettaient d'envisager l'entrée à Polytechnique. Mais il adorait la campagne et alla compléter ses études à l'Ecole d'Agriculture de Fribourg (Suisse), d'où il sortit second.

La guerre le trouva caporal au 131e Régiment d'Infanterie où il s'était engagé; il fut blessé, une première fois, en Belgique, le 22 août, par un éclat d'obus au bras droit; il repartit au front le 15 octobre. Le 28 février 1915, il écrivait à ses parents, que, la veille, un obus tombé dans sa tranchée, l'avait « blessé très légèrement, » à la cuisse gauche et aux deux poignets, qu'il se trouvait à l'ambulance no 6 aux Islettes (Meuse) et qu'il espérait avoir bientôt quelques jours de convalescence.

Et c'est le lendemain de cette lettre si lucide qu'il succombait ! A son arrivée à l'Ambulance, la plaie de la cuisse était très infectée; malgré une opération immédiate, on ne put enrayer la terrible gangrène gazeuse. Un prêtre infirmier donna aux malheureux parents la seule consolation qui compte, en leur racontant les derniers moments très courageux et très chrétiens de notre cher André.

Abbé H. PRADEL.

⚜ ⚜ ⚜

Maurice VASSEROT

(1904-1905)

Ingénieur

Mort au Champ d'honneur à Vassincourt (Meuse), en septembre 1914.

Il nous a été impossible de recueillir aucun renseignement sur la trop courte carrière militaire de ce vaillant Massillonnais.

⚜ ⚜ ⚜

Jean de VRAINVILLE

(1909-1912)

TÉLÉPHONISTE

AU 121e RÉGIMENT D'ARTILLERIE

Croix de guerre avec étoile d'argent

Nous possédons la citation suivante à l'ordre de la Division :

« Chargé depuis 17 jours de l'entretien d'une ligne téléphonique constamment coupée par le tir de l'artillerie ennemie, a fait constamment preuve du plus grand courage et d'une belle endurance, malgré son état de fatigue. Blessé grièvement au poste d'observation le 8 août 1916 par l'éclatement d'un obus ennemi ».

Jean de Vrainville mourut des suites de ses blessures, entouré de l'affection des siens, à Saint-Pair-sur-Mer, le 5 septembre 1918. Il avait reçu avec la plus grande piété les derniers sacrements, et une de ses dernières paroles fut pour l'Ecole Massillon où il avait laissé tant de sympathies.

Abbé F. CHARBONNIER.

SUPPLÉMENT

Pierre BINET

(1897-1902)

Externe des Hôpitaux

MÉDECIN AUXILIAIRE

AU 129e RÉGIMENT D'INFANTERIE

Médaille militaire

Croix de guerre

Citation à l'Ordre du Régiment

Pierre Binet était le fils du Docteur Binet, médecin des Quinze-Vingt, qui, pendant de longues années, donna ses soins aux élèves de l'Ecole Massillon.

Nature douce et cordiale, il se fit à l'Ecole des amis qui lui restèrent très fidèles, tout particulièrement Adolphe Troublé, mort comme lui pour la France, et Marcel Mesnager, aujourd'hui Lieutenant de Vaisseau. Ses études finies, Pierre était entré dans la carrière paternelle et avait passé le Concours pour l'Externat des Hôpitaux. Il avait fait son service militaire au 43e d'Artillerie à Rouen.

Quand la guerre éclata, il fut incorporé comme médecin auxiliaire au 129e d'Infanterie au Havre. Au mépris des conventions internationales, il fut fait prisonnier avec son ambulance, le 19 septembre 1914, après la première victoire de la Marne, aux environs du fort de Brimont.

A Minden (Westphalie), où on l'interna, les Allemands se hâtèrent de faire appel à sa science et à son dévouement en faveur des blessés. C'est là qu'il mourut en remplissant son devoir professionnel : une piqûre accidentelle détermina un empoisonnement du sang.

M. le Docteur Binet était alors à l'agonie ; il demandait souvent si « Pierre » avait écrit. Sa femme avait reçu la fatale nouvelle, mais, dans la crainte d'une autre catastrophe, la courageuse mère renferma, dans son âme douloureuse, le terrible secret. Pleurant, quand elle était seule, elle réunissait toutes ses énergies pour ne montrer au moribond qu'un visage rassuré ; le Docteur Binet ne connut pas ici-bas le grand malheur qui le frappait dans sa plus chère affection.

Pierre Binet a été décoré de la Croix de guerre et cité à l'ordre du Régiment :

« Binet Pierre, médecin auxiliaire. Bel exemple de courage et de dévouement pendant les journées des 14, 15, 16, 17 septembre 1914 ; sous un bombardement violent et prolongé, a prodigué sans compter ses soins à de nombreux blessés de différentes formations. Est décédé en Allemagne des suites d'une maladie contractée au cours de son service ».

Aux Armées, le 16 septembre 1916.

Le Lieutenant-Colonel, Commandant le 129e R. I.,

Signé : VALZI.

Abbé L. ROUSSEL.

⚜ ⚜ ⚜

Ernest DUCHAMP de CHASTAIGNÉ

(1908-1911)

SOLDAT

AU 31e RÉGIMENT D'INFANTERIE

Ernest Duchamp de Chastaigné vint, avec son frère Léon, de 1908 à 1911, achever son éducation à Massillon ; ils nous arrivaient tous deux, le teint basané, la voix chantante, l'âme chaude, de la Martinique ; tous deux avaient échappé comme par miracle à la mort lors du désastre de Saint-Pierre ; ils étaient, en effet, pensionnaires dans le collège de cette ville, et ils auraient péri comme tous leurs condisciples si le hasard d'une fête de famille ne les avait, ce jour-là, éloignés de la pension. Léon, mobilisé dans l'artillerie, est retourné à la Martinique ; il est aujourd'hui marié, heureux père de famille et seconde son père qui possède de très importantes plantations.

Ernest repose dans un coin inconnu de la glorieuse voie sacrée du front français. L'Ecole Massillon, avec une émotion particulière, s'incline devant la tombe de cet héroïque et modeste représentant de nos possessions d'outre-mer. Heureuse Mère-Patrie qui sut se faire aimer à ce point !

Ernest partit, à la déclaration de guerre, comme simple soldat au 31e Régiment d'Infanterie. De la guerre, hélas ! il ne connut que les heures sombres, à part l'éblouissante victoire de la Marne ; mais jamais il ne désespéra. Au milieu des pires dangers, dans les tranchées à peine creusées, même quand on oubliait de le récompenser, son courage et son entrain ne se démentirent jamais, comme le montrent ses fréquentes lettres. Et après avoir lutté obscurément, il disparut, comme tant d'autres, sans éclat, le 11 décembre 1914, en Argonne, le jour même où il était nommé sergent. A défaut de citations qui n'existaient pas encore, il eut, et c'est pour les parents une douce fierté, de fort touchants témoignages de ses chefs et de ses camarades. Par les survivants on a pu savoir que, le jour de sa disparition, il avait, en plein combat, ramené sur ses épaules un soldat blessé de son escouade ; après l'avoir mis à l'abri, Ernest retourna dans la fournaise. Les Allemands ayant l'avantage, le lieutenant, en ordonnant la retraite, chargea Ernest de porter un ordre à une section voisine ; il partit, sans une observation, malgré l'épuisement et le risque... Il ne revint pas... Quelques instants après, l'ennemi s'installait sur le terrain du combat.

Et d'Ernest on ne sut plus rien. Les malheureux parents espérèrent, tant que dura la guerre, que, prisonnier, un jour peut-être il leur serait rendu... Hélas ! jamais ils ne sauront vers quel endroit précis le chercher, ni sur quelle tombe porter des fleurs et s'agenouiller. Ou plutôt si !... Ils prieront devant le ciel et devant la croix ; et un grand réconfort leur viendra de la pensée que, seul, le corps périssable est perdu provisoirement, mais que le meilleur de notre cher disparu, son âme, a rejoint la bienheureuse éternité...

Abbé H. Pradel.

⚜ ⚜ ⚜

Louis PELLIOT

(1882-1894)

Sorti de l'Ecole Polytechnique

Chef d'Escadron d'Artillerie breveté

Chevalier de la Légion d'honneur

Croix de guerre avec 2 palmes

Louis-Théodore Pelliot, né à Paris le 4 mars 1875, était entré à l'Ecole Massillon en 1882. Il y a fait toutes ses études, en suivant successivement les cours de Charlemagne et de Saint-Louis, et a obtenu le prix de l'Association des Anciens Elèves. Entré à l'Ecole Polytechnique en 1894, sous lieutenant en 1896, lieutenant en 1898, il passa par l'Ecole de guerre et fut en garnison à Poitiers, puis à l'Etat-Major d'Orléans ; partout il laissa le souvenir d'un officier dévoué à sa tâche et d'un excellent camarade.

A l'ouverture des hostilités, il était capitaine, attaché à l'Etat-Major de la Place de Paris. Cette affectation ne le désignait pas immédiatement pour le front ; il le regrettait ; hélas ! la guerre si longue devait laisser à tous le temps d'aller prendre une part active à la lutte contre l'ennemi, et de s'offrir au sacrifice suprême. Dès le milieu d'août 1914, Pelliot était désigné pour faire partie de l'état-major du général Pau en Alsace. Les revers subis en Belgique et l'invasion du nord de la France obligèrent aussitôt à renoncer à l'offensive dans l'Est. Mais peu après, une nouvelle affectation faisait du capitaine Pelliot le collaborateur du général Serret, notre attaché militaire en Allemagne. Le général, qui commandait au Hartmannwillerkopf, apprécia vite l'esprit de décision, la clairvoyance et le sang-froid de notre camarade ; le 8 novembre 1915, il le notait comme suit :

N'a pas tout à fait l'ancienneté demandée, mais s'impose pour l'avancement par sa valeur exceptionnelle ; nature fine et distinguée, bien cultivée, intelligence très vive avec beaucoup de jugement et un coup d'œil tactique très sûr, remplit avec tact les missions les plus délicates. En un mot, officier d'Etat-Major très complet ».

Déjà, le 2 octobre 1915, Louis Pelliot avait été cité à l'ordre du jour de la VIIe Armée, par le Général de Maud'huy :

« Chargé, pendant les opérations du 15 au 22 juin 1915, de nombreuses missions sur la première ligne, a affirmé son calme, sa décision et son coup d'œil dans des circonstances souvent difficiles et toujours périlleuses ».

Le 12 janvier 1916, le capitaine Pelliot recevait la Croix de la Légion d'honneur, avec les titres suivants :

« Officier d'Etat-Major de premier ordre, qui a maintes fois affirmé sous le feu les plus belles qualités de sang-froid, de coup d'œil et de bravoure. A déjà reçu la croix de guerre ».

Après la mort du chef qu'il aimait, Louis Pelliot, promu chef d'escadron, commanda un groupe d'artillerie de 75 sous Verdun et sur la Somme, puis fut affecté à l'Etat-Major de la Xe Armée. C'est là qu'il trouva la mort, tué d'une balle au front, devant Ailles (Aisne) le 12 juillet 1917, au cours d'une mission en première ligne. Une citation datée du lendemain dit en quelles circonstances :

« S'est signalé dans l'Etat-Major comme dans le commandement de la troupe par son intelligence, son esprit de devoir et sa grande conscience. Brave en toute occasion, le 12 juillet 1917 a été frappé mortellement d'une balle à la tête alors que, chargé de reconnaître la position allemande, il ne craignit pas, pour mieux l'étudier et pour donner l'exemple, de se découvrir d'un poste de guetteur, à très faible distance de l'ennemi ».

La tranchée où se trouvait ce poste de guetteur a porté depuis lors sur les cartes du secteur le nom de « tranchée du commandant Pelliot. » Notre camarade fut inhumé à Crugny, où était installé l'Etat-Major de la Xe Armée, et aujourd'hui encore les siens ont pu constater, lors de pieux pélerinages, que la population civile avait conservé le souvenir ému de cet officier consciencieux et bienveillant.

Affiné, cultivé, d'une nature réservée et presque timide, en même temps très bon, Louis Pelliot aimait avant tout son métier. Il s'en faisait une idée très haute, et la guerre l'a trouvé prêt, de toutes manières.

Il s'est exposé en partie « pour l'exemple, » dit sa citation posthume. Notre camarade estimait en effet que l'officier devait être le premier au péril. C'est par de tels dévouements que la patrie a été sauvée.

Paul Pelliot,
de l'Institut de France,
Professeur au Collège de France.

⚜ ⚜ ⚜

Pierre TROCHU
(1909-1912)

Sorti de Saint-Cyr
(Promotion des Marie-Louise)

Sous-Lieutenant
au 151e Régiment d'Infanterie

Chevalier de la Légion d'honneur
Croix de guerre avec palme

Le Sous-Lieutenant Pierre Trochu fut porté disparu le 22 août 1914, devant Pierrepont (Meurthe-et-Moselle). Le 15 septembre, il était cité à l'Ordre de l'Armée. L'avis de décès est arrivé plus tard à la famille, et la Croix de la Légion d'honneur, conférée à titre posthume par Décision Ministérielle du 15 juin 1920, était accompagnée du motif suivant :

« Tué à la tête de son unité, après l'avoir dirigée avec la plus grande énergie, au combat du 22 août 1914, devant Pierrepont. Avait été cité. »

Pierre Trochu, né à Brest le 20 mai 1893, fit ses études à Saint-Servan et entra ensuite à l'Ecole Massillon, en vue de suivre les cours préparatoires à Saint-Cyr au Lycée Saint-Louis.

Reçu à la limite inférieure à Saint-Cyr, il fit son année de service militaire au 94e d'Infanterie à Bar-le-Duc, de 1911 à 1912. Il entra à Saint-Cyr en octobre 1912, en sortit Sous-Lieutenant le 1er janvier 1914, et fut affecté au 151e d'Infanterie à Verdun.

Pendant les six mois qu'il servit à ce régiment, il se fit remarquer, tout de suite, par un grand amour du métier militaire et par des aptitudes si spéciales que, lors de sa disparition, son Lieutenant-Colonel écrivait à son père :

« Votre fils était doué des plus grandes qualités militaires, et avait pris sur ses hommes un ascendant que l'on rencontre rarement chez un officier aussi jeune. »

Sympathique à ses chefs, particulièrement aimé de ses soldats qu'il entraînait par sa jeunesse, son ardeur et son enthousiasme, il écrivait le 2 août 1914 : « Je suis content de partir avec de tels hommes, je sens qu'ils ont confiance en moi. » Et ceux-ci, dans nombre de lettres à leurs parents, ont témoigné de leur affection pour leur Lieutenant. « Avec notre petit Lieutenant, écrivait l'un d'eux, nous irons partout. » Catholique pratiquant ostensiblement et pieusement sa religion, il avait pris pour devise : « Tout pour la patrie avec l'aide de Dieu, » devise qui était celle de son grand oncle, le Général Trochu.

Son corps a été retrouvé dans la plaine de Baslieux, dans une tombe contenant 27 de ses soldats. Il avait reçu une balle en plein front.

Il repose sur le champ de bataille où il est tombé, à Baslieux, avec 250 officiers, sous-officiers et soldats, dans un caveau qui a été édifié par un groupement de familles éprouvées par cette bataille, et sur lequel sera élevé un monument commémoratif de la bataille de Pierrepont.

Il était le fils de M. Paul Trochu, Administrateur en Chef de la Marine, et de Madame née Hamonno.

Paul TROCHU,
Ingénieur Civil du Génie Maritime.

DÉCORATION POSTHUME

Légion d'honneur :

André DESTREMEAU.

FÊTE DE L'INAUGURATION DES MARBRES COMMÉMORATIFS

L'ENTRÉE DU VESTIBULE

INAUGURATION

DU

MONUMENT A NOS MORTS

Le 5 juin 1921, sous la présidence du Général Malleterre, eut lieu l'inauguration et la bénédiction des marbres apposés dans le vestibule de l'Ecole, à la mémoire des deux cents enfants de la maison, morts pour la France.

La cérémonie, majestueuse dans sa simplicité et dominée par la note religieuse qui lui donnait son unité et sa grandeur, fut digne de l'Ecole et de nos héros.

La cour d'honneur offrait à la cérémonie funèbre un cadre tout naturel, avec ses pylones sculptés qui semblaient l'entrée d'un tombeau monumental, au fond duquel des lustres voilés éclairaient les marbres glorieux. Des fleurs et des drapeaux tricolores jetaient sur ce fond sombre la note éclatante des couleurs françaises, et encadraient un petit autel de guerre qui, après avoir été à la peine sur les champs de bataille, se trouvait légitimement à l'honneur. Une double haie de Polytechniciens et de Saint-Cyriens en complétait l'aspect militaire.

Une assistance nombreuse avait répondu à l'invitation de M. le Directeur. Le groupe douloureux des parents en deuil se tenait près de l'autel, dans le parloir et dans le vestitbule. Sur la cour, devant l'autel, autour du Général Malleterre, Gouverneur des Invalides, qui présidait la cérémonie, avaient pris place : M. le Chanoine Chauvin, Directeur de l'Ecole ; le Président et les membres du Comité de l'Association, les membres du Conseil d'Administration ; le représentant de M. Galli, député ; M. Florent-Matter, Conseiller Municipal du quartier ; les Proviseurs, Censeurs et de nombreux Professeurs des Lycées Saint-Louis et Charlemagne ; le Prince Czartoryski, ancien élève de l'Ecole, de nombreux représentants de l'armée et de la marine.

Autour d'eux, les Elèves et leurs familles remplissaient la cour d'honneur et refluaient dans toutes les salles disponibles. Une délégation de la Musique de la Garde Républicaine prêtait son concours à la cérémonie.

A 10 heures précises, les tambours et clairons saluent l'arrivée du Général Malleterre. Les marbres sont découverts et M. le Directeur les bénit. M. l'abbé Pradel, Censeur de l'Ecole, décoré de la Croix de guerre, dit la messe sur l'autel et avec les ornements qui firent campagne avec lui en France et en Serbie.

Ernest du Rouret et Albert de Ponton d'Amécourt, en costume militaire, servent la messe.

Les chants religieux et plaintifs de la Chorale alternent avec un morceau de violon, de Grieg, et avec les sonneries de clairons qui marquent l'Elévation. L'air de « Patrie » traduit les émotions de cette chrétienne assemblée qui n'avait plus qu'une âme, et la messe s'achève par le chant du « De Profundis. »

Aussitôt après, le Général président donna

la parole à M. le Directeur, parole émue et déchirante du Père, écho de celle des pères et mères en deuil qui ne veulent pas être consolés, sinon par les espérances de la Foi.

A son tour, le Capitaine Manilève représente la voix du Camarade qui évoque avec un pathétique contenu et une sobriété poignante les souvenirs glorieux et douloureux de la tranchée.

Enfin, la voix du Général Malleterre fut celle du chef autorisé, qui parle au nom de Pays, et rappelle aux Morts et aux vivants que c'est dans le sentiment du devoir et dans l'amour passionné de la Patrie que réside la raison suprême du Sacrifice.

Tout commentaire affaiblirait la portée de ces discours ; il convient d'en citer au moins quelques fragments ou d'en résumer la pensée, pour clore dignement cette partie du Livre d'Or.

Allocution de M. le Directeur

Monsieur le Général,
Mesdames,
Messieurs,

Le culte des glorieux morts à qui nous devons notre salut et notre liberté, fait partie de l'éternelle religion de la France. Sous l'inspiration de cette piété douloureuse et fraternelle, la famille Massillonnaise qui vous entoure, Monsieur le Général, s'est réunie, à l'appel du Comité de l'Association Amicale et de son président, le Capitaine Manilève, en vue d'inaugurer le Monument Commémoratif de nos deux cents enfants morts au Champ d'honneur : bataillon sacré de héros, qui s'aligne sur ces marbres comme une garde invisible au seuil de cette historique maison, et qui la protège.

Devant cette funèbre et si longue théorie, le premier sentiment qui nous remplit le cœur est celui d'une tristesse indicible, au spectacle de cette jeunesse d'élite, de cette jeunesse si chère, fauchée en sa fleur ; au spectacle de ces pères et de ces mères atteints jusqu'au fond du cœur et dont la blessure ne se fermera jamais ; au spectacle aussi de celles qui pleurent un mari ou un fiancé, et dont le foyer semble un désert ; au spectacle enfin des jeunes orphelins dont le père n'est plus là pour les aimer et pour les envelopper de tendresse. Nos grands morts ont beau nous dire : « Puisque la France est sauvée et que notre sacrifice volontaire a reçu sa récompense, ne pleurez plus ». Des larmes furtives coulent encore de nos yeux !

Mais, nous savons et nous croyons que nos chers disparus sont toujours vivants, qu'ils sont présents au milieu de nous derrière le voile transparent des choses. L'amertume de notre tristesse s'adoucit d'espérances consolatrices, surtout au pied de cet autel, où la divine Victime du Calvaire nous fait entrevoir, après les ténèbres et les découragements du Vendredi Saint, les lendemains réparateurs et les allégresses de Pâques. Dans l'obscurité du tragique mystère où nous sommes plongés, nos âmes endolories s'illuminent ainsi, à leur sommet, d'un rayon d'en haut, rayon céleste qui plane sur toute cette cérémonie, qui en fait l'unité, et qui ajoute à la note émue la note religieuse et réconfortante de la promesse évangélique : « *Bienheureux ceux qui pleurent, parce qu'ils seront consolés !* »

Combien nous sommes touchés, Monsieur le Général, de la générosité avec laquelle vous prenez part à notre deuil immense, et de l'honneur que vous voulez bien nous faire en relevant la majesté de cette pathétique solennité par votre présence, par votre parole si vibrante, par le prestige de votre nom et de vos glorieux titres. Président de l'Association Générale des Mutilés de la Guerre, Commandant des Invalides, ces titres, qui vous ont coûté si cher, vous les avez conquis sur le champ de bataille de Vassincourt. C'est là, qu'à la tête de votre héroïque 46ᵉ, dont les soldats se faisaient tuer, mais ne reculaient pas, vous avez barré au Kron-Prinz la route de Bar-le-Duc, et contribué, pour votre part, à cette victoire de la Marne, formidable coup de bélier qui fit chanceler le colosse germanique et tomber la légende de son invincibilité. Il nous fallait un héros tel que vous, Monsieur le Général, pour honorer nos héros. Qu'il m'est doux de vous dire la profonde reconnaissance de toute la famille Massillonnaise !

M. Galli, notre cher Député, grand ami de cette maison depuis trente ans, tenait à nous témoigner aujourd'hui, par sa présence, sa fidèle sympathie. Il y tenait d'autant plus qu'il pleure lui-même un fils mort pour la France. Une crise de santé le retient loin de nous. Qu'il reçoive l'expression de nos vifs regrets, l'expression d'une gratitude qui va également à son représentant au milieu de nous ; qui s'adresse aussi à M. Florent-Matter, conseiller municipal du 4ᵉ, héritier des sentiments de M. Galli envers nous, Alsacien, blessé au feu, et plein d'une admiration attendrie devant cette phalange de jeunes martyrs qui se sont sacrifiés pour rendre l'Alsace à la France.

Que MM. les Proviseurs, Censeurs et Professeurs des Lycées Saint-Louis et Charlemagne soient également remerciés de leur présence, au nom de nos familles et au nom de toute l'Ecole. L'union sacrée, qui a toujours régné entre nous, ne saurait jamais être plus parfaite que lorsqu'il s'agit d'honorer nos grands morts, leurs élèves et les nôtres, élèves si dignes de leurs maîtres par la ferveur du patriotisme, par un esprit de sacrifice conscient et par un dévouement total à la France...

Quelques-unes des paroles de ces vaillants, cueillies au hasard et citées par M. le Directeur, suffisent à nous révéler la splendeur religieuse et morale de leurs âmes. M. le Directeur rend ensuite un hommage ému à l'éducation familiale, aux croyances et aux principes dont ces sublimes enfants furent pénétrés au foyer et à l'Ecole, qui ont développé les premiers germes de générosité, produit ces hautes et mâles vertus qui ont fait l'admiration du monde. C'est ainsi que ces glorieux martyrs sont l'honneur et la couronne de leurs parents, l'honneur et la couronne de leurs maîtres de l'Ecole et des éminents professeurs des Lycées Saint-Louis et Charlemagne. On pourra retrouver ces idées exposées dans l'Avant-Propos de ce Livre d'Or.

Allocution du Capitaine Manilève

Chers camarades,

C'est à vous, à vous tombés au champ d'honneur, tués à l'ennemi, morts pour la France, que nous nous adressons.

C'est pour vous, autour de vous, que sont réunis aujourd'hui dans cette maison où vous avez grandi, les êtres qui vous aimèrent le plus, et à qui vous fûtes les plus chers : vos parents, vos femmes, vos enfants, les maîtres qui vous ont élevés, les amis qui vous connurent ici, les camarades qui vous y ont précédés et suivis, tous ceux dont le cœur est à cette minute auprès de vous, comme ils sentent que vous êtes ici, aussi présents qu'eux-mêmes !

Il nous semble rejoindre chacun de vous à la minute même où il a quitté la vie, saisir la dernière expression de son visage et son dernier geste. Qui se lasserait de penser comment vous tous, officiers ou soldats de tous rangs et de toutes armes, vous avez pu tomber ? Les uns dans les rangs de l'infanterie en bondissant hors de la tranchée, un jour d'assaut ; d'autres dans quelque batterie en pleine action, soumise elle-même au feu le plus violent de l'ennemi ; d'autres cavaliers hardis et calmes dans quelque patrouille de pointe, ou en couvrant quelque douloureuse retraite, comme lorsque l'ennemi nous pressait, il y a trois ans, entre l'Aisne et la Marne ; d'autres dans les airs, les ailes déployées, en plein vol et en plein ciel, comme si Dieu eût voulu que vous fussiez plus près de lui au moment de recueillir votre âme ; d'autres, marins sur les mers ou fusiliers-marins aux rives de l'Yser ; d'autres encore ramenés sanglants de la bataille, exhalant leur dernier souffle dans quelque ambulance du front, ayant à leur chevet quelque attentive infirmière, ou quelque dévouée sœur de charité, qui veut donner au soldat qui va mourir cette illusion que son dernier regard est allé à une mère, à une femme ou à une fiancée.

C'est cette mort que nous voulons honorer.

Un livre dira un jour ce qu'était chacun de vous, quelles étaient les promesses de sa vie ou ce qu'il avait déjà réalisé et quel fut son destin !

Il n'est pas possible de le rappeler aujourd'hui. Et cependant, faut-il passer sous silence que l'un de vous offrait sa vie à Dieu, en demandant qu'elle fût prise plutôt que celle de certains autres, parce qu'ils n'étaient plus seuls dans la vie ?...

Faut-il taire qu'il était des vôtres, le Saint-Cyrien qui, le 31 juillet 1914, fit jurer à la promotion de Montmirail d'aller au feu en gants blancs et le casoar au shako : serment qui fut tenu, témérité qui fut blâmée par quelques esprits trop sages, mais geste qui ne pouvait être imaginé et fait que par des soldats de France.

Vous êtes trop nombreux et vos exploits seraient trop longs à dire, nos camarades, et votre modestie ne nous pardonnerait pas.

Mais il faut bien que vous connaissiez tout l'honneur que nous voulons vous rendre.

Dans votre repos éternel, vous avez le souvenir de ces lendemains de bataille où la troupe retirée du feu se réunissait en armes, devant les premières tombes des camarades tombés la veille. Et là, continuant une tradition de la vieille France, illustrée par la mémoire de *La Tour d'Auvergne*, le commandant de l'unité appelait les noms des manquants. Alors, pour les officiers, sous-officiers et soldats tombés dans le combat, un camarade de même grade venait répondre : « Mort au champ d'honneur. »

Tout à l'heure cet appel sera fait ; la voix d'un Chef qui entraîna tant de soldats au feu et y fut magnifiquement blessé lui-même, dira vos noms devant ces plaques de marbre où ils sont à jamais gravés pour que comprennent et se souviennent tous ceux qui sont de cette maison.

Et cette fois, c'est nous, vos camarades, vos anciens, ou vos cadets, qui répondrons pour vous.

Et notre réponse sera une promesse : celle de n'oublier jamais que par votre mort vous avez sauvé la France et qu'il nous appartient de la sauvegarder par notre vie. Nous en puiserons la force dnas notre souvenir, nous qui vous aimons.

Et ce sera aussi un serment. Si l'ennemi qui a commis cette folie et cette lâcheté de faire à notre douce patrie une guerre inutile, injuste et criminelle, qui a eu dans ce but tous les aveuglements, qui a violé la neutralité garantie de la Belgique, qui a forcé l'Angleterre à entrer dans la lutte, qui a obligé l'Amérique à se ranger, à son tour, à nos côtés, si cet ennemi qui ne sent aujourd'hui ni la responsabilité, ni la honte de ses crimes, venait une fois encore à se dresser contre nous, oh ! nos camarades, nous regarderons en face votre exemple et — que ce soit notre dernier mot et notre serment — s'il plaît à Dieu, votre exemple, nous le suivrons.

Après le discours du Capitaine Manilève, le Général Malleterre, soutenu par Madame la Générale, gravit péniblement les degrés du vestibule et procède à l'appel des officiers, par grades, et des soldats, selon la touchante coutume française. Ainsi, dans la vallée de Roncevaux, l'archevêque Turpin appelait en vain, lui aussi, tous ses preux, et l'écho seul lui répondait. Ici, à la voix mâle du général, font écho nos jeunes officiers, leurs remplaçants de demain, qui répondent d'une voix vibrante : « Morts au Champ d'Honnneur ! »

Ce fut une scène émouvante qui fit couler bien des larmes. Non moins impressionnant fut le discours du Général, véritable Hymne à la gloire de la France éternelle, dont voici les principales pensées :

L'hommage aux morts, quels qu'ils soient, implique la croyance à l'immortalité ; les prières que nous faisons pour eux montent vers le Ciel comme la fumée de l'encens du sacrifice. Mais, lorsqu'il s'agit des morts de la grande guerre, nous serions plutôt portés à les invoquer, car ils furent des martyrs.

Je les ai vus, ces soldats, spécialement ceux de Verdun ; je les ai vus, souillés de boue, avec des figures divines ! Le plus étonnant, ce n'est pas qu'ils soient restés dans ces tranchées effroyables, c'est qu'ils aient consenti à y revenir une fois qu'ils en étaient sortis.

Que la France dépose sur leur tombe, sur les monuments qui leur sont consacrés comme celui-ci, les fleurs immortelles du souvenir, car ils ont continué magnifiquement notre histoire de France, la plus belle, la plus noble, la plus tragique des histoires de toute l'Europe !

La France, au cours de ses annales, a été sauvée cinq fois, alors qu'elle devait périr :

A Bouvines, avec Philippe-Auguste ;

A Patay, avec Jeanne d'Arc ;

A Denain, avec Villars ;

A Valmy, avec Dumouriez ;

A la Marne et à Verdun, enfin, avec les immortels héros de 1914 et de 1918.

Ne cherchons pas à déchirer le voile qui nous cache l'avenir. Il ne s'agit pas d'établir une paix inviolable, encore que ce rêve soit parmi les plus beaux ; il s'agit de sauver toujours la France immortelle !

Le flambeau passe de main en main, flambeau de la civilisation, sans laquelle le monde retomberait vite dans les ténèbres de la barbarie.

Que les jeunes portent bien haut ce flambeau que nous leur passons et qu'ils affermissent maintenant une paix si chèrement achetée, car la paix française est la condition de la paix dans tout l'univers !

Puis la musique exécute une marche funèbre symbolique, où les sanglots des cuivres sont bientôt dominés et emportés en rafales par l'hymne de la gloire et du sacrifice : « Mourir pour la Patrie !... »

L'assistance s'écoule lentement, émue et réconfortée par cette fête du Souvenir. Elle emporte une impression religieuse et patriotique, faite de reconnaissance pour les Morts et de fierté pour son Ecole, qui a conduit ces faibles enfants jusqu'aux sommets les plus sublimes du sacrifice.

Beaucoup montent les degrés pour relire, à travers leurs larmes, le nom chéri qui restera gravé sur le marbre en lettres de sang, et qui semble leur dire ces paroles d'adieu : « Gardez notre souvenir, non seulement sur cette pierre froide, mais dans vos cœurs, et vivez pour la France, de même que nous sommes morts pour elle. »

Abbé E. Niobey.

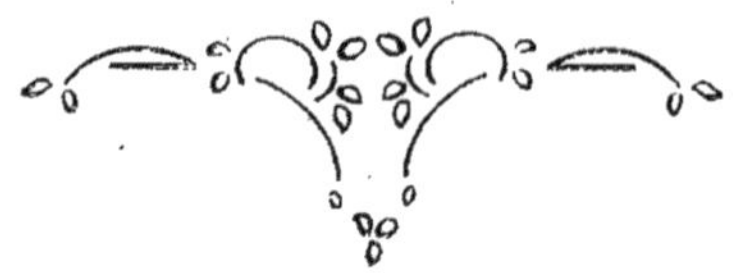

AUX SURVIVANTS

Jean d'ALAYER
de COSTEMORE d'ARC
(1911-1913)

Sous-Lieutenant d'Artillerie

Commandant la Section de chasse de l'Escadrille 504

Croix de guerre avec palme

Citation à l'Ordre de l'Aéronautique de l'Armée d'Orient :

« Pilote de chasse adroit et brave, a maintes fois assumé la protection d'avions de réglage et de photographie, dans un secteur où l'aviation ennemie se montre particulièrement active. A, de nombreuses fois, dégagé les avions qu'il protégeait, mettant en fuite dans leurs lignes les avions ennemis. »

Il est le frère de Jacques d'Alayer de Costemore d'Arc, mort pour la France.

Joseph ALCOCK
(1898-1899)

Avocat au Conseil d'Etat et à la Cour de Cassation

Capitaine au 130e Régiment d'Infanterie

Légion d'honneur
Croix de guerre. — Croix Serbe de Saint-Sava
2 Blessures. — 2 Citations

Jean d'AMBLY
(1913-1915)

Fils du Général d'Ambly
Candidat à l'Ecole Polytechnique
Appelé au 45e Régiment d'Artillerie de Campagne

Sorti Lieutenant d'Artillerie

Croix de guerre avec étoile d'argent

Citation à l'Ordre de l'Artillerie du XXe Corps :

« Ne cesse de donner l'exemple du calme et du mépris du danger, soit comme chef de section, soit comme observateur dans des postes très violemment bombardés. »

François d'ANGLEJAN-CHATILLON
(1905-1908)

Ancien Elève de l'Ecole des Mines

Capitaine adjoint au Commandant de l'Aéronautique de l'Armée Française du Levant

Officier de la Légion d'honneur. — Croix de guerre avec palme

Cité à l'Ordre de l'Armée, le 5 octobre 1915, quand il était Sous-Lieutenant au 114e Régiment d'Artillerie :

« A fait preuve, depuis le début de la campagne, des plus brillantes qualités militaires. S'est distingué comme observateur dans des postes très périlleux. Le 26 mai, a reconnu un observatoire dans une zône fortement battue par l'artillerie ennemie. A continué sa reconnaissance le lendemain, malgré l'intensité du bombardement, et n'est rentré qu'après avoir pris tous les renseignements pouvant intéresser le commandement. Le 8 juin, a, de sa propre initiative et sous un feu très violent, parcouru toute la tranchée de première ligne pour trouver un observatoire permettant de voir un ouvrage ennemi. »

Les autres citations nous manquent.

Henri ANGOT
(1904-1913)

Engagé volontaire à l'âge de 19 ans

Maréchal-des-Logis au 213e Régiment d'Artillerie

Croix de guerre avec étoile d'argent. — Citation à l'Ordre de l'Artillerie Divisionnaire (Brigade)

« Agent de liaison d'une bravoure éprouvée ; s'est dépensé sans compter pour assurer cette mission les 29 et 30 juin 1918. Blessé comme chef de section, le 28 mars 1918. »

Joseph d'ANSELME
(1910-1912)

Enseigne de Vaisseau de 1re Classe

A fait toute la guerre en Adriatique, en Orient et en Méditerranée, durant quatre ans.

Les autres renseignements nous manquent.

Jean d'ANSELME
(1912-1913)

Frère du précédent, se préparait à Polytechnique. Engagé volontaire au 23e Dragons le 6 août 1914, à l'âge de 18 ans. Passé sur sa demande au 46e Régiment d'Artillerie de Campagne. Nommé Sous-Lieutenant le 1er janvier 1918.

Croix de guerre avec 2 étoiles. — Citations à l'Ordre du Corps d'Armée et de la Brigade.

Paul ARNOULD
(1913-1915)

Candidat à l'Ecole Polytechnique

Engagé volontaire en avril 1915. Sorti Lieutenant au 120e Régiment d'Artillerie de Campagne.

Croix de guerre avec 2 étoiles. — Citations à l'Ordre du Corps d'Armée et de la Brigade

Jacques ASTIER
(1903-1913)

Engagé volontaire à 18 ans pour la durée de la guerre, au 25e d'Artillerie.

LIEUTENANT D'ARTILLERIE

Croix de guerre avec palme et 2 étoiles
2 citations à l'Ordre du Corps d'Armée
et 1 à l'Ordre de l'Armée Serbe

Ordre du 11e Corps d'Armée, 7 mai 1917 :

« Fait preuve en toute circonstance de calme et de courage. En avril, sous un bombardement en obus asphyxiants, a donné un bel exemple au personnel, en circulant au milieu des éclatements, rectifiant des détails de manœuvre, et rassurant les hommes par sa belle tenue au feu. »

Ordre du K. A. O. du Commandant de l'Artillerie de la 2e Armée Serbe, 23 avril 1918 :

« Très bon officier de batterie, sérieux et courageux. »

Ordre no 8 du Général Commandant l'Artillerie du Corps d'Armée, 4 octobre 1918 :

« Excellent officier de batterie, courageux et dévoué. S'est particulièrement distingué pendant les affaires du 15 septembre, où, resté seul officier à sa batterie, il a préparé et exécuté tous les tirs de jour et de nuit. »

Paul AUPHAN
(1908-1912)

ENSEIGNE DE VAISSEAU DE 1re CLASSE

Croix de guerre avec 2 étoiles. — Citations, à l'Ordre de la Division et à l'Ordre de l'Escadrille.

— La division des flottilles de l'Adriatique, à laquelle appartenait Paul Auphan, a été *citée à l'Ordre de l'Armée.*

Ordre de la Division :

« L'enseigne de vaisseau de première classe Auphan, du « Laborieux », attaché au service des renseignements depuis plus d'un an, a fait preuve de hautes qualités de sang-froid, de courage et d'expérience, au cours de missions particulièrement dangereuses, remplies en embarcation par mauvais temps sous le feu de patrouilles ennemies. »

Ordre de l'Escadrille :

« Officier plein d'énergie et d'entrain ; a fait preuve dans des circonstances difficiles, des plus belles qualités militaires, et donné l'exemple du sang-froid, en dirigeant les manœuvres à bord de son sous-marin au cours de nombreuses missions de guerre, dans les zônes les plus dangereuses de l'Adriatique. »

Ordre de l'Armée :

« Est citée à l'ordre de l'Armée la Division des flottilles de l'Adriatique : Pendant plus de trois ans dans le voisinage de l'ennemi, toujours en alerte, toujours prête, a conservé jusqu'au dernier jour son esprit d'offensive, malgré des pertes s'élevant au quart de son effectif pour les torpilleurs et à la moitié de son effectif pour les sous-marins. S'est particulièrement disinguée dans les opérations qui ont abouti au sauvetage de l'armée serbe en 1916. »

Pierre AUPHAN
(1912-1914)

Frère du précédent. Elève de l'Ecole Polytechnique. Lieutenant au 38e Régiment d'Artillerie, observateur en avion à l'Escadrille S. A. L. 277.

Croix de guerre avec palme et 2 étoiles
Citations à l'Ordre de la Division, du Corps d'Armée et de l'Armée

Ordre de la Division, 30 août 1917 :

« Auphan Pierre, sous-lieutenant à l'escadrille C. 47,

observateur en avion. Jeune officier d'artillerie remarquable d'allant, de courage et d'entrain, a accompli avec un dévouement digne d'éloges un grand nombre de missions, ramenant à plusieurs reprises son avion criblé de balles et d'éclats. S'est particulièrement distingué pendant les attaques de l'Aisne, en survolant à très faible hauteur les lignes ennemies, malgré le feu nourri des mitrailleuses allemandes.

Signé : Général COLONNA. »

Ordre du Corps d'Armée, 5 septembre 1918 :

« Auphan Pierre, lieutenant, observateur en avion à l'escadrille Sal. 277. Observateur de premier ordre qui, depuis 20 mois, n'a cessé d'affirmer les plus belles qualités d'allant, de courage et d'intelligence. A effectué depuis 6 mois un grand nombre de missions de réglage et de reconnaissances à longue portée, souvent sous un feu violent et précis de l'artillerie ennemie. S'est particulièrement distingué le 20 juillet et le 17 août.

Signé : Général BLONDAT. »

Ordre de l'Armée, 11 octobre 1918 :

« Jeune et brillant officier qui donne, depuis près de deux ans, dans l'aviation, des preuves constantes de son intelligence, de sa conscience et de sa ténacité. Le 23 août 1918, a livré, seul contre 3 avions ennemis, un combat très dur au cours duquel il a eu son appareil gravement atteint ; a réussi grâce à son audace et à sa ténacité, à mettre en fuite ses adversaires. Le 12 septembre, a volé, dans la tempête et la pluie, pour renseigner le commandement sur la situation du champ de bataille, descendant jusqu'à 10 mètres du sol pour observer l'avance de nos troupes, contribuant, pour une large part, au succès de notre infanterie.

Signé : Général PÉTAIN. »

⚜ ⚜ ⚜

Joseph AURRAN

(1901-1904)

Actuellement

CHEF DE BATAILLON AU 142e RÉGIMENT D'INFANTERIE

Ancien Elève de Saint-Cyr. Durant la guerre, a été successivement Lieutenant Chef de Section de mitrailleuses, Capitaine d'Infanterie, Capitaine adjudant-major au 2e Régiment *bis* de Zouaves, Chef de Bataillon au même Régiment.

Légion d'honneur. — Croix de guerre. — Trois blessures (à Ville-sur-Tourbe, à Verdun et à Doïra en Macédoine).

Citation à l'Ordre du Régiment :

« Officier d'un zèle et d'un dévouement absolus, d'un sens tactique très sûr. Le 25 septembre 1918, à la tête du bataillon dont il avait le commandement, a réussi, par une attaque de front combinée avec un mouvement enveloppant, à s'emparer du *Signal Allemand* (1.494 m.). A été un des premiers à pénétrer en Bulgarie et à occuper une position d'une importance capitale pour la suite des opérations. »

⚜ ⚜ ⚜

Charles AZAÏS de VERGERON

(1911-1913)

Engagé volontaire pour 4 ans en 1914, à l'âge de 18 ans, sorti no 1 de l'Ecole d'application de l'Artillerie de Fontainebleau, promu Lieutenant le 14 janvier 1919, au 257e Régiment d'Artillerie de Campagne.

A pris part, durant la guerre, aux actions suivantes : *Verdun*, 1916 et 1917 ; *Somme*, 1916 ; *Champagne*, 1917 ; *Auberive, Souain*, 1917 et 1918 ; *Ailette*, 1918 ; *La Vesle*, 1918 ; *Les Flandres, Bois de Roulers* et *Passage de la Lys*, 1918.

Une blessure. — Deux fois intoxiqué par les gaz.

Légion d'honneur. — Croix de guerre française avec palmes, étoile de vermeil, étoile d'argent. — Croix de guerre belge avec palme. — Chevalier de l'Ordre de Léopold de Belgique.

Citations à l'Ordre de la Division, du Corps d'Armée et de l'Armée.

Citation à l'Ordre de l'Armée belge.

Ordre de la Division, 13 août 1917 :

« Jeune officier d'une bravoure qu'il faut modérer. Observateur aux tranchées de première ligne, a exécuté de nombreux réglages, a dessiné de nombreux croquis panoramiques qui ont apporté une grande contribution au succès des attaques des 6 et 14 juillet 1917. Après une action d'artillerie très forte sur le Mont-Haut, le 15 juillet, a été le premier à explorer audacieusement le terrain conquis et a rendu compte de la situation. »

Ordre du Corps d'Armée :

« Très brillant officier, d'un entrain qui a fait, à maintes reprises, l'admiration enthousiaste de ses camarades de l'infanterie. Commandant une section de 75 d'accompagnement d'infanterie, aux combats du 30 septembre au 5 octobre et du 14 au 24 octobre 1918, a rempli, avec une science parfaite, une bravoure digne de tout éloge, toutes les missions qui lui ont été confiées. Portant sa section sur des positions très avancées, marchant lui-même avec les éléments d'infanterie, a réussi, par la précision de ses feux, à réduire de nombreux nids de mitrailleuses et facilité ainsi la marche de l'infanterie. Il a été sérieusement intoxiqué le 24 octobre, et évacué. »

« *Le général de Division Degoutte, commandant la VIe armée, cite à l'ordre de ladite armée.*

Azaïs de Vergeron Charles, sous-lieutenant au 257e R. A. C.

Officier d'élite d'une bravoure exceptionnelle. Le 15 juillet 1917, s'est porté seul dans les tranchées ennemies, a constaté qu'elles étaient nettoyées d'occupants et par son tir a provoqué ainsi la prise, sans coup férir, d'un terrain jusque-là chaudement disputé.

En Belgique, du 14 au 24 octobre 1918, a été chargé d'appuyer l'infanterie avec une section avancée et a soulevé l'enthousiasme de ses camarades de l'infanterie par ses reconnaissances hardies, ses mises en batterie audacieuses et la justesse de ses tirs. Pris sous un tir violent d'obus toxiques, a été gravement intoxiqué, le 24 octobre 1918, et ne s'est laissé évacuer que sur l'ordre formel du médecin.

Au quartier général, le 30 janvier 1919.

Signé : Degoutte. »

Ordre de l'Armée Belge :

« *Le chef d'état-major général de l'armée belge cite à* l'ordre de ladite armée :

Azaïs de Vergeron Charles, sous-lieutenant au 257e R. A. C.

Officier d'élite, s'est particulièrement distingué au cours des combats du 14 octobre 1918 (campagne des Flandres). Chargé d'appuyer la progression de l'infanterie avec une section avancée, n'a pas hésité à se porter à maintes reprises en première ligne pour repérer et détruire les nids de mitrailleuses, qui s'opposaient à notre marche en avant. A fait l'admiration de tous ses camarades de l'infanterie.

Au quartier général, 19 décembre 1918.

Le Chef d'Etat-Major général,
Signé : Gillain. »

Cette citation a valu à son titulaire la *Croix de Guerre belge* et la décoration de l'Ordre de *Chevalier de l'Ordre de Léopold.*

⚜ ⚜ ⚜

Pierre BANDELIER

(1913-1914)

Candidat à l'Ecole Centrale

Incorporé le 6 septembre 1914 au 62e d'Artillerie. Reçu à l'examen d'Aspirant et nommé au 39e d'Artillerie le 28 février 1915. Sorti Sous-Lieutenant de Fontainebleau le 28 février 1916 et affecté au 48e d'Artillerie. Promu Lieutenant le 28 février 1918.

Croix de guerre

Citation à l'Ordre du Régiment :

« Le Colonel Poujal, commandant le 10e régiment d'infanterie, cite à l'ordre du Régiment : Pierre Bandelier, lieutenant du 48e régiment d'artillerie. Jeune officier, brave, énergique et plein d'allant ; s'est fait remarquer comme officier de liaison d'artillerie en assurant son service aux combats des 13 et 15 février 1918, dans des conditions particulièrement difficiles ; a circulé de nuit et de jour dans les lignes, sans souci des tirs de mitrailleuses, de canons et d'obus asphyxiants ; a rendu les plus grands services au Chef de Bataillon. »

⚜ ⚜ ⚜

Emile BANNIER

(1884-1896)

Industriel, sorti de l'Ecole Supérieure de Commerce de Paris

Mobilisé au 169e d'Infanterie comme Sous-Lieutenant. — Lieutenant le 2 septembre 1914. — Passé au Service automobile le 1er mai 1915.

Croix de guerre

Citation à l'Ordre du Régiment :

« Le colonel Bellague, Chef d'Etat-Major de la Ve armée, cite à l'ordre du Régiment le lieutenant Bannier, adjoint au chef de service automobile de la Ve armée. Officier d'un dévouement absolu. Chargé du service des transports, a rendu, en mars et avril 1917, les plus grands services tant dans l'organisation du travail journalier que par l'exécution de reconnaissances qu'il a accomplies dans des conditions souvent périlleuses. Quoique grièvement malade, a accompli sa tâche jusqu'au bout et n'a consenti à se laisser évacuer que lorsqu'il a été tout-à-fait incapable de continuer à assurer son service. »

⚜ ⚜ ⚜

Paul BARBE

(1891-1901)

Sorti de Saint-Cyr

Lieutenant au 4e Spahis, août 1914. — Capitaine au même Régiment, décembre 1914. — Capitaine au 294e d'Infanterie, avril 1916. — Commandant au même Régiment, mai 1917. — Chef d'Escadron au 5e Cuirassiers en 1919.

2 Blessures.

Légion d'honneur
Croix de guerre avec palme et 4 étoiles
Citations à l'Ordre de l'Armée
du Corps d'Armée, de la Division, du Régiment

Ordre de l'Armée, 5 septembre 1915 :

« Au cours des opérations de l'Oued-Dorna (Maroc), et particulièrement les 16 et 23 mai 1915, a fait preuve de ses qualités habituelles, coup d'œil, décision, sang-froid, habileté manœuvrière et brillante bravoure, se montrant une fois de plus cavalier de race, beau soldat et chef accompli. »

Ordre du Régiment, 10 juin 1916 :

« Capitaine de cavalerie ayant demandé à servir dans l'Infanterie, venu du Corps expéditionnaire du Maroc sur le front de France, a rejoint le Régiment au moment où celui-ci était engagé sous Verdun. A fait preuve, dès son arrivée, de la plus belle tenue au feu ; a accompli des reconnaissances dans les zones les plus exposées, avec un calme et un sang-froid dignes des plus grands éloges, et a rendu de ce fait les plus grands services. »

Ordre de la Division, 16 octobre 1916 :

« A pris dans des circonstances difficiles le commandement de son Bataillon, le Chef de Bataillon venant d'être tué, et a entraîné son unité à l'attaque sous un feu des plus violents, donnant ainsi le plus bel exemple du mépris du danger. »

Ordre du Corps d'Armée, avril 1918 :

« Le 30 mars 1918, chargé de défendre une importante position, a résisté pendant plusieurs heures aux attaques les plus furieuses menées par des forces sans cesse renouvelées, malgré le débordement de son aile gauche. A gardé, au milieu de la tourmente, un sang-froid remarquable, électrisant les défenseurs de la position par son courage. Presque encerclé, s'est dégagé au cours d'une vigoureuse poussée au milieu d'un groupe de combattants.

« Blessé au moment où il organisait la résistance sur une deuxième position. »

⚜ ⚜ ⚜

Charles BAUCHARD

(1909-1911)

Sorti de Saint-Cyr

CAPITAINE D'INFANTERIE

Parti comme Sous-Lieutenant d'Infanterie.
Revenu Capitaine au 128e d'Infanterie.
3 Blessures.

Croix de guerre avec palme

Citation à l'Ordre de l'Armée, 23 juin 1919 :

« Officier d'un courage et d'une bravoure remarquables ; s'est distingué d'une façon toute particulière au combat de Sontenois, près Buzancy, et, malgré deux blessures, a continué à commander son unité ; n'est allé au poste de secours qu'après avoir été blessé une troisème fois.

Signé : Général PÉTAIN. »

Lucien BAUDELOT

(1881-1887)

Avocat à la Cour d'Appel
Membre du Conseil de l'Ordre

Père de cinq enfants, libéré de toute obligation militaire. Engagé volontaire pour la durée de la guerre. Parti comme canonnier de 2e classe, revenu Lieutenant d'Artillerie.

Légion d'honneur

⚜ ⚜ ⚜

Comte Hector de GALARD-BRASSAC DE BEARN

(1902-1904)

ENSEIGNE DE VAISSEAU DE 1re CLASSE A LA BRIGADE DES FUSILIERS MARINS

A fait campagne en Belgique, en Italie et en Orient.

Plusieurs blessures.

Légion d'honneur
Croix de guerre avec palme et 2 étoiles
Chevalier de S. Stanislas de Russie, avec les épées
Chevalier de l'Aigle blanc de Serbie, avec les épées
Officier de Karageorge de Serbie, avec les épées
Officier du Sauveur de Grèce
Chevalier des Saints Maurice et Lazare (Italie)
Chevalier de la Couronne de Roumanie avec les épées
Croix de guerre grecque
Citations à l'Ordre du Groupement de Nicuport (Division), et à l'Ordre de la Mission Navale en Grèce (Régiment).

Ordre de la Division, 13 mars 1915 :

« Pour l'entrain et l'énergie avec lesquels il a mené l'attaque au fortin de Boterdyk. Blessé dans cette affaire.

Signé : Contre-Amiral RONARCH. »

Légion d'honneur, *Journal Officiel* du 12 juin 1915 :

« Officier plein d'entrain et de courage, déjà cité. Bien qu'atteint d'une douloureuse blessure (main broyée par une balle à bout portant) au cours d'une contre-attaque, est resté à la tête de sa section jusqu'à la prise de la position ennemie ; ne s'est retiré que sur l'ordre de son Capitaine et est allé renseigner le Commandant de Secteur, avant de rallier le poste de secours. »

Ordre de la Mission Navale, 15 décembre 1916 :

« Officier d'une ardeur bouillonnante ; n'a pas cessé, au cours de la journée du 1er décembre, de donner le plus bel exemple d'activité et d'entrain, en allant notamment reconnaitre l'emplacement d'une batterie, sans aucun souci du danger.

Signé : Capitaine de Vaisseau de ROQUEFEUIL. »

Le Comte Hector de Béarn était le beau-frère de Jules Salomon-Kœchlin, dont on a vu la mort glorieuse dans la 1re Partie.

René BEAULIEU

(1907-1908)

Industriel

MARÉCHAL-DES-LOGIS

au 102e d'Artillerie Lourde et au 21e Chasseurs

1 Blessure.

Croix de guerre avec 2 étoiles

2 Citations à l'Ordre du Régiment :

Ordre du 102e R. A. L., 23 juin 1918 :

« Maréchal des logis brave et consciencieux. Chargé d'assurer le ravitaillement en munitions sur les positions, s'en est acquitté avec le plus grand calme et le plus grand sang-froid ; a été blessé le 11 juin, en assurant sa mission. »

Ordre du 21e Chasseurs, 12 novembre 1918 :

« Sous-officier des plus méritants. A assuré la liaison entre l'Infanterie et l'Artillerie dans plusieurs grandes batailles, notamment pendant les glorieux combats du Piave, du 24 au 31 octobre 1918, où il a fait preuve d'une magnifique endurance et d'un courage calme et souriant. »

Jean de BEAUMONT

(1903-1905)

Avoué

CAPORAL DE RÉSERVE AU 8e D'INFANTERIE

1 Blessure.

Médaille militaire
Croix de guerre avec palme

Citation à l'Ordre de l'Armée, 7 avril 1918 :

« Bon gradé, courageux et énergique. A été grièvement blessé le 3 septembre 1914, au cours d'une patrouille. Bien qu'incomplètement guéri, est revenu au front comme volontaire. A subi l'amputation du pied droit, à la suite d'une aggravation de sa blessure. »

Louis BÉCET

(1909-1911)

Parti comme Brigadier, revenu Sous-Lieutenant. A servi successivement au 72e d'Infanterie, au 23e Dragons, au 4e Cuirassiers à pied, au 204e d'Infanterie, au 4e d'Infanterie.

Croix de guerre avec étoile d'argent

Citation à l'Ordre de la Brigade :

« S'est porté, le 5 mai 1917, à la tête de son Escouade, à l'assaut des premières et deuxièmes lignes ennemies, avec un courage et un entrain remarquables.

Signé : Colonel D'ESTRÉMEAU. »

Pierre BÉGUERIE

(1910-1915)

Industriel

Sorti de l'Ecole des Hautes Etudes Commerciales. Incorporé au 10e Hussards, en avril 1915, à 20 ans. Brigadier en 1916. Maréchal-des-Logis en janvier 1917. Entré à l'Ecole de Saumur en septembre 1917. Sorti comme aspirant, avec le no 6, en mars 1918.

Nommé Sous-Lieutenant en septembre 1918 et parti aux Chasseurs d'Afrique pour la relève de l'Armée d'Orient.

L'armistice a été signé au moment où cet officier était prêt pour la lutte.

Georges BÉJOT

(1915-1916)

Ingénieur des Arts et Manufactures.

Mobilisé en septembre 1917 au 107e d'Artillerie lourde. Reçu à l'Ecole de Fontainebleau en décembre 1917. Nommé aspirant d'Artillerie en mai 1918.

A fait campagne au 104e d'Artillerie lourde de

mai à novembre 1918, avec la 4ᵉ Armée. A pris part, entre autres, aux actions des 15, 16, 17 juillet 1918, sur les Monts de Champagne, pour arrêter l'offensive allemande, ainsi qu'à notre offensive victorieuse de septembre 1918.

Croix de guerre avec étoile d'argent

Citation à l'Ordre de la Brigade, 4 août 1918 :

« Jeune Aspirant qui a déjà fait ses preuves. Le 15 juillet 1918, s'est tenu constamment à un observatoire violemment bombardé, permettant ainsi à la Batterie de remplir ses missions.

Signé : Colonel DUMONTET. »

⚜ ⚜ ⚜

Maurice BERDIN

(1894-1903)

Ingénieur des Arts et Manufactures

Sous-Lieutenant en 1906. — Lieutenant en 1911. Capitaine en 1917, au 17ᵉ d'Artillerie de Campagne.

Croix de guerre avec 5 étoiles
3 Citations à l'Ordre de la Division
1 à l'Ordre du Corps d'Armée, 1 à l'Ordre du Régiment

Ordre du Régiment, 23 octobre 1916 :

« Officier consciencieux et dévoué. Au front depuis le début de la campagne, n'a cessé de faire preuve d'une activité inlassable et d'un dévoûment à toute épreuve. »

Ordre de la Division, 13 juillet 1917 :

« Officier d'un beau moral, d'une bravoure et d'un entrain demarquables. Le 14 avril 1917, le poste d'observation ayant été détruit, n'a pas hésité à observer ses tirs à découvert, sous les rafales continuelles de l'ennemi. Le 24 mai, la batterie ayant été prise sous un bombardement prolongé qui bouleversa entièrement la position, est parvenu, dans des conditions périlleuses, à réfectionner rapidement le poste et à reprendre dans le minimum de temps sa mission. »

Ordre du Corps d'Armée, 4 septembre 1917 :

« Excellent capitaine, donnant l'exemple du plus grand sang-froid dans les circonstances les plus difficiles. Le 19 août, un obus étant tombé sur un abri de pièce, a dirigé les travaux de sauvetage malgré le tir ennemi, pour assurer aux blessés des soins immédiats et une évacuation rapide. »

Ordre de la Divison, 22 août 1918 :

« A brillamment exécuté des changements de positions rapides, dans les opérations du 23 juillet et du 8 au 11 août 1918. En particulier le 10 août, a su, par son exemple, maintenir un calme parfait dans son unité, prise sous le feu de l'ennemi au moment où elle se mettait en batterie, à 1.500 mètres de mitrailleuses qu'il a pu immédiatement contre-battre. »

Ordre de la Division, 21 décembre 1918 :

« Excellent commandant de batterie. Le 30 septembre 1918, alors qu'un recul rapide de l'ennemi laissait des doutes sur l'emplacement exact des lignes, s'est porté hardiment sur un point très exposé, d'où il a pu donner des renseignements précis au Commandement. »

⚜ ⚜ ⚜

Henri BERGER

(1894-1898)

Sorti de Saint-Cyr

Capitaine d'Etat-Major et Chef d'Escadrille pendant la guerre. — Commandant. — Commanda le premier raid sur Carlsruhe. Fut commandant d'aviation sur le front russe en 1915.

Légion d'honneur
Croix de guerre avec 2 palmes

2 Citations à l'Ordre de l'Armée.

1ʳᵉ Citation :

« A fait preuve de remarquables qualités militaires, au cours de nombreuses reconnaissances aériennes exécutées dans les circonstances les plus délicates et les plus dangereuses. A su recueillir des renseignements particulièrement intéressants pour la marche des opérations de l'Armée. »

2ᵉ Citation :

« Officier d'Etat-Major, observateur en aéroplane. A rendu les plus grands services en exécutant de nombreuses reconnaissances dans des circonstances délicates et dangereuses, sous des feux violents d'artillerie et d'infanterie. »

Les autres citations ne nous sont point parvenues.

⚜ ⚜ ⚜

Joseph BERGER

(1907-1914)

Capitaine en activité
Sorti de Saint-Cyr

Sous-Lieutenant le 15 décembre 1914. — Lieutenant en décembre 1916. — Capitaine à la fin de la guerre.

1 Blessure.

Légion d'honneur
Croix de guerre avec étoile d'argent

Ordre de la Brigade, 26 juin 1915 :

« Sous-lieutenant Berger Joseph, du 21e Bataillon de Chasseurs. Admissible à Saint-Cyr. Dès son arrivée au Bataillon, s'est montré un chef très énergique, d'un entrain et d'un courage remarquables ; a été bessé assez grièvement dans la tranchée, le 26 mars 1915.

Signé : Général MANVIELLE. »

Texte de la promotion à la Légion d'honneur :

« Sous-Lieutenant au 21e Bataillon de Chasseurs. Officier d'une énergie et d'un entrain remarquables ; a été grièvement blessé le 26 mars 1915 en organisant, sous un feu intense, le terrain qui venait d'être pris à l'ennemi. »

⚜ ⚜ ⚜

Roland BERLING

(1904-1908)

LIEUTENANT AU 40e D'ARTILLERIE

Croix de guerre avec 2 étoiles d'argent

2 Citations à l'Ordre du Corps d'Armée. — 1re Citation :

« Belle attitude au feu. Le 7 avril 1917, a maintenu l'ordre dans la batterie soumise à un violent bombardement d'obus de gros calibre et d'obus à gaz. S'est déjà signalé dans le secteur de la Somme par son calme et sa présence d'esprit. »

2e Citation :

« Excellent officier qui s'est toujours signalé par son dévoûment et son calme au feu. Dans la nuit du 18 au 19 août 1917, a reconnu sept brèches dans le réseau de fils de fer en avant de la tranchée de première ligne ennemie. »

⚜ ⚜ ⚜

Charles de BERNARD du GRAIL

(1905-1911)

Industriel

Parti le 4 septembre 1914 comme simple soldat au 46e d'Infanterie. — Promu Lieutenant à la démobilisation.

Croix de guerre

Citation à l'Ordre du Régiment :

« Belle conduite le 13 novembre 1917, au cours d'un bombardement par obus vésicants. A donné l'exemple de l'endurance et ne s'est laissé évacuer que plusieurs jours après, lorsqu'il a été dans l'impossibilité absolue de faire son service.

Signé : Lieutenant-Colonel LACHÈVRE,
Commandant le 204e d'Infanterie. »

⚜ ⚜ ⚜

Michel de BERTIER de SAUVIGNY

(1908-1909)

LIEUTENANT DE VAISSEAU

Croix de guerre

Se trouvait sur le Contretorpilleur « La Dague » quand ce bâtiment sauta sur une mine, dans l'Adriatique. Eut la vie sauve et fut cité « pour le courage avec lequel il sauva le personnel. »

Les autres renseignements manquent.

⚜ ⚜ ⚜

Louis BESANÇON

(1909-1913)

Ingénieur des Mines

LIEUTENANT AU 8e D'ARTILLERIE

Croix de guerre avec palme

Citation à l'Ordre de l'Armée :

« A été blessé à la tête, au moment, où dans les tranchées de première ligne, à 200 mètres des tranchées allemandes, il observait les tirs de sa batterie sous un feu violent d'artillerie. N'a cessé, depuis sa nomination au grade de Sous-Lieutenant, de donner des preuves de sang-froid, de dévoûment et de mépris du danger. »

⚜ ⚜ ⚜

Maurice BIART

(1903-1904)

Parti comme simple soldat au 178e d'Artillerie de Tranchée. — Elève-Officier le 15 novembre 1918.

Croix de guerre

Citation à l'Ordre du Régiment, 4 février 1916 :

« Brigadier plein de sang-froid et d'énergie ; le 2 février 1916, a servi avec beaucoup de crânerie une pièce violemment bombardée où un quatrième servant a été tué. »

Jean BIGNIER

(1904-1912)

Avocat, Docteur en Droit

SOUS-LIEUTENANT

AU 239e D'ARTILLERIE DE CAMPAGNE

Croix de guerre avec 2 étoiles

Citatons à l'Ordre de l'Artillerie Divisionnaire et du Corps d'Armée

Ordre de l'Artillerie Divisionnaire, juillet 1918 :

« Jeune officier plein de zèle et de dévoûment; a su être pour son Commandant de Batterie une auxiliaire précieux dans des circonstances souvent difficiles et dangereuses, notamment sitôt après la traversée de la Marne, le 25 juillet 1918. »

Ordre de l'Artillerie Divisionnaire, octobre 1918 :

« Jeune officier allant et courageux. Les 3 et 4 octobre 1918, chargé du commandement d'une Section sur une position très avancée, a pu régler ses tirs et assurer les missions qui lui étaient confiées, malgré un très violent bombardement ennemi et un tir indirect de mitrailleuses qui rendaient la position particulièrement dangereuse. »

⚜ ⚜ ⚜

Henri BIGOT

Sorti de l'Ecole Polytechnique

CAPITAINE AU 121e D'A. L. 21e CORPS D'ARMÉE

Ingénieur de 1re classe du Génie Maritime

Chevalier de la Légion d'honneur

3 Citations

2 à l'Ordre de la Division, 1 à l'Ordre de l'Armée

Etats des services :

SOUS-LIEUTENANT le 6 août 1914.

Les Eparges (avril 1915) ;
Bataille d'Artois, N.-D. de Lorette (mai-septembre 1915) ;
Bataille de Verdun, cinq mois, du 5 mars à fin juillet 1916).
Cité à l'Ordre de la 5e Division d'Infanterie.

LIEUTENANT le 6 août 1916.

Bataille de la Somme, (sept. à déc. 1916) ;
Bataille de l'Aisne, (juin à oct. 1917) ;
Bataille de la Malmaison, (juin à oct. 1917) ;
Retraite de l'Aisne à la Marne, (Mai-juin 1918).

CAPITAINE le 16 juin 1918.

Bataille du 15 juillet 1918, sous Gouraud,
Offensive du 26 septembre 1918 ;
Cité à l'Ordre de la 4e Armée ;
Aisne, 20 octobre à novembre 1918 ;
Avance de l'Aisne à la Meuse, (5-11 novembre 1918).
Cité à l'Ordre de la 9e Divison d'Infanterie.

Citations :

1° Légion d'honneur :

« Jeune officier de la plus haute bravoure. Brillants services aux armées. Trois citations. »

2° A l'ordre de la 5e Division d'Infanterie, devant Verdun :

« Officier de grand mérite, excellent lieutenant de tir. S'est particulièrement distingué dans les journées du 10 au 13 mars 1916 et 24-25 mars 1916, maintenant l'ordre et le calme dans la batterie, sous les bombardements les plus violents, donnant à tous l'exemple de la plus belle énergie et du plus grand sang-froid.

Signé : MANGIN. »

3° A l'ordre de la 4e Armée, en Champagne :

« Jeune officier très brave. Le 15 juillet 1918, se promenait à découvert dans sa batterie fortement éprouvée pour maintenir le calme de ses servants. Les 26, 27 et 28 septembre, est demeuré constamment dans un observatoire très exposé et a obtenu un rendement maximum de sa batterie, tirant à vue sur des colonnes ennemies en retraite, les dispersant et brûlant une batterie qui avait pris position à découvert.

Signé : GOURAUD. »

4° A l'ordre de la 9e Division, dans les Ardennes :

« A fait preuve d'une rare énergie et d'un esprit d'initiative remarquables pendant l'avance du 5 au 11 novembre 1918, en particulier dans les nuits du 5 et 8, où, malgré des routes impraticables et minées, est arrivé à mettre sa batterie en position à hauteur des sections d'accompagnement de 75, et à exécuter des tirs d'interdiction prescrits par le commandant.

Signé : Général GAMELIN. »

⚜ ⚜ ⚜

Henri BIZALION

(1906-1911)

Ingénieur des Arts et Manufactures

SOUS-LIEUTENANT

A L'ETAT-MAJOR DE L'ARTILLERIE DU 32e CORPS D'ARMÉE

1 Blessure.

Croix de guerre avec étoile de vermeil

Citation à l'Ordre du Corps d'Armée :

« A été gravement blessé le 22 mars 1916, au cours d'une reconnaissance qui lui avait été prescrite pour découvrir l'emplacement d'une batterie de bombardement ennemie. A d'ailleurs toujours montré un zèle inlassable et un réel mépris du danger. »

Robert BIZALION

(1907-1912)

Ingénieur.

Sorti de l'Institut Agronomique et de l'Ecole Forestière

Appelé au 11e Hussards. Passé volontairement au 154e d'Infanterie.

Brigadier en novembre 1914. — Lieutenant le 1er août 1918.

2 Blessures.

Croix de guerre avec 4 étoiles d'argent
4 Citations à l'Ordre de la Division

1re Citation, 25 avril 1917 :

« Belle conduite au feu le 16 avril 1917. »

2e Citation, 8 mai 1917 :

« Jeune officier plein d'entrain et d'allant. Le 16 avril 1917 et les jours suivants, s'est acquitté de ses fonctions d'officier de renseignements auprès de son chef de corps, et dans des circonstances souvent très difficiles. »

3e Citation, 25 septembre 1917 :

« Brillant officier, plein du feu sacré, ne ménageant ni son temps ni sa peine. A été blessé au cours du combat du 20 août 1917. »

4e Citation, 13 janvier 1918 :

« Officier de renseignements très intelligent, très allant, déjà blessé devant Verdun. Le 12 janvier 1918, a été gravement blessé à son poste de combat, au cours d'un très violent bombardement ennemi. »

Louis BOGÉ

(1915-1916)

Engagé volontaire pour la durée de la guerre au 41e d'Artillerie Coloniale. — Aspirant le 25 avril 1917. — Sous-Lieutenant le 10 novembre 1918.

2 Blessures.

Croix de guerre avec palme

Citation à l'Ordre de l'Armée, 19 septembre 1918 :

« Bogé Louis, aspirant. Le 17 juillet 1918, surmontant la fatigue de trois jours de combats ininterrompus, s'est courageusement porté en avant avec un bataillon d'assaut pour assurer la liaison avec l'infanterie. Sérieusement blessé en traversant le barrage ennemi, n'a songé avant tout qu'à faire parvenir les renseignements recueillis. Une blessure antérieure.

Le Général commandant la Ve armée,
Signé : BERTHELOT. »

Paul BOILLOT

(1904-1908)

Cours préparatoires de l'Ecole Centrale

Engagé volontaire à 19 ans, au 39e d'Artillerie Passé sur sa demande dans l'Aviation en mars 1918.

Aspirant en avril 1915. — Sous-Lieutenant en juin 1916. — Lieutenant en juin 1918.

Légion d'honneur
Croix de guerre avec 6 étoiles

Ordre du Régiment, 15 octobre 1916 :

« Officier hardi et très courageux ; a rendu les plus grands services dans les combats du 22 septembre au 12 octobre, en procédant à des reconnaissances périlleuses et en assurant les liaisons. »

Ordre de la Division, juillet 1917 :

« Officier plein d'allant et d'entrain. A fait preuve, le 17 juillet 1917, du plus grand mépris du danger en assurant la liaison avec l'infanterie, malgré les bombardements violents. A donné des renseignements précieux sur la situation. »

2 Citations à l'Ordre de la Division, 1918 :

« Observateur excellent, de beaucoup d'allant et de compétence ; a effectué de nombreuses missions d'aviation, toujours d'une façon parfaite ; a exécuté un grand nombre de surveillances et liaisons d'infanterie. Pendant l'avance française qui a précédé l'armistice, a maintenu un combat constant avec les éléments français avancés, les renseignant par messages et n'hésitant pas à atterrir pour compléter ces renseignements. »

Paul Boillot est le frère de Georges Boillot, dont on a vu plus haut la notice, mort au champ d'honneur.

Xavier BOISSELET

(1912-1914)

Aspirant, puis Sous-Lieutenant et Lieutenant au 18e Dragons.

Croix de guerre avec 2 étoiles

Citations à l'Ordre de la Division et du Régiment

Ordre de la Division, 15 janvier 1918 :

« Boisselet Xavier, aspirant au 18e dragons, 2e escadron. Pendant les journées du 1er au 4 juin 1918, sous un bombardement d'une extrême violence, a su maintenir à un niveau élevé le moral de ses hommes et a contribué largement à l'échec d'une attaque allemande. »

Ordre du Régiment, 21 octobre 1918 :

« Boisselet Xavier, sous-lieutenant au 18e dragons. Au cours des opérations du 10 au 16 octobre 1918, a accompli avec son peloton plusieurs reconnaissances qui donnèrent les meilleures résultats. A fait preuve de courage et de sang-froid, en accomplissant ces diverses missions sous des feux de barrage de mitrailleuses ennemies très violents. »

Xavier Boisselet est le frère de Jean Boisselet, mort au Champ d'honneur, dont on a lu la notice dant la Première Partie.

⚜ ⚜ ⚜

André BOLLE

(1905-1909)

Maréchal-des-Logis à la 37e Section d'Auto-Camions, après un séjour au 149e d'Infanterie .

2 Blessures.

Croix de guerre

Citation à l'Ordre du Régiment :

« Le général Franiatte, commandant d'artillerie de la deuxième armée, cite à l'ordre du régiment :

Bolle André, maréchal des logis servant à la 37e section d'auto-camions du 66e d'artillerie. Excellent gradé ; beaucoup de sang-froid au feu. Blessé au Fond de Buval et à Souchez. »

André Bolle est le frère de Fernand Bolle, mort au Champ d'honneur, dont on a lu la notice dans la Première Partie.

Jean BOUCHAYER

Industriel

(1911-1912)

Sous-Lieutenant au 28e Bataillon de Chasseurs Alpins, Compagnie de Skieurs.

Blessé à Chaulnes (Somme) le 24 septembre 1914.

Croix de guerre

« Placé à l'extrémité d'un secteur, en liaison difficile avec le secteur voisin, a su s'organiser en ce point ; a su garder, pendant une attaque, le sang-froid le plus grand, utilisant judicieusement les trous d'obus et des éléments à peine ébauchés de tranchées. »

⚜ ⚜ ⚜

Henry BOUCHEZ

(1903-1914)

Engagé volontaire à 19 ans au 16e Dragons. Sorti Lieutenant d'Aviation.

Croix de guerre

Citation à l'Ordre de l'Escadrille XII :

« Engagé volontaire dans la cavalerie, s'est battu avec son régiment en Artois, en Champagne, en Lorraine. Passé officier dans l'infanterie, a pris les tranchées dans des secteurs très durs dans les Vosges, dans l'Aisne et à Tahure. Venu dans l'aviation, a obtenu dans ses différents stages les notes les plus élogieuses ; s'est particulièrement distingué au cours du bombardement du 10 novembre dans la région de Philippeville (Belgique).

Signé : Le chef d'escadron VUILLEMIN,

Commandant l'escadre de bombardement n° 12. »

⚜ ⚜ ⚜

Jacques BOUDIER

(1906-1915

Engagé volontaire à 19 ans, au 103e d'Artillerie Lourde.

Brigadier le 5 mai 1917. — Maréchal-des-Logis le 5 novembre 1917. — Aspirant le 2 avril 1918. — Sous-Lieutenant le 15 septembre 1919.

Croix de guerre

Citation à l'Ordre du 6e Groupe du 101e d'Artillerie Lourde :

« Jeune officier plein d'allant, qui a fait preuve, pendant les offensives de juillet et août 1918, des plus sérieuses qualités militaires ; en particulier les 21 et 25 août 1918 la batterie étant soumise à d'incessants bombardements, a contribué par sa crânerie, son courage et un remarquable sang-froid, à assurer l'exécution des tirs.

Signé : DIDELET, *capitaine commandant le Groupe.* »

Louis BOULENGER

(1878-1889)

Sorti de Saint-Cyr.

Sous-Lieutenant le 1er octobre 1891. — Lieutenant le 1er octobre 1893. — Capitaine le 22 décembre 1906. — Chef d'Escadron le 15 avril 1916.

Légion d'honneur
Croix de guerre avec palme et 3 étoiles

Ordre n° 1 du Colonel Commandant le Groupement Sud (assimilé à la Division) :

« A dirigé, le 23 octobre 1914, une reconnaissance périlleuse près de Largitzen et en a rapporté des renseignements précieux sur l'ennemi.

Signé : Colonel MATUSZYNSKI. »

Ordre n° 4983 D de l'Armée, 19 mai 1917 :

« Officier supérieur énergique et brave. Après avoir fait de son bataillon une parfaite unité de combat, l'a brillamment entraîné à l'attaque, le 6 mai 1917, en s'emparant d'une carrière fortement occupée par l'ennemi. Déjà cité à l'ordre (Légion d'honneur et Croix de guerre avec palme).

Le Général Commandant en Chef,
P. O. Le Major Général,
Signé : DEBENEY. »

Ordre de la Brigade n° 80 P (Artillerie d'assaut), 14 novembre 1917 :

« Commandant un Bataillon de Cuirassiers à pied qui a prêté un concours très efficace aux chars d'assaut et a contribué, dans une large mesure, aux succès remportés au combat de la Malmaison, du 23 octobre 1917.

Le Général Commandant l'A. S.,
Signé : ETIENNE. »

Ordre n° 4 de la 1re D. C. P., 1er avril 1918, (Division) :

« Pendant les combats des 23, 24 et 25 mars 1918, a fait preuve d'un courage, d'un sang-froid et d'un esprit de décision tels que, malgré les pertes énormes subies par son Bataillon, a réussi à le maintenir sous des feux terribles et l'a ramené dans le plus grand ordre.

Le Général Commandant la 1re D. C. P.,
Signé : BRÉCARD. »

⚜ ⚜ ⚜

Marcel BOURCIER

(1911-1919)

Cavalier au 2e Cuirassiers.

Faisait partie de la 1re Division de Cavalerie, en soutien de l'Armée Anglaise vers Noyon, 1918.

Croix de guerre avec étoile d'argent

Citation à l'Ordre de la Brigade :

« Le Colonel de Brantès, Commandant la 1re Brigade de Cuirassiers, cite à l'Ordre de la Brigade le Cavalier Bourcier Marcel, du 2e Régiment de Cuirassiers. A opéré, le 24 mars 1918, des reconnaissances périlleuses, rapportant des renseignements très précis. »

⚜ ⚜ ⚜

Jean BOURDON

(1898-1906)

Industriel

Mobilisé comme réserviste d'Artillerie. — Sous-Lieutenant le 12 novembre 1915. — Lieutenant le 12 novembre 1917.

2 Blessures.

Croix de guerre avec 2 palmes et 3 étoiles
5 Citations

Ordre du 30e d'Artillerie de Campagne, 18 avril 1915 :

« A dirigé l'installation d'une pièce avancée de 75 et scié lui-même, pendant la nuit, les arbres en avant des tranchées pour dégager le champ de tir de sa pièce, dont il a dirigé le tir avec beaucoup de crânerie. »

Ordre du 35e Corps d'Armée, 6 août 1916 :

« Excellent officier, faisant preuve en toutes circonstances de courage et de sang-froid. A rendu les plus grands services en occupant, pendant toute l'attaque, sous un feu violent, un poste d'observation d'où il a envoyé les renseignemnts les plus précieux qui ont permis d'enrayer une contre-attaque ennemie. Est resté consécutivement 36 heures dans ce poste, sans accepter d'être relevé. »

Ordre de la 10e Armée, 30 septembre 1917 :

« Commandant la Batterie en l'absence du Lieutenant Commandant, a été grièvement blessé à la tête au moment où il sortait de son abri, malgré un violent bombardement, pour se rendre auprès d'un canonnier qui venait d'être blessé. Ne cesse de donner à sa Batterie le plus bel exemple de sang-froid, de courage et d'entrain. »

Ordre de la 121e Division, 18 juillet 1918 :

« Officier particulièrement énergique et remarquable par son sang-froid. Vient de donner, le 19 juillet 1918, comme adjoint au Commandant de groupe, de nouvelles preuves de ses belles qualités militaires et d'un dévoûment absolu. »

Ordre de la 3e Armée, 13 septembre 1918 :

« Chef du détachement de liaison du Groupe auprès d'un Bataillon d'attaque, a montré, encore une fois, dans les combats récents, ses belles qualités militaires. Le 20 août 1918, afin de régler un tir sur des mitrailleuses qui causaient des pertes à notre Infanterie, s'est porté à un petit poste en terrain découvert. A été atteint d'une balle à la tête au cours de ce réglage. »

Paul BOURDON

(1900-1906)

Industriel, frère du précédent

Appelé au 30e d'Artillerie de Campagne. — Passé au 214e R. A. C. P. le 1er avril 1917. — Brigadier en février 1912. — Maréchal-des-Logis en octobre 1913.

Croix de guerre avec 2 étoiles
2 Citations à l'Ordre du Régiment

1re Citation, 2 mai 1917 :

« Chef de section dévoué et énergique. A fait preuve d'un magnifique sang-froid et de beaucoup d'énergie, pendant que la Batterie était soumise à un intense bombardement à obus toxiques. »

2e Citation, 5 juin 1918 :

« Très bon chef de pièce. Ayant eu trois hommes blessés à sa pièce, le 27 mai 1918, a donné, par son mépris du danger, un très bel exemple à ses hommes. »

⚜ ⚜ ⚜

Jacques BOUVIER

(1893-1899)

Mobilisé comme Caporal. — Lieutenant au 341e d'Infanterie.

2 Blessures : l'une en 1914 ; l'autre en 1916, au Mort-Homme.

Proposé pour la Légion d'honneur
Croix de guerre

« Bouvier Jacques, sergent au 304e régiment d'infanterie. A la sortie d'un bois que sa Compagnie avait été obligée d'évacuer, voyant que son Capitaine manquait, spontanément, n'a pas craint d'aller le chercher sous le feu de l'ennemi, l'a ramené, soigné, réconforté, et l'a aidé à rejoindre la Compagnie. Deux jours après, a été atteint de deux blessures en entrainant sa section au feu. »

Jacques Bouvier est le frère de Henri Bouvier, mort pour la France, dont la notice figure dans la 1re Partie.

⚜ ⚜ ⚜

Jean de BOYER de SAINTE-SUZANNE

(1908-1909)

Parti comme Maréchal-des-Logis au 26e Dragons. — Sous-Lieutenant au 8e Bataillon de Chasseurs à pied où il était passé sur sa demande.

1 Blessure.

Légion d'honneur
Croix de guerre avec palme

Citation à l'Ordre de l'Armée :

« Le 11 juillet 1916, a attaqué à la tête de sa section une tranchée fortement occupée par l'ennemi, lançant lui-même des grenades et entrainant ses chasseurs par son exemple et sa bravoure. Jeune officier plein d'allant. Très grièvement blessé. »

⚜ ⚜ ⚜

René BRILLIÉ

(1900-1909)

Brancardier
au 205e d'Artillerie de Campagne

Croix de guerre

Citation à l'Ordre du Régiment :

« Brancardier modèle de courage et de dévouement : le 26 mai 1918, légèrement blessé lui-même, n'a songé qu'à donner des soins à ses camarades gravement atteints. »

⚜ ⚜ ⚜

Louis BUTOR

(1907-1909)

Ingénieur des Arts et Manufactures
Capitaine d'Artillerie

Chevalier de la Légion d'honneur
Croix de guerre avec palme

Citation à l'Ordre de l'Armée, 26 mai 1915 :

« Sous-lieutenant d'artillerie, de la D. I., commandant une batterie de 75 en première ligne pour faire brèche, et ayant eu le bras cassé par une balle dès le début de l'action, a refusé de se laisser remplacer par un de ses camarades ; a gardé pendant une demi-heure le commandement de sa section sous un feu violent, jusqu'à ce que sa mission soit remplie, donnant ainsi un bel exemple de courage et de sang-froid. »

Les renseignements postérieurs font défaut.

Jacques CHAMBRY

(1899-1902)

Ingénieur Agronome

Parti comme Maréchal-des-Logis au 15e Dragons. — Lieutenant au Service météorologique de l'Artillerie Lourde.

Légion d'honneur

Croix de guerre

Citation à l'Ordre du Régiment :

« A, comme agent de liaison, rendu des services signalés. En particulier le 6 juin 1916, a été chargé d'une mission périlleuse dont il s'est acquitté dans un bombardement des plus violents avec courage et sang-froid. Continue à assurer son service avec le même mépris du danger. »

Abbé Félix CHARBONNIER

Professeur à l'Ecole Massillon

Infirmier aux Hôpitaux du front belge (1914-1916). — Caporal à l'Etat-Civil aux Armées (1916-1918).

Médaille de bronze des épidémies

« Affecté au service des typhoïdiques, s'est distingué par son zèle et son dévouement.

Paris, le 28 janvier 1916.

Pour le Ministre de la Guerre,
Le Sous-Secrétaire d'Etat,
Signé : Justin GODARD. »

Robert CHARDON

(1910-1916)

Etudiant en Droit

SOUS-LIEUTENANT AU 2e TIRAILLEURS ALGÉRIENS

Campagne de Cilicie.
2 Blessures.

Croix de guerre

Nous n'avons pas le texte de la Citation.

✤ ✤ ✤

Jacques CHOMEL de JARNIEU

(1907-1910)

Enseigne de Vaisseau à bord du « Henri IV » aux Dardanelles. — Revenu Lieutenant de Vaisseau.

Légion d'honneur

Croix de guerre

« A découvert, sous un feu violent, en particulier le 30 avril, a toujours assuré le service de télémétrie avec un sang-froid et un courage admirables. »

✤ ✤ ✤

André CLAUSE

(1905-1908)

Négociant

BRIGADIER AU 20e CHASSEURS A CHEVAL

Resté en pays envahi depuis la reddition de Lille où il se trouvait avec son régiment, le 13 octobre 1914, jusqu'à l'armistice 1918, a subi les plus dramatiques perquisitions allemandes, et, pendant 4 ans, a été en perpétuel danger de mort.

(Le récit pathétique de cette captivité se trouve dans la *Gazette de Seine-et-Oise*, 28 novembre 1918).

✤ ✤ ✤

Alexandre COCATRE

(1898-1911)

Industriel

Brigadier au 6e Cuirassiers en 1914. — Maréchal-des-Logis le 10 octobre 1917. — Aspirant, affecté au 85e d'Artillerie Lourde le 15 décembre 1918. — Sous-Lieutenant d'Artillerie le 1er juillet 1919.

Blessé à Hargicourt (Somme), le 30 mars 1918.

Croix de guerre

Citation à l'Ordre du Régiment :

« Sous-officier énergique et plein d'allant ; s'est distingué en maintes circonstances, notamment le 30 mars 1918, où il a été blessé. »

Citation à l'Ordre de l'Armée du 6e Cuirassiers, Régiment d'Alexandre Cocâtre :

« Pendant quatre jours de durs combats, du 28 au 31 mars 1918, le 6e Régiment de Cuirassiers, sous les ordres du Lieutenant-Colonel Fix, a arrêté les violentes attaques d'un ennemi très supérieur en nombre, sur une position des plus importantes. Débordés de toutes parts, ayant épuisé leurs provisions et leurs munitions, ses éléments se sont frayé un passage, les armes à la main, sous la protection d'une arrière-garde de braves. »

Alexandre Cocâtre est le frère de Robert Cocâtre mort pour la France.

Henri COLETTE

(1886-1896)

Sorti de Saint-Cyr

Sous-Lieutenant en 1896. — Lieutenant en 1904. — Capitaine le 7 mars 1915.

1 Blessure.

Légion d'honneur

Croix de guerre avec palme et étoile

Citations à l'Ordre de la Brigade et de l'Armée

Ordre de l'Armée, 27 mars 1915 :

« Lieutenant de Territoriale, a demandé à reprendre du service actif sur le front. A montré en toutes circonstances les plus belles qualités militaires. Dans le combat du 8 mars, ayant remplacé à la tête de sa Compagnie son Capitaine tué, a, sous le feu le plus violent, continué la lutte avec la même énergie et a été lui-même grièvement blessé. Amputé depuis. »

Ordre de la Brigade, 22 mai 1915 :

« Au cours d'un engagement très vif sous bois et attaqué par des forces supérieures, a donné le plus bel exemple d'énergie, de sang-froid et de bravoure personnelle. Faisant face partout, a tenu sur sa position de flanc-garde jusqu'à l'arrivée d'une section de renfort ; s'est ensuite, suivant les ordres reçus, replié en excellent ordre avec le minimum de pertes. »

Promotion dans la Légion d'honneur :

« Ancien officier de l'active et versé dans la territoriale, a volontairement demandé à servir dans un régiment de première ligne. S'est fait, dès le début, remarquer par ses brillantes qualités militaires et son mépris absolu du danger. Cité une première fois à l'ordre de la brigade, a brillamment, au combat du 8 mars, entraîné ses hommes à l'assaut des retranchements ennemis, jusqu'à trente mètres environ du réseau de fils de fer. A été grièvement blessé et, dans la suite, amputé. A été cité à l'ordre de l'Armée. »

Gaston COMAR

(1884-1885)

Docteur en Médecine

Médecin-Chef des Hôpitaux Auxiliaires de la Société de Secours aux Blessés Militaires, à Fontainebleau.

Chevalier de la Légion d'honneur

« Comar (Pierre-François-Gaston), docteur en médecine à Paris. Titres exceptionnels : Dégagé de toute obligation militaire et ne pouvant reprendre du service aux armées, a quitté ses occupations pour venir se mettre à la disposition du service de santé militaire de la place de Fontainebleau. Successivement médecin traitant et médecin-chef des hôpitaux auxiliaires importants de la Société de secours aux blessés militaires, il s'est prodigué sans relâche auprès des malades auxquels il a donné ses soins les plus éclairés. »

✠ ✠ ✠

Robert COQUARD

(1907-1912)

Ajourné deux fois. — Engagé volontaire en décembre 1914, au 21e d'Artillerie. — Parti au front en septembre 1915. — Brigadier, puis Maréchal-des-Logis au 104e d'Artillerie. — Ecole de Fontainebleau. — Aspirant et Sous-Lieutenant.

Croix de guerre avec 2 étoiles

Citation personnelle à l'Ordre du Régiment

Citation de sa Batterie à l'Ordre de la Brigade

Ordre de la Brigade, pour la Batterie, 5 septembre 1916 :

« La deuxième Batterie du 104e Régiment d'Artillerie, sous le commandement du Capitaine Fortier, fait preuve de belles qualités militaires en exécutant tous les jours, dans un emplacement soumis à de fréquents bombardements de gros calibre, les tirs nécessités par la mission importante qu'elle a à remplir. S'est particulièrement distinguée le 23 août 1915, sous un bombardement très violent, qui a mis le feu à une des casemates, par l'explosion de deux caisses à gargousses, en éteignant l'incendie et en transportant en lieu sûr les munitions restantes, qui menaçaient de faire explosion à leur tour. »

Ordre du Régiment (Citation personnelle), 24 janvier 1919 :

« Officier téléphoniste du Groupe, s'est dépensé sans compter dans ses fonctions. Au cours de la bataille défensive du 15 juillet 1918, a assuré les liaisons du groupe à la tête de son équipe et sous les bombardements les plus violents. S'est surpassé pendant la poursuite de l'ennemi en octobre-novembre 1918, assurant d'une façon parfaite les liaisons du groupe à chaque étape de la poursuite, et a été l'un des meilleurs artisans des succès qui ont valu au groupe une citation à l'ordre de l'Armée. »

⚜ ⚜ ⚜

René COTILLON

(1888-1898)

Négociant

Dégagé de toute oblgation militaire. — Engagé volontaire le 6 août 1914. — Parti comme simple soldat. — Revenu comme Lieutenant à l'Etat-Major de la 6e Armée.

Croix de guerre avec palme

Citation à l'Ordre de l'Etat-Major de la 6e Armée, 16 avril 1917 :

« Excellent officier, sollicitant toujours les missions les plus délicates et les plus dangereuses ; a assuré, dans une région journellement bombardée, des transports de troupes et de munitions, dans des conditions d'ordre et de régularité parfaite. »

⚜ ⚜ ⚜

Pierre de COURTOT de CISSEY

(1911-1913)

ASPIRANT

AU 20e BATAILLON DE CHASSEURS

Fils du Colonel de Cissey, Commandant la 21e Brigade, tombé à Vitrimont, (Meurthe-et-Moselle), le 1er Septembre 1914.

Médaille militaire, 2 juin 1918

« Sous-officier d'une haute valeur morale. Pendant cinq jours de durs combats, a fait preuve des plus belles qualités militaires, entraînant ses Chasseurs par sa bravoure exceptionnelle.

« Blessé deux fois et n'ayant pas voulu se laisser évacuer, a été grièvement blessé une troisième fois, en repoussant une violente attaque ennemie. »

⚜ ⚜ ⚜

Marcel CREUSOT

(1907-1910)

MARÉCHAL-DES-LOGIS AU 1er RÉGIMENT D'ARTILLERIE

Croix de guerre

Citation à l'Ordre du Régiment :

« Chargé de l'établissement et de la surveillance d'un réseau téléphonique de première ligne, a, au cours d'une période de quatre mois, assuré d'une manière parfaite la liaison de l'infanterie avec l'artillerie, pendant de nombreuses attaques et sous un bombardement parfois violent. »

⚜ ⚜ ⚜

Jean CROISET

(1908-1909)

Elève de l'Ecole Navale

Sorti avec le n° 4 de l'Ecole des Aspirants. — Enseigne de vaisseau de 2e classe en 1912. — Campagne en Extrême-Orient sur le Cuirassé « Montcalm » en 1913. — Campagne contre les colonies allemandes du Pacifique en 1914. — Enseigne de vaisseau de 1re classe, le 5 octobre 1914. — Campagne sur les Torpilleurs de la Mer du Nord de 1916 à 1918. — Lieutenant de vaisseau le 30 mars 1918. — Prit part à l'embouteillage d'Ostende en avril 1918. — Nommé Commandant du Torpilleur 342, du Groupe de Calais, en juin 1918.

Croix de guerre avec étoile de vermeil

Citation à l'Ordre du Corps d'Armée, à l'occasion de l'engagement naval du 20 mai 1917, contre les torpilleurs allemands devant Dunkerque :

« Officier d'une valeur morale exceptionnelle et d'un dévouement absolu à ses fonctions d'Officier en second et d'Officier canonnier. A dirigé le tir de l'artillerie avec un sang-froid et une lucidité remarquables, au cours de l'engagement du 20 mai. »

⚜ ⚜ ⚜

Pierre CROISET

(1912-1913)

Frère du précédent

Elève de l'Ecole Polytechnique

Envoyé au 46e d'Artillerie à la déclaration de guerre. — Sous-Lieutenant le 11 août 1914. — Combats de la Somme en janvier 1915. — Offensive de Champagne en septembre 1915. — Observateur d'Artillerie en avion, en janvier 1916. — Lieutenant en août 1916. — Observateur à l'Escadrille R. 210 pendant l'offensive de Champagne d'avril-mai 1917. — Affecté à l'Escadrille 58 en Alsace, en 1917.

Croix de guerre avec 4 étoiles
1 Citation à l'Ordre du Régiment
et 3 à l'Ordre du Corps d'Armée

Ordre du Régiment, juin 1917 :

« Officier observateur détaché à l'Escadrille R. 210, pour les opérations d'avril-mai 1917, s'est signalé dès son arrivée par l'exécution parfaite des réglages d' A. L. G. P. qui lui ont été confiés. Le 30 avril 1917, contusionné dans un capotage dû à la rupture en vol d'une pièce importante de son appareil, a demandé à repartir aussitôt sur un autre avion, et a pu ainsi accomplir sa mission.

Le Chef d'Etat-Major de la Vᵉ Armée,
Signé : BELHAGUE. »

Ordre du 3ᵉ Corps d'Armée, 8 août 1918 :

« Officier d'élite, possédant au plus haut point les qualités de courage, de devoir et d'intelligence qui en font un observateur de premier ordre. Se distingue quotidiennement au cours des missions de reconnaissance et de commandement à faible altitude, qu'il mène jusqu'au bout, même par des circonstances atmosphériques particulièrement pénibles.

Le Général Commandant le 3ᵉ C. A.,
Signé : LEBRUN. »

Ordre du 40ᵉ Corps d'Armée, 9 août 1918 :

« Observateur de grande valeur, se signale par la sûreté du coup-d'œil, la précision des renseignements recueillis et la grande habileté à diriger les réglages de tir. Les 27 janvier et 6 mars 1918, a mené à bien les missions dont il était chargé, malgré le tir précis de l'artillerie anti-aérienne et les attaques des patrouilles de 4 monoplaces ennemis. Le 13 avril 1918, n'a pas hésité à survoler, à 400 mètres d'altitude, les organisations ennemies, pour porter au Commandement des renseignements précis sur la nature des travaux suspects exécutés par l'ennemi.

Le Général Commandant le 40ᵉ C. A.,
Signé : PAULMIER. »

Ordre du 21ᵉ Corps d'Armée, 20 octobre 1918 :

« Brillant Officier, d'une grande énergie et d'une rare conscience. Observateur, parfait, volontaire pour toutes les missions délicates et difficiles qu'il mène à bien. Spécialiste des vols d'accompagnement d'attaque, se distingue par la précision des renseignements concernant l'infanterie, et par les vols à très faible altitude au cours desquels l'avion a été gravement atteint par des projectiles ennemis.

Le Général Commandant le 21ᵉ C. A.,
Signé : NAULIN. »

Jean et Pierre Croiset, fils du Colonel du Génie, sont les frères de Maurice Croiset, mort pour la France, dont on a lu la notice dans la 1ʳᵉ Partie.

⚜ ⚜ ⚜

Jean DAIGREMONT

(1905-1911)

Engagé volontaire à 17 ans ½ au 8ᵉ Chasseurs à Cheval ; versé au 22ᵉ Bataillon de Chasseurs Alpins. — Parti au front le 16 août 1916. — Caporal.

Pied droit emporté au Moulin de Vauclerc (Secteur de Craonne), le 2 septembre 1917.

Médaille militaire

Croix de guerre avec palme, 4 septembre 1917

Nous n'avons pas le texte de ses citations. Jean Daigremont est le frère du Capitaine Robert Daigremont, mort pour la France, dont la notice se trouve dans la 1ʳᵉ Partie du Livre d'Or.

⚜ ⚜ ⚜

Robert DANLOS

(1907-1912)

Licencié en Droit

LIEUTENANT D'ARTILLERIE

Croix de guerre avec 2 étoiles

Texte d'une Citation :

« Sur le front de Macédoine comme sur le front d'Italie, a toujours assuré ses missions avec le même entrain inlassable et le même courage exemplaire ; a brillamment commandé sa batterie au cours de l'offensive de la Piave. »

Le texte de l'autre Citation fait défaut.

⚜ ⚜ ⚜

Paul DARBOIS

(1886-1891)

Docteur en médecine

Chef de Laboratoire de Radiologie des Hôpitaux de Paris

Mobilisé le 4 août 1914, dans une Ambulance Divisionnaire du 10ᵉ Corps, comme Médecin Aide-Major de 2ᵉ Classe. — Médecin Aide-Major de 2ᵉ Classe, le 14 décembre 1914. — Médecin-Major de 1ʳᵉ Classe le 1ᵉʳ mai 1918, avec le titre de Médecin Radiologue consultant de la 1ʳᵉ Armée.

Légion d'honneur

Croix de guerre

Nous n'avons pas le texte des Citations.

✠ ✠ ✠

André DARRASSE

(1909-1910)

Cavalier au 5e Cuirassiers à pied. — Passé dans l'Aviation.

8 Blessures

Croix de guerre

Le texte des Citations ne nous est point parvenu.

✠ ✠ ✠

Jacques DARRASSE

(1910-1911)

Frère du précédent

Maréchal-des-Logis au 5e Cuirassiers à pied en 1917. — Sous-Lieutenant en 1918.

Croix de guerre avec palme et 2 étoiles

Citations au Régiment, à la Division et à l'Armée

Ordre du Régiment, 10 juin 1917 :

« Darrasse Jacques, Maréchal-des-Logis au 1er Escadron de Mitrailleuses. A donné en toutes circonstances des preuves de courage et de sang-froid, et particulièrement le 10 juin 1917, où, sous un violent bombardement, ses deux pièces ayant été enterrées par un obus, a continué à défendre sa position à la carabine et à la grenade.

Le Colonel Commandant le 5e Cuirassiers à pied,
Signé : MÉNIL. »

Voir à ce sujet l'article sur les Cuirassiers de Moreuil dans les *Lectures pour tous*, n° de septembre 1918. Tous ses servants ayant été tués, Jacques Darrasse, seul avec son brigadier, tira 35 caisses de cartouches, environ 100.000 au total.

Ordre de la Division, 20 octobre 1918 :

« Excellent chef de Section de Mitrailleuses, a constamment fait preuve d'un absolu mépris du danger aux combats du 3 et 4 avril 1918. Modèle de bravoure pour ses hommes.

Le Général Commandant la 1re Division de Cavalerie à pied,
Signé : HENNOCQUE. »

Ordre de la Xe Armée, fin 1918 :

« Le sous-lieutenant Darrasse, 5e régiment de cuirassiers à pied. Excellent officier d'une merveilleuse tenue au feu ; a fait preuve et toutes circonstances des plus belles qualités d'énergie, d'initiative et de sang-froid ; connaissant parfaitement la technique de son métier, a toujours dirigé ses sections avec la plus grande habileté et un absolu dévouement, notamment au cours de l'opération offensive du 26 septembre 1918 en Voëvre. »

✠ ✠ ✠

Jean DARRICAU

(1894-1897)

Négociant

Juge au Tribunal de Commerce de Bayonne

Maréchal-des-Logis d'Artillerie. — Passé officier d'Approvisionnement au Groupe des Brancardiers Divisionnaires de la 40e Division d'Infanterie

Croix de guerre

Citation à l'Ordre du Régiment :

« A fait preuve d'une belle et énergique attitude dans la nuit du 19 au 20 mai 1917, au cours d'un bombardement. Au front depuis 2 ans, s'est toujours montré officier courageux et actif, d'un dévouement à toute épreuve. A su assurer d'une façon parfaite et dans des circonstances difficiles (offensive de l'Aisne) les divers services qui lui étaient confiés. »

✠ ✠ ✠

Henri DAVAULT

(1903-1914)

Elève de Saint-Cyr

Appelé avant la fin de ses études à Saint-Cyr. Affecté au 29e, puis au 31e d'Infanterie. — Sergent en mars 1918. — Aspirant le 20 juillet 1918. — Sous-Lieutenant le 6 septembre 1918.

2 Blessures.

Croix de guerre avec palme

Citation à l'Ordre de l'Armée, 27 juillet 1918 :

« Jeune gradé d'un très grand courage ; blessé le 27 juillet au début de l'action, n'a pas quitté son poste, se dépensant sans compter pour organiser la position, donnant à tous le plus bel exemple de courage et d'énergie. Blessé une seconde fois, a quitté à regret le champ de bataille, mais après avoir vu l'ennemi définitivement fixé. »

✠ ✠ ✠

Guy DECAUVILLE

(1912-1913)

Elève à l'Ecole Centrale

Brigadier au 25e d'Artillerie de Campagne, en août 1914. — Sous-Lieutenant au même régiment, le 14 octobre 1914. — Lieutenant, commandant la

22e Batterie du 235e d'Artillerie de Campagne, le 3 janvier 1918.

Croix de guerre avec 4 étoiles
1 Citation à l'Ordre du Régiment et 3 à l'Ordre de la Division
Chevalier de la Légion d'honneur

Ordre du Régiment, 20 avril 1917 :

« Très belle tenue au feu pendant les opérations devant Berry-au-Bac. A rendu les plus grands services dans ses fonctions d'officier orienteur. »

Citations à l'Ordre de la Division :

1° 20 août 1917 :

« Officier de valeur et d'un dévouement inlassable, ayant une haute idée de son devoir. A rendu les plus grands services à son Commandant de groupe pendant toute la préparation et l'exécution de l'attaque ouest de la Meuse. »

2° 17 juin juin 1918 :

« Commandant de batterie d'un courage et d'un dévouement au-dessus de tout éloge. Le 17 juin 1918, sa batterie décimée en première ligne, étant soumise à un violent bombardement qui a mis les 4 pièces hors de service, s'est dépensé sans souci du danger et a réussi à sauver presque tout son personnel. »

3° 7 octobre 1918 :

« Lieutenant-Commandant d'un entrain au-dessus de tout éloge, très audacieux dans toutes ses reconnaissances. A su obtenir de tout son personnel, principalement dans les derniers combats, un rendement incomparable. »

⚜ ⚜ ⚜

Georges DEFRANCE
(1881-1885)

Sorti de l'Ecole Polytechnique et de l'Ecole d'Application de Fontainebleau

Capitaine en septembre 1897. — Chef d'Escadron en décembre 1913. — Lieutenant-Colonel en décembre 1918.

2 Blessures.

Officier de la Légion d'honneur
Croix de guerre avec 2 étoiles
Citations à l'Ordre du Régiment et de la Division

Ordre du Régiment, en 1915 :

« A, dans les attaques des 6 et 7 octobre 1915, dirigé remarquablement les tirs de son Groupe d'un observatoire très exposé. A été blessé à cet observatoire le 15 août 1915 et n'a pas quitté son poste de Commandement. »

Ordre de la Division, en 1918 :

Blessé le 15 avril 1918, évacué et revenu au front incomplètement guéri, a, depuis lors, notamment dans le courant d'août et de septembre, et plus récemment dans les journées du 5 et 6 octibre, fortement contribué aux succès de la Division, par la précision et la sûreté des tirs de son Groupe qu'il dirigea avec compétence et sang-froid. »

⚜ ⚜ ⚜

Gaston DERVAUX
(1906-1908)

Lieutenant au 27e d'Artillerie

1 Blessure.

Légion d'honneur
Croix de guerre avec palme
Citation à l'Ordre du Régiment

Texte de la promotion dans la Légion d'honneur :

« Officier d'un dévouement et d'une activité remarquables, qui lui ont fait confier souvent des missions importantes ; d'une bravoure calme qui provoque l'admiration de ses chefs et de ses subordonnés. Détaché de sa batterie et chargé du commandement de 4 sections d'artillerie au moment d'une attaque ennemie, s'est surmené pour assurer l'exécution des missions de ses unités, sous un bombardement sans précédent. A été grièvement blessé à son poste, le 23 février 1916. Déjà cité à l'Ordre du Régiment. Croix de guerre avec palme.

Signé : Général Joffre. »

Le texte de la Citation à l'Ordre du Régiment ne nous est pas pervenu.

⚜ ⚜ ⚜

Paul DESAGNEAUX

Ingénieur sorti de l'Ecole Polytechnique

Mobilisé le 2 août 1914, comme Lieutenant de Territoriale au 25e d'Artillerie. — Au front le 2 octobre 1914 comme Commandant la 1re puis la 2e Batterie du 25e d'Artillerie de Campagne. — Capitaine le 8 mars 1915. — Commandant du 2e Groupe du 25e R. A. C. le 1er septembre 1917. — Chef d'Escadron le 30 novembre 1917.

Intoxiqué par les gaz devant Verdun le 23 juin 1916 et évacué.

Légion d'honneur
Croix de guerre avec 2 palmes et 3 étoiles
1 Citation à l'Ordre du Régiment, 2 à l'Ordre du Corps d'Armée
2 à l'Ordre de l'Armée

Ordre du 25e d'Artillerie, 24 mai 1915 :

« Commandant de Batterie, dont le dévouement n'a d'égal que la modestie. N'a mérité que des éloges au cours de la campagne, pour son attitude au feu, notamment lors des bombardements, le 5 et le 7 avril dans la clairière de Mouilly, et pour la compétence dont il fait preuve dans la conduite du tir de sa Batterie.

Signé : Colonel GODAR. »

Décoré Chevalier de la Légion d'honneur, 12 janvier 1916 :

« Excellent officier, ayant au feu une attitude calme et résolue et sachant tirer le meilleur parti de sa batterie dans les circonstances les plus délicates A rendu les meilleurs services, pendant la campagne. A déjà reçu la Croix de guerre. »

Ordre du IVe Corps d'Armée, 23 juillet 1916 :

« A fait preuve des plus belles qualités militaires dans les combats du 20 au 24 juin, où il a donné l'exemple du sang-froid et de la vaillance au personnel de sa batterie, soumise à des tirs intenses d'artillerie lourde. Gravement intoxiqué par les gaz, n'a consenti à se laisser évacuer qu'après avoir passé à son lieutenant tous les renseignements utiles, concernant les tirs à exécuter.

Signé : Général PAULINIER. »

Ordre du IVe Corps d'Armée, 11 mai 1918 :

« Régiment d'élite qui, sous le commandement du Lieutenant-Colonel Dupont, et de ses Commandants de groupe Keck et Desagneaux et le Capitaine Capdeville, vient de donner de nouvelles preuves de sa valeur et de ses qualités manœuvrières et techniques. Après avoir effectué leur débarquement dans des conditions difficiles et s'être ensuite porté hardiment en avant, ses batteries ont appuyé constamment l'infanterie au plus près, de la façon la plus heureuse et la plus efficace, contribuant ainsi puissamment au succès des contre-attaques.

Signé : Général DUPONT. »

Ordre de la Xe Armée, 15 octobre 1918 :

« Le 25e Régiment d'artillerie de campagne, après avoir, au prix de grandes fatigues, coopéré efficacement aux attaques sur un front difficile, et à l'enlèvement d'un village particulièrement défendu, n'a cessé d'appuyer pendant deux mois la progression de l'infanterie dans une avance de plus de 20 kilomètres, avec la plus grande bravoure et le plus beau dévouement. Sous le commandement du Lieutenant-Colonel Dupont et des Chefs d'Escadron Keck, Desagneaux, Capdeville, a fait preuve des plus belles qualités manœuvrières et techniques, en agissant pendant cette période, malgré des fatigues constantes et des tirs ennemis à obus toxiques très pénibles, en liaison intime avec son infanterie, et en aidant à la prise de plusieurs villages et d'un ancien fort puissamment organisé.

Signé : Général MANGIN. »

Ordre de la VIe Armée, 18 décembre 1918 :

« Régiment d'élite, qui sous le commandement du Lieutenant-Colonel Dupont et des chefs d'Escadron Keck, Desagneaux et Capdeville, ne cesse de faire preuve d'un moral splendide et des plus hautes qualités militaires et techniques ; s'est distingué partout et toujours, sur la Vesle, sur la Lys, sur l'Escaut. A risqué les déplacements les plus hardis pour appuyer de près les Bataillons d'attaque. En toutes circonstances, a donné à l'infanterie l'aide la plus féconde.

Signé : Général DEGOUTTE. »

⚜ ⚜ ⚜

Bernard DESOUCHES

(1885-1891)

SOUS-LIEUTENANT

Attaché à l'Armée Anglaise

Military Cross.

« Pour sa belle conduite à la bataille de Loos, septembre 1916. »

Maxime DESOUCHES

(1885-1891)

Frère du précédent

Lieutenant au 1er Corps de Cavalerie en 1915. Passé Capitaine à l'Etat-Major du 16e Corps d'Armée.

Croix de guerre

Citation à l'Ordre du 1er Corps de Cavalerie, mai 1915 :

« Pour le dévouement intelligent dont il a fait preuve dans le commandement de sa section, quelque périlleuses que soient les circonstances. »

⚜ ⚜ ⚜

Robert DESOUCHES

(1887-1893)

Frère des 2 précédents

Capitaine dans les diverses formations qu'indiquent les Citations ci-après.

Légion d'honneur

Croix de guerre avec 3 palmes et 1 étoile

3 Citations à l'Ordre de l'Armée, 1 à l'Ordre du Corps d'Armée

Ordre du 6e Corps d'Armée, 1915 :

« N'a cessé, pendant les journées des 27, 28, 29 et 30 octobre, de donner à tous un magnifique exemple de calme, de sang-froid, sous les feux violents et ininterrompus d'artillerie ennemie, accompagnant partout son chef avec le plus entier dévouement. A dû recevoir à plusieurs reprises l'ordre de s'abriter. »

Ordre de la 4e Armée, 1916 :

« Capitaine Desouches Robert, Etat-Major de la 112e Brigade.

Officier d'une rare intrépidité ; déjà cité à l'Ordre du

corps d'armée, après les affaires de Champagne ; n'a cessé depuis trois mois de montrer les plus belles qualités de courage personnel.

Chargé d'une mission spéciale, le 25 février 1916, est resté pendant des heures sous les plus violents bombardements, dans les tranchées d'attaque, renseignant son chef toute la journée par des notes écrites, et donnant à tous le plus bel exemple de calme, de courage sous le feu. »

Ordre de la 6e Armée, 1917 :

« Capitaine Desouches Robert, Commandant la Compagnie 6/5 du Génie.

Exerce le commandement d'une Compagnie du Génie avec la plus grande compétence, donnant à ses subordonnés l'exemple du plus parfait mépris du danger et de la plus haute conception du devoir. S'est particulièrement distingué le 18 avril dernier (1917) en enlevant en une nuit, et sous le bombardement ennemi, la construction d'un pont de bateaux renforcé de longues pistes d'accès en madriers. »

Promotion dans la Légion d'honneur, 1917 :

« Officier remarquable, tant par un rare courage personnel que par une haute valeur morale et des connaissances techniques étendues. Commande avec la plus grande distinction une Compagnie du Génie, dont il obtient les meilleurs rendements. »

Ordre de la 1re Armée, Avril 1918 :

« Capitaine Desouches Robert, Commandant la Compagnie 6/5 du Génie.

Commandant de Compagnie animé du plus grand esprit de sacrifice. Au cours de quatre journées de combat, a fait preuve d'une bravoure exceptionnelle, soutenant et exaltant sans cesse le courage de ses hommes, avec qui il fit le coup de feu. Même sous les rafales de mitrailleuses, a constamment tenu en main son unité, et, par l'efficacité de ses feux, retarda maintes fois l'avance d'un ennemi supérieur en nombre. Trois citations antérieures. Légion d'honneur. »

Martial DESOUCHES

(1884-1897)

Ingénieur des Arts et Manufactures

Parti le 2 août 1914 comme Lieutenant commandant la 46e Batterie d'Artillerie de Campagne du 53e d'Artillerie.

Passé à la 42e Batterie et blessé au nord d'Arras le 2 mars 1915.

Entré dans le Service Automobile le 10 mars 1916.

Capitaine le 9 octobre 1918.

1 Blessure.

Croix de guerre

Citation à l'Ordre du Régiment :

« Le Lieutenant Desouches Martial, à la 42e Batterie du 53e d'Artillerie.

« Officier plein de calme et de sang-froid. Belle attitude sous le feu. A rempli, avec beaucoup de courage, de nombreuses missions d'observation en première ligne, sous de violents bombardements.

Le Maréchal de France,
Commandant les Armées Françaises de l'Est,
Signé : Pétain. »

Martial Desouches a eu 2 frères morts au Champ d'honneur : Raymond et René Desouches, dont on a lu les notices dans la 1re Partie.

⚜ ⚜ ⚜

René DESROYS du ROURE

(1893-1898)

Agrégé des Lettres

Professeur à l'Université de Montréal (Canada)

Lieutenant au 315e d'Infanterie en 1914. — Promu Capitaine à dater du 26 décembre 1918.

3 Blessures.

Croix de guerre avec étoile de vermeil
Décoré de l'Aigle Blanc de Serbie

Citation à l'Ordre du Corps d'Armée, 20 juillet 1915 :

« Le 25 août 1914, ayant reçu l'ordre de protéger avec sa section un mouvement de repli du bataillon attaqué par des forces supérieures, a très courageusement rempli sa mission et lutté jusqu'au moment où il est tombé, atteint de trois graves blessures. »

René Desroys du Roure est le frère de Henri Desroys du Roure, mort pour la France.

⚜ ⚜ ⚜

Fernand DIOLÉ

Docteur en Droit, Avoué de 1re Instance

Sergent au 115e d'Infanterie

1 Blessure.

Croix de guerre avec étoile d'argent

Citation à l'Ordre de la Brigade, 23 juin 1916 :

« Le Colonel Retrouvey, Commandant la 16e Brigade, cite à l'ordre de la Brigade Diolé Fernand, sergent au 115e d'Infanterie.

« Sous-officier observateur de la compagnie de soutien le 2 juin 1916. Est resté courageusement à son poste toute l'après-midi, sous un bombardement d'une rare intensité. Blessé, a tenu à continuer son observation jusqu'à ce qu'un autre gradé ait pu le relever. »

Henry DOP

(1894-1908)

CAPITAINE DE DRAGONS

(en activité)

A fait bravement son devoir, durant toute la guerre, sans être blessé.

Les renseignements complémentaires font défaut.

Jean DOYEN

(1905-1910)

Ingénieur

Sous-Lieutenant au 43e d'Artillerie de Campagne en 1915. — Lieutenant en 1918.

Croix de guerre avec 2 étoiles
1 Citation à l'Ordre du Corps d'Armée
et 1 à l'Ordre de la Division

Ordre du 16e C. A., 21 Octobre 1915 :

« A passé 36 heures dans les tranchées de premières lignes de la Butte de Tahure, sous un feu violent d'artillerie de tous calibres, pour assurer le réglage des tirs de sa batterie sur un réseau de fil de fer, le 5 octobre 1915.

Le Général Commandant le 16e C. A.,
Signé : GROSSETTI. »

Ordre de la 15e D. I., 7 mars 1918 :

« A exécuté le 14 février, dans les tranchées conquises la veille et soumises aux réactions de l'ennemi, une reconnaissance qui a fourni au commandement des renseignements d'une utilité primordiale sur l'occupation, et assuré une liaison directe entre le bataillon d'attaque et l'artillerie d'appui.

Le Général Commandant la 15e D. I.,
Signé : ARDANÈRE. »

Pierre DRÉVILLE

(1907-1908)

Reporter photographe

CANONNIER SERVANT AU 244e RÉGIMENT D'ARTILLERIE DE CAMPAGNE

Croix de guerre avec étoile d'argent

Citation à l'Ordre de la Brigade, 30 août 1918 :

« Le Colonel Dumont, Commandant l'Artillerie de la 163e Division d'Infanterie, cite à l'ordre de la Brigade :

« Dréville Pierre, téléphoniste d'un courage et d'une énergie à toute épreuve. Dans la nuit du 13 au 14 août 1918, a assuré le bon fonctionnement des lignes du secteur sous un bombardement continu d'obus de gros calibres ; n'est revenu que lorsque toutes les communications ont été rétablies, et s'est employé ensuite à réparer les lignes des autres batteries. »

Pierre DUGUEY

(1907-1911)

Ingénieur des Arts et Manufactures

LIEUTENANT D'ARTILLERIE

Croix de guerre

Citation à l'Ordre du Régiment, 23 juillet 1916 :

« A montré en toutes circonstances un courage et un dévouement remarquables ; s'est toujours offert pour des missions périlleuses, particulièrement le 20 juillet, est resté à un poste très avancé sous un violent bombardement, pour transmettre les renseignements sur la progression de l'infanterie. »

✣ ✣ ✣

Maxime de DUMAST

(1911-1914)

Candidat à l'Ecole Navale

Appelé au 60e d'Artillerie de Campagne le 20 décembre 1914. — Aspirant au 8e d'Artillerie de Campagne le 23 mai 1915. — Sous-Lieutenant au 112e d'Artillerie Lourde le 15 avril 1916. — Lieutenant le 25 mars 1918. Observateur en ballon, commandant la 54e Compagnie d'Aérostiers de campagne.

Resté en activité depuis 1918.

Légion d'honneur
Croix de guerre avec 1 palme et 4 étoiles
Insigne de guerre italien, mars 1918
Croce al Merito di Guerra
(Croix de guerre italienne) décembre 1918
5 Citations et Promotion dans la Légion d'honneur

Ordre du Régiment, 10 novembre 1916 :

« Observateur d'un dévouement, d'une conscience et d'un sang-froid au-dessus de tout éloge. A assuré, pendant plusieurs mois, le service dans un observatoire terrestre soumis à des bombardements continuels. Détaché comme observateur en ballon, a fait preuve des mêmes qualités pendant les opérations d'août, de septembre et d'octobre, où il a rendu les services les plus précieux.

Signé : Lieutenant-Colonel GEIGER. »

Ordre du Régiment, 10 novembre 1917 :

« Officier d'un entrain remarquable ; a déployé la plus intelligente activité au cours des opérations des 23 et 25 octobre 1917. A, depuis, fait de nombreuses et pénibles reconnaissances dans les régions reconquises.

Signé : Lieutenant-Colonel JULIEN. »

Ordre de la Brigade, 6 août 1918 :

« Observateur en ballon courageux et tenace. A rendu de précieux services au cours des attaques de juillet. En particulier, a effectué le 15 juillet, une ascension de 15 heures, au cours de laquelle il a repéré 8 batteries et effectué 11 réglages. A réglé sur la passerelle de Mont Saint-Père, signalée comme coupée le 16.

Signé : Général VINCENT. »

Ordre de l'Armée, 20 septembre 1918 :

« Officier observateur animé du véritable esprit du devoir et doué des plus belles qualités militaires. Attaqué le 7 août 1918 par 2 avions ennemis, a assuré la sécurité de son passager et ne s'est jeté en parachute qu'à la dernière extrémité. Plein de sang-froid à l'atterrissage, a demandé à reprendre immédiatement l'observation dans un nouveau ballon.

Signé : Général DEGOUTTE. »

Ordre de l'Aéronautique, 19 avril 1919 :

« Excellent observateur doué de solides qualités morales et donnant toujours le plus bel exemple à sa compagnie, dans un secteur où les attaques d'avions étaient particulièrement fréquentes. Le 14 septembre 1918, a dû encore descendre en parachute.

L'Aide-Major Inspecteur Général de l'Aéronautique,
Signé : DUVAL. »

Citation pour la Légion d'honneur, 16 juin 1920 :

« Excellent officier, d'un dévouement, d'une conscience et d'un sang-froid au-dessus de tout éloge. Comme officier d'artillerie dans un observatoire terrestre, puis comme observateur en ballon, a donné en toutes circonstances des preuves du plus grand courage et des plus belles qualités morales. Cinq citations. »

⚜ ⚜ ⚜

Josch DURNERIN

(1897-1907)

Licencié en Droit

LIEUTENANT D'INFANTERIE

Blessé et trépané. Actions d'éclat.

Légion d'honneur
Croix de guerre avec palme

Le texte des Citations ne nous est malheureusement point parvenu.

Marcel DUVAU

(1894-1905)

Sous-Lieutenant de réserve au Régiment d'Infanterie de Caen en 1914. — Mobilisé le 4 août 1914 au 236ᵉ d'Infanterie de réserve. — Lieutenant le 1ᵉʳ avril 1915. — Capitaine à titre temporaire le 6 juin 1916. — Capitaine à titre définitif le 12 juillet 1917. — Capitaine Adjudant-Major le 5 octobre 1917. — Passé au G. Q. G. le 15 janvier 1919.

Retraite de Belgique et Offensive générale en 1914. — Campagne d'Artois et de Champagne en 1915. — Verdun, avril-mai 1916 (Division Mangin). — Chemin des Dames, juin-août 1917. — Tardenois, Reims, Offensive finale aux avant-postes sur la Meuse, en 1918.

2 Blessures à la tête. (Tahure, 11 octobre 1917).

Légion d'honneur
Croix de guerre avec 3 étoiles
1 Citation à l'Ordre de la Division
2 à l'Ordre du Corps d'Armée

Ordre du Corps d'Armée, 25 octobre 1915 :

« Dans l'attaque du 11 octobre 1915, a entraîné la première vague de sa Compagnie jusqu'à la première tranchée allemande, stimulant ses hommes par ses paroles et par l'exemple de sa froide attitude. Tombé blessé au bord de la tranchée allemande, ne s'est pas départi de son sang-froid et a, par ses commandements énergiques, fait atteindre la deuxième ligne des tranchées à ses hommes.

Ordre de l'I. D., 8 août 1918 :

« A secondé avec intelligence et dévouement son chef de bataillon au cours des opérations offensives du 20 au 28 juillet 1918. »

Ordre du Corps d'Armée, 16 décembre 1918 :

« Capitaine adjudant-major de grande valeur. Aux attaques de septembre-octobre 1918, a fait preuve, à la tête de son bataillon, des plus belles qualités militaires de sang-froid et de décision, entraînant ses tirailleurs par son exemple, brisant les résistances de l'ennemi, faisant des prisonniers et s'emparant d'un important matériel. Une blessure, deux citations antérieures. »

⚜ ⚜ ⚜

Jean SAGOT-DUVAUROUX

(1912-1914)

Reçu à l'Ecole Centrale en 1916

MARÉCHAL-DES-LOGIS AU 82ᵉ D'ARTILLERIE

Est resté en Batterie à Verdun depuis le début

de février 1916 jusqu'au 27 novembre de la même année, sans interruption. Arrivé au Bois d'Avocourt, il a tenu la rive gauche de la Meuse jusqu'en octobre, et il est passé alors sur la rive droite, pour la préparation des attaques sur Douaumont et sur Vaux.

Le compte-rendu de ce glorieux record est dû à l'un de ses amis.

⚜ ⚜ ⚜

Robert ESNOL

(1906-1908)

Sorti de Saint-Cyr

Sous-Lieutenant au 19ᵉ Dragons, à 23 ans, en 1914. — Lieutenant de hussards en 1916. — Après 1918, avec les troupes d'occupation.

Croix de guerre avec 3 étoiles

Citations :

Ordre du Régiment, 20 juillet 1916.
Ordre du Corps d'Armée, 14 août 1918.
Ordre de la Division, 14 novembre 1918.

Nous n'avons pas le texte de ces Citations.

⚜ ⚜ ⚜

Joseph ETIENNE

(1904-1908)

Ingénieur

Sous-Lieutenant d'Etat-Major du 8ᵉ Groupe

Légion d'honneur

Croix de guerre avec palme

Promotion dans la Légion d'honneur :

« Agent de liaison entre l'infanterie et l'artillerie pendant les attaques du 21 au 24 décembre 1915, a rempli sa mission d'une façon tout à fait admirable. Lorsque l'infanterie s'est portée en avant, est allé reconnaître la ligne atteinte par nos troupes, afin de pouvoir la situer avec précision, et a fait 120 prisonniers pendant cette reconnaissance avec l'aide de son téléphoniste. Le lendemain, a participé à la défense du front qui menaçait dêtre percé, en se mettant à la tête d'un peloton de bombardiers. A été légèrement contusionné par de nombreux éclats de grenades et d'obus.

Cette citation comporte l'attribution de la Croix de la Légion d'honneur et de la Croix de guerre avec palme. »

⚜ ⚜ ⚜

Louis EYMEOUD

(1912- 1917)

Sous-Lieutenant au 109ᵉ d'Artillerie Lourde

Envoyé au front durant les derniers mois de la guerre, a servi ensuite en pays occupé, sur le Rhin, jusqu'en 1919.

⚜ ⚜ ⚜

André FANTON d'ANDON

(1912-1913)

Ingénieur au corps des Mines

Sorti de l'Ecole Polytechnique

Sous-Lieutenant du XXᵉ Corps à 20 ans, affecté au 8ᵉ d'Artillerie de Campagne en 1914. — Lieutenant le 5 août 1916.

Croix de guerre avec 3 étoiles

1 Citation à l'Ordre de la Brigade

2 à l'Ordre de la Division

Ordre de la Brigade, 22 octobre 1915 :

« Plein d'entrain et de bravoure souriante, a parfaitement dirigé, en septembre 1915, les travaux d'installation de batteries avancées, maintenant par son exemple et sa tenue sous le feu le moral de sa troupe. »

Ordre de la Division, 25 juillet 1916 :

« S'est fait remarquer, dès son arrivée, par son entrain, son intelligence et sa bravoure. Déjà cité à l'ordre de la Brigade ; s'est distingué à Verdun par des reconnaissances extrêmement périlleuses. Le 1ᵉʳ juillet 1916, est allé jusqu'aux points avancés de notre première ligne, chercher des postes d'observation sur les deuxièmes lignes ennemies. »

Ordre de la Division, 8 septembre 1918 :

« Officier de renseignements plein d'allant et d'entrain, dont les qualités d'ordre et de méthode ont pu de nouveau être appréciées au cours des attaques de l'artillerie.

« Profitant immédiatement de l'avance de nos troupes pour exécuter des reconnaissances hardies, a pu, dans le minimum de temps, préparer de nouveaux réseaux téléphoniques rationnels ; en a poursuivi sans relâche la réalisation, et, par les heureuses dispositions prises, a toujours permis au Commandement une information rapide et sûre. »

⚜ ⚜ ⚜

Jean FANTON d'ANDON

(1904-1908)

Frère du précédent

Docteur en Médecine

Etudiant en Médecine en 1914. — Médecin-Auxiliaire, à la mobilisation. — Médecin Aide-Major de 2e classe, le 11 juin 1916.

2 Blessures.

Croix de guerre avec étoile d'argent

Citation à l'Ordre de la Division, 7 mars 1916 :

« Le Général Pentel, Commandant la 65e Division d'Infanterie, cite à l'ordre de la Division Fanton d'Andon Jean.

« A fait l'admiration de tous en prodiguant ses soins aux blessés, malgré un bombardement violent du village de Séraucourt où était son poste de secours, le 10 septembre 1914. A été grièvement blessé. »

Blessé une seconde fois à Verdun, en août 1917.

Amédée des FRANCS

(1911-1912)

Elève de Saint-Cyr

Parti comme simple soldat au 130e d'Infanterie le 10 août 1914. — Caporal le 10 octobre 1914. — Sous-Lieutenant le 5 décembre 1914. — Lieutenant le 13 janvier 1917. — Observateur en Ballon captif depuis février 1916 jusqu'en mai 1917. — Service des Renseignements du Maroc après 1917.

4 Blessures.

Légion d'honneur

Croix de guerre avec palme et 2 étoiles

Citations à l'Ordre du Corps d'Armée

de l'Armée et de la Brigade

Ordre du Corps d'Armée, 5 mai 1915 :

« Officier très dévoué et très brave ; a enlevé brillamment sa section à l'attaque du 26 février 1915, l'a menée à très courte distance des tranchées allemandes, l'a maintenue sous un feu violent d'infanterie et d'artillerie ; a été grièvement blessé aux deux bras. »

Ordre de l'Armée, 1er septembre 1917 :

« D'un dévouement absolu, a fait preuve de la plus grande bravoure à l'attaque du 26 février 1915, en Champagne, au cours de laquelle il fut blessé trois fois. Déclaré inapte à l'infanterie, a repris du service comme observateur dans l'aviation. »

Ordre de la Colonne (Brigade), 25 juin 1918 :

« Au combat de l'Oued-Megram, le 29 avril 1918, a fait preuve des plus belles qualités militaires ; n'a pas hésité à s'engager à fond avec quelques Moghazenis contre un ennemi mordant et bien supérieur en nombre ; l'a repoussé en lui infligeant de grosses pertes. »

⚜ ⚜ ⚜

André GAILLARD

(1906-1909)

Sous-Lieutenant au 6e Chasseurs

Croix de guerre

Citation à l'Ordre du Régiment, 13 août 1918 :

« A tenu pendant trois jours, à cheval puis à pied, le contact de l'ennemi dans un terrain soumis à de violents tirs d'artillerie et de mitrailleuses. A fourni au commandement des renseignements précieux sur la situation. »

⚜ ⚜ ⚜

Pierre GABRIÉ

(1911-1914)

Candidat à l'Ecole Centrale

Lieutenant au 23e d'Artillerie

En 1916, commandait la 41e Batterie de 90, en Alsace occupée.

Nous n'avons pas d'autres renseignements.

⚜ ⚜ ⚜

François GALOPIN

(1904-1914)

Lieutenant à la 28e Batterie du R. A. C. P. — Capitaine après la démobilisation.

Croix de guerre avec 2 étoiles

2 Citations à l'Ordre de la Division

Ordre de l'A. C. D., 3 décembre 1917 :

« Excellent officier qui a toujours fait preuve de décision et d'entrain. Commandant sa batterie en l'absence du capitaine, le 12 et le 21 novembre dernier, a assuré et commandé avec le plus grand sang-froid le tir de ses pièces sous des bombardements d'obus explosifs et toxiques. »

Ordre de la Division, 3 juin 1918 :

« Excellent commandant de batterie, sans cesse à la recherche d'observatoires avancés. Dans la nuit du 14 au 15 mai, au cours d'un violent bombardement et de l'incendie d'un dépôt de munitions, a obtenu de sa batterie, malgré les pertes subies, une exécution impeccable et très vigoureuse des tirs prescrits. »

⚜ ⚜ ⚜

Pierre GARNIER

(1908-1911)

Industriel

SOLDAT BRANCARDIER AU 39e D'INFANTERIE

Croix de guerre avec 2 étoiles

2 Citations à l'Ordre du Régiment

1re Citation, 26 août 1917 :

« Le soldat brancardier Garnier Pierre, de la 3e compagnie, a assuré la relève des blessés de sa compagnie en première ligne, sous les bombardements les plus violents, faisant preuve en toutes circonstances de courage et de sang-froid. »

Nous n'avons pas le texte de la 2e Citation.

⚜ ⚜ ⚜

Franck GÉNÉRAUD-DUFAUR

(1911-1914)

Candidat à l'Ecole Polytechnique

Engagé volontaire à 18 ans au 36e d'Artillerie. — Aspirant en juillet 1915. — Sous-Lieutenant en avril 1916. — Lieutenant en avril 1918.

Croix de guerre avec 4 étoiles

1 Citation à l'Ordre du Régiment

1 à l'Ordre de la Brigade, 2 à l'Ordre de la Division

Ordre du Régiment, février 1916 :

« Etant observateur aux tranchées de premières lignes lors de l'attaque du 11 février 1916, a rempli sa mission avec grande conscience et un mépris absolu du danger. A assuré la liaison avec l'infanterie dans des conditions difficiles, traversant un terrain bouleversé et constamment battu. »

Ordre de la Division, mai 1917 :

« Officier orienteur du Groupe, très dévoué, très brave, s'est donné sans compter pour assurer les liaisons du groupe dans un secteur particulièrement difficile ; a rempli avec zèle et compétence les fonctions d'observateur aux tranchées ; le 27 mai 1917, en liaison auprès du Colonel d'infanterie, lors d'une attaque ennemie, a assuré la liaison avec son groupe de façon remarquable, ce qui a permis au groupe de remplir intégralement sa mission. »

Ordre de la Division, septembre 1917 :

« Officier d'artillerie de tout premier ordre, a donné depuis plus de deux années passées sur le front, tant à Verdun en 1916, qu'en Champagne en 1917, les preuves d'un courage chevaleresque, d'une énergie indomptable et d'une radieuse insouciance en face du danger. En mai 1917, a été l'objet d'une citation à l'ordre de la D. I. pour le brillant entrain et l'intelligente activité qu'il avait déployés comme observateur ou comme officier de liaison auprès de l'infanterie.

« Vient encore de se signaler, le 4 septembre 1917, en allant en avant de nos petits postes, effectuer le réglage délicat de deux batteries et contrôler avec le plus grand soin leur tir de destruction. »

Ordre de la Brigade, juillet 1918 :

« Officier d'un calme et d'un sang-froid au-dessus de tous éloges. Le 15 juillet 1918, a fait l'admiration de tous, sous un bombardement violent et précis, et alors que la Batterie venait d'être durement atteinte, en continuant à assurer la mission de la Batterie. »

⚜ ⚜ ⚜

Charles de GIMEL

(1904-1910)

LIEUTENANT AU 2e HUSSARDS

1 Blessure.

Légion d'honneur

Croix de guerre

Citation, septembre 1914 :

« Etant en découverte le 3 septembre 1914 avec son peloton et s'étant trouvé entouré, a fait une trouée au milieu des ennemis et a été très grièvement blessé. »

⚜ ⚜ ⚜

Melchior GIRIN

(1913-1914)

Elève de Saint-Cyr.

Engagé volontaire au 99e d'Infanterie, le 10 août 1914. — Sous-Lieutenant au 140e d'Infanterie le 5 décembre 1914. — Lieutenant en activité, après la guerre.

5 Blessures.

Légion d'honneur

Croix de guerre avec palme et étoile

Citations à l'Ordre de l'Armée et de la Division

Ordre de la IIe Armée, octobre 1915 :

« Blessé le 25 septembre 1915 à l'attaque de la cote 193, a conservé le commandement de son peloton qu'il a conduit courageusement à l'assaut de la cote 204 ; le 27 septembre, a été sérieusement blessé ; avait déjà été blessé en février dernier. »

Ordre de la Division, novembre 1917 :

« Officier d'une conscience et d'une bravoure au-dessus

de tout éloge ; a su maîtriser rapidement un nid de résistance ennemie qui nous causait des pertes sensibles ; a fait plus de vingt prisonniers. »

Promotion dans la Légion d'honneur, 19 juillet 1918 :

« Officier d'un courage et d'un sang-froid remarquables. Ayant été grièvement blessé au cours d'un violent bombardement est resté à son poste, a conservé le commandement et ne s'est laissé évacuer que sur l'ordre de son chef de bataillon. Quatre blessures antérieures, deux citations. »

⚜ ⚜ ⚜

Jean GIRON de BUZAREINGUES

(1897-1899)

Sorti de Saint-Cyr

Parti comme Lieutenant en 1914. — Capitaine en avril 1915. — Capitaine Adjudant-Major en 1916.

Croix de guerre avec palme et 4 étoiles
1 Citation à l'Ordre de l'Armée
1 au Corps d'Armée, 1 à la Division, 1 à la Brigade
1 au Régiment

Ordre de la 4e Armée, décembre 1915 :

« A montré beaucoup d'énergie et de sang-froid dans le commandement de ses hommes, pendant une attaque à la grenade opérée devant le front de sa Compagnie, et a su prendre des dispositions telles que cette attaque a été annihilée rapidement avec des pertes sensibles pour l'ennemi. »

Nous n'avons pas le texte des autres Citations.

⚜ ⚜ ⚜

René GOBILLOT

(1902-1903)

Lieutenant au 306e d'Infanterie en 1914. — Officier d'Intendance (assimilé au grade de Capitaine) à la suite d'une blessure.

Bataille de Charleroi et retraite de la Marne. Blessé sur l'Aisne le 14 septembre 1914.

Croix de guerre avec palme

Citation à l'Ordre de l'Armée, 22 juin 1919 :

« Le Maréchal de France, Commandant en chef les Armées Françaises de l'Est, cite à l'ordre de l'Armée, Gobillot René.

« Le 14 septembre 1914, par son énergie et l'exemple de sa belle attitude sous le feu, a maintenu la section sur la position assignée, malgré la violence du bombardement. Blessé grièvement, est resté néanmoins à son poste, et n'a consenti à se faire évacuer qu'après avoir pris toutes les mesures que la situation comportait.

Signé : PÉTAIN. »

⚜ ⚜ ⚜

André GOGUET

Candidat à l'Ecole Centrale

Sorti de l'Ecole de Fontainebleau

SOUS-LIEUTENANT AVIATEUR

Campagne des Dardanelles. — Offensive de 1917 sur le front français.

Tombé avec son appareil dans les lignes ennemies et fait prisonnier en décembre 1917.

Rentré en France quelques jours avant l'armistice.

⚜ ⚜ ⚜

Jacques GORRE

(1887-1897)

Ingénieur des Constructions civiles à Mauléon

Lieutenant au 142e Territorial d'Infanterie en 1914. — Capitaine en 1915. — Passé à la Chefferie du Génie (G. Q. G.) en juillet 1917.

Croix de guerre

Citation à l'Ordre du Régiment :

« Officier aussi modeste que consciencieux, qui donne depuis le début de la campagne un bel exemple de volonté et d'énergie. S'est signalé de nouveau au cours de la dernière offensive, en obtenant de sa compagnie, par son exemple personnel et son entrain, un rendement maximum malgré des bombardements violents occasionnant à son unité des pertes sensibles. »

⚜ ⚜ ⚜

Jean GOUTINES

(1904-1910)

Caporal au 103e d'Infanterie en 1916. — Sous-Lieutenant au 104e d'Infanterie en 1918.

Croix de guerre avec 3 étoiles
Citations à l'Ordre du Régiment
du Corps d'Armée et de la Division

Ordre du Régiment, 5 octobre 1916 :

« Agent de liaison courageux et dévoué ; s'est exposé

plusieurs fois, du 1er au 7 septembre 1916, à un violent bombardement, pour assurer la liaison entre le Chef de Bataillon et son Commandant de Compagnie. »

Ordre du Corps d'Armée, 5 juillet 1918 :

« Jeune officier d'un courage exemplaire ; très belle conduite au combat du 27 mai 1918, où, après avoir été soumise à un très violent bombardement, sa section a brisé plusieurs assauts, a maintenu intégralement sa position, a obligé l'ennemi à se replier, l'a poursuivi en lui infligeant de lourdes pertes. »

Ordre de la Division, 5 août 1918 :

« Excellent officier. A l'attaque du 21 juillet 1918, a montré un courage exemplaire en entrainant sa section à l'assaut de la position ennemie. »

⚜ ⚜ ⚜

Henri GRAZIANI

(1888-1894)

Docteur en Médecine

Parti comme Aide-Major. — Nommé Major de 2e classe en 1914.

3 Blessures :

16 mars 1914 à Berry-au-Bac.
30 mars 1918, près de Montdidier.
30 août 1918, près de Noyon.

Légion d'honneur
Croix de guerre avec palme et 4 étoiles
Médaille d'argent des épidémies
7 Citations

Ordre du 1er Corps d'Armée, comme Médecin-Chef du 148e d'Infanterie :

« Au cours de son séjour à Berry-au-Bac, du 24 octobre au 20 novembre, a montré le plus grand zèle et le plus grand dévouement en organisant les postes de secours à proximité de la ligne de feu. »

Ordre de l'Armée, 21 décembre 1915, comme Médecin-Chef du 148e d'Infanterie :

« S'est fait particulièrement remarquer en Serbie ; superbe attitude au feu en toutes circonstances. »

Médaille d'honneur des Epidémies en argent :

« Comme Médecin-Chef du groupe des Brancardiers de la 122e Division d'Infanterie en Orient, par ordre du Médecin-Inspecteur, Directeur du Service de santé des Armées Alliées en Orient (Epidémie de typhus). »

Ordre du Régiment, 27 septembre 1916, comme Médecin-Chef du même G. B. D.

« Médecin très énergique, a organisé et commandé son groupe de brancardiers très activement, sans se laisser arrêter par la maladie, et n'a consenti à être évacué que par ordre et lorsqu'il ne pouvait plus se tenir debout. »

Chevalier de la Légion d'honneur, 12 juillet 1917 :

« Médecin-Chef d'une ambulance, excellent médecin possédant de grandes qualités d'activité, d'ordre et d'ingéniosité ; après avoir été médecin régimentaire et médecin-chef du G. B. D., dirige avec une activité et une compétence remarquables, un important centre hospitalier, où il a su réaliser en peu de temps d'importantes améliorations ; a servi en Orient et en Serbie où il a fait preuve d'une belle bravoure. 4 citations. »

Ordre du 35e Corps d'Armée, 16 avril 1918, comme Médecin-Chef du 44e B. C. P.

« Pendant plusieurs journées de combat, dans des conditions difficiles, sous un feu parfois violent, a assuré parfaitement le service médical du bataillon, donnant un bel exemple d'énergie et de dévouement, en prodiguant ses soins aux blessés et en organisant l'évacuation. Blessé lui-même est resté à son poste. »

Ordre de la 70e Division, 14 septembre 1918, come Médecin-Chef du même Bataillon de Chasseurs :

« Médecin-Major très énergique ; a toujours montré le plus grand zèle et le plus grand dévouement pour l'organisation des postes de secours, dans des circonstances parfois très pénibles. Dirige le service médical du bataillon avec une autorité et une compétence dignes des plus grands éloges. »

⚜ ⚜ ⚜

Paul GRESLAND

(1885-1891)

Sous-Officier

1 Blessure.

Médaille militaire

Citation à l'Ordre du G. Q. G., 9 mai 1916 :

« Très bon gradé courageux, qui s'est bien conduit au feu ; grièvement blessé le 4 octobre 1914. Raccourcissement et impotence fonctionnelle de la jambe droite. »

Les autres renseignements ne nous sont point parvenus.

⚜ ⚜ ⚜

Louis GRUIN

(1907-1914)

Sergent au 103e d'Infanterie

1 Blessure, juillet 1918, près de Dormans.

Croix de guerre

Citation à l'Ordre du Régiment, 15 juin 1918 :

« Sous-officier brave et dévoué ; a fait preuve, pendant la période du 23 mai au 6 juin, des plus belles qualités de bravoure et de sang-froid, assurant chaque nuit, sous des bombardements, le ravitaillement en munitions des unités de première ligne. »

Louis Gruin est le frère d'André Gruin, mort pour la France, dont la notice est insérée dans la 1re Partie.

⚜ ⚜ ⚜

Jean GUIBERT

(1913-1914)

Engagé volontaire à 18 ans en 1914. — Revenu Lieutenant au 15e Chasseurs à Cheval, où il est resté en activité.

Croix de guerre

Les autres renseignements nous font défaut.

Jean Guibert est le frère de Maurice Guibert, mort pour la France, dont la notice se trouve dans la 1re Partie.

⚜ ⚜ ⚜

Louis GUICHARD

(1912-1913)

Sorti de l'Ecole Navale

Aspirant de Marine, 4 août 1914. — Enseigne de Vaisseau de 2e classe, janvier 1915. — Enseigne de Vaisseau de 1re classe, janvier 1917. — Lieutenant de Vaisseau après la guerre.

A commandé d'abord un Chalutier, puis un Groupe de Vedettes automobiles et a fait partie des Fusiliers Marins.

Légion d'honneur
Croix de guerre avec 2 étoiles
Décoration anglaise
du « Distinguished Service Cross » en février 1918
2 Citations
à l'Ordre des Flottilles de la Mer du Nord (Brigade)

Quand il s'embarquait sur la *Marseillaise* à Cherbourg, en 1914, au moment où dix malheureux croiseurs se disposaient à affronter toutes les flottes allemandes, les Anglais ne s'étant pas encore prononcés, Louis Guichard faisait d'avance le sacrifice de sa vie, avec tous les braves Marins du petit Groupe ; la rencontre n'eut pas lieu, mais les paroles suivantes, citées par la *Revue des Deux-Mondes*, ont leur place ici :

« D'une heure à l'autre, écrivait Louis Guichard, toute l'escadre allemande, débouchant de la Mer du Nord, peut, si les Anglais n'interviennent pas, tomber sur nos Croiseurs antiques et nous envoyer par le fond avec le sans-gêne d'un train passant à travers une haie. Tout notre rôle se borne à faire payer le passage et à couler au bon endroit. A bord, rien n'est changé ; on se croirait aux manœuvres. »

(Revue des Deux-Mondes, 15 novembre 1917, p. 331. — Voir aussi la notice *« Au large »* publiée à la *Renaissance du Livre).*

1re Citation à l'Ordre des Flottilles de la Mer du Nord, 1917 :

« Officier énergique, entreprenant et réfléchi. S'est distingué par des patrouilles hardies à faible distance de la base ennemie et dans une région particulièrement dangereuse. A découvert et ramené dans ces conditions un hydravion anglais en panne, provoquant ainsi de la part de nos alliés des témoignages particulièrement flatteurs pour la Flottille française. »

2e Citation à l'Ordre des Flottilles de la Mer du Nord, 1918 :

« Sous un bombardement sérieux, s'est porté avec sa Vedette au secours d'un Groupe de bâtiments en danger ; a réussi à les dégager et à ramener un de ces bâtiments.

« Huit jours auparavant, a sauvé un hydravion français dans la zone battue par les batteries ennemies.

Signé : Amiral RONARCH. »

Citation pour la Légion d'honneur, 1920 :

« A fait preuve de belles qualités dans le commandement d'une Groupe de Vedettes en mer du Nord. »

⚜ ⚜ ⚜

Georges GUILLEMOT

Ingénieur Agronome.

LIEUTENANT AU 67e D'INFANTERIE

1 Blessure.

Légion d'honneur
Croix de guerre avec palme

Citation pour la Légion d'honneur et la Croix de guerre, 20 novembre 1916 :

« Officier courageux ; a été grièvement blessé le 2 septembre 1914, en cherchant à assurer la liaison avec son capitaine ; malgré ses souffrances, a donné au sous-officier chargé de le remplacer dans son commandement tous les renseignements nécessaires à la conduite de sa section. Perte de l'usage de la jambe droite. »

Pierre GUION

(1901-1908)

Dans l'Infanterie du 2 août 1914 à mars 1915. — Dans le Service Automobile de mars 1915 à août 1917. — Dans l'Artillerie (5e Groupe du 107e R. A. L.) depuis août 1917.

Sous-Lieutenant le 4 mai 1917. — Lieutenant en 1918.

Croix de guerre avec 2 étoiles
Citations à l'Ordre du Corps d'Armée et de la Division

Ordre du Corps d'Armée, 1er novembre 1917 :

« Officier énergique et actif, s'est distingué par son courage et son sang-froid sous les bombardements récents au nord de l'Aisne, et notamment le 22 octobre 1917, où son allant a su maintenir ses hommes à leur poste malgré le danger. »

Ordre de la Division, 9 novembre 1918 :

« A fait preuve d'un zèle inlassable dans le ravitaillement en munitions des Batteries. Payant constamment de sa personne, a circulé maintes fois sur des routes soumises au bombardement de l'ennemi ; a mené à bien sa tâche dans les circonstances les plus difficiles, et notamment en juillet-août 1918, au nord d'Epernay, et en septembre-octobre en Champagne (secteur de Tahure). »

Paul GUY

(1907-1913)

Ingénieur

LIEUTENANT AU 1er GÉNIE

Croix de guerre avec palme et étoile
Citations à l'Ordre de l'Armée et du Régiment

Ordre de la VIIe Armée, 16 février 1918 :

« Dans la nuit du 9 février 1918, chargé d'assurer à proximité immédiate de l'ennemi le passage d'une rivière pour un détachement d'attaque, a établi deux passerelles et les a maintenues sous le feu jusqu'à la fin de l'opération, au succès de laquelle il a largement contribué.

Signé : Général GÉRARD. »

Ordre du Régiment, 29 juin 1918 :

« Belle tenue pendant les journées des 9, 10 et 11 juin. A participé avec sa section à l'arrêt de l'infiltration ennemie, en creusant, sous le feu, des tranchées qu'il a su défendre ensuite contre les attaques de l'infanterie ennemie, avec une ténacité et une bravoure dignes d'éloges. »

Maurice HÉLIE

(1902-1910)

Elève à l'Ecole Nationale des Beaux-Arts

Appelé comme cavalier au 8e Cuirassiers, août 1914. — Versé comme sapeur au 1er Génie, janvier 1916.

Croix de guerre

Citation à l'Ordre du Régiment :

« Sapeur plein d'entrain et de bravoure. Chargé de transmettre des ordres à travers un terrain violemment battu par l'ennemi, a accompli sa mission en donnant un bel exemple de mépris du danger.

Le Chef de Bataillon Commandant le premier groupe,
Signé : GIRODIN. »

Pierre HÉVIN

Parti simple soldat au 119e d'Infanterie. — Agent de liaison à Bezonvaux, devant Verdun. — Désigné pour Saint-Cyr en février 1917. — Sous-Lieutenant.

Croix de guerre avec étoile d'argent

Citation à l'Ordre de la Division, 30 janvier 1917 :

« Hévin Pierre, soldat, 2e compagnie du 119e régiment d'infanterie. Coureur très intelligent et très brave ; s'est acquitté d'une façon parfaite des missions qui lui étaient confiées pendant les périodes du 17 au 28 décembre 1916, et du 3 au 11 janvier 1917, sous de violents bombardements. »

Louis HURAULT de GONDRECOURT de LIGNY

Sorti de Saint-Cyr et de l'Ecole de Guerre

Commandant au 7e Tirailleurs avant la guerre, a pris une part glorieuse à la conquête de Tasza.

Rentré en France avec la Division Marocaine, a été grièvement blessé devant Sézanne. — Promu Lieutenant-Colonel.

5 Blessures, 12 opérations chirurgicales.

Officier de la Légion d'honneur
Croix de guerre avec palme
Officier de la Couronne de Belgique
Officier de l'Ordre du Soleil Levant du Japon

Citation à l'Ordre de l'Armée :

« A commandé de la manière la plus brillante son bataillon, le 30 août, et pendant les combats des 1er, 6, 7, 8 et 9 septembre. Pendant les derniers combats, a fait preuve d'autant de décision que de sang-froid et de belle bravoure, en se mettant à la tête d'une contre-attaque à la baïonnette qu'il a menée avec la plus grande énergie, poussant jusque sur l'ennemi qu'il a rejeté en arrière des lignes où ce dernier était parvenu à prendre pied.

« Le 9 septembre, chargé de défendre une position sous un feu des plus violents, a mené la lutte avec la plus grande vigueur, ne cessant de donner à sa troupe l'exemple d'un mépris complet du danger, jusqu'au moment où il tombait grièvement blessé, atteint de cinq blessures. »

Extrait de l'historique du 7e Régiment de Tirailleurs :

« Le Bataillon de Ligny, chargé de défendre la ville de Rethel, réussit à arrêter, pendant douze heures, l'arrière-garde de l'armée allemande. »

⚜ ⚜ ⚜

André IMBERT

(1913-1914)

Engagé volontaire à 19 ans au 25e Dragons. — Passé sur sa demande au 6e Bataillon de Chasseurs Alpins. — Brigadier, Maréchal-des-Logis, Aspirant au 6e Bataillon de Chasseurs Alpins en 1917. — Sous-Lieutenant le 8 août 1918.

Intoxication par les gaz
Croix de guerre avec palme et 2 étoiles
Citations à l'Ordre du Corps d'Armée, de la Division et de l'Armée

Ordre du Corps d'Armée, 24 juillet 1918 :

« Chef de section énergique, a entraîné ses hommes à l'attaque du 12 juillet avec calme et sang-froid, faisant preuve d'un grand courage ; a pris le commandement de sa Compagnie à un moment difficile, a atteint l'objectif final, malgré une résistance acharnée de l'adversaire. »

Ordre de l'Armée, septembre 1918 :

« Officier très calme et courageux, a enlevé brillamment son peloton à l'attaque du 4 septembre, atteignant tous les objectifs ; malgré une feu violent de mitrailleuses et une résistance opiniâtre de l'ennemi, a contribué à capturer 2 mitrailleuses et 8 prisonniers. »

Le texte de la 3e Citation ne nous est pas parvenu.

⚜ ⚜ ⚜

Steno d'INTIGNANO

(1911-1913)

Candidat à l'Ecole Centrale

A servi dans l'Armée Italienne. — Promu Sous-Lieutenant de Cavalerie en mars 1916. — Passé dans l'Infanterie à la même date. — Prit part aux combats sur le Carso, près de Monfalcone en 1916.

Blessé à la tête par éclat d'obus le 28 juin 1916.

Promu Lieutenant à cette date.

Nous ne possédons pas les textes des Citations.

⚜ ⚜ ⚜

Gaston JANSSEN

(1913-1914)

Sorti de l'Ecole Polytechnique

CAPITAINE D'ARTILLERIE

Admis à l'Ecole Supérieure de guerre
Croix de guerre avec 4 étoiles
2 Citations à l'Ordre de la Division
2 à l'Ordre du Corps d'Armée

Ordre de la 6e Division de Cavalerie, 4 octobre 1915 :

« Officier de premier ordre, ayant donné, tant comme lieutenant, au combat du 21 août 1914, que comme capitaine, en plusieurs circonstances, des preuves de son courage et de son sang-froid. S'est particulièrement distingué pendant les combats des 8 juillet et 25 septembre 1915.

Signé : DE BUYER. »

Ordre du 32e Corps d'Armée, 16 mai 1917 :

« Commandant de batterie, plein d'entrain, brave et expérimenté. A su communiquer à son unité tout l'enthousiasme dont il est animé, que ni les conditions pénibles d'une position de batterie très avancée, ni l'incessant bombardement n'ont pu atteindre.

« Pendant la préparation de l'attaque du 16 avril 1917, ainsi que pendant la contre-attaque allemande du 18 avril

1917, a effectué des tirs violents et efficaces qui ont grandement contribué au succès de notre valeureuse infanterie.
Signé : Général PASSAGA. »

Ordre de la 28e Division d'Infanterie :

« Au cours de plusieurs reconnaissances effectuées en plein combat, a fait preuve de belles qualités et de sang-froid, et procuré au commandement des renseignements précieux sur la situation.
Signé : Général MADELIN. »

Ordre du 13e Corps d'Armée :

Officier d'Etat-Major de premier ordre. Resté seul officier d'Etat-Major de la Division, dans une période d'opérations particulièrement active ; a assuré un service extrêmement chargé, avec un zèle et une compétence au-dessus de tout éloge.
Signé : Général LINDER. »

⚜ ⚜ ⚜

Raymond KERGUISTEL

(1900-1901)

Croix de guerre avec palme

Citation à l'Ordre de l'Armée :

« Remplaçant sur sa demande le chef du détachement des bombardiers tué, s'est dépensé sans souci du danger et des fatigues, de jour et de nuit. A communiqué son énergie à son personnel et a obtenu des résultats de destruction qui ont assuré la victoire. »

Les autres renseignements nous manquent.

⚜ ⚜ ⚜

Louis de LABRETOIGNE du MAZEL

(1902-1904)

Sorti de Saint-Cyr

Lieutenant au 48e d'Artillerie de Campagne en août 1914. — Capitaine le 25 décembre 1914. — Chef d'Escadron le 28 juin 1918.

Croix de guerre avec palme et 3 étoiles
1 Citation à l'Ordre de la Division
2 à l'Ordre du Corps d'Armée
1 à l'Ordre de l'Armée

Ordre du 8e Corps d'Armée, 21 septembre 1914 :

« A assuré, au cours du combat du 8 septembre, l'exécution des ordres de son Chef, dans des conditions particulièrement dangereuses.
Signé : Général de CASTELLI. »

Ordre de la 15e Division d'Infanterie, 2 juin 1915 :

« Officier de haute valeur ; du 25 février au 31 mai, a fait preuve en toutes circonstances et particulièrement lors de tous les combats du bois d'Ailly, comme adjoint au Colonel-Commandant l'A. D. 15, du plus grand entrain, d'une rapide intelligence des situations et d'un entier dévouement.
Signé : Général BLAZER.

Ordre du Corps de Cavalerie, 15 juin 1918 :

« Commandant de Groupe d'une grande énergie, animé des sentiments les plus élevés ; a fait preuve de réelles qualités d'organisateur ; s'est dépensé sans compter pendant plusieurs journées de combats presque ininterrompus. A assuré en personne, et dans des circonstances périlleuses, une liaison étroite avec l'infanterie ; a, par son exemple et son entrain, obtenu le maximum de rendement de son Groupe, soumis à de violents bombardements, et a contribué à arrêter plusieurs attaques de l'ennemi, en lui infligeant des pertes très élevées.
Signé : Général ROBILLOT. »

Ordre de la 6e Armée, 14 septembre 1918 :

« Officier supérieur qui, par son influence morale, son activité et son habileté manœuvrière, put, en toutes circonstances demander au Groupe d'élite qu'il commande, les efforts les plus rudes, et accomplir les missions les plus délicates. Au cours des glorieuses journées de fin juillet 1918, qui ont été marquées par le succès de nos armes, a obtenu, grâce à la colloboration enthousiaste de ses subordonnés, et par une liaison personnelle constante et fructueuse avec les troupes qu'il était chargé de soutenir, les résultats les plus heureux.

« Harcelant sans cesse tout ennemi qu'une observation constante lui révélait, il put notamment diriger le feu de ses batteries sur plusieurs batteries ennemies vues sur routes ou en action, et obtenir un résultat certain que l'occupation ultérieure du terrain put confirmer. Déjà cité.
Signé : Général DEGOUTTE. »

⚜ ⚜ ⚜

Jean de LA GOUDALIE

(1898-1900)

Engagé volontaire à 18 ans en 1897, au 1er d'Artillerie. — Lieutenant en août 1914, au 33e d'Artillerie.

Campagne et retraite d'Alsace, août 1914. — *Gravement blessé à Nomény le 17 août 1914.* — Entré aux Tracteurs automobiles en 1915. — Batailles de Verdun, 1915, 1916. — Campagne de la Somme, 1917. — *Intoxiqué par les gaz.* — Entré au 48e d'Artillerie de Campagne en 1918, en Lorraine.

Légion d'honneur
Croix de guerre avec 3 étoiles d'or
conférée sous Verdun, Soubise, Tavanne, Craonne.

Citation à l'Ordre de la Division :

« ... Pour son courage, sa belle conduite au feu. »

Le reste de la Citation nous fait défaut.

⚜ ⚜ ⚜

François de La TAILLE-TRETINVILLE

(1897-1898)

Sorti de Saint-Cyr

CAPITAINE AU 11e HUSSARDS

Légion d'honneur
Croix de guerre avec étoile d'argent
Chevalier de Saint-Stanislas de Russie
Officier du Nicham (Iftikar)
Médaille d'or pour les actes de courage et de dévouement

Citation à l'Ordre de la Division en septembre 1915.

Nous n'avons pas le texte de cette Citation.

⚜ ⚜ ⚜

Henri-Jean LAURENT

(1884-1887)

LIEUTENANT AU 20e ESCADRON DU TRAIN DES EQUIPAGES *(Section Automobile)*

Croix de guerre

Citation à l'Ordre de la Direction des Services Automobiles, 25 octobre 1918 :

« Excellent officier, dévoué et courageux ; comme Commandant de section sanitaire dans des secteurs violemment bombardés, a fait preuve des plus belles qualités d'énergie et de mépris du danger ; comme officier adjoint à un Commandant de Groupement, s'est toujours offert comme volontaire pour les reconnaissances et dépannages à proximité des lignes, notamment les 16, 17, 18 juillet, et les 5 et 6 octobre 1918 ; a réussi à ramener, dans des circonstances particulièrement difficiles, des camions restés en panne sous le feu de l'ennemi. »

⚜ ⚜ ⚜

Guy du LAURENT de MONTBRUN

(1892-1894)

Sorti de Saint-Maixent

Sous-Lieutenant le 1er avril 1902. — Lieutenant le 1er avril 1904. — Capitaine le 1er novembre 1914.

1 Blessure.

Légion d'honneur
Croix de guerre avec palme

Citation à l'Ordre de l'Armée, 20 octobre 1916 :

« Officier très courageux. S'est brillamment conduit à l'attaque du 16 juin 1915, au cours de laquelle il a été grièvement blessé.

Signé : Général JOFFRE.

⚜ ⚜ ⚜

Lucien LAVEUR

(1882-1891)

Lieutenant au 201e d'Infanterie Territoriale et au Bataillon de Pionniers 2/24e R. I. T.

1 Blessure.

Croix de guerre avec 2 étoiles
2 Citations à l'Ordre du Régiment

Ordre du 201e d'Infanterie Territoriale, 25 avril 1917 :

« Officier des plus méritants, venu au front sur sa demande ; a constamment fait preuve, au cours de la campagne, d'un courage, d'un zèle, d'un dévouement à toute épreuve.

Commandant une équipe de circulation, a eu le bras transpercé par un éclat d'obus le 16 avril 1917, en traversant un terrain battu d'une manière incessante par les projectiles ennemis, afin d'aller réconforter par sa présence les sentinelles placées aux points dangereux.

Signé : Lieutenant-Colonel d'HALEWYN. »

Ordre du Bataillon de Pionniers, 11 décembre 1918 :

« Excellent officier, ayant une haute conception de ses devoirs et toujours prêt à se dévouer. Comme chef de section à la 7e Compagnie, a donné à ses hommes le plus bel exemple de sang-froid et de bravoure dans les Flandres, pendant les meurtrières journées des 25, 26 avril 1918.

« Comme Commandant de la 6e Compagnie, a su obtenir de son unité les plus grands efforts dans l'accomplissement des missions délicates et dangereuses en Champagne (octobre 1918), sur l'Oise (novembre 1918). Une blessure, une citation.

Signé : Chef de Bataillon LAMY. »

Marcel LAVEUR

Frère du précédent

LIEUTENANT AU 38e D'INFANTERIE TERRITORIALE

Croix de guerre

Citation à l'Ordre du Régiment, 18 janvier 1918 :

« Au front depuis le début de la campagne, a constamment fait preuve de zèle, d'énergie et d'allant, soit comme chef de section, soit comme chef de pionniers-bombardiers, dans des secteurs soumis à de fréquents bombardements et en particulier le 4 mars 1915, où il s'est fait remarquer par son sang-froid et son mépris du danger, au cours d'une reconnaissance en avant de nos lignes. Excellent officier. »

Paul Le CLERC

(1903-1911)

Appelé au 1er Groupe d'Aérostation. — Caporal le 1er avril 1914. — Sergent le 7 septembre 1915. — Sergent-Observateur le 15 juin 1918. — Adjudant-Observateur le 26 avril 1918.

Croix de guerre avec 2 étoiles
Citations à l'Ordre de l'Aéronautique
de la VIe Armée
et du 1er Corps de Cavalerie

Ordre de l'Aéronautique de la VIe Armée, 10 mai 1918 :

« Observateur en ballon plein d'énergie, de conscience et d'habileté, déployées au cours d'une centaine d'heures d'ascension, sans souci du danger. Le 30 août 1918, a tenu l'air sous un bombardement fusant, en continuant ses réglages avec le plus grand sang-froid, malgré la proximité des obus, dont un éclat a frappé la pièce de fonction du câble.

Signé : Commandant GÉRARD. »

Ordre du 1er Corps de cavalerie, juillet 1918 :

« Observateur en ballon accompli, a donné à nouveau une preuve de son courage et de son sang-froid au cours de l'attaque de son ballon, le 19 juillet 1918, par un avion ennemi, en ne sautant qu'après la deuxième attaque, son ballon en flammes.

Signé : Général FÉRAUD. »

Albert LEFORT

(1892-1903)

Diplômé de l'Ecole Spéciale d'Architecture de Paris

Sapeur-mineur et agent de liaison au 21e Génie, 1er Corps d'Armée Colonial.

La Compagnie 22/3 à laquelle appartenait Albert Lefort obtint la fourragère aux couleurs du ruban de la Croix de guerre, à la suite de sa 2e Citation à l'Ordre de l'Armée, ayant pris part aux affaires suivantes :

La Somme, 1916. — Champagne, 1916. — Laffaux, Vauxaillon, Chemin des Dames, 1917. — Reims, l'Aisne, 1918.

Distinctions personnelles d'Albert Lefort :

Croix de guerre

Citation à l'Ordre du Régiment (Génie Divisionnaire), 16 avril 1918 :

« Agent de liaison qui, depuis le premier janvier 1916, s'est fait remarquer par son dévouement absolu dans toutes les affaires où a été engagée sa Compagnie, notamment le 16 avril 1917, au « Chemin des Dames », a assuré, sous un violent bombardement ennemi, la liaison de son unité avec son Chef de Bataillon.

Signé : Chef de Bataillon DELANDE. »

Paul Le FRANC

(1906-1907)

Sorti de l'Ecole Navale

Lieutenant de Vaisseau en août 1917.

Légion d'honneur
Croix de guerre avec 2 palmes et 1 étoile

Citation à l'Ordre de l'Escadre, septembre 1915, à bord du « Branlebas », pour destruction d'un torpilleur ennemi devant Ostende.

Citation à l'Ordre de l'Armée et Légion d'honneur, 8 décembre 1915 : perte du « Branlebas » coulé par une mine à Ostende.

Citation à l'Ordre de l'Armée, juillet 1918, comme Commandant du Chalutier « Somme II » : combat contre un sous-marin à Sperone.

Le texte complet des Citations ne nous est pas parvenu.

⚜ ⚜ ⚜

Guy Le GONIDEC de PENLAN
(1910-1915)

ASPIRANT AU 261e D'INFANTERIE

Croix de guerre avec étoile d'argent

Citation à l'Ordre de la Brigade, 12 mars 1918 (Bataille de la Somme) :

« Jeune Aspirant de la classe 1919, engagé volontaire, voyant le feu pour la première fois dans un secteur délicat et deux fois attaqué, s'est révélé comme un vrai chef, par son calme et son courage aux moments les plus difficiles. A maintenu sa section sous de violents bombardements pendant plusieurs jours, par son ascendant et par son exemple.

Signé : Colonel DE VIAL. »

Lettre du Lieutenant-Colonel au Général Le Merdy, au sujet de Guy Le Gonidec :

« Je tiens à vous envoyer moi-même la citation si vaillamment et si simplement gagnée par Guy Le Gonidec. Il a été merveilleux, ce gosse, et, la pipe à la bouche, il a supporté là-bas des bombardements qui, au dire le l'officier Flottes, ont dépassé Verdun. Il a eu son adjudant tué, un lieutenant enterré par un 210 ; (on l'a deterré et sauvé au bout d'une heure.) Rien n'a pu avoir raison de son calme. C'est un baptême du feu qui peut compter. »

Aux armées, 18 mai 1918.

Guy le Gonidec a eu son frère Yves tué glorieusement au Champ d'honneur, comme on l'a vu dans la 1re Partie.

⚜ ⚜ ⚜

André LELIÈVRE
(1898-1900)

Négociant

Classe 1911, au 39e d'Infanterie au moment de la mobilisation. — Sergent le 2 août 1914. — Sous-Lieutenant au 102e d'Infanterie le 10 février 1917. — Passé au 39e. — Lieutenant au 129e d'Infanterie.

3 Blessures.

Légion d'honneur

Croix de guerre avec palme et 4 étoiles

1 Citation à l'Ordre du Régiment

2 à l'Ordre de la Brigade, 1 à l'Ordre de la Division

1 à l'Ordre de l'Armée

Ordre du Régiment, 10 mai 1916 (Douaumont-Verdun) :

« Sous-officier très énergique. Par son calme et son sang-froid, a été un exemple de bravoure pour son unité très éprouvée par un bombardement violent.

Signé : Lieutenant-Colonel VALZI. »

Ordre de la 10e Brigade, 15 juin 1916 (Douaumont-Verdun) :

« Excellent sous-officier ; blessé en assurant le ravitaillement en munitions de la première ligne, sous le feu nourri de mitrailleuses ennemies.

Le Colonel commandant la 10e Brigade d'Infanterie,
Signé : VIENNOT. »

Ordre de la Brigade (7e Division d'Infanterie), 19 mars 1918 (Mont-Cornillet, Champagne) :

« Officier très courageux ; le premier mars 1918, placé avec sa section à l'aile d'une attaque ennemie des plus violentes, a su, par son énergie et les judicieuses mesures prises, contenir sa progression sur un point important de la ligne ; a pris le commandement de la Compagnie après la disparition du lieutenant tué.

Le Général commandant l'Infanterie de la 7e Division,
Signé : FARRET. »

Ordre de la 7e Division d'Infanterie, 5 avril 1918 (Mont-Cornillet, Champagne) :

« Le 21 mars 1918, communiquant à ses hommes son entrain et son courage, a maintenu son groupe de combat sur un terrain violemment battu par les projectiles ennemis. Débordé à droite et à gauche par l'assaillant, ne s'est pas laissé entamer ; a infligé à l'ennemi des pertes sérieuses et l'a obligé à se replier en désordre.

Le Général commandant la 7e Division d'Infanterie,
Signé : BULOT. »

Ordre de l'Armée, 3 juillet 1918 (Mont Kemmel, Flandres) :

« Officier doué des plus belles qualités de courage et d'énergie ; porte au plus haut point l'ardeur de ses hommes à chaque combat. Le 27 mai 1918, après avoir dirigé vigoureusement le feu de sa section, arrêtant l'ennemi dans sa progression, s'est élancé sur lui et l'a mis en fuite. Dans le corps-à-corps, a fait de sa main deux prisonniers dont un feldwebel.

Le Général commandant les Armées du Nord,
Signé : DE MITRY. »

Promotion dans la Légion d'honneur, 10 décembre 1920 :

« Officier doué de belles qualités de courage, d'énergie et de ténacité. A obtenu, au cours de la campagne, 5 citations. A été 3 fois blessé. »

Jean LELIÈVRE

Frère du précédent

Classe 1913, au 39e d'Infanterie au moment de la mobilisation, comme soldat de 1re classe.

Retraite de Charleroi, 1914. — Bataille de la Marne, 1914. — Versé au 176e d'Infanterie (Corps expéditionnaire d'Orient), début de 1915.

Blessé d'un éclat d'obus à la jambe à Seddul-Bahr (Dardanelles), 2 juin 1915. (Armée du Général Gouraud).

Cette blessure l'a empêché de reprendre sa place au milieu des combattants.

Bernard LELONG

(1889-1891)

1 Blessure.

Croix de guerre

Les autres renseignements ne nous sont point parvenus.

Gaston LEMOINE

(1894-1898)

Maréchal-des-Logis d'une Section sanitaire automobile.

Croix de guerre

Citation à la Section sanitaire :

« Nuit et jour, soit au poste de secours, soit sur la route, malgré le bombardement, a assuré l'enlèvement des blessés par les voitures de sa section. Actif et courageux. »

Gilbert LEVÉ

(1902-1913)

Engagé volontaire au 11e Cuirassiers en 1914. — Combattit à pied depuis le 16 juin 1915. — Nommé Maréchal-des-Logis à l'attaque du Moulin de Laffaux. — Sous-Lieutenant le 18 mars 1918.

Pris par les Allemands le 9 juin 1918, après une défense héroïque qui dura 6 heures, il fit l'admiration du capitaine allemand qui le salua en le faisant prisonnier.

Après une captivité de 8 mois, il demanda, 2 jours après sa rentrée en France, à faire partie des troupes du Maroc.

Croix de guerre avec palme et 2 étoiles
3 Citations, dont l'une à l'Ordre de l'Armée

Texte de la 2e Citation, juin 1917 :

« Rentré dans un bataillon sur sa demande, pour prendre part à l'attaque du 5 mai, s'est bravement conduit dans cette affaire. Ayant pris le commandement de son peloton, a énergiquement entraîné ses hommes. Par son sang-froid et son esprit de décision, devant le retour offensif d'un élément ennemi, l'a contraint à se retirer en abandonnant ses prisonniers. »

Nous n'avons pas le texte des 2 autres citations.

Raymond LEVÉ

(1906-1915)

Frère du précédent

Engagé volontaire à l'âge de 18 ans, au 5e Hussards, en 1917. — Passé au 6e Cuirassiers. — Bataille de Buc le 10 août 1917. — Campagne de Flandre en 1918, avec l'Armée Debeney. — Signaleur, Maréchal-des-Logis en novembre 1918.

Avait fait 1 an de campagne au moment de l'armistice.

Raymond LEVEILLÉ-NIZEROLLE

(1901-1908)

Sorti de l'Ecole Polytechnique

Sous-Lieutenant à la mobilisation (6e Génie). — Capitaine à la fin de la guerre.

1 Blessure.

Croix de guerre avec 2 étoiles
Citations à l'Ordre du Corps d'Armée
et du Régiment

Ordre du Corps d'Armée, 7 mars 1915 :

« A fait preuve d'une activité et d'une conscience professionnelle remarquables dans l'exécution de son service. Blessé d'une balle à l'épaule, a montré beaucoup de fermeté pendant qu'on le soignait, se préoccupant avant tout d'exposer exactement à son capitaine l'état d'avancement des travaux dont il avait la charge. »

Ordre du Régiment, 20 avril 1917 :

« S'est particulièrement distingué par son dévouement et son endurance, dans les travaux de rétablissement des voies de communication dont l'exécution rapide a valu à la compagnie dont il fait partie une citation à l'ordre du 10e Corps d'Armée en date du 31 mars 1917. »

⚜ ⚜ ⚜

Henri LHOSTE

Ingénieur des Arts et Manufactures

Lieutenant d'Artillerie le 1er septembre 1914. — Capitaine le 20 avril 1918.

Croix de guerre avec 2 étoiles
Citations à l'Ordre de la Brigade et de la Division

Ordre de la Brigade, juin 1916 :

« Lieutenant Lhoste : A toujours montré beaucoup de calme et de sang-froid, soit comme commandant l'artillerie de tranchée d'un secteur, soit comme observateur d'une batterie d'artillerie de campagne. Très belle conduite dans la journée du 15 janvier 1916. »

Ordre de la Division (1er Corps d'Armée Colonial, 13 août 1918 :

« Officier de grand mérite, décision, courage et sang-froid. Après avoir rendu les meilleurs services comme observateur en ballon, commande une compagnie d'une façon remarquable.

« Engagé récemment dans une position difficile, a su obtenir de son personnel le meilleur rendement sous le feu de l'ennemi, en donnant à toute heure le plus bel exemple de bravoure et de mépris du danger.

Signé : Général Mordrelle. »

⚜ ⚜ ⚜

André LIBAULT

(1916-1918)

Elève à l'Ecole Polytechnique

Aspirant au 239e d'Artillerie de Campagne

Croix de guerre

Citation à l'Ordre du Régiment, octobre 1918, étant encore brigadier :

« Jeune brigadier actif et courageux. Comme brigadier de tir, a rendu, pendant la difficile période du 3 au 30 octobre 1918, les services les plus appréciés, soit à la position même, soit à l'observatoire, partout au mépris du danger et de la fatigue. »

⚜ ⚜ ⚜

Henri LIBERMANN

(1904-1910)

Fils du Général Libermann.

Sous-Lieutenant en 1914, au 58e Bataillon de Chasseurs. — Capitaine à la fin de la guerre.

Croix de guerre avec palme et 2 étoiles
Citations à l'Ordre du Corps d'Armée
de la Division et de l'Armée

Ordre du Corps d'Armée, 8 octobre 1914 :

« Sous-Lieutenant Libermann Henri. A fait preuve d'une grande énergie dans les combats de Fumay, Donchéry, Le Chesnois. Après la disparition de son capitaine, a rallié le reste de sa Compagnie et l'a ramené, sans pertes sensibles, à Alland'huy. »

Ordre de la Division, (Armée d'Orient), novembre 1915 :

« A très énergiquement commandé sa compagnie, pendant les combats des 10, 11, 12 ,13 novembre 1915. »

Ordre de la IIe Armée, 5 septembre 1916 :

« Au cours des combats des 26, 27 et 28 juillet 1916, a remarquablement commandé sa Compagnie de mitrailleuses se dépensant sans compter, donnant des objectifs à ses sections, procédant au remplacement des tireurs et chefs de pièces hors de combat, assurant le ravitaillement en munitions, allant de l'un à l'autre sous les balles et les obus avec un mépris absolu du danger. »

⚜ ⚜ ⚜

André LIBERSALLE

(1900-1907)

Caporal au 72e et au 411e d'Infanterie

1 Blessure.

Croix de guerre avec palme

Citation à l'Ordre de l'Armée, 12 décembre 1914 :

« A pris part à toutes les actions de guerre depuis le début de la campagne. S'est toujours bravement comporté. Comme agent de liaison, a été blessé grièvement au combat du 10 septembre et a continué son service jusqu'au dernier moment. »

⚜ ⚜ ⚜

Jehan de LOMBARÈS

(1901-1902)

Capitaine au 41e d'Infanterie

1 Blessure.

Croix de guerre avec palme

Citation à l'Ordre de l'Armée, octobre 1916 :

« Depuis le début de la campagne, donne l'exemple de la plus grande bravoure ; a été grièvement blessé. Est entré un des premiers, à la tête de son bataillon, dans une position fortifiée et y a combattu avec la plus grande énergie, repoussant les contre-attaques ennemies et s'emparant de tranchées fortement défendues. »

Pierre LOUVET

(1903-1910)

Chef de pièce d'une section de Mitrailleuses.

Croix de guerre

Citation à l'Ordre du Régiment, septembre 1918 :

« Chef de pièce d'une Section de Mitrailleuses, à la Compagnie depuis juillet 1916, a toujours donné le plus grand exemple d'entrain et de courage dans toutes les affaires auxquelles le régiment a pris part. »

Paul LOYER

(1907-1909)

Sorti de Saint-Cyr

Lieutenant au 13e Hussards

Croix de guerre avec étoile d'argent

Citation à l'Ordre de la Division, 1916 :

« Officier dont la valeur s'est affirmée depuis le début de la campagne, dans toutes les missions qui lui ont été confiées. A mérité notamment les éloges du Général Commandant la 10e Division de Cavalerie, en assurant, pendant les journées des 5 et 6 novembre 1914, une liaison de combat dans des conditions difficiles et périlleuses. Commandant la garnison du réduit aux tranchées, pendant la période du 10 au 16 mars 1916, a su, par son calme et son savoir-faire, éviter les pertes dans plusieurs bombardements. »

Pierre de LOŸS

(1905-1906)

Sorti de l'Ecole Navale

Lieutenant de Vaisseau le 21 janvier 1918.

A fait partie de la mission française en Thrace Interalliée.

Nous n'avons pas d'autre renseignement.

Maurice LUCAS

(1893-1901)

Négociant

Soldat au 41e d'Infanterie Coloniale à la mobilisation. — Caporal le 3 octobre 1914. — Caporal-fourrier le 28 octobre 1914. — Sergent le 9 juin 1915. — Sous-Lieutenant le 9 janvier 1916. — Passé au 43e Colonial le 1er mai 1917. — Lieutenant le 9 janvier 1918.

Blessé le 3 octobre 1914.

Croix de guerre avec 2 étoiles

Croix de guerre Italienne

Citations à l'Ordre de la Brigade et du Régiment

Ordre de la Brigade, 1917 :

« Très bon Officier, d'un dévouement et d'une conscience absolus. Au front depuis le début de la campagne. S'est particulièrement signalé comme soldat à Maricourt, en 1914, et comme Officier de Détails pendant les opérations offensives du mois de mars 1917, en acheminant les trains chaque jour, et jusqu'aux premières lignes, dans des circonstances très difficiles, ce qui a permis au Régiment de continuer rapidement et dans les meilleures conditions sa marche offensive. »

Ordre du Régiment, 1918 :

« S'est distingué par sa bravoure et son dévouement au cours de la campagne, d'abord comme soldat et sous-officier. Nommé Sous-Lieutenant, a assuré la liaison avec le Régiment et l'Etat-Major où il était détaché, et a fait preuve des plus belles qualités militaires, notamment dans les secteurs du Chemin des Dames et de la région de Reims. »

Robert LUCAS

(1893-1901)

Frère du précédent

Sergent-Major au 31e d'Infanterie

1 Blessure.

Médaille militaire

Croix de guerre

Citation à l'Ordre du Régiment, 9 juin 1917 :

« Gradé intelligent et brave. Au front depuis 1914 sans interruption. S'est signalé par son courage et son entrain pendant les combats de Bolante (Décembre 1914), combats de Vauquois (17 février-1er mars 1915) où il fut blessé.

« A donné de nouvelles preuves de dévouement et d'énergie au cours des combats de la Somme (septembre-octobre 1916) en conduisant, sous de violents bombardements, des corvées de ravitaillement destinées à la première ligne.

Signé : Colonel CUNY. »

⚜ ⚜ ⚜

Pierre LUCCHINI

(1904-1906)

Docteur en Médecine

Engagé volontaire le 17 août 1914. — Médecin-Auxiliaire le 5 octobre 1914. — Médecin Aide-Major de 2e classe le 26 juillet 1915. — Médecin Aide-Major de 1re classe le 26 juillet 1917.

2 Blessures.

Légion d'honneur
Croix de guerre avec 2 palmes et 3 étoiles
2 Citations à l'Ordre de la Division
1 à l'Ordre du Corps d'Armée
2 à l'Ordre de l'Armée

Ordre de la 48e Division, 6 mai 1915 :

« N'a cessé de se signaler par son dévouement et son mépris du danger, au cours des combats des 5 et 6 mai 1915, en assurant sous le feu le traitement et le transport des blessés. »

Ordre du 2e Corps d'Armée Colonial, 2 octobre 1915 :

« Engagé volontaire pour la durée de la gurre, blessé le 2 octobre 1915 au milieu d'un groupe d'officiers, a eu le courage de panser ceux qui étaient blessés autour de lui, avant de songer à lui-même.

Signé : Général BLONDAT. »

Ordre de la 10e Division, 15 septembre 1916 :

« Excellent médecin, d'un dévouement absolu, très calme au milieu du danger, qui a particulièrement contribué au succès des évacuations de sa formation, pendant les combats où la Division a été engagée sur la Somme, et particulièrement du 15 au 29 septembre 1916.

Signé : Général VALDANT. »

Ordre de la 5e Armée, 21 mai 1917 :

« Officier plein d'ardeur et de courage, qui se distingue chaque fois qu'il prend part à une affaire. A donné, du 16 au 20 avril 1917, les nouvelles preuves de son ardent dévouement et de son exceptionnelle bravoure, parcourant les lignes sans un instant de repos, de jour et de nuit, malgré les plus violents bombardements, montrant un absolu mépris du danger, dirigeant la relève des blessés de la Division et assurant leur évacuation. Déjà trois fois cité à l'Ordre.

Signé : Général MAZEL. »

Ordre de l'Armée d'Orient, 16 novembre 1917 :

« Officier d'un rare mérite, dont le courage et le dévouement sont au-dessus de tout éloge. S'est dépensé sans compter, avec le plus grand mépris du danger, pour assurer les soins nécessaires aux blessés et leur évacuation, dans des circonstances difficiles, et particulièrement le 20 septembre. Blessé pendant le combat, a refusé de se laisser évacuer et a continué son service avec le même zèle et le même calme. Déjà 4 fois cité à l'Ordre.

Signé : Général HENRYS. »

⚜ ⚜ ⚜

Pierre LUNET de la MALÈNE

(1909-1910)

Ingénieur Agronome

Appelé au 10e Dragons en octobre 1913. — Brigadier en juin 1914. — Maréchal-des-Logis en novembre 1914. — Aspirant en décembre 1914. — Sous-Lieutenant en septembre 1917. — Lieutenant en juin 1919.

A commandé le 2e Escadron du 10e Dragons, de juillet 1918 à janvier 1919.

Légion d'honneur
Croix de guerre avec palme et 2 étoiles
Citations à l'Ordre du Régiment, de la Division et de l'Armée

Ordre du Régiment, (10e Dragons) :

« S'est distingué depuis le début de la campagne dans toutes les missions qui lui ont été confiées. Notamment le 5 septesmbre 1914, a exécuté avec audace et intelligence une reconnaissance périlleuse dans laquelle, ayant eu son cheval tué sous lui et se trouvant complètement séparé de son régiment, a pu rejoindre en traversant les lignes ennemies. »

Ordre de la 62e Division d'Infanterie :

« Très brillant officier ; ayant, au cours d'un coup de main, à conduire une forte colonne, après avoir reconnu les brèches pendant la préparation d'artillerie, a entraîné sa troupe, avec un cran remarquable, jusqu'à la troisième ligne ; a fait des prisonniers, détruit les organisations, ramené tout son monde dans le plus grand ordre à la base du dépôt, malgré un violent tir de barrage. »

Ordre de la 6e Armée, 1918 :

« Officier d'élite, remarquable par son entrain et son audace ; a exécuté, les 28-30 juillet, 1er août 1918, des reconnaissances périlleuses avec la première vague d'assaut, et rapporté des renseignements importants pour le haut commandement. »

Promotion dans la Légion d'honneur :

« Officier d'élite, remarquable par son entrain et son audace. »

Gaston MAILLET

(1884-1885)

Sorti de l'Ecole Polytechnique

Lieutenant du Génie en octobre 1900. — Capitaine en mars 1905. — Adjoint à l'Intendance en décembre 1910. — Sous-Intendant Militaire de 3e classe en décembre 1912. — Sous-Intendant Militaire de 2e classe en décembre 1915.

Chevalier de la Légion d'honneur le 25 décembre 1916.

Attaché à l'Inspection technique des subsistances à Paris.

⚜ ⚜ ⚜

Antoine MANILÈVE

(1887-1900)

Sorti de l'Ecole Polytechnique

Chef du Bureau de Paris à la Compagnie d'Assurances « Le Phénix »

Président de l'Association des Anciens Elèves de l'Ecole Massillon

CAPITAINE ADJUDANT-MAJOR AU 20e BATAILLON DE CHASSEURS A PIED

Mobilisé comme Lieutenant de Réserve d'Artillerie. — Campagne et retraite de Belgique, 1914. — Offensive et victoire de la Marne, 1914, par Fère-Champenoise, Reims et Albert. A Reims, il mérite une 1re Citation à l'Ordre du Corps d'Armée. — Devant Albert, il demande à passer de l'Artillerie au 64e d'Infanterie. — Nommé Capitaine le 5 mai 1915.

Le 7 mai 1915, parti à l'attaque avec ses Bretons, il occupe la tranchée ennemie. Montant sur le talus pour voir si tous ses hommes sont bien abrités, il a le coude gauche fracassé, refuse de se laisser porter et rejoint seul, tenant de sa main droite son bras inerte, le poste de secours. Amputation du bras gauche le 8 juin 1915. Transporté à une Ambulance d'Amiens, il reçoit la Croix de la Légion d'honneur des mains du général de Castelnau.

Séjour de 6 semaines, en 1916, à l'Etat-Major de la VIe Armée ; il survola en avion, à faible hauteur, les lignes ennemies.

Versé sur sa demande au 20e Bataillon de Chasseurs à pied.

Faits de guerre mentionnés dans les Citations, jusqu'en 1918. Intoxiqué par les gaz le 30 septembre 1918 et revenu à son Bataillon quelques jours après.

DÉCORATIONS ET CITATIONS :

Chevalier, puis Officier de la Légion d'honneur (2 Citations)

Croix de guerre avec 4 Citations à l'Ordre de l'Armée
2 à l'Ordre du Corps d'Armée
Ordre Spécial du Général Commandant la Division
1 à l'Ordre du 20e Bataillon de Chasseurs à Pied

Ordre du XIe Corps d'Armée, 22 octobre 1914 :

« Le 20 septembre 1914 à Cormontreuil (Reims), étant Commandant du groupe des échelons, a fait preuve d'un grand sang-froid et d'un grand courage pour retirer des décombres, sous un feu violent, du personnel de l'échelon enseveli dans une maison écroulée.
Signé : Général EYDOUX. »

Ordre de la 2e Armée, avril 1915 :

« Manilève Antoine, Lieutenant de réserve d'Artillerie, détaché au 64e Régiment d'Infanterie. Versé sur sa demande, des services de l'arrière dans un Régiment d'Infanterie, y a montré une activité et un dévouemnt inlassables, y a fait preuve d'une grande bravoure et d'un sang-froid inaltérable, notamment dans les tranchées avancées durant un mois ; a eu, à plusieurs reprises, ses vêtements traversés par des balles. Officier d'élite.
Signé : Général DE CASTELNAU. ».

Nommé Chevalier de la Légion d'honneur, 11 juin 1915 :

« Capitaine d'Artillerie détaché sur sa demande dans un Régiment d'Infanterie. N'a cessé de montrer, pendant toute la campagne, un entrain admirable et un courage à toute épreuve. Toujours de bonne humeur, adoré de ses hommes, a été blessé glorieusement le 7 juin 1915, en enlevant sa troupe à l'assaut des tranchées allemandes et n'a quitté son commandement que vaincu par la douleur. Amputé d'un bras. Signé : Général JOFFRE. »

Ordre de la VIe Armée, 13 septembre 1916 :

« Officier d'Etat-Major qui a fait preuve, dans ses missions, d'un courage remarquable et d'un mépris absolu du danger. Au cours des attaques exécutées par son Corps d'Armée, en juillet 1916, a survolé en avion, à plusieurs reprises, les lignes ennemies, à des hauteurs très faibles. A rendu ainsi au commandement les plus précieux services, en le renseignant, au cours du combat, sur les positions précises de l'ennemi et sur les fluctuations du combat.
Signé : Général FAYOLLE. »

Ordre de la VI° Armée, 18 décembre 1917 :

«Le 23 octobre 1917, entraînant ses chasseurs par sa bravoure légendaire, a pu, se trouvant en avance sur les unités voisines, franchir d'un seul élan trois lignes de tranchées, s'installer, après de rudes combats, sur la première position, puis repartir à l'assaut de la deuxième position, sous un feu intense de mitrailleuses, et s'organiser définitivement sur la position conquise.

Signé : Général MAISTRE. »

Ordre du 1er Corps de Cavalerie, 14 juin 1918 :

« Commandant de compagnie réunissant toutes les vertus militaires et ayant sur sa troupe un extrême ascendant. Pendant sept jours de combats violents n'a cessé de se dépenser et de s'exposer, pour arrêter les attaques ennemies. Chargé de défendre la lisière d'un bois, a repoussé trois attaques et maintenu intactes toutes ses positions, en infligeant des pertes élevées à l'ennemi.

Signé : Général FÉRAUD. »

Ordre de l'Armée, 17 août 1918 :

« Officier d'une bravoure légendaire, amputé du bras gauche, et qui, malgré sa glorieuse blessure, ne cesse de réclamer l'honneur d'attaquer au premier rang. Pendant la dernière offensive allemande, a été l'âme de la résistance, maintenant intégralement sa position, se portant lui-même en avant des lignes et multipliant les reconnaissances les plus audacieuses. Ne cesse de maintenir, parmi ses Chasseurs qui le vénèrent, un moral extrêmemnt élevé, qui fait de sa Compagnie une unité d'élite.

Signé : Général GOURAUD. »

Nomination dans l'Ordre de la Légion d'honneur, à titre d'officier, 10 novembre 1918 :

« Modèle de toutes les vertus militaires. A su faire de sa Compagnie, grâce à sa haute valeur morale et à sa bravoure exceptionnelle, une unité d'élite. Le 29 septembre 1918, sous un feu violent de mitrailleuses, malgré un barrage d'artillerie particulièremnt violent, a entraîné sa troupe avec une magnifique audace à l'assaut d'une forte position ; a progressé de 1.200 mètres, dirigeant ses Chasseurs comme à la manœuvre, capturant à l'ennemi, de haute lutte, des prisonneirs, des lance-bombes et de nombreuses mitrailleuses. Intoxiqué le 30 septembre 1918, est revenu quelques jours après, afin de participer à de nouveaux combats. Une blessure antérieure. Chevalier de la Légion d'Honneur pour faits de guerre.

Au G. Q. G., le 10 novembre 1918,

Le Général Commandant en Chef,
P. O. Le Major Général,
Signé : BUAT. »

Ordre Général du Commandant de la Division, (sans date) :

«Le général Commandant la...... Division est heureux de porter à la connaissance de toutes les troupes qui ont pris part à l'attaque, la déclaration spontanée faite par le capitaine G... commandant le premier bataillon du.... régiment d'infanterie allemande à un officier d'Etat-Major du..... Corps d'Armée :

« Monsieur, vous avez sans doute envoyé contre nous des troupes d'élite. Je m'étais porté à la tranchée de première ligne de mon bataillon au moment de l'attaque. Jamais je n'ai vu de soldats se porter à l'assaut avec autant de bravoure et d'entrain. »

« Ce témoignage, sorti de la bouche d'un ennemi, peut susciter dans l'âme de chacun une légitime fierté. »

La Compagnie du Capitaine Manilève prenait part à cette attaque.

Ordre du 20e Bataillon de Chasseurs à Pied :

« Manilève Antoine, Capitaine Adjudant-Major, la plus noble figure du Bataillon. Les 30 et 31 octobre 1918, a conduit, avec sa bravoure et sa valeur habituelles, le Bataillon à l'attaque de fortes positions, défendues par de nombreuses mitrailleuses. Chevalier de la Légion d'Honneur et Officier de la Légion d'Honneur pour faits de guerre, titulaire de 6 citations dont 4 à l'Ordre de l'Armée, a mérité, comme consécration de sa belle carrière et comme suprême récompense, la citation à l'Ordre du Bataillon.

Signé : Colonel SCHAFFER. »

⚜ ⚜ ⚜

Henri MARION

(1910-1914)

SOUS-LIEUTENANT

AU 13e ET AU 32e BATAILLON DE CHASSEURS ALPINS

Blessé le 21 janvier 1915, à l'attaque de l'Hartmannswillerkopf, avec le 13e Chasseurs, et le 28 septembre devant Somme-Suippes, en Champagne, avec le 32e Chasseurs.

Nous n'avons malheureusement pas eu communication des autres états de service de ce jeune et vaillant officier.

⚜ ⚜ ⚜

Charles de MARLIAVE

(1902-1905)

Sorti de l'Ecole Polytechnique
Ingénieur des Ponts et Chaussées

Parti comme Lieutenant au 8e Génie à la mobilisation. — Nommé Capitaine le 2 mai 1916.

Croix de guerre avec 2 étoiles de vermeil
Médaille de l'Ordre du Mérite militaire Grec
Croix de l'Ordre du Sauveur (Ordre Grec)
2 Citations à l'Ordre du 15e Corps d'Armée

Ordre du 15e Corps d'Armée, 13 octobre 1915 :

« Lieutenant Commandant le détachement télégraphique du 15e Corps. Dirige avec une entière compétence et une activité inlassable le service télégraphique du Corps d'Armée. A réalisé, dans des conditions particulièrement difficiles et souvent périlleuses, un réseau téléphonique très complet en vue des opérations offensives.

Signé : Général HEYMANN. »

Ordre du 15e Corps d'Armée, 21 décembre 1918 :

« Capitaine, ancien chef du Service télégraphique du 15e C. A. S'est distingué sous Verdun, durant toute l'année 1917, par son intelligence, son activité et son courage.

« En particulier, lors de l'offensive du 20 août, a remarquablement organisé son service de liaison, s'employant personnellement et à fond, sans souci du danger, rendant au Commandement et à tous les degrés les meilleurs et les plus appréciés services.

Signé : Général de FONCLARE. »

⚜ ⚜ ⚜

André MARTIN

(1892-1898)

Sorti de l'Ecole des Chartes
Bibliothécaire à la Bibliothèque Nationale

Parti comme sergent, revenu Lieutenant.
3 Blessures.

Légion d'honneur
Croix de guerre avec 2 palmes et 3 étoiles
2 Citations à l'Ordre du Régiment
1 à l'Ordre de la Division
2 à l'Ordre de l'Armée

Ordre du 168e Régiment d'Infanterie, 10 mars 1916 :

« Au front depuis le 13 décembre 1914, a pris une part brillante aux combats du 17 janvier et du 2 mars 1915 (Bois-le-Prêtre), où il a été blessé. Revenu au front, a continué à se signaler par son dévouement et son activité. »

Ordre du même Régiment, 6 juin 1917 :

« Officier énergique qui a rendu d'excellents services à son Chef de Bataillon, en accomplissant avec le plus grand courage et la plus grande activité les différentes missions qui lui ont été confiées au cours des opérations offensives d'avril 1917. »

Ordre de la Division, 11 octobre 1917 :

« Au cours de l'attaque du 8 septembre 1917, a fait preuve du plus bel entrain et du plus grand mépris du danger. Malgré une blessure, a continué à faire le coup de feu en première ligne, pour faciliter la progression et repousser une forte contre-attaque ennemie qui se dessinait sur l'aile droite du Bataillon. »

Ordre de l'Armée. Nommé Chevalier de la Légion d'honneur, 9 juin 1918 :

« Brave officier. Le 3 juin 1918, au plus fort d'une attaque ennemie et sous un feu intense, s'est mis à la disposition du Capitaine commandant la contre-attaque avec ses chars d'assaut ; a guidé le dispositif dans un terrain défavorable aux chars avec un sens tactique et une ardeur admirables. Le même jour, recherchant avec deux hommes des nids de mitrailleuses restés derrière nos lignes, a fait prisonniers deux officiers et sept soldats allemands, et capturé huit mitrailleuses. 2 blessures, 3 citations. »

Ordre de l'Armée, 7 octobre 1918 :

« Officier de la plus haute valeur morale et d'une magnifique bravoure, coutumier des actions d'éclat. Au combat du 18 juillet 1918, est tombé grièvement blessé en tête de sa compagnie qu'il entrainait superbement à l'assaut de nouvelles positions, après avoir repris un village et capturé au passage de nombreux prisonniers et une batterie de campagne ennemie. »

⚜ ⚜ ⚜

Jacques MARTIN

(1895-1905)

Frère du précédent
Sorti de Saint-Cyr.

Lieutenant au 12e Chasseurs à Cheval, détaché dans l'aviation en 1914. — Capitaine en 1917.
1 Blessure.

Légion d'honneur
Croix de guerre avec palme et 2 étoiles
Citation à l'Ordre de l'Armée
2 autres Citations

« Lieutenant pilote, Escadrille M. F. 41. Bien que sorti depuis peu de l'Ecole d'Aviation, s'est déjà affirmé comme un pilote habile, tout en secondant très heureusement son Observateur. Blessé par un éclat d'obus au cours d'une reconnaissance périlleuse. »

Le texte des 2 autres Citations ne nous est point parvenu.

⚜ ⚜ ⚜

Henri MARTIN

(1901-1907)

Docteur en médecine

Médecin Auxiliaire au 7e Groupe du 112e d'Artillerie Lourde en 1914. — Médecin Sous-Aide-Major au 78e d'Infanterie en 1918.

Croix de guerre avec 2 étoiles
Citations à l'Ordre du Corps d'Armée
et du Régiment

Ordre du 2e Corps d'Armée Coloniale, 17 avril 1916 :

« Depuis son arrivée au Groupe, a toujours tenu à être avec la batterie. Extrêmement crâne et consciencieux, à la moindre alerte, se porte immédiatement dans les batteries mêmes. Tout récemment, a soigné et pansé des blessés sans souci du bombardement qui continuait. »

Ordre du 78e Régiment d'Infanterie, 15 septembre 1918 :

« A toujours fait preuve des plus belles qualités professionnelles et militaires. Le 6 septembre 1918, lors d'un coup de main et sous un violent bombardement, a prodigué ses soins à des blessés français et autrichiens, et en a assuré l'évacuation difficile et rapide. »

Henry MARTIN

(1899-1907)

Maréchal-des-Logis Fourrier au 7e Dragons en 1914. — Proposé comme Sous-Lieutenant en août 1915. — Gravement malade, n'a pu être nommé. — Retourné au Dépôt à Melun en juin 1916 ; affecté au Service des prisonniers de guerre. — En décembre 1916 nommé Agent de liaison auprès du Commandant du 2e Bataillon du 147e d'Infanterie. — Reçu à l'Ecole de Fontainebleau en décembre 1917. — Sorti Aspirant au 105e dArtillerie Lourde le 1er février 1918. — Nommé Sous-Lieutenant le 15 juillet 1918.

Croix de guerre avec 2 étoiles

Citations à l'Ordre de la Division et du Régiment

Ordre du Régiment, 25 juillet 1917 :

« Sous-officier d'une bravoure remarquable ; s'est dépensé sans compter pendant la période du 20 au 26 juillet 1917, dans des reconnaissances dangereuses ; a participé volontairement aux piquetages d'un ouvrage de première ligne, dans une zone violemment bombardée. »

Ordre de la 125e Division, 1918 :

« Excellent Aspirant d'Artillerie, brave, dévoué et courageux. Toujours volontaire pour les missions périlleuses, les remplit d'une façon parfaite et avec un remarquable sang-froid.

« Dans les journées du 15 au 23 juillet 1918, s'est dépensé sans compter pour assurer l'observation et la liaison, rendant à son unité les plus grands services, dans des circonstances difficiles et sous un violent bombardement. »

Gaston de MAUPEOU D'ABLEIGES

(1912-1914)

Officier de Marine à bord du « Bouclier ».

Croix de guerre avec étoile de vermeil

Citation à l'Ordre du Corps d'Armée :

« Officier de tir du « Bouclier », a conduit le tir de son bâtiment avec sang-froid et coup d'œil, dans l'engagement de nuit du 21 mars 1918 ; a grandement contribué à la destruction d'un torpilleur ennemi. »

Gaston MAZO

(1896-1906)

Sergent Radiographe, moniteur au 54e d'Infanterie.

Blessé dans la Meuse en 1915.

Les autres renseignements font défaut.

Georges de MÉRU

Sorti de Saint-Cyr.

Sous-Lieutenant en octobre 1898. — Lieutenant en octobre 1910. — Capitaine en décembre 1912. — Chef de Bataillon en septembre 1917. — Lieutenant-Colonel après la guerre. — Commandant les forces expéditionnaires d'Egypte.

Légion d'honneur

Croix de guerre avec palmes

Officier de la couronne de Roumanie

(Saint Vladimir. — D. S. O. — Le Nil)

Nous regrettons de n'avoir pas reçu les textes de Citations.

Guy de MINIAC

(1909-1913)

Sorti de Saint-Cyr

Parti en août 1914 comme Sous-Lieutenant au 26e d'Infanterie. — Revenu Capitaine. — Sur la frontière de l'Est, dès le 3 août 1914. — Entré le 16 août en Lorraine annexée. — Combats de Morhange les 19 et 20 août ; avec sa Compagnie, ramène 50 prisonniers dont 3 officiers, au moment de la retraite. — Tentatives pour reconquérir Lunéville, le 20 août. — Attaque au village de Vitrimont.

Eclat d'obus au pied. Evacué, amputation du pied.

Légion d'honneur

Croix de guerre avec palme

Citation à l'Ordre de l'Armée, 21 novembre 1914 :

« A été grièvement blessé le 25 août 1914, en entraînant sa Section à l'attaque, blessure qui a nécessité l'amputation du pied gauche. Nommé Chevalier de la Légion d'Honneur. »

⚜ ⚜ ⚜

Emile MOLLARD

(1913-1914)

Fils de M. Armand Mollard, ancien directeur du Protocole, Ministre de France au Luxembourg.

SOUS-LIEUTENANT AU 12e DRAGONS

Croix de guerre avec palme

Citation à l'Ordre de l'Armée, juin 1918 :

« Jeune Officier d'une incomparable bravoure. Le 1er juin, conduisant une reconnaissance, surprend et bouscule un poste en embuscade dont la sentinelle est tuée. Le 2 juin prend le commandement de sa compagnie, en remplacement du capitaine, pour conduire l'attaque qu'il mène d'un seul bond jusqu'à 3 kilomètres dans les lignes ennemies, Le 3 juin, attaqué lui-même au point du jour, résiste et repousse l'ennemi par une contre-attaque brillante. »

⚜ ⚜ ⚜

Marcel MOREAU

(1894-1904)

SOLDAT CYCLISTE AU 355e D'INFANTERIE

Blessé à la Bataille de Champagne, en 1915.

Croix de guerre avec 2 étoiles

Citations à l'Ordre de la Brigade et du Régiment

Ordre de la Brigade, juin 1916 :

« Le Colonel Pougin, Commandant la 111e Brigade, cite à l'ordre de la Brigade : Moreau Marcel, cycliste.

« Déjà blessé aux attaques de Champagne, revenu au front sur sa demande, agent de liaison dévoué, a rempli sa mission en toutes circonstances avec sûreté, calme et sang-froid, au cours des attaques sous Verdun.

Signé : Colonel POUGIN. »

Ordre du Régiment, mars 1918 (Armée Mangin, à Grivesnes) :

« Le Colonel Carrère, Commandant le 355e Régiment d'Infanterie, cite à l'ordre du régiment le soldat Moreau Marcel.

« Est resté à son poste pendant trois jours et trois nuits dans une atmosphère empoisonnée par les gaz toxiques, refusant de se laisser évacuer afin de tenir jusqu'à la relève avec ses chefs, pour les seconder au P. C. du Régiment. A donné un bel exemple de solidarité, d'énergie et de dévouement. »

En septembre 1918, Marcel Moreau partit pour les tranchées du Moulin de Laffaux ; il entra dans Laon avec l'Armée Mangin et participa à l'occupation de Metz.

⚜ ⚜ ⚜

Jean MOURRAL

(1905-1908)

SOUS-LIEUTENANT DE RÉSERVE AU 2e D'ARTILLERIE

1 Blessure.

Croix de guerre avec palme

Citation à l'Ordre de l'Armée :

Sous un feu meurtrier d'une batterie de 150, montra le plus grand calme et le plus grand sang-froid, se porta personnellement au secours de plusieurs servants qui venaient d'être ensevelis dans une tranchée en feu ; à ce moment, frappé d'un éclat d'obus qui lui fractura la cuisse, refusa d'être évacué pendant que le tir ennemi continuait, pour ne pas exposer la vie de ses canonniers. »

⚜ ⚜ ⚜

Jean NICOLAS

(1909-1912)

Sorti de l'Ecole Nationale Supérieure des Mines

Appelé au 4e Régiment d'Artillerie de Campagne. — Sous-Lieutenant de Réserve le 2 août 1914. — Lieutenant de Réserve le 14 juillet 1916. — Capitaine à titre temporaire le 26 juin 1917.

Croix de guerre avec 3 étoiles

Croix Italienne du Mérite de guerre

3 Citations à l'Ordre du Régiment

1re Citation, 31 juillet 1918 :

« Sur le front depuis la fin d'août 1914. Après avoir

été officier de batterie, faisant avec courage et dévouement le service de batterie et des observations avancées, remplit avec zèle les fonctions d'adjoint au Lieutenant-Colonel Commandant l'A. D. S'est bien acquitté des reconnaissances parfois très dangereuses qu'il a dû faire pendant la période du 16 juillet au 16 septembre.

Signé : Lieutenant-Colonel REBOURSEAU. »

2e Citation, 11 mai 1917 :

« Officier remarquablement bien doué qui, par ses aptitudes variées, a rendu de brillants services dans divers postes, notamment comme Adjoint à un Commandant de Groupe. Le 16 avril 1917, a donné une belle preuve de courage dans la découverte d'un observatoire avancé, sous un bombardement violent de gros calibre.

Signé : Lieutenant-Colonel PUJO. »

3e Citation, 31 juillet 1918 :

Excellent Commandant de Batterie, énergique et brave ; dans une position difficile et soumise à des tirs fréquents de l'ennemi, a donné à toute sa batterie un constant exemple de calme et de sang-froid. A fait de sa Batterie une excellente unité de combat, pendant les mois d'avril à juin 1918.

Signé : Lieutenant-Colonel PETIT. »

⚜ ⚜ ⚜

Thomas d'OILLIAMSON

(1909-1910)

Sorti de l'Ecole Polytechnique

LIEUTENANT AU 46e D'ARTILLERIE

1 Blessure, plaies multiples.

Légion d'honneur

Croix de guerre avec palme

Nomination dans la Légion d'honneur, 1er juin 1916 :

« Officier d'élite qui a toujours donné, depuis le début de la campagne, la plus entière satisfaction. Intelligent, brave et plein de sang-froid, a rempli pendant plus d'un mois, dans un secteur violemment battu par les feux de l'ennemi, les fonctions d'orienteur de son Groupe, et a été grièvement blessé à son poste le 31 mai 1916. Plaies multiples. »

⚜ ⚜ ⚜

Alfred OURBAK

(1902-1910)

Ingénieur d'Artillerie Navale

Sous-Lieutenant Observateur à l'âge de 20 ans.

1 Blessure.

Légion d'honneur

Croix de guerre avec palme

Citation à l'Ordre de l'Armée :

« A donné de nombreuses preuves de dévouement, de courage et d'intrépidité. Il a rendu les plus grands services comme observateur dans les tranchées de première ligne ; s'est acquitté avec crânerie de plusieurs missions périlleuses; vient d'être blessé en faisant exploser un obus non éclaté, dont la destruction immédiate s'imposait. »

⚜ ⚜ ⚜

André PAILLARD

(1896-1899)

Parti comme sous-officier, revenu Lieutenant au 9e Cuirassiers à pied.

2 Blessures.

Légion d'honneur

Croix de guerre avec palmes et étoiles

4 Citations

Le texte des Citations ne nous est pas parvenu.

⚜ ⚜ ⚜

Raoul PAILLOTTE

(1872-1877)

Docteur en médecine

Chevalier de la Légion d'honneur

pour services exceptionnels et volontaires, au même titre que le docteur Comar, dont on a lu plus haut la Citation.

Le texte de la nomination du Docteur Paillotte dans la Légion d'honneur ne nous est point parvenue.

⚜ ⚜ ⚜

Louis PASCAUD

(1905-1914)

Aspirant d'Artillerie le 16 juin 1918.

Croix de guerre

Citation à l'Ordre du Régiment, 4 septembre 1918 :

« Le Chef d'Escadron Sutterlin, Commandant par intérim le 32e R. A. C., cite à l'ordre du Régiment : Pascaud Louis, Aspirant, 2e Batterie.

« Jeune Aspirant courageux et dévoué. Les avant-trains

de sa batterie étant soumis à un violent bombardement, s'est immédiatement porté au secours des blessés, maintenant, par son exemple, un ordre parfait.

Le Chef d'Escadron,
Signé : SUTTERLIN. »

⚜ ⚜ ⚜

Etienne PASZKIEWICZ

(1914-1915)

Elève à l'Ecole Polytechnique

Engagé volontaire au 37ᵉ d'Artillerie, à 18 ans. — Passé dans l'Aviation le 15 juillet 1916. — Aspirant le 10 juin 1916. — Sous-Lieutenant le 1ᵉʳ avril 1917. — Lieutenant le 1ᵉʳ avril 1919.

Croix de guerre avec 4 étoiles
3 Citations à l'Ordre du Corps d'Armée
1 à l'Ordre de l'Aéronautique

Ordre du 1ᵉʳ Corps d'Armée, 4 février 1916 :

« Le 29 décembre 1915, par vent de tempête, a survolé une préparation d'attaque à 300 mètres, a exécuté avec la plus grande précision des missions photographiques importantes, dans des conditions atmosphériques particulièrement rigoureuses, a eu la main droite gelée au cours d'une reconnaissance. »

Ordre du 35ᵉ Corps d'Armée, 9 mai 1917 :

« Jeune et brillant observateur ; du 13 au 18 mars, a fourni des renseignements importants au Commandement, par des liaisons avec l'Infanterie et des reconnaissances exécutées à basse altitude.

« Le 11 avril 1917, attaqué par 3 avions ennemis au cours d'une reconnaissance photographique, les a mis en fuite puis a continué sa mission. »

Ordre du 1ᵉʳ Corps de Cavalerie, 5 juillet 1918 :

« Observateur hors ligne, qui joint aux plus belles qualités de courage, de ténacité et de sang-froid, un coup d'œil, une sûreté d'appréciation remarquables.

« A fourni, pendant la dernière bataille, des renseignements exacts et précis sur les positions ennemies, les survolant maintes fois à moins de 100 mètres, pour en déterminer l'emplacement. »

Ordre de l'Aéronautique, 5 juillet 1918 :

« A exécuté avec autant d'énergie que d'audace les missions souvent périlleuses qui lui ont été confiées, en particulier le 9 août 1917, en survolant et en mitraillant à faible hauteur les lignes allemandes ; les 18 août et 3 septembre, en exécutant dans des circonstances difficiles les reconnaissances photographiques dont il était chargé. »

⚜ ⚜ ⚜

Henri PERRIN

(1900-1902)

Reçu 1ᵉʳ à l'Ecole des Eaux et Forêts
Inspecteur adjoint des Eaux et Forêts

Mobilisé comme Capitaine à l'Etat-Major de la 114ᵉ Brigade d'Infanterie. — Evacué de l'Armée d'Orient le 1ᵉʳ décembre 1915 pour paludisme aigu. — Affecté au Centre de Bois de Besançon, le 30 mai 1916, et à la Circonscription de Bois de Dijon le 25 octobre 1916. — Adjoint au Directeur du Centre de Bois de Dijon, le 22 août 1918. — Démobilisé le 24 octobre 1919.

Légion d'honneur
Croix de guerre avec palme
Citations à l'Ordre de la Division et de l'Armée

Ordre de la 57ᵉ Division, 3 septembre 1914 :

« Au combat de Moutieux-Vieux, le 13 août, avec une bonne humeur constante, sous un feu violent, a assuré la liaison du Commandant de la Brigade avec les unités engagées. »

Citation dans la Légion d'honneur, 20 novembre 1914 :

« Est parti seul à bicyclette pour reconnaître un itinéraire dans une ville qui lui était inconnue et était en partie aux mains de l'ennemi. A guidé un des bataillons dirigé vers l'ennemi, et a maintenu sa liaison avec le Général Commandant la Brigade. A continué ensuite à assurer, sous un feu violent, la communication des ordres du commandement aux unités engagées. »

Le texte de la Citation à l'Ordre de l'Armée fait défaut.

⚜ ⚜ ⚜

Jean PETIT

(1903-1907)

GRADES :

Sorti de Saint-Cyr (Promotion de la « Grande Revanche »). — Incorporé le 9 août 1914 dans le peloton des Saint-Cyriens, à Orléans. — Nommé Sous-Lieutenant au 26ᵉ Bataillon de Chasseurs Alpins, le 5 décembre 1914. — Passé au 102ᵉ Bataillon de Chasseurs de Marche le 9 mai 1915. — Lieutenant le 22 juin 1916. — Capitaine le 19 avril 1918. — Admis à l'Etat-Major de Melun, au choix, en a suivi les cours de juillet 1918 à janvier 1919.

CAMPAGNES :

Argonne, 22 janvier 1915, blessé. — Champagne, 27, 29 septembre 1915, blessé et cité. — Alsace, janvier à août 1916. — Verdun, prise de Douaumont, 24 octobre 1916, blessé, cité, décoré de la Légion d'honneur. — Verdun, prise de Bezonvaux, 15 décembre 1916, cité. — Chemin des Dames, 5 mai 1917. — Belgique, prise de Merckem, 27, 28 octobre 1917 : cité. — Moreuil, 28 29 mars, cité. — Blessé grièvement en service commandé en avril 1918. — Après la démobilisation, resté Capitaine au 30e Bataillon de Chasseurs Alpins, en territoire occupé.

CITATIONS ET DÉCORATIONS :

Le 102e Bataillon de Chasseurs à pied a été cité 4 fois à l'Ordre de l'Armée et a obtenu le droit au port de la fourragère aux couleurs de la Médaille militaire. Le Capitaine Petit a participé à toutes les attaques qui ont mérité à son Bataillon ces Citations.

DISTINCTIONS PERSONNELLES :

4 Blessures.

Légion d'honneur (à l'âge de 22 ans)
Croix de guerre avec 3 palmes et 2 étoiles
3 Citations à l'Ordre de l'Armée
et 2 à l'Ordre du Corps d'Armée

Ordre de l'Armée, 11 novembre 1915 :

« Le 28 septembre 1915, a, sous un bombardement intense, entraîné vigoureusement sa section en avant, et a contribué à la prise d'une tranchée allemande. Au cours d'une contre-attaque ennemie, a maintenu, par son énergie, sa section sous un feu violent et a permis la reprise du mouvement en avant.

Signé : Général LANGLE DE CARY. »

Nomination dans l'Ordre de la Légion d'honneur, 15 novembre 1916 :

« Le 24 octobre 1916, s'est brillamment élancé à l'assaut à la tête de sa Compagnie. Arrêté par une position intacte et puissamment défendue, a attaqué avec ardeur à la grenade, puis a chargé vaillamment à la baïonnette, contribuant pour une large part à l'enlèvement de la position, à la capture de 600 prisonniers et à la prise d'un important matériel de guerre. Grièvement blessé, ne s'est laissé évacuer que par ordre.

Signé : Général JOFFRE. »

Ordre de la 2e Armée, 8 janvier 1917 :

« Le 15 décembre 1916, a magnifiquement lancé ses Chasseurs à l'attaque de deux ouvrages successifs qu'il a enlevés avec le plus bel entrain. S'est aussitôt organisé avec habileté sur le terrain conquis. La nuit suivante, en dépit des difficultés de toutes sortes, a organisé sa Compagnie avec maîtrise, en vue de l'enlèvement d'un village.

Rencontrant une grosse résistance, a préparé avec vigueur l'assaut de la lisière, qu'il a effectué ensuite avec sa coutumière impétuosité.

Est passé sur le ventre de plus de deux compagnies ennemies terrifiées, pour aller se fortifier au point précis qui lui avait été assigné, où il a subi avec stoïcisme le plus formidable bombardement.

Signé : Général GUILLAUMAT. »

Ordre du 36e Corps d'Armée, 24 novembre 1917 :

« S'est montré, à l'attaque du 27 octobre 1917, l'entraîneur d'hommes qu'il est en toutes circonstances. Mènera où il voudra sa Compagnie qu'il galvanise par son exemple.

Signé : Général NOLLET. »

Ordre du 36e Corps d'Armée, 10 mai 1918 :

« Officier d'élite, digne du temps des Grognards et des Marie-Louise.

Les 28 et 29 mars 1918, en lutte pied à pied contre l'ennemi, l'arrêtant parfois à moins de 25 mètres, faisant le coup de feu avec ses Chasseurs et ne songeant qu'à être encore plus brave qu'eux.

Signé : Général NOLLET. »

⚜ ⚜ ⚜

René de PEYRECAVE de LAMARQUE

(1906-1907)

Ingénieur Agronome

CAPITAINE AVIATEUR

Officier de la Légion d'honneur

Nous n'avons pas d'autre renseignement sur cet officier.

⚜ ⚜ ⚜

Robert PIAT-DESVIAL

(1908-1914)

LIEUTENANT AU 3e CUIRASSIERS

Croix de guerre avec 4 étoiles
Croix Anglaise (Military Cross)
2 Citations à l'Ordre de la Division
1 à l'Ordre du Corps de cavalerie, 1 à la Brigade

Ordre de la Division, mars 1918 :

« Faisant fonction d'officier de liaison entre le Capitaine-Commandant et les éléments sous ses ordres, a accompli sa mission avec zèle et intelligence. A fait preuve de courage et de sang-froid, pendant les combats des 27, 28, 29 mai 1918, faisant montre des plus belles qualités militaires. »

Ordre de la Division, 1er août 1918 :

« Au moment où, sous la pression violente de l'ennemi, son Escadron recevait l'ordre de se replier, a pris le commandement des Fusiliers-Mitrailleurs, les a employés à courte distance et efficacement. A ainsi permis le repli en bon ordre de l'unité.

Signé : Général LAVIGNE-DELVILLE. »

Ordre de la Brigade, 7 octobre 1918 :

« Détaché avec son Peloton auprès d'une Brigade Anglaise, le 1er octobre 1918, s'est porté résolument, avec une patrouille à cheval, à la reconnaissance d'une position avancée de l'ennemi, et a rapporté, sous un violent bombardement, des renseignements précieux sur la préparation d'une contre-attaque allemande.

Le Colonel Commandant la 3e Brigade de Cuirassiers,
Signé : SARTON DU JONCHAY. »

Ordre du Corps de Cavalerie, 28 octobre 1918 :

« Chargé avec les pionniers de son régiment de construire un radeau sur la Lys pour le passage de l'infanterie, a réussi à remplir sa mission malgré un feu violent d'artillerie lourde et de mitrailleuses, permettant ainsi la progression d'éléments légers et de mitrailleuses sur la rive occupée par l'ennemi. Signé : Général ROBILLOT. »

Robert Piat-Desvial est le frère de Gabriel Piat-Desvial, mort pour la France.

⚜ ⚜ ⚜

Baron Louis PICHON

(1878-1883)

Lieutenant au 12e Cuirassiers, détaché à l'Etat-Major de la 71e Division d'Infanterie.

Croix de guerre avec palme et étoile
2 Citations

Ordre de l'Armée, novembre 1914 :

« A fait preuve, depuis le début de la campagne, de la plus grande intrépidité au cours des missions qui lui ont été confiées.

« Chargé, en particulier le 4 novembre, de suivre la progression d'un régiment, a mené en avant des soldats hésitants, pour les conduire dans leurs tranchées sous le feu de l'infanterie, des mitrailleuses et de l'artillerie ennemies, est resté sur la ligne de feu jusqu'à la fin de l'action. »

Le texte de l'autre Citation ne nous est point parvenu.

⚜ ⚜ ⚜

Robert PILINSKI

(1906-1911)

Engagé volontaire en mars 1915, au 13e Bataillon de Chasseurs Alpins. — Front d'Alsace (région de Thann) de septembre à décembre 1915. — Nommé Aspirant au 32e Bataillon de Chasseurs Alpins en mai 1916. — Front d'Alsace (Hartmannwillerskopf et Verdun (Fort de Souville), mai-juin 1916. — Prise du Fort de Vaux, octobre 1916. — Reprise de Douaumont, décembre 1916. — Renvoyé à l'arrière par suite de blessures et de maladie, en 1917. — Service de surveillance sur la ligne du Mont-Cenis, hiver de 1917-1918. — Engagé dans l'aviation, mars 1918. — Reçu pilote-aviateur, juillet 1918. — Nommé Sous-Lieutenant au 13e Bataillon de Chasseurs Alpins (Dépôt de Chambéry) en mars 1919.

Plusieurs blessures.

Croix de guerre avec 3 étoiles
Citations à l'Ordre du Bataillon, de la Brigade et de la Division

Ordre du Bataillon, août 1916 :

« Gravement contusionné à la suite de l'explosion d'un obus, a refusé de se laisser évacuer pour continuer d'assurer le service qui lui avait été confié. »

Ordre de la Brigade, octobre 1916 :

« A pris part aux combats du 24 au 28 octobre et s'y est particulièremnt distingué par sa bravoure et son mépris du danger. »

Ordre de la Division, 15 décembre 1916 :

« Chef de section d'un exemple magnifique de courage et d'endurance. Très fatigué, est monté à l'attaque et ne s'est laissé évacuer que lorsqu'il a su que le Bataillon était relevé. »

⚜ ⚜ ⚜

Robert PILLET

(1899-1901)

Lieutenant au 62e d'Infanterie en août 1914. — Blessé le 15 août 1914. — Reprend volontairement du service dans l'Aviation en 1915 (Escadrille S. P. A. 94). — Capitaine le 1er mai 1917. — 1 Blessure.

Légion d'honneur
Croix de guerre avec palme et étoile
2 Citations

Ordre de l'Armée, 8 janvier 1918 :

« Capitaine Pillet, officier d'une haute valeur morale et militaire ; dans l'aviation depuis juillet 1915, a, comme observateur, exécuté 120 missions sur la plaine d'Alsace, au cours desquelles il a eu à livrer de durs combats. Comme pilote d'une Escadrille d'Armée, il exécute, de janvier à avril 1917, 19 reconnaissances à basse altitude du champ de bataille, rapportant des renseignements précieux pour le Commandement. A été blessé le 21 mars, au cours d'une de ces missions. Jeune chef d'une escadrille de chasse, a fait de l'unité qu'il a constituée et qu'il commande une formation d'élite qui peut rivaliser avec la meilleure.

Signé : Général GOURAUD. »

Le texte de l'autre Citation ne nous a pas été remis.

Robert Pillet est le frère du Capitaine Pillet, mort pour la France.

⚜ ⚜ ⚜

Pierre PINCHON

(1884-1896)

Médecin-Major de 1re classe
à la Place de Provins

2e Prix d'Histoire naturelle au Concours Général de 1896. — Ecole du Service de Santé Militaire (1899-1901). — Docteur en médecine, 24 février 1902. — Ecole d'application (Val-de-Grâce), en 1902 et 1903. Sorti 5e sur 60. — Médecin Aide-Major de 2e classe en 1903. — Médecin Aide-Major de 1re classe, 1er février 1905. — Affecté au 7e Dragons, (1903-1907). — Campagne du Maroc (Oudja) 1907-1908. — Blessé au combat d'Hassi-Khalifat, 24 novembre 1907, avec la Citation suivante :

« A continué, bien que blessé, à donner ses soins à un légionnaire tombé sur le champ de bataille, et ne l'a abandonné que lorsque une dernière balle, tirée par les Beni-Snassen, eut achevé le pauvre soldat sur lequel il était penché. »

Nommé Chevalier de la Légion d'Honneur, 11 mars 1908. — Hôpitaux militaires de la Division d'Oran (1908-1909). — Médecin-Major de 2e classe en 1909. — Affecté au 2e Spahis (Sidi Bel-Abbès), 1909-1910. — Affecté au 29e Dragons (Provins), 1911-1914. — Campagne contre l'Allemagne (1914-1919). — Promu Médecin-Major de 1re classe le 27 mars 1920, à la Place de Provins.

1 Blessure.

Légion d'honneur
Croix de guerre avec 2 étoiles
1 Citation antérieure à la guerre (Maroc)
Citations à l'Ordre de la Division
et du Corps de Cavalerie

Ordre de la Division, 1914 :

« Le 14 septembre 1914, étant désigné pour assurer la direction de l'échelon mobile de l'ambulance de la 5e Division de Cavalerie, grâce à son énergie, à son esprit d'initiative et à son sang-froid, est parvenu à conduire cet échelon jusqu'à la Division, malgré les difficultés que présentait une longue étape à parcourir dans un pays sillonné par les patrouilles ennemies ; a fait prisonnier, au cours de cette étape, un cavalier allemand. »

Ordre du Corps de Cavalerie, 1918 :

« Le Docteur Pinchon Pierre ; comme Commandant d'un poste de secours de bataillon pendant les journées des 17 et 18 juillet 1918, devant Montvoisin, puis d'un poste de régiment les 19 et 20, s'est dépensé avec un courage au-dessus de tout éloge, et en courant sans cesse les plus sérieux dangers.

« A Villesaint, sous un bombardement violent et continu par obus toxiques, s'est partagé avec un dévouement exemplaire entre les blessés qui lui arrivaient du front et ceux du village, coopérant à leur sauvetage et leur donnant les soins les plus éclairés.

Signé : Général FÉRAUD. »

⚜ ⚜ ⚜

Paul PLICHON

(1876-1887)

Orfèvre, de la Maison Cardeilhac

Engagé conditionnel d'un an en 1887. — Ayant passé l'âge des obligations militaires, maintenu aux Armées sur sa demande, en 1914, comme Capitaine au 71e Territorial d'Infanterie. — Capitaine Commandant la 1re Compagnie de Mitrailleuses du 123e Territorial d'Infanterie, 1er décembre 1915. — Chef de bataillon, 8 décembre 1916. — Proposé pour Lieutenant-Colonel, novembre 1918.

Légion d'honneur
Croix de guerre avec 2 étoiles
Citations à l'Ordre du Régiment
et du Corps d'Armée

Ordre du Régiment, 25 octobre 1916 :

« Officier volontaire (47 ans), animé d'un haut esprit du devoir, évacué après la première campagne d'hiver, est revenu au front sur sa demande. Au cours d'une mission périlleuse (protection de l'artillerie lourde du Corps d'Armée contre les avions), et sous un bombardement incessant par obus de gros calibre pendant 27 jours (28 septembre-25 octobre 1916), a fait preuve de qualités d'énergie morale, d'organisation et de commandement, grâce auxquelles les mitrailleurs du 123e, sur le front de la Somme, ont rempli leur rôle de la manière la plus honorable.

Signé : Lieutenant-Colonel CARNOT. »

Ordre du Corps d'Armée, 3 décembre 1918 :

« Officier Supérieur Délégué, Major des Secteurs de la 3e Armée. Affecté à l'Etat-Major d'une Armée après avoir vaillamment commandé une unité territoriale en secteur et à la bataille de la Somme, a fait preuve de sang-froid et d'intelligente initiative dans l'organisation, en pleine bataille, des évacuations civiles en mars et juin 1918, et s'est dépensé sans compter pour le rapatriement de nos prisonniers militaires et civils libérés.

Signé : Général HUMBERT. »

⚜ ⚜ ⚜

Paul de PONTON D'AMÉCOURT

(1909-1910)

Sorti de Saint-Cyr

Lieutenant le 1er octobre 1914. — Capitaine le 8 août 1917. — Resté en activité après la guerre au 26e d'Artillerie.

Croix de guerre
Citations

Nous ne possédons pas le texte des Citations.

⚜ ⚜ ⚜

Roger de PONTON D'AMÉCOURT

(1912-1914)

Frère du précédent

Reçu à Saint-Cyr en 1914. — Engagé pour 8 ans, comme Saint-Cyrien, au 1er Chasseurs à cheval, à l'âge de 19 ans. — Cavalier de 2e classe le 4 août 1914. — Brigadier le 17 septembre 1914. — Maréchal-des-Logis le 18 décembre 1914. — Aspirant le 10 janvier 1915. — Sous-Lieutenant le 18 mars 1915. — Lieutenant le 18 mars 1917.

Médaille coloniale du Maroc, avec agrafe
Croix de guerre avec 2 étoiles
2 Citations à l'Ordre de la Brigade

Ordre du Groupe Mobile de Fez, 1917 :

« Le 22 octobre 1917, chargé de couvrir sur son flanc le convoi venant de Tazouta, a tenu en respect un fort groupe d'assaillants, lui faisant subir des pertes et permettant au convoi de passer un col très difficile sans être inquiété ; n'a quitté son poste qu'au dernier moment, ramenant tout son monde en ordre et sans pertes.

Signé : TISSEYRE. »

Ordre de la Brigade, 1918 :

« Officier plein de bravoure, s'est signalé au cours d'une reconnaissance des lignes ennemies le 30 mai 1918 et dans un service de liaison très pénible les 20 et 22 octobre 1918, franchissant l'Aisne sous de violents bombardements et rapportant des renseignements précieux.

Signé : Général HILAIRE. »

Paul et Roger de Ponton d'Amécourt sont les frères de Henry de Ponton d'Amécourt, dont on a vu la mort glorieuse dans la 1re Partie.

⚜ ⚜ ⚜

Abbé Henri PRADEL

Censeur à l'Ecole Massillon

Infirmier à l'Ambulance 14/16 à Dunkerque, en 1914. — Grenadier au 28e d'Infanterie, (Chemin des Dames), de novembre 1916 à avril 1917. — Servant du 75 au 10e d'Artillerie (Mont Cornillet, Verdun), d'avril à octobre 1917. — Parti pour l'Armée d'Orient avec le 21e d'Artillerie Coloniale, en novembre 1917. — Brigadier à la prise de Prilep. — Aumônier bénévole au 21e d'Artillerie Coloniale. — Démobilisé le 24 mai 1919.

Croix de guerre avec étoile d'argent

Citation à l'Ordre de la 11e Division Coloniale :

« Volontaire pour le front ; toujours à la hauteur de son devoir, n'a pas hésité, malgré un bombardement intense (juin 1918), à quitter son abri pour se porter au secours de blessés d'une unité voisine. Pendant des jours très durs, a été, par son autorité sur les hommes et par son exemple, un auxiliaire précieux pour le commandement. »

⚜ ⚜ ⚜

Maurice PRIN

(1901-1904)

Parti le 2 août 1914, comme caporal au 10e Génie. — Sergent le 27 mai 1915. — Aspirant le 27 août 1916. — Sous-Lieutenant au 2e Génie, le 5 juillet 1917.

1 Blessure.

Croix de guerre avec 2 étoiles et fourragère
2 Citations à l'Ordre du Régiment

1re Citation, mai 1918 :

« Très bon officier, dévoué et plein de bonne volonté. Blessé le 15 mai 1918, alors qu'il venait de terminer le piquetage d'une position sous un violent bombardement. »

2ᵉ Citation, octobre 1918 :

« Excellent officier. Pendant la période du 26 au 31 octobre 1918, a fourni un très gros effort, et, grâce à son initiative et à sa présence constante sur les chantiers, a réussi le lancement de passerelles sur la Serre, malgré le feu des mitrailleuses et la proximité immédiate de l'ennemi.

Signé : Général GIBOUDOT. »

Marcel PSAUME

(1905-1908)

Docteur en médecine

Etudiant à la Faculté de médecine en 1914. — Mobilisé dans un Groupe de Brancardiers Divisionnaires, comme Médecin-Auxiliaire. Médecin Aide-Major de 2ᵉ classe en juin 1916. — Médecin Aide-Major de 1ʳᵉ classe en juin 1918.

A fait campagne aux Eparges, en Champagne, à Verdun, à Bouchavesnes ; ses autres états de service ne nous ont pas été communiqués.

Croix de guerre avec 4 étoiles

1 Citation à l'Ordre de la Brigade
de la 12ᵉ Division d'Infanterie, signée du Général Gramat.

1 Citation à l'Ordre du 177ᵉ Régiment d'Infanterie
signée du Lieutenant-Colonel Méchet

2 Citations à l'Ordre de la 166ᵉ Division d'Infanterie
signées du Général Cabaud

Le texte de ces Citations ne nous est point parvenu.

René QUANQUIN

(1913-1914)

Agent de liaison au 2ᵉ Régiment de Zouaves de Marche d'Afrique, Compagnie de Mitrailleuses.

Croix de guerre

Citation à l'Ordre du Régiment, août 1915 :

« A assuré, pendant toute la journée du 7 août 1915, sous un feu violent d'artillerie, la liaison entre sa section et le Commandement de la Compagnie. »

Jean REBATTET

(1906-1914)

Négociant

Engagé volontaire au 30ᵉ d'Artillerie de Campagne, à l'âge de 18 ans. — Brigadier le 24 octobre 1916. — Maréchal-des-Logis, le 24 avril 1917. — Aspirant le 25 juillet 1917. — Sous-Lieutenant le 1ᵉʳ janvier 1918, commandant sa Compagnie en l'absence du Capitaine, durant les 10 derniers jours d'offensive avant l'armistice.

Croix de guerre avec 2 étoiles

Citations à l'Ordre de la Division et du Régiment

Ordre de la Division, 4 avril 1918 :

« Jeune officier, plein d'allant et de sang-froid. A rendu les plus grands services, tant comme observateur que comme officier de batterie, pendant la période du 28 au 30 mars. »

Ordre du Régiment, 18 novembre 1918 :

« A assuré la liaison avec l'infanterie pendant de durs combats, notamment du 4 au 11 août sur l'Ardre, du 26 août au 4 septembre, sur la Vesle, et du 23 au 31 octobre devant la digue Hunding. A fait preuve, durant ces périodes, des plus belles qualités d'initiative, faisant parvenir aux batteries de nombreux renseignements qui ont permis de contrebattre efficacement des objectifs gênants pour l'infanterie, observant lui-même les tirs de points très avancés et violemment battus par l'ennemi. »

Georges REBOUL

(1905-1907)

LIEUTENANT DE VAISSEAU

Après la guerre, Chef du Service des Renseignements attaché à l'Amiral, à Beyrouth (Syrie).

Légion d'honneur

Les états de service de cet officier ne nous sont point parvenus.

Gabriel REDON

(1911-1915)

Appelé à 19 ans au 112ᵉ d'Artillerie Lourde. — Brigadier en mai 1917. — Entré à l'Ecole de Fontainebleau en mai 1918. — Sorti Aspirant en juillet 1918.

Croix de guerre

Citation à l'Ordre du Régiment, novembre 1917 :

« Brigadier d'une belle tenue militaire et d'une intelligente initiative. A assuré quotidiennement et sur une route violemment bombardée, le ravitaillement de sa batterie. »

Louis REDON

Sorti de l'Ecole Polytechnique

Chef de Bataillon du Génie à la date du 4 avril 1917.

Légion d'honneur

Croix de guerre avec palme et étoile

2 Citations

1° Nomination dans la Légion d'honneur, 3 mai 1916 :

« N'a cessé, depuis le début de la guerre, de rendre d'excellents services. »

2° Ordre du 2e Corps de Cavalerie, 26 septembre 1916 :

« A fait preuve, dans toutes les missions qui lui ont été confiées, d'autant d'activité et d'intelligence que de mépris du danger. A réussi, en particulier, à organiser les liaisons téléphoniques dans un secteur fréquemment bombardé, surtout pendant le mois de juin 1916.

Signé : Général de MITRY. »

Emile RENAUD

(1884-1892)

Croix de guerre

Nous ne possédons que ce renseignement.

Jean RÉTOUT

Professeur à l'Ecole Massillon

LIEUTENANT AU 272e D'INFANTERIE

Croix de guerre

Citation à l'Ordre du Régiment, janvier 1917 :

« Officier énergique et courageux, d'un imperturbable sang-froid. S'est toujours acquitté de missions difficiles avec un grand esprit d'abnégation. Bien que très affaibli par les fatigues subies au cours de la campagne, n'a été évacué que sur l'ordre formel de son Capitaine. »

Edmond RIALAN

(1909-1913)

Reçu à l'Ecole Polytechnique en 1913

Ingénieur des Constructions Navales

Mobilisé au 114e d'Artillerie Lourde. — Lieutenant le 6 août 1916. — Capitaine le 8 septembre 1918.

Légion d'honneur

Croix de guerre avec étoile de vermeil

Citation à l'Ordre du Corps d'Armée :

« Officier plein de sang-froid et de courage, a dirigé les tirs de sa batterie sous de violents bombardements, les 13, 14 et 17 mars, encourageant ses hommes par son exemple et son entrain. »

Georges ROBERT-DEGASCHES

(1902-1912)

Secrétaire militaire de l'Elysée

ENGAGÉ VOLONTAIRE AU 20e CHASSEURS A CHEVAL

Aspirant.

Croix de guerre

Citation à l'Ordre du Régiment :

« A fait preuve de la plus grande bravoure le 29 septembre 1914 à Loupmont, en pénétrant dans les lignes ennemies pour saisir sur des cadavres allemands des pièces d'identité permettant d'identifier les troupes ennemies.

Signé : Général de CORNY. »

Maurice ROCAFORT

(1910-1911)

Sorti de Saint-Cyr

Lieutenant, puis Capitaine au 77e d'Infanterie.

Légion d'honneur

Croix de guerre avec palme et 4 étoiles

5 Citations

1re Citation, à l'Ordre de la Division, 18 mai 1915 :

« Jeune officier qui a eu la plus brillante attitude au feu pendant les combats des 9 et 10 mai 1915. A maintenu ses hommes dans la tranchée, malgré une grêle de bombes, et a réussi à repousser plusieurs contre-attaques. »

2e Citation, 31 mai 1917 :

« Au cours des attaques du 24 et 26 mai 1917, a entraîné son peloton à l'assaut des positions ennemies avec une belle ardeur. A réussi, au cours de l'action, à rétablir la liaison compromise entre deux unités voisines, et a organisé le terrain conquis sous un bombardement des plus nourris. Officier énergique et brave. »

3e Citation, 23 mai 1918 :

« Le 18 avril 1918, désigné pour participer avec deux sections de sa compagnie de mitrailleuses, à une action locale rendue difficile par la présence de mitrailleuses allemandes embusquées sous bois, n'a pas hésité à déployer en plein champ, à découvert, ses deux sections de mitrailleuses, et à tirer, à 50 mètres, sur l'ennemi, contribuant ainsi grandement à la capture de nombreux prisonniers. »

4e Citation, 14 juillet 1918 :

« Le 9 juin, commandant une compagnie de mitrailleuses, a assuré avec ses propres moyens le service de six sections, contribuant à retarder pendant toute la journée la poussée violente d'un ennemi très ardent et très supérieur en nombre, qui venait de bousculer les unités placées devant lui. S'est multiplié tout le jour sous le feu, pour vérifier le placement judicieux de ses pièces, assurer constamment leur ravitaillement, suppléer aux pertes qu'elles éprouvaient, sans diminuer l'efficacité du tir. Excellent officier mitrailleur d'un cran admirable. »

5e Citation, à l'Ordre de l'Armée, 19 août 1918 :

« Officier montrant sans cesse une bravoure, une audace et un sang-froid très remarquables. A su faire de sa section de mitrailleuses une unité de tout premeir ordre. A donné, le 16 juillet 1918 et jours suivants, de nouvelles preuves de ses belles qualités, en entraînant sa compagnie à hauteur des vagues d'assaut à travers un bois difficile, et, par l'action énergique et opportune de ses sections, a facilité grandement le succès de l'attaque. »

⚜ ⚜ ⚜

Charles ROCHAT

(1905-1909)

Diplômé des Sciences Politiques.
Attaché d'ambassade

Mobilisé en août 1914 comme brigadier au 54e d'Artillerie. — Maréchal-des-Logis le 3 septembre 1914. — Sous-Lieutenant le 9 juin 1916. — Lieutenant au 202e d'Artillerie en mai 1918.

2 Blessures.

Croix de guerre avec 2 étoiles
Citations à l'Ordre de la Division
et du Corps d'Armée

Ordre de la Division, 27 mai 1915 :

« A rempli, depuis le début de la campagne, les fonctions de brigadier de tir et ensuite de sous-officier observateur avec le plus grand zèle et un absolu dévouement. En particulier le 25 octobre 1914, blessé auprès de son capitaine, a tenu à porter lui-même un ordre à la batterie avant d'aller se faire soigner. »

Ordre du Corps d'Armée, 10 juillet 1917 :

« Officier ayant une très belle attitude dans toutes les circonstances difficiles : a été particulièrement digne d'éloges à la cote 304, lors des attaques allemandes du mois de décembre 1916. Le 28 juin 1917, au cours d'un bombardement général d'un secteur, est sorti pour aller en observer les effets. A été blessé. »

⚜ ⚜ ⚜

René ROUILLON

(1903-1904)

Incorporé le 2 août 1914 au 45e d'Artillerie, affecté ensuite au 222e d'Artillerie de Campagne. — Brigadier en juillet 1916.

Croix de guerre avec 2 étoiles
Fourragère aux couleurs de la Croix de guerre
Citations à l'Ordre du Régiment et de la Division

Ordre du Régiment, 1917 :

« Brigadier téléphoniste énergique et plein d'allant. Pendant les attaques du 23 octobre 1917, a assuré le placement et l'entretien des lignes téléphoniques sans jamais se soucier du danger. »

Ordre de la Division, 1918 :

« Brigadier agent de liaison auprès de l'infanterie, pendant les attaques du 18 au 30 juillet 1918, a toujours rempli les missions qui lui ont été confiées, malgré les forts barrages d'obus de gros calibres et toxiques, avec le même courage et le même calme. »

⚜ ⚜ ⚜

Ernest de SAINT-DENIS

Sorti de Saint-Cyr

Commandant, Chef d'Etat-Major de la 38e Division d'Infanterie.

Légion d'honneur
Croix de guerre avec 4 étoiles
1 Citation à l'Ordre de la Division
3 à l'Ordre du Corps d'Armée

Ordre de la Division, 24 mai 1915 :

« Officier d'une conscience et d'un devoir absolus, s'est distingué au cours de la campagne en maintes circonstances, particulièrement aux combats du Donon, de Souain et à Lille, en allant porter, sous des feux violents, les ordres aux différents Corps engagés. A rendu les plus grands services lors de l'organisation du plateau de Lorette, en inspectant à de nombreuses reprises les travaux en toute première ligne. Au cours des engagements du 9 au 23 mai, a assuré presque seul le poids du service des opérations, sans arrêt, nuit et jour, sans aucune défaillance. »

Nomination dans la Légion d'honneur, 1916 :

« Capitaine de Saint-Denis, breveté à l'Etat-Major d'une Division d'Infanterie. Officier d'Etat-Major d'un grand sang-froid et d'un courage éprouvés, et qui, pendant les combats de mars 1916, a rempli avec une remarquable présence d'esprit les missions de reconnaissance ou de liaison les plus périlleuses, notamment dans la journée du 12, où, sous un bombardemnt d'une extrême violence, il a été le principal acteur de la remise en ordre d'unités engagées sur un même point du front de bataille. »

Ordre du Corps d'Armée, septembre 1916, à l'occasion des combats sur la Somme.

Nous n'avons pas le texte de cette Citation.

Ordre du Corps d'Armée, octobre 1917 :

« Brillant Commandant de Bataillon, d'un calme, d'un courage, d'un sang-froid à toute épreuve. Les 10, 11 et 12 octobre 1917, ayant le commandement d'un quartier soumis à un bombardemnt d'une violence exceptionnelle, a constamment réconforté ses hommes par sa présence au milieu d'eux et a réussi, par sa belle attitude, à leur imposer une confiance absolue. A su prendre les dispositions les plus judicieuses qui lui ont permis de faire échouer une forte attaque ennemie, au cours de laquelle son bataillon a fait plusieurs prisonniers. »

Ordre du 9e Corps d'Armée, 9 février 1919 :

« A remarquablement dirigé son Etat-Major et assuré les ordres du commandement, pendant les attaques de Champagne (16 septembre - 6 octobre 1918), qui ont été couronnées de succès. Au cours de cette période de durs combats, s'est distingué par ses fréquentes reconnaissances effectuées sans souci du danger, et par une activité incessante et intelligente, grâce à laquelle tous les services de la Division donnèrent un plein rendement. »

⚜ ⚜ ⚜

Adrien SAINT-PIERRE

(1906-1911)

Etudiant en Médecine à la mobilisation. — Incorporé à la 6e Section d'Infirmiers Militaires, le 19 décembre 1914. — Réformé temporairement en mars 1915. — Revenu au Service Armé en janvier 1917. — Médecin Auxiliaire le 4 avril 1918.

Croix de guerre

Citation à l'Ordre du Régiment (6e Génie), 18 août 1918 :

« S'est remarquablement dépensé pour assurer le Service de santé d'une unité de Génie dispersée sur le champ de bataille, visitant journellement ses fractions, malgré les bombardements incessants des routes et des bivouacs de la compagnie. »

Philippe SARROT

(1901-1903)

Inspecteur d'Assurances

Appelé, classe 1902, au 16e d'Artillerie de Campagne. — Maréchal-des-Logis Chef à la mobilisation ; a servi successivement dans l'Artillerie Lourde et l'Artillerie à pied ; n'a pas quitté le front durant toute la guerre, sans maladie ni blessure.

⚜ ⚜ ⚜

Pierre SENTIS

(1909-1911)

Sous-Lieutenant au 14e d'Artillerie

1 Blessure.

Légion d'honneur :

« Officier intelligent et énergique ; a eu la main emportée en voulant éviter un accident qui aurait pu coûter la vie à plusieurs personnes au cours d'une expérience. »

Jules SIMON

(1915-1916)

Sorti de l'Ecole Navale

Enseigne de Vaisseau de 2e classe, le 1er juin 1917. — Enseigne de Vaisseau de 1re classe en janvier 1919. — A fait campagne dans la Mer du Nord, chargé du dragage des mines. Il était à bord du « Magon » lorsqu'il reçut sa Croix de guerre.

Croix de guerre

1 Citation

Nous n'avons pu obtenir le texte de cette Citation.

⚜ ⚜ ⚜

Jean-Baptiste SOUDÉE

(1893-1897)

Sorti de l'Ecole Supérieure de Commerce
Licencié en Droit. Négociant

Engagé volontaire au 31e d'Infanterie en 1899,

à 20 ans. — Attaché de 2e classe à l'Intendance, le 2 juillet 1906. — Attaché de 1re classe à l'Intendance, le 2 juillet 1910. — Adjoint à l'Intendance le 22 octobre 1915. — Sous-Intendant militaire de 3e classe le 20 avril 1918.

Croix de guerre avec 3 étoiles
Décoration de la D. S. O. (Distinguished Service Order) par S. M. le Roi d'Angleterre
Citations à l'Ordre de la Division de la Mission Militaire près l'Armée Britannique et du Corps d'Armée

Ordre de la Division, 27 mai 1915 :

« A secondé son Chef de Service d'une manière très intelligente et très dévouée. Pendant la période active des opérations, a eu l'occasion, en deux circonstances, de faire preuve de courage et d'initiative.
Signé : Général Robillot. »

Ordre de la Mission Militaire Française attachée à l'Armée Britannique, 19 décembre 1916 :

« A réussi, pendant 4 mois consécutifs et malgré des bombardements incessants, à sauver de nuit des quantités importantes de matières utiles à la Défense Nationale, accumulées à Arras ; à maintes reprises, et notamment dans la nuit du 21 au 22 mai 1916, où il fut atteint par les gaz asphyxiants au cours d'un bombardement intense de la gare de Mareuil et de ses environs, a fait preuve, dans la direction de ses équipes de travailleurs, d'une habileté, d'un sang-froid et d'un courage dignes d'éloges.
Signé : Général des Vaillières. »

Ordre du Corps d'Armée, 24 juin 1918 :

« A donné en toutes circonstances les plus beaux exemples d'énergie et d'initiative. A fait preuve récemment d'un courage remarquable en procédant, sous un bombardemnt intense et continuel, à l'évacuation de quantités considérables de matières utiles à la Défense Nationale et de marchandises accumulées dans une ville menacée par l'ennemi.
Signé : Général Anthoine. »

Emile SPIESS

(1908-1909)

Fils de l'inventeur des Dirigeables rigides
Sorti de l'Ecole Centrale
Elève au Séminaire de Saint Sulpice

Mobilisé le 4 août 1914. — A gagné au front tous ses grades, depuis celui de brigadier. Revenu Lieutenant d'Artillerie.

Croix de guerre avec 2 étoiles
2 Citations

Ordre du Régiment, 20 mai 1917 :

« Officier d'un dévouement absolu ; a témoigné, le 16 avril, d'un sentiment élevé du devoir militaire, au cours d'un déplacement de sa batterie dans une région fortement battue par l'artillerie ennemie de gros calibre. »

Nous n'avons pas reçu le texte de l'autre Citation.

Emile Spiess est le frère de Georges Spiess, dont on a vu la mort glorieuse dans la 1re Partie.

Paul STREMLER

(1902-1909)

Adjudant au 103e d'Infanterie

Croix de guerre

Citation à l'Ordre du Régiment :

« Sous un violent bombardement d'artillerie lourde, n'a pas hésité à porter secours à ses camarades ensevelis sous leur abri par des obus de gros calibre. »

André TAROT

(1906-1908)

Maréchal-des-Logis au 44e d'Artillerie

3 Blessures. Amputé d'une jambe.

Médaille militaire
Croix de guerre avec palme et étoile
Citations à l'Ordre de l'Armée et du Régiment

Ordre de la 2e Armée, 11 juillet 1916 :

« Chef de section d'une Batterie de 75 de tranchée, a fait preuve, au cours des attaques des 27 et 28 juin 1916, d'un sang-froid et d'un courage dignes d'éloges. Ayant reçu une première blessure le 27, a été de nouveau blessé le lendemain et n'a consenti à quitter son poste que sur l'ordre de son Lieutenant, donnant ainsi un bel exemple de dévouement et de désir de vaincre. »

Ordre du 120e B. C. P., 27 février 1917 :

« Blessé grièvement le 23 février 1917, alors qu'il réglait un tir sous un violent bombardement, d'un poste d'écoute du 120e Chasseurs, a refusé de se faire conduire au poste de secours, en disant qu'il ne voulait pas exposer la vie de ses camarades. »

Citation pour l'attribution de la Médaille militaire, 25 mars 1917 :

« Excellent sous-officier, toujours volontaire pour les

missions périlleuses. Déjà cité à l'ordre de l'Armée pour sa belle conduite au cours des attaques des 27 et 28 juin 1916. A été blessé grièvement à son poste le 23 février 1917. Amputé d'une cuisse.

Le Général Commandant en Chef la VIIe Armée,
Signé : CORNU DE LA FONTAINE. »

⚜ ⚜ ⚜

Pierre TAROT
(1904-1909)

Frère du précédent.

Parti comme brigadier au 2e d'Artillerie Lourde. — Aspirant le 15 janvier 1915. — Sous-Lieutenant le 1er septembre 1915 au 104e R. A. L. — Lieutenant le 1er mai 1917. — Lieutenant commandant de Batterie le 1er juillet 1917 au 121e R. A. L., 8e Groupe. — Capitaine le 8 novembre 1918.

Le 8e Groupe du 121e R. A. L. a eu 2 Citations à l'Ordre de l'Armée (fourragère).

1° Bataille de Château-Thierry (juillet 1918).

2° Bataille de Champagne et de l'Aisne (septembre-octobre 1918).

Citations et décorations personnelles de Pierre Tarot :

Croix de guerre avec palme et 3 étoiles
1 Citation à l'Ordre de l'Armée
2 à l'Ordre de la Division, 1 à l'Ordre du Corps d'Armée

Ordre de l'Artillerie Divisionnaire, 29 mai 1916 :

«Fait preuve de beaucoup de sang-froid dans les circonstances périlleuses ; a su notamment maintenir, par son attitude calme et énergique, le moral des hommes de sa Batterie soumise, pendant le tir du 19 Mai, à un violent bombardement d'obus explosifs et lacrymogènes.

Le Colonel Commandant l'A. D. 12,
Signé : GODAR. »

Ordre du 11e Corps d'Armée, 14 mai 1917 :

« Officier extrêmement brave et plein d'entrain ; en vue d'un tir que sa Batterie a exécuté pour préparer une attaque d'Infanterie, a fait volontairement, en une semaine, cinq reconnaissances en premières lignes, dont une sous un bombardement intense ; le jour de l'attaque, a observé le tir de bout en bout, sous le feu ennemi et d'un point évacué par notre Infanterie pendant la préparation d'artillerie, à cause de son extrême proximité de l'objectif.

Le Général Commandant le 11e Corps,
Signé : DE MAUD'HUY. »

Ordre de la 167e Division, 16 août 1918 :

« Excellent officier de réserve, Commandant de Batterie de tout premeir ordre, très actif, plein d'allant. N'a pas hésité à se porter à des observatoires très exposés pour observer le tir de ses pièces et s'est particulièrement fait remarquer par sa belle attitude au feu lors des attaques du 18 au 26 juillet 1918.

Le Général Commandant la 167e Division,
Signé : SCHMIDT. »

Ordre de la IVe Armée, 17 décembre 1918 :

« Commandant de Batterie d'un entrain admirable, toujours volontaire pour les missions périlleuses et délicates ; a obtenu du personnel de sa Batterie un rendement maximum, du 26 Septembre au 6 Octobre 1918, en exécutant de nombreux changements de positions et des tirs d'une réelle efficacité.

Le Général Commandant la IVe Armée,
Signé : GOURAUD. »

⚜ ⚜ ⚜

André TAUPIN
(1901-1903)

Cousin de notre élève, Maurice Gautier. Ses deux oncles, le Colonel et le Commandant Taupin, ont sacrifié tous les deux leur vie pour la France.

Caporal à la 10e Compagnie du 61e Bataillon de Chasseurs à pied.

Croix de guerre

Citation à l'Ordre du 61e Bataillon de Chasseurs à pied :

« Agent de liaison du Commandant, n'a jamais hésité à remplir les missions les plus difficiles. »

⚜ ⚜ ⚜

Gaston TESSIER
(1888-1898)

Sorti de Saint-Maixent

Engagé volontaire à 19 ans, au 113e d'Infanterie. — Sous-Lieutenant le 1er avril 1905. — Lieutenant le 1er avril 1907 ; passé dans l'Artillerie en novembre 1910. — Capitaine le 15 septembre 1914. — Chef d'Escadron le 7 novembre 1918.

1 Blessure.

Légion d'honneur
Croix de guerre avec 4 étoiles
1 Citation à l'Ordre du Corps d'Armée
2 à l'Ordre de la Division
1 à l'Ordre du Régiment

TABLE DES MATIÈRES

Imprimerie Commerciale — A. MERLE — Annecy

www.ingramcontent.com/pod-product-compliance
Ingram Content Group UK Ltd.
Pitfield, Milton Keynes, MK11 3LW, UK
UKHW022009170726
13837UKWH00001B/74